Edition Ethik

Herausgegeben von Reiner Anselm
und Ulrich H. J. Körtner

Band 11

Christina Costanza und Christina Ernst (Hrsg.)

Personen im Web 2.0
Kommunikationswissenschaftliche,
ethische und anthropologische Zugänge
zu einer Theologie der Social Media

Inh. Dr. Reinhilde Ruprecht e.K.

Mit 2 Tabellen. Für die Umschlagabbildung wurde die Grafik »Cartoon Crowd, Link Web« verwendet, © Higyou | Dreamstime.com.

„Dieses Hardcover wurde auf FSC-zertifiziertem Papier gedruckt. FSC (Forest Stewardship Council) ist eine nichtstaatliche, gemeinnützige Organisation, die sich für eine ökologische und sozialverantwortliche Nutzung der Wälder unserer Erde einsetzt."

Die Deutsche Nationalbibliothek verzeichnet diese Publikation in der Deutschen Nationalbibliografie; detaillierte Daten sind im Internet über http://dnb.ddb.de abrufbar.
Eine eBook-Ausgabe ist erhältlich unter DOI 10.2364/3846900826.

© Edition Ruprecht Inh. Dr. R. Ruprecht e.K., Postfach 17 16, 37007 Göttingen – 2012
www.edition-ruprecht.de

Alle Rechte vorbehalten. Das Werk einschließlich seiner Teile ist urheberrechtlich geschützt. Jede Verwertung außerhalb der engen Grenzen des Urhebergesetzes bedarf der vorherigen schriftlichen Zustimmung des Verlags. Diese ist auch erforderlich bei einer Nutzung für Lehr- und Unterrichtszwecke nach § 52a UrhG.

Satz: Christina Costanza
Layout: mm interaktiv, Dortmund
Umschlaggestaltung: klartext GmbH, Göttingen
Druck: CPI buchbücher.de GmbH, Birkach

ISBN: 978-3-8469-0082-6 (Print), 978-3-8469-0083-3 (eBook)

Inhaltsverzeichnis

Vorwort
Interdisziplinäre Zugänge zu einer Theologie der Social Media 7
Christina Costanza, Christina Ernst

Geleitwort 16

Anthropologie des Web 2.0?
**Die Bedeutung eines theologisch-anthropologischen Zugangs
für die Internetethik** 17
Alexander Filipović

Sichtbar entzogen
**Medienwissenschaftliche und theologische Deutung von
Selbstdarstellungspraktiken auf Facebook** 32
Christina Ernst

„XYZ hat dich angestupst"
Romantische Erstkontakte bei Facebook – ein Schnittstellenphänomen? 48
Konstanze Marx

**Datenschutz in Sozialen Netzwerken als Schutz freier
Persönlichkeitsentfaltung** 73
Christoph Gieseler

„Ich hab' nichts zu verbergen!"
Persönlich-Sein und *Person-Sein* im Web 2.0 94
Anne-Kathrin Lück

„All Mankind as Our Skin"
Wie wir uns im Global Village auf die Welt bringen 108
Vera Dreyer

Fernanwesenheit
Personsein im Social Web im Lichte der Theologie 127
Christina Costanza

Kirche 2.0 – zwischen physischer, virtueller und
geistlicher Gemeinschaft 146
Karsten Kopjar

Kommunikationsräume der Kirchen mit Digital Natives eröffnen 166
Andrea Mayer-Edoloeyi

Auf dem Weg zu einer Ethik der Verbundenheit
Kommunikationstheoretische, ethische und anthropologische
Hinweise zum Personsein im Web 2.0 188
Thomas Zeilinger

Literaturverzeichnis 201

Autorenverzeichnis 218

Personen- und Sachregister 219

Einleitung

Interdisziplinäre Zugänge zu einer Theologie der Social Media

Christina Costanza, Christina Ernst

1. Hinführung

> „Als der kleine Louis auf Facebook zur Welt kam, war seit Tagen schon alles vorbereitet für das Ereignis: Der Vater hatte den Sohn im Netzwerk angemeldet, ein Online-Profil erstellt, die Personalien eingetragen. Nur das Geburtsdatum fehlte noch. Bald darauf nahm die Mutter in einer Hamburger Gebärklinik ihren Neugeborenen in den Arm. Es war ein kühler, nebliger Herbsttag des Jahres 2010. Der Vater füllte feierlich das Datumsfeld aus. Noch rasch ein Foto dazu, und der nunmehr jüngste Netzbürger begann sein Dasein auf dem Planeten Facebook. Die Eltern, beide Studenten, wollten ihren Jungen von Anfang an dabeihaben im sozialen Netzwerk, im Kreis der Freunde, der Familie. Alle sollten Anteil nehmen können an seinem Leben [...]. Louis ist jetzt anderthalb Jahre alt, und seine Chronik bei Facebook füllt sich stetig. Der Kleine wächst auf als Teil eines Netzwerks, das bereits 901 Millionen Nutzer umfasst. Er ist ‚on' seit dem ersten Tag seines Lebens".[1]

Soziale Netzwerke wie Facebook, Blog- und Mikroblogging-Dienste wie Twitter, kollaborative Wissensprojekte wie Wikipedia oder interaktive Dienste wie Google Maps werden – wie viele andere Soziale Medien[2] auch – integraler Teil des Alltags vieler Nutzer. Für eine steigende Anzahl unter ihnen ist der Begriff des *Nutzers*[3] dabei nur noch im uneigentlichen Sinne zu gebrauchen: Denn Menschen, die mit Social Media aufwachsen oder intensiv mit ihnen arbeiten, nehmen die Dienste des Web 2.0 nicht etwa mehr oder weniger regelmäßig für bestimmte Aufgaben in Anspruch, sondern auf sie trifft zu, was Piotr Czerski als Selbstverständnis der sogenannten *Digital Natives* folgendermaßen formuliert: „Wir benutzen das Internet nicht, wir leben darin und damit".[4] Mittlerweile gilt dies für immer mehr Menschen – wie für Louis – bereits vom ersten Tag ihres Lebens an.

---

1 Dworschak, Manfred/Rosenbach, Marcel/Schmundt, Hilmar, Planet der Freundschaft, in: DER SPIEGEL 19/2012, S. 124f; online unter http://www.spiegel.de/spiegel/print/d-85586231.html [23.7.2012].
2 Zum Begriff der Social Media bzw. des Web 2.0 vgl. unten 2. in dieser Einleitung.
3 Aus Gründen sprachlicher Konvention wird der Nutzerbegriff in dieser Einleitung wie auch in den Beiträgen des Bandes i.d.R. dennoch verwendet; die oben beschriebene Transformation des „Nutzer"-Verhaltens ist dabei immer mitzulesen. – Im Folgenden sind die maskulinen Formen inklusiv gemeint.
4 Czerski, Piotr, Wir, die Netz-Kinder, ZEIT ONLINE, 23.02.2012, http://www.zeit.de/digital/internet/2012-02/wir-die-netz-kinder [25.7.12]. Vgl. zu Begriff und Phänomen der Digital Natives den Beitrag von Andrea Mayer-Edoloeyi in diesem Band.

Neue Arten der Mediennutzung, neue Kommunikationsstrukturen und neue Alltagspraktiken entstehen. Gesellschaftliche Diskurse und Meinungsbildungsprozesse werden ebenso verändert wie individuelle Selbstdarstellungs- und Kommunikationsformen. Durch das Internet und hier insbesondere durch den Bereich der Social Media bilden sich virtuelle Räume aus, in denen soziale Interaktion und Kommunikation stattfinden. Diese knüpfen an die Offline-Realitäten der Akteure an und erweitern und transformieren sie: Online- wie Offline-Kontexte gehören zur Lebenswelt und verschränken sich miteinander. Die Folge ist eine Vervielfältigung und Erweiterung von Lebensweisen, Selbstbeschreibungen, Handlungsoptionen und Erlebnismöglichkeiten menschlichen Personseins.

Sowohl die Medientheorien als auch die Theologie sind durch diese Entwicklungen mit einem gesteigerten Kontingenzbewusstsein konfrontiert, das mit dem Bedeutungszuwachs virtueller Wirklichkeiten zusammenhängt. Dies führt zum einen zu Verunsicherungen über die eigene personale Identität, die zunehmend durch Spannungen und Diskontinuitäten geprägt scheint. Zum anderen eröffnen sich neue Möglichkeiten zur Selbstverwirklichung und zu einem experimentellen Umgang mit der eigenen Selbst- und Weltwahrnehmung. Gerade im Umgang mit den neuen Medien und im Kommunikations- und Interaktionsraum des Web 2.0 üben sich die Akteure darin, virtuelle Räume zu produzieren, sich in ihnen zu bewegen und Erfahrungen aus diesem Umfeld in ihr Alltagsleben zu integrieren. Mögliche und wahrscheinliche Folge ist ein stärkeres Bewusstsein von den eigenen schöpferischen Fähigkeiten in der Selbst- und Weltgestaltung.

Die hier angedeuteten Transformationsprozesse betreffen sowohl die Selbstverständigung jeder Person über sich und ihre (soziale) Umwelt als auch die Gestaltung interpersonalen, d.h. gesellschaftlichen Zusammenlebens. Wie andere gesellschaftliche Institutionen und Akteure sind auch die Kirchen zur Auseinandersetzung mit dem Wandel durch die Social Media herausgefordert. Nehmen die Kirchen ihren Auftrag nach weltweiter Verkündigung des Evangeliums ernst, so müssen sie sich fragen: Wie kann Glaubenskommunikation in medialen und virtuellen Umgebungen stattfinden? Wie kann das Evangelium so kommuniziert werden, dass es auch die traditionell kirchenferneren Angehörigen postmoderner Milieus erreicht? Wie verändert sich die Wirklichkeitswahrnehmung von Individuen durch ihr Handeln im virtuellen Raum?

Diese Fragestellungen gilt es, theologisch zu reflektieren. Traditionelle theologische Konzepte – insbesondere aus der theologischen Ethik und Anthropologie – sind in Auseinandersetzung mit den genannten Entwicklungen anzuwenden, zu überprüfen und gegebenenfalls weiterzudenken. Dabei ist die Theologie auf einen interdisziplinären Dialog mit empirischen Wissenschaften angewiesen, um zu einer sachgerechten und differenzierten Wirklichkeitsbeschreibung zu gelangen.

Ein solcher interdisziplinärer Dialog war das Anliegen der Tagung „Personen im Web 2.0 – Theologische Perspektiven", die im September 2011 an der Theologischen Fakultät der Georg-August-Universität in Göttingen stattfand.[5] Der vorliegende Sammelband präsentiert die Schwerpunkte unserer Diskussion. Durch Beiträge aus Kommunikations- und Medienwissenschaften, Linguistik, Rechtswissenschaften und Theologie kommt die Vielgestaltigkeit der Social Media und der auf sie bezogenen Praktiken aus verschiedenen Perspektiven in den Blick.[6] Ihren gemeinsamen Fokus gewinnen sie in der Frage nach den Transformationen, die menschliches Personsein in individueller und sozialer Perspektive durch Social Media erfährt.

Zur Hinführung wird im Folgenden zunächst der Wandel des Internets hin zum sogenannten *Web 2.0* umrissen (2.). Vor diesem Hintergrund sind die Herausforderungen und Anknüpfungspunkte für eine *Theologie der Social Media* aufzuzeigen (3.), von woher sich abschließend der Aufbau des Bandes erklärt (4.).

2. Das Phänomen der Social Media

Wurde das Internet zunächst als Massenmedium zur schnellen und weitreichenden Verbreitung von Informationen genutzt, so hat sich dieses Modell eines linearen Datenflusses zwischen Sender und Empfänger mittlerweile hin zu einer Netzstruktur verändert. In diesem „Web 2.0" werden Kommunikation und Datenaustausch transversal. Hauptmerkmal des Web 2.0 ist die gemeinsame Erstellung von Daten, die von vielen Nutzern gleichzeitig produziert, bearbeitet, gesammelt, verknüpft und konsumiert werden. Die Nutzer sind nicht länger nur Konsumenten oder nur Produzenten von Informationen, sondern beides zugleich und werden daher als „Prosumer" bezeichnet.[7]

Dieser Wandel des Internets wird zumeist durch den Begriff „Web 2.0" markiert, der erstmals 2004 von Tim O'Reilly verwendet wurde.[8] In dieser Wendung drückt sich die Wahrnehmung einer sprunghaften und qualitativen Veränderung des Internets aus, das sich von einer ersten Version (Web 1.0) auf eine neue Version mit neuen Funktionen (Web 2.0) gewandelt habe. Dem widerspricht Jan Schmidt, der den Wandel von Medientechnologien und -praktiken prozesshafter und von Beginn an im Phänomen des Internets angelegt sieht. Schmidt bevorzugt den Be-

---

5　Wir danken der Hanns-Lilje-Stiftung Hannover für die großzügige Förderung dieser Tagung und des vorliegenden Sammelbandes sowie der Theologischen Fakultät der Georg-August-Universität Göttingen und der Graduiertenschule für Geisteswissenschaften Göttingen für die finanzielle Unterstützung der Tagung.

6　Beiträge der linguistischen Tagungssektion „Sprache und Personen im Web 2.0" erscheinen in einem Sektionsband in der Reihe „Hildesheimer Beiträge zu den Medienwissenschaften", herausgegeben von Kristina Bedijs und Karoline-Henriette Meyer-Holz.

7　Zur Entwicklung des Internets hin zum Web 2.0 vgl. Schmidt, Jan, Das Neue Netz. Merkmale, Praktiken und Folgen des Web 2.0, Konstanz 2009, bes. S. 11–38.

8　O'Reilly, Tim, What is Web 2.0. Design patterns and business models for the next generation of software, in: O'Reilly Blog, 30.09.2005. Verfügbar unter http://www.oreillynet.com/pub/a/oreilly/tim/news/2005/09/30/what-is-web-20.html [20.05.2012].

griff des „Social Web", wenn es um den neu entstehenden und schnell wachsenden Bereich der Social Media geht.⁹ Neben der Beschreibung der interaktiven Technologien sowie der verschiedenen Programme und Plattformen wie Soziale Netzwerke, Wikis, Online-Spiele, Musik- und Filmportale bezieht Schmidt vor allem die mit diesen Sozialen Medien verbundenen Nutzungspraktiken in seine Analyse ein. Eine große Rolle spielen hier mobile Endgeräte als technische Ergänzung der Internetdienste. Mit Hilfe von Smart Phones und immer kleineren und leistungsfähigeren Laptops kann überall und in jeder Situation auf Angebote des Web 2.0 zugegriffen werden. Online- und Offline-Kontexte verschränken sich so zunehmend. Social Media nutzen und fördern diese Verflechtungen bewusst. Anstatt eine anonyme oder pseudonyme Kommunikation oder die Erschaffung einer zweiten Identität zu unterstützen – wie es noch in den 1990ern Paradigma und Praxis war –, beziehen sich Social Media zumeist auf bestehende soziale Kontakte und die korrekten persönlichen Daten der Nutzer und binden immer häufiger auch deren jeweils aktuellen Aufenthaltsort ein. Sie werden genutzt, um bereits bestehende Kontakte zu pflegen, zu intensivieren, manchmal auch neu aufzubauen.

Diese umfassende Präsenz von Medien und ihre Integration in physische Umgebungen und soziale Praktiken werden vielfach als linearer Prozess dargestellt: Die Ausbreitung von Medientechnologien, die Vervielfältigung und Expansion der Social Media und die steigende Nutzung solcher Online-Medien fördern medial vermittelte Kommunikation und Interaktion, die von vielen Medienkritikern als defizitär bewertet wird. Die Zwischenschaltung von Medien und die fehlende physische Kopräsenz zwischen Kommunikations- und Interaktionspartnern führe zu einer Regression des Sozialverhaltens und der Bindungsfähigkeit; durch das Internet würden lokale und temporale Bezüge aufgehoben und eine Ortlosigkeit und Entfremdung der Nutzer gefördert; Kontakte aus Sozialen Netzwerken – wie die immer wieder mit Anführungsstrichen als solche in Frage gestellten Facebook-„Freunde" – seien keine zuverlässige soziale Ressource.¹⁰ Lange war auch die Möglichkeit, sich im Internet eine zweite Identität zu erschaffen, in Online-Spielen wie Second Life oder in Foren sein Geschlecht zu ändern, sich eine völlig andere Lebensgeschichte

---

9 Zu diesen Begriffen vgl. Schmidt, Netz, S. 11–38 und ders., Schmidt, Jan, Was ist neu am Social Web? Soziologische und kommunikationswissenschaftliche Grundlagen, in: Zerfaß, Ansgar/Welker, Martin/Schmidt, Jan (Hg.), Kommunikation, Partizipation und Wirkungen im Social Web. Band 1: Grundlagen und Methoden. Von der Gesellschaft zum Individuum, Köln 2008, S. 18–40.

10 Bekannte Positionen, die sich allerdings noch nicht auf Social Media beziehen, sind hier Baudrillard, Jean, Die Agonie des Realen, Berlin 1978 und Postman, Neil, Wir amüsieren uns zu Tode. Urteilsbildung im Zeitalter der Unterhaltungsindustrie, Frankfurt a.M. 1985. Einschlägig für derartige Kritik an digitalen Medien sind Carr, Nicholas, Wer bin ich, wenn ich online bin... und was macht mein Gehirn solange? Wie das Internet unser Denken verändert, München 2010; Turkle, Sherry, Alone Together. Why We Expect More From Technology and Less From Each Other, New York 2011, dt. Ausgabe: Verloren unter 100 Freunden. Wie wir in der digitalen Welt seelisch verkümmern, München 2012 sowie Lanier, Jaron, Gadget. Warum die Zukunft uns noch braucht, Berlin 2010.

zu erfinden oder sich über einen Avatar eine fantastisch aufgeladene Identität zu geben, als Weltflucht und Selbstentfremdung und als höchst bedenklich angezeigt.[11] Andere Medienwissenschaftler heben positive Auswirkungen der Social Media hervor: Soziale Netzwerke bieten mit einer großen Anzahl locker verbundener Kontakte soziale Ressourcen, die soziale Aufmerksamkeit und Anerkennung, berufliche Kontakte oder eine Ressource von Lebenserfahrung und Alltagswissen zur Verfügung stellen. Gerade bei steigender Mobilität helfen Social Media dabei, Freundschaften zu pflegen, werden zunehmend zur Partnersuche genutzt oder dienen der schnellen Orientierung und der Suche nach sozialen Kontakten in neuen Umgebungen. Weil durch Soziale Netzwerke oder Dienste wie Twitter jeder die Möglichkeit hat, seine Meinung oder Informationen in kürzester Zeit an eine Vielzahl anderer Menschen mitzuteilen, unterstützen Social Media demokratische und dezentrale Strukturen und können zivilgesellschaftliches Engagement erleichtern.[12]

Jenseits der Abwägung von Chancen oder Gefahren ist festzuhalten, dass gerade durch die Ausbreitung des Bereichs der Social Media die Komplexität von Online-Medien und Medienpraktiken und die Verflechtungen von Mensch und Technik gestiegen sind. Binäre Modelle, in denen Online- und Offline-Bereich, (physische) Realität und (oft als „Nichtrealität" missverstandene) Virtualität einander gegenübergestellt werden, greifen zu kurz. Ebenso erscheint auch eine Trennung räumlich vorgestellter Sphären von öffentlichem und privatem Leben nicht mehr aussagekräftig.[13] Statt das „Ende der Privatheit"[14] oder umgekehrt „Verfall und Ende des öffentlichen Lebens [und die] Tyrannei der Intimität"[15] zu diagnostizieren, erscheint es angemessener, die Pluralität des Phänomens der Social Media wie auch der Transformationsprozesse wahrzunehmen, die mit ihrer Einbindung in Alltagspraktiken einhergehen. Die Kombination verschiedenster traditioneller Medien

---

11 Zu dieser These einer möglichen Abkopplung von der physischen Welt durch das Eintauchen in virtuelle Umgebungen vgl. Bente, Gary/Krämer, Nicole C./Petersen, Anita, Virtuelle Realitäten (Internet und Psychologie – Neue Medien in der Psychologie Bd. 5), Göttingen u.a. 2002. – Inzwischen ist die verbreitete Meinung hier, dass Online- und Offline-Identitäten der Nutzer von Online-Spielen oder sozialen Netzwerken eng miteinander verknüpft werden und die Erschaffung einer zweiten Identität seltene Ausnahme ist. Vgl. zu diesem Paradigmenwechsel und für Literaturhinweise Thimm, Caja, Ethische Fragen im Kontext von Second Life. Die große Freiheit in virtuellen Welten?, in: Zeitschrift für Kommunikationsökologie und Medienethik 11, Heft 1/2009, S. 49–56.
12 Vgl. Filipović, Alexander/Jäckel, Michael/Schicha, Christian (Hg.), Medien- und Zivilgesellschaft, Weinheim 2012. Einen Überblick über aktuelle Theorie- und Praxismodelle zur Bedeutung von Social Media für Politik, Wirtschaft und Gesellschaft bieten Michelis, Daniel/Schildhauer, Thomas (Hg.), Social Media Handbuch: Theorien, Methoden, Modelle und Praxis, 2. aktualisierte und erw. Aufl., Baden-Baden 2012.
13 Zur Verflechtung von Online- und Offline-Lebensbereichen und der damit einhergehenden Transformation kommunikativer Praktiken vgl. die Beiträge von Christina Ernst und Konstanze Marx in diesem Band.
14 Whitaker, Reg, Das Ende der Privatheit. Überwachung, Macht und soziale Kontrolle im Informationszeitalter, München 2002.
15 Sennett, Richard, Verfall und Ende des öffentlichen Lebens. Die Tyrannei der Intimität, Frankfurt a.M. 1987.

im Hybridmedium Internet, das Nebeneinander privater oder halböffentlicher Zweierkommunikation, monologischer Selbstdarstellung oder Gruppendiskussionen, die Mischung von bekannten und fremden, sichtbaren und unsichtbaren Interaktionspartnern und Zuschauern und die technologischen Entwicklungen fordern ein immer höheres Maß an Medienkompetenz. Virtuell bilden sich soziale Räume heraus, in denen sich Kommunikations- und Interaktionsstrukturen verändern, neue Regeln ausgehandelt werden, neue Handlungsoptionen entstehen, aber auch die Notwendigkeit bewusster Grenzziehung. In den hier versammelten Beiträgen geht es um solche Fragen, die sich Mediennutzern als handelnden Personen in medialen Umwelten stellen.

3. Was ist eine „Theologie der Social Media"?

Durch die dargestellten Transformationen der medialen Lebenswelten, welche mit den technologischen und sozialen Entwicklungen im Zusammenhang mit den virtuellen Wirklichkeiten des Web 2.0 einhergehen, ist die als Wirklichkeitswissenschaft begriffene Theologie auf ihrem eigenen Gegenstandsfeld herausgefordert. Als Wirklichkeitswissenschaft bezieht sie sich auf Selbstwahrnehmungen, Interaktionsformen und Normsysteme als Phänomene erfahrbarer Wirklichkeit, die sie aus ihrer spezifisch theologischen Perspektive heraus deutet. Um in ihrer Wirklichkeitsdeutung sachgemäß zu sein, muss sich die Theologie in Aufnahme, Zustimmung und Kritik mit den Erkenntnissen empirisch arbeitender Gesellschafts- und Lebenswissenschaften auseinandersetzen. Ihr Anliegen ist es, lebensweltliche Phänomene in den christlichen Symbolkontext einzuordnen. So gelangt sie zu Interpretationen, die eine dem christlichen Glauben entsprechende Wirklichkeitswahrnehmung explizieren. Biblische Theologien wie auch traditionelle theologische Entwürfe bilden den Horizont solcher theologischer Reflexion christlicher Wirklichkeitswahrnehmung und werden zugleich durch sich wandelnde Lebenswelten und aktuelle Problemstellungen stets aufs Neue herausgefordert. So expliziert Theologie religiöse Praxis und Wirklichkeitssicht und tritt dabei selbst in einen Prozess der Überprüfung und Reformulierung ihres Wirklichkeitsverständnisses ein. Aktuell erweisen sich gerade die Social Media als ein Lebensbereich, der die Theologie solchermaßen fordert, aber auch anschlussfähig ist für theologische Wirklichkeitsdeutung.

Eine „Theologie der Social Media" hat es mit solcher wirklichkeitserschließenden Deutung in den Lebens- und Kommunikationsräumen zu tun, die durch Social Media eröffnet und strukturiert werden. Dabei ist neben den Spezifika von Social Media deren Einbettung und Integration in andere Lebensbereiche entscheidend. Der Ort solcher Wechselwirkung und Integration verschiedener Handlungsfelder und Lebenswirklichkeiten ist der Mensch, der in ihnen agiert, kommuniziert, seine Identität ausbildet und lebt. Daher ist eine Theologie der Social Media wesentlich theologische Anthropologie und theologische Medienethik. Als theologische Anthropologie fragt sie nach Selbstverständnis und Lebensweisen des Menschen, der in durch Social Media geprägten Umwelten steht. Sie unternimmt eine Deutung solcher Selbstbilder vor dem Hintergrund klassischer theologischer Menschenbilder und ist zugleich um Reformulierung und um die theologische Fundierung oder Erweiterung menschlicher Selbst- und Weltdeutung bemüht. Als theologische Medienethik fragt sie danach, welche neuen Werte und Transformationen von Wertvorstellungen mit den Social Media einhergehen und welche Vorstellungen eines guten und gelingenden Lebens mit ihnen verbunden sind. Indem sie christliche Wertvorstellungen im Bereich der Social Media zur Sprache bringt, gibt sie Handlungsorientierung, macht auf Gefahren und Fehlentwicklungen wie auch auf neue Handlungsmöglichkeiten aufmerksam, wie sie sich aus christlicher Perspektive darstellen.

Im Fokus der theologischen Auseinandersetzung mit dem Internet und digitalen Medientechnologien stand lange Zeit der Bereich der Virtual Reality. Hier wurden insbesondere Simulationen wie in Online-Spielen (vor allem MUDs) und in Parallelwelten wie Second Life wahrgenommen. Der thematische Fokus lag auf der Begriffsbestimmung des Virtuellen und seinem Verhältnis zur Realität bzw. Wirklichkeit.[16] Wie eingangs skizziert, ist es den Bewohnern des Social Web jedoch zu einer Selbstverständlichkeit geworden, dass Social Media nicht minder reell sind als die Wirklichkeiten der eigenen Offline-Lebenskontexte. Die theologische Forschung zu den Praktiken des personalen Identitäts-, Beziehungs- und Informationsmanagements im Social Web[17] steht freilich in den Anfängen. Dieser Band will deshalb verschiedene Perspektiven für eine solche Forschung aufzeigen.

Angeknüpft werden kann dabei an verschiedene Arbeiten aus dem Bereich theologischer Medienethik, in welchen die netzförmigen Kommunikationsformen unter physisch Abwesenden sowie mediale Praktiken innerhalb der Social Media unter dem Leitbegriff der Gottebenbildlichkeit reflektiert werden. Diese wird größtenteils schöpfungstheologisch,[18] teils auch trinitätstheologisch[19] interpretiert. Insgesamt betonen diese medienethischen Arbeiten das Potential des Internets, partizipative Strukturen, reziproke Kommunikation und soziale Verbundenheit zu fördern. Dabei wird häufig die Verantwortlichkeit des Menschen dafür betont, wie er seine so-

---

16 Vgl. beispielsweise Nord, Ilona, Realitäten des Glaubens. Zur virtuellen Dimension christlicher Religiosität, Praktische Theologie im Wissenschaftsdiskurs Bd. 5, Berlin/New York 2008; Wessely, Christian/Larcher, Gerhard (Hg.), Ritus – Kult – Virtualität, Theologie im kulturellen Dialog Bd. 5, Regensburg/Wien 2000.
17 Vgl. Schmidt, Netz.
18 Andrea König entfaltet ihre Position im Rahmen eines umfassenden mediengeschichtlichen und medienethischen Überblicks, der jedoch die Entwicklung des Web 2.0 nur andeuten kann. Vgl. König, Andrea, Medienethik aus theologischer Perspektive. Medien und Protestantismus; Chancen, Risiken, Herausforderungen und Handlungskonzepte, Marburg 2006.
19 So aus katholischer Perspektive Kos, Elmar, Verständigung oder Vermittlung? Die kommunikative Ambivalenz als Zugangsweg einer theologischen Medienethik, Frankfurt a.M. 1997. Als evangelische Position vgl. Gräb, Wilhelm, Medien, in: ders. (Hg.), Handbuch Praktische Theologie, Gütersloh 2007, S. 149–161.

ziale Umwelt gestaltet und seine Freiheit nutzt.[20] Daneben werden die technologischen Merkmale digitaler und sozialer Medien sowie der Erzeugung, Verarbeitung, Übermittlung und Speicherung von Daten dargestellt und theologisch beleuchtet.[21]

Aktuell ist eine verstärkte theologisch-medienethische Auseinandersetzung auch mit den Social Media zu beobachten.[22] Als Beitrag zu dieser Debatte sollen die hier vorliegenden Überlegungen zu einer Theologie der Social Media dazu anregen, die Herausforderung der Theologie durch die Social Media sowie die theologische Deutung des Web 2.0 und anderer medialer Phänomene in konstruktiver Kritik, aber auch mit Experimentierfreude zu betreiben und dabei neben der theologischen Ethik auch die Dogmatik ins Spiel der Gedanken zu bringen.

4. Zum Aufbau dieses Sammelbandes

Entsprechend der eben skizzierten Doppelperspektive einer Theologie der Social Media werden in den Beiträgen dieses Bandes sowohl dogmatische, besonders anthropologische, als auch ethische Perspektiven auf das Personsein im Social Web eingenommen. Die kommunikationstheoretische Fragestellung tritt dem Thema entsprechend in allen Beiträgen hinzu, in einigen nimmt sie entsprechend der interdisziplinären Ausrichtung der Tagung den Schwerpunkt ein. Gerahmt wird die Reihe der Beiträge durch Alexander Filipovićs Überlegungen zum Verhältnis von (Internet-)Ethik und Anthropologie sowie durch Thomas Zeilingers Ausblick auf eine „Ethik der Verbundenheit", in der kommunikationstheoretische, ethische und anthropologische Überlegungen zum Personsein im Social Web zusammengeführt werden. Die innerhalb dieses Rahmens stehenden acht Beiträge schreiten einen Denkweg ab, der bei Phänomenen personaler Kommunikation in Sozialen Netzwerken, besonders Facebook, beginnt. Christina Ernst, Konstanze Marx, Christoph Gieseler und Anne-Kathrin Lück beschäftigen sich aus den Perspektiven der theologischen Ethik, der Sprachwissenschaft und der Rechtswissenschaft mit Fragen der Selbstdarstellung von Personen, der Kontaktaufnahme mit anderen Personen und des Schutzes persönlicher Daten. Der Blick wird anschließend von Facebook als Paradebeispiel des Sozialen Netzwerks ausgeweitet auf prinzipielle Fragen des

---

20 Vgl. dazu die Beiträge in Wunden, Wolfgang (Hg.), Freiheit und Medien, Münster 2005 sowie Pirner, Manfred/Rath, Matthias (Hg.), Homo Medialis. Perspektiven und Probleme einer Anthropologie der Medien, München 2003.

21 Die aktuellste und umfassendste Übersicht über informationsethische Zugänge und ihre Wahrnehmung durch die Theologie bietet Greis, Andreas, Identität, Authentizität und Verantwortung. Die ethischen Herausforderungen der Kommunikation im Internet, München 2001. Als Beitrag aus protestantischer Sicht, der die Entwicklung des Internets bis Ende der 1990er thematisiert, vgl. Haese, Bernd-Michael, Hinter den Spiegeln – Kirche im virtuellen Zeitalter des Internet, Praktische Theologie heute Bd. 81, Stuttgart 2006.

22 Diese wird online für den deutschsprachigen Raum durch das „Netzwerk Medienethik" (www.netzwerk-medienethik.de) und für den europäischen Kontext durch das „European Christian Internet Conference Network" (ECIC; www.ecic.info) gebündelt. Vgl. weiter die Zeitschrift IRIE: International Review of Information Ethics, Stuttgart 2004ff (www.i-r-i-e.net).

Personseins im Social Web, einmal aus kommunikationswissenschaftlicher (Vera Dreyer), einmal aus theologischer Perspektive (Christina Costanza). Schließlich wenden sich zwei Beiträge der Kommunikation des Evangeliums im Social Web zu (Karsten Kopjar, Andrea Mayer-Edoloeyi).

Der Erschließung des Bandes dient ein Sach- und Personenregister; ein ausführliches Literaturverzeichnis gibt Hinweise zur Weiterarbeit an einer Theologie der Social Media, zu der dieser Band ein Impuls sein soll.

Geleitwort

Seit Jahren ist deutlich, dass die rasanten Transformationen im Bereich der Medien, die Entwicklung des Internet zum Web 2.0 und der wachsende Bereich der Social Media auch die kirchliche Praxis betreffen und herausfordern: Wie können die Kirchen im Web 2.0 präsent sein? Wie können die neuen Medien zur Kommunikation des Evangeliums verantwortlich genutzt werden? Welcher Umgang ist hier theologisch angemessen? Inzwischen wird in Landeskirchen und Kirchengemeinden an vielen Stellen reagiert: durch die Präsenz von Kirchengemeinden in Sozialen Netzwerken, durch blogähnlich aufbereitete Sites kirchlicher Institutionen, durch die Vergabe von Preisen für herausragende kirchliche Internetangebote, aber auch durch Einrichtungen wie Chatseelsorge und virtuelle Trauerräume. Lokale und überregionale Internetprojekte experimentieren mit den neuen Kommunikationsformen: Die Konfirmanden- und Jugendarbeit auf Facebook sind hier ebenso zu nennen wie Twitter-Gottesdienste, Barcamps oder Gedenkseiten für Verstorbene. Mit der Plattform evangelisch.de bündelt die EKD Initiativen im Bereich der neuen Medien und klassische kirchliche Medienangebote wie Radioandachten und Pressemitteilungen. Internetbeauftragte aller Landeskirchen sorgen für eine koordinierte Internetarbeit der EKD.

Was freilich zu vertiefen ist, ist eine sorgfältige wissenschaftlich-theologische Reflexion sich derart verändernder kirchlicher Kommunikationspraxis. Diese nutzt den virtuellen Raum als Raum von religiöser Kommunikation und von Kommunikation über Religion. Dabei sind sowohl der virtuelle Kommunikationsraum als auch die in ihm sich vollziehenden und sich wandelnden Kommunikationen deutungsoffen und deutungsbedürftig. Will die Theologie als Reflexion gelebter Religion verstanden sein, fordert der virtuelle Raum daher eine eigene Theologie, eine *Theologie der Social Media*.

Mit der Göttinger Tagung „Personen im Web 2.0", gefördert durch die Hanns-Lilje-Stiftung, wurde im September 2011 ein Anstoß gegeben, eine solche Theologie zu entwickeln. Die daraus hervorgegangenen Beiträge des vorliegenden Sammelbandes nehmen das theologisch valente Thema des Personseins im Web 2.0 aus verschiedenen Disziplinen und Perspektiven in den Blick. Es tun sich, wie exemplarisch gezeigt wird, zahlreiche Herausforderungen für eine *Theologie der Social Media* auf, die – so die Programmatik von Tagung und Veröffentlichung – an den Schnittstellen von Theorie und Praxis interdisziplinär anzusetzen hat. Die Hanns-Lilje-Stiftung unterstützt nach der Tagung nun auch diese Veröffentlichung. Wir wünschen allen Leserinnen und Lesern eine anregende Lektüre, auf dass die gewonnenen Einsichten die weitere theologische Auseinandersetzung mit den Social Media befördern.

Dr. Christoph Dahling-Sander
Sekretär der Hanns-Lilje-Stiftung

Anthropologie des Web 2.0?
Die Bedeutung eines theologisch-anthropologischen Zugangs für die Internetethik[1]

Alexander Filipović

Abstract

Am Beispiel der von Jan Schmidt beschriebenen Nutzungspraktiken des Neuen Netzes, die als Identitäts-, Beziehungs- und Informationsmanagement beschrieben werden, diskutiert dieser Beitrag Wechselwirkungen zwischen empirischer Nutzer- und Nutzungsforschung und philosophisch-ethischer Deutung dahinter liegender Menschenbilder. Dabei wird die These vertreten, dass empirische Sach- und normative Sinnebene durch die Anthropologie aufeinander bezogen werden und diese so erst einen ethischen Zugriff ermöglicht. Abschließend werden Perspektive und Leistung einer theologischen Anthropologie für die Internetethik am Beispiel eines entsprechenden Identitäts- und Beziehungsverständnisses benannt.

1. Einleitung

Die empirische Erforschung neuer Internetphänomene, die üblicher Weise unter dem Stichwort Web 2.0 zusammengefasst werden, interessiert sich unter anderem für die Frage, warum Menschen Angebote wie Social Networking Sites oder Videoplattformen nutzen oder warum sie bloggen, Blogs lesen, twittern oder Twitter-Usern folgen.[2] Es sind die Daten über den Menschen, über seine Motive, Erwartungen, Praktiken und Kommunikationsweisen, die von der sozialempirischen Forschung erhoben werden und mit denen dargestellt werden soll, mit was für Phänomenen wir es da zu tun haben. Jan Schmidt beispielsweise hat in verschiedenen Anläufen drei Praktiken der Social Web-Nutzung analysiert. Im Umgang mit Social Web-Anwendungen offenbaren sich drei zentrale „kollektiv geteilte Verwendungsweisen".[3] Diese empirisch rekonstruierten Verwendungsweisen sind in seiner Formulierung Identitätsmanagement, Beziehungsmanagement und Informationsma-

---

1 Dieser Beitrag geht auf einen Vortrag zurück, der im September 2011 auf der Tagung „Personen im Web 2.0 – Theologische Perspektiven" an der Theologischen Fakultät der Georg-August-Universität in Göttingen gehalten wurde.
2 Im Folgenden wird in der Regel die maskuline Form geschlechter-inklusiv verwendet.
3 Schmidt, Jan/Lampert, Claudia/Schwinge, Christiane, Nutzungspraktiken im Social Web – Impulse für die medienpädagogische Diskussion, in: Herzig, Bardo/Meister, Dorothee M./Moser, Heinz/Niesyto, Horst (Hg.), Jahrbuch Medienpädagogik 8. Medienkompetenz und Web 2.0, Wiesbaden 2010, S. 255–270, hier: S. 258.

nagement. Mit anderen Worten: Menschen, die im Neuen Netz[4] ‚unterwegs sind', nutzen die Angebote zum Management ihrer Identität, ihrer Beziehungen und ihrer Informationen.

Identität, Beziehung und Information – man könnte sie die sozialwissenschaftlich generierte funktionale Trias des Neuen Netzes nennen. Diese funktionale Beschreibung betont, dass sich das Internet, wie wir es heute kennen, vor allem aus *dem* Grund in dieser Weise entwickelt hat, weil es spezifische Funktionen erfüllt bzw. wichtigen menschlichen Bedürfnissen entgegenkommt. Der vorliegende Beitrag nimmt diese material ziemlich ‚dicke' Aussage über die Menschen als Nutzer des Internets zum Anlass, nach der Möglichkeit und der Bedeutung eines theologisch-anthropologischen Zugangs für die Internetethik zu fragen. Empirische Nutzer- und Nutzungsforschung soll anhand des erwähnten Beispiels in ihrer ethisch-anthropologischen Relevanz analysiert werden mit dem Ziel, die Rolle der (theologischen) Anthropologie für die Internetethik zu skizzieren. Ich berühre dabei sowohl methodische als auch inhaltliche Fragen.

Mit diesem Ziel und der Rezeption von ursprünglich sozialwissenschaftlichen Kategorien für ein anthropologisches Ethikkonzept ergeben sich eine Vielzahl von systematischen Problemen, die mehr oder weniger jede medienethische Fragestellung betreffen, aber die im theologischen Kontext eine zusätzliche Dimension bekommen. Zunächst beschreibe ich im zweiten Abschnitt das erwähnte Beispiel der sozialempirischen Rekonstruktion von Nutzungspraktiken. Davon ausgehend frage ich nach dem Status dieser empirischen Aussagen im Verhältnis zu normativen Fragen. Im dritten Teil untersuche ich zunächst methodisch den Zusammenhang von Ethik und Anthropologie.[5] Der vierte Teil setzt ebenfalls mit einer methodischen Frage ein, die auf die Möglichkeit einer geeigneten theologischen Anthropologie abzielt. Damit leite ich dann über zu inhaltlichen Überlegungen zu der Frage, welche materialen Elemente einer christlichen Anthropologie für eine Internetethik geeignet sind. Meine Leitfragen sollen sein:

- Wie werden Identitätsmanagement, Beziehungsmanagement und Informationsmanagement als kollektiv geteilte Verwendungsweisen in kommunikationssoziologischer Perspektive rekonstruiert? Wie ist das Verhältnis dieser empirischen Leistung zu ethischen Überlegungen zu sehen? Ist Empirie gleich schon Anthropologie?
- Welchen Status haben anthropologische Überlegungen für die Medienethik bzw. welche Anforderungen bestehen für eine ethisch relevante Anthropologie?

---

4 Der Ausdruck „das Neue Netz" wird von Jan Schmidt in verschiedenen Publikationen ungefähr gleichbedeutend mit der Bezeichnung „Web 2.0" verwendet. Vgl. z.B. Schmidt, Jan, Das neue Netz. Merkmale, Praktiken und Folgen des Web 2.0, Konstanz 2009.
5 In den Abschnitten 2. und 3. greife ich zum Teil wörtlich zurück auf meinen Text Filipović, Alexander, Identität, Beziehung und Information. Systematische Überlegungen zu einer Anthropologie des Web 2.0 in medienethischer Perspektive, in: Zeitschrift für Kommunikationsökologie und Medienethik 11 (2009), S. 61–65.

- Wie kann eine theologische Anthropologie aussehen, die als Grundlage für eine theologische Netzethik dienen kann?

2. Die Empirie der Internetnutzung und ihr wissenschaftlicher Status

2.1 Nutzungspraktiken: Von der Empirie zu einem heuristischen Konzept

Der zitierte kommunikationssoziologische Ansatz Schmidts untersucht die Innovationen im Bereich von Soft- und Hardware im Hinblick auf ihre Auswirkungen auf Nutzungspraktiken:

> „Sowohl die Vielfalt der [...] Anwendungen und Nutzungskontexte als auch die unterschiedlichen Grade ihrer Diffusion machen deutlich, dass eine Betrachtung zu kurz greift, die sich entweder isoliert auf einzelne Anwendungen oder alleine auf spezifische Einsatzfelder konzentriert. Stattdessen erscheint es ratsam, den Blick auf die unterschiedlichen Nutzungspraktiken zu richten, also kollektiv geteilte Verwendungsweisen im Umgang mit den Social Web-Anwendungen in den Fokus zu rücken."[6]

Soft- und Hardwarestrukturen werden dabei nicht als Determinanten von Praktiken verstanden, sondern als Möglichkeitsbedingungen oder Rahmen für kreative und autonome Nutzungen, die zum Teil gar nicht bei der Soft- und Hardwareherstellung bezweckt worden sind. Es interessieren also soziale Prozesse der Online-Kommunikation, die einer Forschung zugänglich sind, wenn „man kollektiv geteilte Gebrauchsweisen oder Praktiken untersucht, in denen individuelle und strukturelle Elemente zusammen fließen".[7] Dieser sozialwissenschaftliche, „praxistheoretische" Zugriff startet mit der Erkenntnis, „dass sich in der Nutzung von Social Software Verwendungsgemeinschaften herausbilden, das heißt Gruppen von Personen, die eine Anwendung in ähnlicher Art und Weise nutzen".[8]

In das Zentrum der Aufmerksamkeit rücken damit Regeln und Regelmäßigkeiten, Strukturen und „dominierende[...] Handlungskomponenten",[9] die nicht nur vorschreibend wirken und der Handlung äußerlich oder vorgeordnet sind, sondern die in ihrem Vollzug, also als und nur als Praxis, realisiert werden. Das Social Web oder das Neue Netz wird unter Rückgriff auf das interaktionistische Paradigma (Giddens) in diesem Sinne als eine „Struktur" und als eine „Praxis" verstanden, die (teil-)öffentliche Online-Kommunikationen ermöglicht und stabilisiert.

---

6   Schmidt/Lampert/Schwinge, Nutzungspraktiken, S. 258.
7   Schmidt, Jan, Social Software: Onlinegestütztes Informations-, Identitäts- und Beziehungsmanagement, in: Forschungsjournal Neue Soziale Bewegungen 19 (2006), S. 37–47, hier: S. 38.
8   Schmidt, Social Software, S. 38 unter Rückgriff auf Höflich, Joachim R., Mensch, Computer und Kommunikation. Theoretische Verortungen und empirische Befunde, Frankfurt am Main 2003.
9   Schmidt/Lampert/Schwinge, Nutzungspraktiken, S. 266.

„Verbindendes Element zwischen der Mikro-Ebene des individuellen Handelns und der Makro-Ebene der überindividuellen Strukturen ist das Konzept der Nutzungspraxis: In ihr manifestieren sich situative Nutzungsabsichten der Akteure."[10]

Das Neue Netz wird nicht von seiner formal-technologischen Seite aus analysiert, sondern von den Verwendungsweisen der Menschen her. Diese Gebrauchsweisen des Identitäts-, Beziehungs- und Informationsmanagements werden mittels Befragung, Codierung und Systematisierung erhoben.[11] Das Ergebnis: Menschen nutzen Internetangebote vermehrt und in neuer Weise in identitätsrelevanter Hinsicht (durch die Pflege von Profilseiten, durch die Publikation von Texten in persönlichen Weblogs), im Hinblick auf Beziehungen (durch Versenden von Kontaktgesuchen, durch die Kommentierung von persönlichen Statusmeldungen, durch Beobachtung der Beziehungen von Freunden) und im Hinblick auf den Umgang mit Informationen (durch das Teilen von Links, die Recherche bei social bookmarking-Diensten, das Abonnieren eines RSS-Feeds).

Diese Nutzungspraktiken lassen sich auch in anderen empirischen Untersuchungen zur Social Web Nutzung erkennen, wodurch sie eine hohe Plausibilität beanspruchen können.[12] Die drei unterschiedenen Nutzungspraktiken spiegeln ebenfalls die in der Entwicklungspsychologie systematisierten Entwicklungsaufgaben Jugendlicher. Drei Dimensionen allgemeiner Identitätsentwicklung können unterschieden werden:[13] (a) Die personale Dimension der Ausbildung von Identität, (b) die Beziehungsdimension der Ausbildung von Identität, und (c) die gesellschaftliche und sozioinstitutionelle Dimension. Die Autoren der Studie „Heranwachsen im Social Web" diskutieren entsprechend ihre Ergebnisse

> „entlang der drei zentralen Entwicklungsaufgaben, denen sich insbesondere Jugendliche gegenübersehen und die sie – unter anderem – mit Hilfe von Angeboten des Social Web zu bewältigen versuchen: Die Selbstauseinandersetzung, die mit Praktiken des Identitätsmanagements korrespondiert [...], die Sozialauseinandersetzung, die Formen des Beziehungsmanagements notwendig macht [...] sowie die

---

10 Schmidt, Jan, Was ist neu am Social Web? Soziologische und kommunikationswissenschaftliche Grundlagen, in: Zerfaß, Ansgar/Welker, Martin/Schmidt, Jan (Hg.), Kommunikation, Partizipation und Wirkungen im Social Web. Band 1: Grundlagen und Methoden: Von der Gesellschaft zum Individuum, Köln 2008, S. 18–40.
11 Schmidt, Jan, Weblogs. Eine kommunikationssoziologische Studie, Konstanz 2006, S. 172f.
12 Vgl. neben der Studie „Heranwachsen mit dem Social Web" des Hans-Bredow-Instituts in Hamburg und der Universität Salzburg (Schmidt, Jan/Hasebrink, Uwe/Paus-Hasebrink, Ingrid [Hg.], Heranwachsen mit dem Social Web. Zur Rolle von Web 2.0-Angeboten im Alltag von Jugendlichen und jungen Erwachsenen, Berlin 2009) etwa die JIM-Studie 2007: Medienpädagogischer Forschungsverbund Südwest, JIM 2007. Jugend, Information, (Multi-)Media. Basisstudie zum Medienumgang 12- bis 19-Jähriger in Deutschland. Online verfügbar: http://www.mpfs.de/fileadmin/JIM-pdf07/JIM-Studie2007.pdf [29.03.2012]; auch die jüngeren JIM-Studien sind hier instruktiv.
13 Vgl. im Rückgriff auf die Arbeiten des Sozialpsychologen Augusto Palmonari den Text Dekovic, Maja/Noom, Marc J./Meeus, Wim, Expectations regarding development during adolescence. Parental and adolescent perceptions, in: Journal of Youth and Adolescence 26 (1997), S. 253–272, hier besonders S. 259f.

Sachauseinandersetzung, die durch das Informationsmanagement unterstützt wird [...]."[14]

Durch die wissenschaftliche Arbeit in Richtung einer sozialwissenschaftlichen Theorie der Nutzung des Neuen Netzes tendiert das empirische Ergebnis geteilter Nutzungspraktiken im wissenschaftlichen Forschungsverlauf dann aber klar zu einem Erklärungsmuster, indem das Ergebnis für zukünftige Untersuchungen im Vorgriff auf die Empirie als Hypothese am Anfang einer empirischen Untersuchung steht. Die sozialwissenschaftlich generierte funktionale Trias der Nutzung des Neuen Netzes stellt also einen empirisch herausgearbeiteten und analytisch verwendeten Rahmen zur Interpretation verschiedener Untersuchungen dar.

2.2 Die Empirie und das Gute und Richtige

Wir haben eine sozialwissenschaftlich-empirische Gewissheit, dass Menschen das Neue Netz nutzen, um ihre Identitäts-, Beziehungs- und Informationsarbeit zu verrichten. Verrät uns dieses Ergebnis etwas über die Frage, wie wir das Web 2.0 bewerten und gestalten sollen? Diese Frage betrifft das Verhältnis von Empirie und Ethik. In wissenschaftlichen Kontexten wird das Verhältnis zwischen Empirie und Ethik von empirisch arbeitenden Forscherinnen und Forschern wenig problematisiert: Normativ-vorschreibende Überlegungen selbst oder Aussagen, die auf einem expliziten normativen Standpunkt beruhen, werden nicht berücksichtigt. Moral als Thema empirischer Forschung kommt meist nur in dem Sinne vor, dass Moral im Sinne vorfindlicher sittlicher Werte und Normen ‚erhoben' wird. Diese meist der alleinigen Verpflichtung auf die empirisch-sozialwissenschaftliche Methode geschuldete Perspektive führt die Einschätzung mit sich, moralische Behauptungen seien nicht der Wahrheit (oder der Falschheit) fähig. Moral zählt nur als empirisches Phänomen, und nicht als etwas, über das ein Urteil hinsichtlich des Sollens gefällt werden kann oder gar muss. Das ist eine ganz andere Zugriffsweise als die Beurteilung und Reflexion von Moralität. Ethik reflektiert eine Moral (die Praxis des guten und richtigen Handelns), aber sie geht über eine soziologische Beobachtung hinaus, weil sie „unter der erkenntnisleitenden Maxime des Urteils über das Sollen"[15] denkt. Der Medien- und Kommunikationswissenschaft, die sich in einem langen Prozess von einer normativen Geisteswissenschaft hin zu einer empirisch-sozialwissenschaftlichen Disziplin entwickelt hat, fällt es schwer, der Medien- und Kommunikationsethik einen angemessenen Platz in Forschung und Lehre zuzuweisen, so dass Medien- und Kommunikationsethik auch eher von anderen Disziplinen aus vorangetrieben wird.[16]

---

14 Schmidt/Hasebrink/Paus-Hasebrink, Heranwachsen mit dem Social Web, S. 268.
15 Mieth, Dietmar, Moral und Erfahrung I. Grundlagen einer theologisch-ethischen Hermeneutik, Freiburg, Schweiz ⁴1999, S. 35.
16 Vgl. für eine recht aktuelle Bilanz Raabe, Johannes, Jenseits der Festtagsreden. Zum Stand der Ethik in der Kommunikationswissenschaft. in: Averbeck-Lietz, Stefanie/Klein, Petra/Meyen, Mi-

Die Problematik ist eingebunden in die letztlich wissenschaftstheoretische und theoretisch-philosophische Frage nach der Möglichkeit von objektiver (wissenschaftlicher) Erkenntnis. Wie auch immer man die momentane wissenschaftstheoretische Debatte zu beurteilen hat, so ist deutlich, dass ein reiner Positivismus empiristischen Zuschnitts theoretisch nicht mehr vertreten werden kann. Es scheint sich stattdessen ein pragmatischer Wahrheits- und Wissenschaftsbegriff durchzusetzen: Wahrheit ist nicht irgendwo vorhanden und kann nicht einfach hervorgeholt werden, sondern eine Wahrheit als objektive Erkenntnis entsteht in Folge einer erfolgreichen alltäglichen oder wissenschaftlichen Problemlösung. Das ist keine nur individuelle, sondern (allein weil sie auf Sprache zurückgreift) eine soziale Leistung. – Diese nur kurz angedeuteten Aspekte sind Grundannahmen einer postempiristischen Wissenschafts- und Erkenntnistheorie, wie sie vor allem durch Thomas S. Kuhn und Richard Rorty im Rückgriff auf den Pragmatismus und Wittgenstein angestoßen wurden.[17] In diesem Licht ist die Befragung von Social Web-Nutzern eine Praxis, die nicht ohne implizite normative Vorstellungen auskommt und schon selber eine Regelbefolgung darstellt, da sie an vergangene Forschungen anschließt und deren Regeln repliziert und/oder aktualisiert.

Die sich in der Wissenschaftstheorie durchsetzende Anerkennung der Kontingenz und der normativen Imprägnierung allen empirischen Forschens muss nun aber nicht dazu führen, diese Methode der Generierung von Wissen als irrelevant für die Medienethik zu kennzeichnen. Matthias Rath setzt für die Klärung der Bedeutung der empirischen Forschung für die Medienethik beim naturalistischen Fehlschluss an und stellt heraus, dass die Ergebnisse empirischer Forschung in der Ethik keine begründende Funktion haben können. Er sieht die positive Funktion der Empirie für die Medienethik darin, dass sie „das Feld umreißt, die Struktur- und Handlungsbedingungen benennt, unter denen dann ethisch auszuweisende Prinzipien angewandt, normative Regeln formuliert und moralischer Konsens argumentativ hergestellt"[18] werden.

Dieser zuzustimmenden Perspektive ist die Sichtweise hinzuzufügen, dass empirische Forschungsergebnisse wie angedeutet kein wert- und normfreies, objektives Wissen darstellen und nicht die Wirklichkeit im Sinne eines Spiegels repräsentieren. Die von Schmidt identifizierten Nutzungspraktiken repräsentieren nicht eine

---

chael (Hg.), Historische und systematische Kommunikationswissenschaft. Festschrift für Arnulf Kutsch, Bremen 2009, S. 287–308. Hier hinzuzufügen ist der Verweis auf das inzwischen erschienene Handbuch (Schicha, Christian/Brosda, Carsten, Handbuch Medienethik, Wiesbaden 2010), die Schriften-Reihe „Kommunikations- und Medienethik" (darin bereits erschienen: Filipović, Alexander/Jäckel, Michael/Schicha, Christian [Hg.], Medien- und Zivilgesellschaft, Weinheim 2012) und die Zeitschrift „Communication Socialis", die kurzfristig ein spezifisch medienethisches Profil erhalten wird.

17 Vgl. Kuhn, Thomas S., The Structure of Scientific Revolutions, Chicago 1962; Rorty, Richard, Philosophy and the mirror of nature, Princeton, N.J. 1979.

18 Rath, Matthias, Empirische Perspektiven, in: Schicha, Christian/Brosda, Carsten (Hg.), Handbuch Medienethik, Wiesbaden 2010, S. 136–146.

Wirklichkeit, sondern sie sind ein Deutungsvorschlag[19] dessen, was wir als Realität bezeichnen. Schon Schmidt arbeitet systematisierend und abstrahiert von der bloßen Messung, und er überschreitet damit die rein quantitative Methode. Diese Deutung, diese Evaluation von Realitäten ist hoch relevant für die Medienethik, wenn sie denn als solche, also als Deutung und Evaluation verstanden wird. Sie kann reflexives Nachdenken über Moralfragen und eine entsprechende Theorieentwicklung anregen, prägen und voranbringen.

Der evaluative Charakter dieser Forschungspraxis zeigt sich zudem, wenn Menschen über ihre Nutzungs-Motive befragt werden. Die Selbst-, Fremd- und Weltverhältnisse, die hier im Grunde abgefragt und systematisiert werden, sind selbst im engen Sinne moralische Verhältnisse, die nicht immer schon da sind, sondern die im Moment der Frage, der Antwort und der Deutung der Antwort in bestimmter Weise herangezogen werden und für die immer Gründe eine Rolle spielen. Versetzen wir uns in denjenigen, der gefragt wird, warum er oder sie eine Social Web-Anwendung nutzt: Die Antwort, z.B. „Beziehungen pflegen", transportiert moralische Überzeugungen, die schon in ihrer sprachlichen und narrativen Verfasstheit Bezüge zu ganzen sittlichen Konzepten aufweisen. Insofern Ethik als Reflexionstheorie ihre genuine Aufgabe auch in der deutenden Beschreibung von moralischen Überzeugungen sieht, nimmt die hier herangezogene Art empirischer Forschung an diesem ethischen Projekt teil. Das bedeutet für die Ethik ihrerseits nicht, dass sie es für sich selbst aufgeben soll, Realitäten zu deuten. Sie tut dies in einer von normativen Vorannahmen geprägten Weise und weniger im Modus der Befragung und der Aggregation von Daten. Warum aber soll diese Art der Realitäts-Deutung weniger zutreffend sein als der Modus empirischer Forschung? Die Ethik kann sich für die Realitätsdeutung der empirischen Forschung interessieren und ihr die im Kern moralischen Selbstdeutungen von Menschen entnehmen, und die empirische Sozialforschung kann die Realitätsdeutung der Ethik im Hinblick auf eine Ergänzung ihrer Vorstellung von Faktizität nutzen.

Sollenssätze aufzustellen ohne Reflexion auf die tatsächlichen Zustände kann einerseits kaum eine praktische Wirkung entfalten, und die Sachlage alleine kann andererseits noch nicht das Gute und Gerechte begründen. Es erscheint dann als die entscheidende ethische Herausforderung für die Begründung von sittlichen Einsichten, „Sachverhaltsforschung und Sinnerforschung"[20] plausibel zu vermitteln. Für das Projekt einer in dieser Weise recht verstandenen empiriebezogenen Ethik, oder für das Projekt einer Ethik als Wirklichkeitswissenschaft, spielt die Erfahrung im Sinne der empirischen Tatsachenerforschung *und* die Experienz im Sinne der hermeneutischen Sinnerforschung je eine wichtige Rolle.[21]

---

19 Schmidt, Social Software, S. 172.
20 Mieth, Moral und Erfahrung I, S. 148.
21 Vgl. für diese Unterscheidung Mieth, Dietmar, Moral und Erfahrung II. Entfaltung einer theologisch-ethischen Hermeneutik, Freiburg, Schweiz 1998.

3. Anthropologie und (Medien-)Ethik: Die Vermittlung von Sach- und Sinndimension

Die rekonstruierten Nutzungspraktiken der Social Web-Nutzung können als reinterpretierte Deutungen von Menschen in ihren Selbst- und Weltverhältnissen verstanden werden und treffen damit Aussagen über *den Menschen* im Social Web. Sie skizzieren damit im Hinblick auf eine bestimmte Frage ein bestimmtes Verständnis vom Menschen und verwenden es als Heuristik. Wenn diese empirischen *Menschenbilder* dann verwendet werden, um beispielsweise medienpädagogische Konzepte anzuleiten oder gar netzpolitische Entscheidungen zu begründen, dann nehmen sie einen präskriptiven Charakter an: Tatsacheninformationen über Menschen leiten Entscheidungen an, die wiederum Menschen betreffen. Die Empirie über menschliches Verhalten leitet den forschenden und den gestaltenden Blick. Empirie wird zur Anthropologie.

Wie ist das Verhältnis von empiriebasierter Anthropologie und normativer Ethik zu beschreiben? Wir haben das Erfordernis einer Vermittlung von Empirie und Ethik gezeigt. Die speziellere Frage nach der Rolle der Anthropologie für die Ethik thematisiert über die konkrete empirisch-sozialwissenschaftliche Forschung hinaus die Bedeutung von Menschenbildern für das Urteil über das Sollen und inwieweit diese Menschenbilder, sozusagen unsere normativ wirksamen Vorstellungen vom Menschen, auf die Ethik konkret einwirken.

Durch die Psychoanalyse, die Sozialwissenschaften und vor allem durch die Biologie besonders in der Gestalt der Evolutionsbiologie ist der traditionelle Anspruch von Theologie und Philosophie, alleinig für die Anthropologie verantwortlich zu sein, seit längerer Zeit aufgeweicht. Wie ließe sich der Anspruch verteidigen, von theologischer oder philosophischer Warte etwas zur Anthropologie beizutragen? Christian Illies nennt für den Fall der philosophischen Anthropologie unter anderem das Argument, dass wir „praktisch genötigt [sind], ein philosophisches Selbstbild zu entwickeln".[22] Er geht aus von Kants „Anthropologie in pragmatischer Hinsicht":

> „Eine Lehre von der Kenntniß des Menschen, systematisch abgefaßt (Anthropologie), kann es entweder in physiologischer oder in pragmatischer Hinsicht sein. – Die physiologische Menschenkenntniß geht auf die Erforschung dessen, was die Natur aus dem Menschen macht, die pragmatische auf das, was er als freihandelndes Wesen aus sich selber macht, oder machen kann und soll."[23]

Die praktische (bei Kant pragmatische) Anthropologie erscheint als *praktische Notwendigkeit*. Jede Vorstellung von dem, was wir tun wollen, schließt eine Selbst-

---

22 Illies, Christian, Philosophische Anthropologie im biologischen Zeitalter. Zur Konvergenz von Moral und Natur, Frankfurt am Main 2006, S. 25.
23 Kant, Immanuel, Anthroplogie in pragmatischer Hinsicht, Berlin 1968, AA XII, S. 119.

deutung ein. Diese wiederum ist ohne eine normative Orientierung nicht denkbar: Identität wird definiert durch einen Rahmen, der vorgibt, was gut ist und getan werden sollte, und der es überhaupt erst möglich macht, einen Standpunkt zu beziehen. Die Frage des Menschen nach seinem Selbstverständnis ist unvermeidbar und schließt normative Implikationen notwendig ein. Ethik, wenn man sie nicht auf die formale Begründung von Moralität schlechthin einengt, hat mit dieser Normativität der menschlichen Selbstbeschreibung zu tun. Hier sieht man, dass die Anthropologie auf die Ethik zurückwirkt, wenn sie sie auch nicht begründen kann. Aus dem Verbot, das Sollen aus dem Sein logisch abzuleiten, folgt nicht, dass das Sein mit dem Sollen nichts zu tun habe. Seinszustände legen, so William Frankena, bestimmte Sollensforderungen nahe.[24]

Die enge Verbindung von Anthropologie und Ethik wird in den letzten beiden Jahrzehnten in der Philosophie wieder deutlich erkannt.[25] Anthropologie ist interessant, weil sie eine Möglichkeit sein kann, Sachebene und Sinnebene miteinander zu verknüpfen und damit einen ethischen Zugriff überhaupt erst möglich zu machen. Jean-Pierre Wils formuliert in diesem Sinne:

> „Gerade in diesem Spannungsfeld hat Anthropologie eine korrelativ-kritische Funktion: Empirische Korrekturen ethischer Engführungen und ethische Korrekturen empirischer Reduktionismen gehören zu ihrer genuinen Aufgabe. Ich verstehe also unter Anthropologie eine hermeneutische Betätigung, eine interpretative Tätigkeit hinsichtlich dominanter und/oder signifikanter Erfahrungen und Selbstthematisierungen des Menschen.
>
> Anthropologie will nämlich zugleich mehr sein als eine deskriptive und doch weniger als eine rein präskriptive Wissenschaft. Positiv ausgedrückt: Anthropologie unternimmt den Versuch, den latenten Empiriemangel ethischer Theorien auszugleichen und die Distanz zu normativen Schlussfolgerungen bei den empirischen Wissenschaften zu verringern. Anthropologie macht die Empirie normfähig und die Ethik empiriefähig."[26]

Was könnte das für eine Medienethik bedeuten? Bei aller Gefahr, die von Antworten auf die Frage, was ein Mensch ist, ausgehen, so unvermeidlich ist die Frage. Jede Vorstellung von dem, was wir tun wollen und sollen, schließt eine Selbstdeu-

---

24 Frankena, William K., Ethik und Umwelt, in: Krebs, Angelika (Hg.), Naturethik. Grundtexte der gegenwärtigen Tier- und ökoethischen Diskussion, Frankfurt a. M. 1997, S. 271–295, hier: S. 290f.
25 Vgl. Wils, Jean-Pierre (Hg.), Anthropologie und Ethik. Biologische, sozialwissenschaftliche und philosophische Überlegungen, Tübingen, Basel 1997; Bröckling, Ulrich (Hg.), Disziplinen des Lebens. Zwischen Anthropologie, Literatur und Politik, Tübingen 2004; Illies, Christian, Philosophische Anthropologie; Mieth, Dietmar, Anthropologie und Ethik, in: Graf, Michael/Mathwig, Frank/Zeindler, Matthias (Hg.), „Was ist der Mensch?" Theologische Anthropologie im interdisziplinären Kontext. Wolfgang Lienemann zum 60. Geburtstag, Stuttgart 2004, S. 351–367.
26 Wils, Jean-Pierre, Anmerkungen zur Wiederkehr der Anthropologie, in: Wils, Jean-Pierre (Hg.), Anthropologie und Ethik. Biologische, sozialwissenschaftliche und philosophische Überlegungen, Tübingen, Basel 1997, S. 9–40, hier: S. 40.

tung ein. Diese Selbstdeutung wiederum ist ohne eine normative Orientierung nicht denkbar: Identität wird – hier beziehe ich mich auf Charles Taylor – definiert durch einen Rahmen, der vorgibt, was gut ist und getan werden sollte und der es überhaupt erst möglich macht, einen Standpunkt zu beziehen.[27] Gerade weil die Frage nach dem Menschen nicht ausbleiben kann, „aber keine Antwort dauerhaft trägt oder zu ertragen wäre",[28] ist die Anthropologie der prozesshafte und nicht endende Versuch einer Antwort, der morgen oder anderswo schon wieder verworfen wird. Es liegt daher nahe, Anthropologien zeitdiagnostisch zu lesen. Hier erkenne ich einen guten Weg für die Medienethik. *Anthropologische Aussagen, ob sie nun als sinndimensionierte Philosophien bzw. Theologien oder als sachdimensionierte Elemente sozialempirischer Erforschung daherkommen, können als Symptome dafür genommen werden, „welche Dimensionen des Menschlichen problematisch geworden sind und welche als selbstverständliche vorausgesetzt werden".*[29]

Die umfassend verstandene Medienanthropologie[30] ist also hoch relevant für die Ethik, insofern damit die Medialität menschlicher Selbst- und Weltverhältnisse als unhintergehbarer Ausgangspunkt jeder Medienethik ernst genommen wird. Die Medienanthropologie kann deutlich machen, dass Sollensforderungen im Kontext von Kommunikation und Medien nicht von medialen Erfahrungen abstrahieren können, sondern eine Sollensforderung immer schon eine mediale Erfahrung voraussetzt und diese Erfahrungen wiederum eingebunden sind in die breite Praxis menschlicher Selbstdeutungen.

Damit kann man zurückkehren zu dem Vorschlag, die Handlungsdimensionen des Identitäts-, Beziehungs- und Informationsmanagements in den Mittelpunkt einer Beschäftigung mit dem Social Web zu stellen. Identität, Beziehung und Information sind Lebensaufgaben, deren Bearbeitung schwieriger, prekärer wird. Zugleich deuten sich kreative Möglichkeiten an, diese Aufgaben im Social Web besser zu bearbeiten. Dass dies nicht voraussetzungslos ist, gelernt werden muss und insbesondere von Motivation, Kreativität und Bildung abhängt, ist so klar wie immer wieder wichtig zu betonen.

---

27 Vgl. Taylor, Charles, Quellen des Selbst. Die Entstehung der neuzeitlichen Identität, Frankfurt a.M. 1994.
28 Bröckling, Ulrich, Um Leib und Leben. Zeitgenössische Positionen Philosophischer Anthropologie, in: Assmann, Aleida/Gaier, Ulrich/Trommsdorff, Gisela (Hg.), Positionen der Kulturanthropologie, Frankfurt am Main 2004, S. 172–195, S. 173.
29 Bröckling, Um Leib und Leben, S. 173.
30 Vgl. Albertz, Jörg (Hg.), Anthropologie der Medien. Mensch und Kommunikationstechnologien, Berlin 2002; Ginsburg, Faye D./Abu-Lughod, Lila/Larkin, Brian (Hg.), Media worlds. Anthropology on new terrain, Berkeley 2002; Jansen, Gregor M., Mensch und Medien. Entwurf einer Ethik der Medienrezeption, Frankfurt a.M. 2003; Pirner, Manfred L./Rath, Matthias (Hg.), Homo medialis. Perspektiven und Probleme einer Anthropologie der Medien, München 2003; Rothenbuhler, Eric W./Coman, Mihai (Hg.), Media anthropology, Thousand Oaks, Calif. 2005.

4. Theologische Anthropologie und Netzethik

Wenn wir den christlichen Gottesglauben als eine Welt-Anschauung im ursprünglichen Sinn verstehen, also als Vorzeichen der Weltwahrnehmung, dann erschließt sich uns die ethische Funktion der theologischen Anthropologie. Der christliche Glaube fungiert dann als Brille mit bestimmter Tönung und einem spezifischen Schärfebereich, die uns hilft und in die Lage versetzt, die Menschen zu sehen, zu begreifen und zu verstehen. Das christliche Menschenbild ist in diesem Sinne keine statische, unveränderliche Sicht des Menschen. Das christliche Menschenbild variiert mit den Glaubenserfahrungen der Menschen.

Unter Theologie verstehen wir die wissenschaftliche Beschäftigung mit dieser Art, die Welt und alles in ihr zu deuten. Die Praxis des Glaubens, die religiöse Erfahrung im Licht des christlichen Glaubens, ist dann eine erste Quelle für die Theologie, die sich aber natürlich auch für die (Offenbarungs-)Quellen interessiert, auf die dieser Deutungshorizont zurückzuführen ist. Man kann Arno Anzenbacher folgen, der im *Begriff des Menschen als Person* diese Weltanschauung zusammengefasst sieht.[31] So beginnt die Bestimmung des Personbegriffs mit einem Verweis auf die biblisch-theologische Sicht des Menschen. Diese reicht „von der Erschaffung des Menschen als Gottes Abbild über die Stellung des sündig gewordenen Menschen in den heilsgeschichtlichen Bundeskontexten des Volkes Israel bis zu der in Jesus Christus eröffneten Berufung ‚zur Freiheit und Herrlichkeit der Kinder Gottes' (Röm 8,21)".[32] Daraus entwirft Anzenbacher fünf „Aspekte" des christlichen Menschenbildes.[33] Diese sind *Geist in Leib* (Einheit von materieller Naturhaftigkeit und „Selbstbewußtsein vernunfthafter Subjektivität"[34] als Bei-sich-Sein), *Mit-Sein* (Mensch als *wesentlich* sozial bezogene individuelle Person), *moralisches Subjekt* (Fähigkeit zur Autonomie), *Transzendenz* (existenzielle Religiosität des Menschen) und *Sünde* (moralisches Subjekt in der Spannung von Schuld und Erlösung).

In der Geschichte der theologischen Anthropologie spielt der Begriff der Person in der beschriebenen Weise eine entscheidende Rolle. Meist wird zur Erläuterung dieser Kategorie eine biblisch belegte Liste von Eigenschaften aufgerufen, die den Menschen als Person qualifizieren. Eine entsprechende Formulierung aus dem Gemeinsamen Wort der Kirchen „Für eine Zukunft in Solidarität und Gerechtigkeit" lautet:

---

31 Vgl. zum Verhältnis von Personbegriff und christlicher (Sozial-)Ethik Filipović, Alexander, Das Personalitätsprinzip. Zum Zusammenhang von Anthropologie und christlicher Sozialethik, in: Arbeitsgemeinschaft Katholisch-Sozialer Bildungswerke in der Bundesrepublik Deutschland (Hg.), Position beziehen im 21. Jahrhundert, Schwalbach/Ts. 2011, S. 24–55.
32 Anzenbacher, Arno, Christliche Sozialethik. Einführung und Prinzipien, Paderborn u.a. 1998, S. 179f.
33 Anzenbacher, Sozialethik, S. 180–183.
34 Anzenbacher, Sozialethik, S. 180.

„Im Licht des christlichen Glaubens erschließt sich eine bestimmte Sicht des Menschen: Er ist als Bild Gottes, als das ihm entsprechende Gegenüber geschaffen und so mit einer einmaligen unveräußerlichen Würde ausgezeichnet. Er ist als Mann und Frau geschaffen; beiden kommt gleiche Würde zu. Zugleich ist er mit der Verantwortung für die ganze Schöpfung betraut; der Mensch soll Sachwalter Gottes auf Erden sein (Gen 1,26–28). So ist der Mensch geschaffen und berufen, um als leibhaftes, vernunftbegabtes, verantwortliches Geschöpf in Beziehung zu Gott, seinem Schöpfer, zu den Mitmenschen und zu allen Geschöpfen zu leben. Das ist gemeint, wenn vom Menschen als Person und von seiner je einmaligen und unveräußerlichen Würde als Person die Rede ist."[35]

Kann man, so natürlich die Frage, mit dieser Anthropologie, die in dieser Weise auf den Begriff der Person festgelegt ist, etwas anfangen? Ist sie nicht viel zu formal, abstrakt und gar nicht auf moderne Bereiche wie das Internet anwendbar? Was bringt eine auf überzeitliche Gültigkeit angelegte Anthropologie für unsere konkreten Probleme heute? Rutschen wir damit nicht ganz naiv in ein neuscholastisch-naturrechtliches Denken, das das Wesen des Menschen zu erkennen glaubt und daraus Regeln für das menschliche Handeln und Zusammensein ableitet?

Wir können hier anknüpfen an die schon angestellten Überlegungen zum Verhältnis von Anthropologie und Ethik: Anthropologie ist für die Ethik dann hilfreich im Sinne der Verknüpfung von Sach- und Sinndimension, wenn Anthropologie auf den kontextuellen, situierten Selbstdeutungen, letztlich auf den Erfahrungen der Menschen, beruht und von ihnen ausgeht. Diese Selbstdeutungen sind immer schon imprägniert von Vorstellungen des guten und richtigen Lebens. Wenn wir die empirische Erhebung der Nutzungspraktiken des Neuen Netzes in dieser Weise verstehen, dann haben wir eine solche Anthropologie, die von den Praktiken konkreter Menschen ausgeht.

Als Theologinnen und Theologen sind wir frei und haben das Sensorium, also die Brille, verschiedene Selbstdeutungen des Menschen in besonderer Weise zu verstehen und vorliegenden Selbstdeutungen andere Interpretationen entgegen zu halten. Identität, Beziehung und Weltbezug müssen im Horizont des christlichen Gottesglaubens nicht anders aussehen als im Deutungshorizont des liberalen Säkularismus unserer Tage. Aber sie *können* anders aussehen. Dieses „anders aussehen" meint aber nicht eine andere Wirklichkeit, sondern „die gleiche Wirklichkeit in anderer Beleuchtung".[36]

Zwei Beispiele: Unter *Beziehung* kann sich der Christ etwas anderes vorstellen, weil er eine spezifische Beziehungserfahrung gemacht hat, die im Zusammenhang mit einer Glaubens- oder Gotteserfahrung steht. Ganz konkret: Ein kirchliches Jugendzeltlager als Einheit von Gottesdienst, Gebet, Freizeit, Spaß, Zusammenhalt

---

35 Für eine Zukunft in Solidarität und Gerechtigkeit. Wort des Rates der Evangelischen Kirche in Deutschland und der Deutschen Bischofskonferenz zur wirtschaftlichen und sozialen Lage in Deutschland, Hannover/Bonn 1997, S. 93.
36 Mieth, Moral und Erfahrung II, S. 231.

und Abenteuer kann man als eine solche Beziehungserfahrung, die im (lockeren) Zusammenhang mit einer Gotteserfahrung steht, gelten lassen. Aber auch viele andere Erfahrungen könnten hier aufgeführt werden. Sie werden als Geschichten überliefert und dienen als ethische Modelle. Sie bewahren und modellieren eine bestimmte Erfahrung: Im Licht des christlichen Glaubens existiert jeder Mensch als Individuum vom Anderen her (Schöpfung und Verdanktheit) und ist auf den Mitmenschen hingeordnet. Personale Freiheit und Gemeinschaftsbezug werden nicht gegeneinander ausgespielt, sondern im Zusammenhang gesehen. Die Einheit von Geist und Leib stellt diesen Bezug zugleich in den Kontext von Körperlichkeit, Geschlechtlichkeit und Beziehungsfähigkeit und -bedürftigkeit.[37] Diese Beziehungserfahrungen, die die Leiblichkeit und fassbare Begegnung und die Sinnlichkeit der Beziehung als entscheidend mit einbeziehen, können dann als Kontrast fungieren. Mit diesem Wissen um die Beziehungsdimension, ihre Sach- und Sinnaspekte, können dann moderne, computervermittelte Beziehungsformen evaluiert werden. Dabei kann theologisch-ethisch nicht vorgegeben werden, ob die fehlenden leiblichen Dimensionen oder die hinzukommenden sozialen Chancen das medienethische Urteil im konkreten Fall besonders prägen. Es wird aber deutlich, wie ein christliches Personverständnis einen unbeliebigen qualitativen Anspruch an die Beziehung stellt. Vereinseitigungen, etwa die Überbetonung einer individualistisch verstandenen Autonomie oder eine zum Programm gemachte Entleiblichung der Kommunikation, kann so eine andere, die verschiedenen Dimensionen integrierende Sichtweise entgegengehalten werden.

Auch *Identität*, das Selbstverhältnis, kann eine christliche Perspektive haben: Angesichts des bedingungslos zugewandten Schöpfergottes kann das Verhältnis zu sich selbst eine besondere Qualität bekommen. Im Hintergrund steht die Einsicht,

> „dass die Identität des Menschen letztlich nur durch Gottes fortschreitende Akzeptation des Menschen hergestellt werden kann, und zwar aus der theologischen Überlegung heraus, dass diese Akzeptation des Menschen durch Gott erforderlich ist, damit nicht nur der Mensch als Gattung, sondern damit jeder einzelne Mensch in seiner Unauswechselbarkeit gesichert ist."[38]

Sich als unbedingt von Gott gewollt und angenommen zu verstehen, kann vom Zwang befreien, sich als Jemand zu profilieren oder gar ‚zu managen'. Dieser Glaube kann helfen, sich selbst ‚echt' wahrzunehmen. Der Glaube hat, das zeigt das Beispiel an, praktische Relevanz auf Grund der Einsichten in das Gute und Gerechte, die er ermöglicht. Die Inhalte des christlichen Glaubens liegen zwar nicht direkt auf der ethischen Ebene, aber sie nehmen mit ihr Kontakt auf. Christliche Identität realisiert sich als ethische Identität:

---

37 Heimbach-Steins, Marianne, Sozialethik, in: Arntz, Klaus/Heimbach-Steins, Marianne/Reiter, Johannes/Schlögel, Herbert (Hg.), Orientierung finden. Ethik der Lebensbereiche, Freiburg im Breisgau 2008, 166–208, S. 180f.
38 Mieth, Moral und Erfahrung I, S. 184.

„Eine sich christlich verstehende personale Identität ist folglich eine bestimmte ‚kulturelle' Weise, eine ethische Identität auszuprägen und schlägt sich in erster Linie in – geschichtlich wandelbaren – Lebensstiloptionen nieder."[39]

Der Glaube führt zu Konsequenzen die eigene Lebensführung betreffend: Wahrheit und Wahrhaftigkeit im Verhältnis zu sich selbst (man kann das Authentizität nennen) und damit zu anderen werden dann zu einer christlichen Haltung, die wiederum einen Kontrast darstellen kann zu Formen des Selbstverhältnisses, die nicht diesen Kriterien entsprechen oder die auch ein genaueres Verständnis dessen ermöglichen, was heute im Neuen Netz als Identitätsarbeit geschieht. Wiederum geht es hier nicht um die moralische Verurteilung von im Neuen Netz stattfindendem „Identitätsmanagement", sondern um alternative Möglichkeiten, die dem Anspruch des gelingenden Lebens vielleicht besser entsprechen mögen als andere.

Das medienethische Impulspapier der katholischen deutschen Bischöfe „Virtualität und Inszenierung – Unterwegs in der digitalen Mediengesellschaft" versteht in diesem Sinne das Kriterium der „Authentizität im Dienst der Förderung menschlichen Personseins".[40] Hier wird ganz direkt eine christliche Anthropologie für die ethische Argumentation im Internet aufbereitet. Der betreffende Abschnitt setzt ein mit dem Begriff der „christlichen Zeitgenossenschaft",[41] die darin besteht, die Zeichen der Zeit im Licht des Evangeliums zu deuten.[42] Im Folgenden hebt er Individualität und Sozialität als Kernpunkte menschlichen Strebens hervor:

„In der Moderne sind Fragen nach den Bedingungen und Möglichkeiten gelingenden Lebens vor allem bestimmt vom Streben nach Freiheit: Der moderne Mensch will frei, aber nicht einsam sein. Er will ein individueller Mensch sein und sich von anderen unterscheiden, in Freiheit über sich selbst bestimmen. Aber er will sich ebenso auf andere beziehen können, sich ohne Zwang und unverstellt anderen zuwenden."[43]

Authentizität als Chiffre für die personale Würde des Menschen im Zeitalter des Internet bezieht sich auf diese doppelte Struktur des Strebens nach Freiheit und Beziehung:

---

39 Mandry, Christof, Art. Theologie und Ethik (katholische Sicht), in: Düwell, Marcus/Hübenthal, Christoph/Werner, Micha H. (Hg.), Handbuch Ethik, Stuttgart, Weimar 2002, 504–508, S. 507.
40 Sekretariat der Deutschen Bischofskonferenz (Hg.), Virtualität und Inszenierung. Unterwegs in der digitalen Mediengesellschaft – Ein medienethisches Impulspapier, Bonn 2011, S. 38.
41 Sekretariat der Deutschen Bischofskonferenz (Hg.), Virtualität und Inszenierung, S. 36.
42 Vgl. dazu die Pastoralkonstitution des II. Vatikanischen Konzils (Zweites Vatikanisches Konzil, Gaudium et spes, in: K.A.B. Bundesverband der Katholischen Arbeitnehmer-Bewegung Deutschlands [Hg.], Texte zur katholischen Soziallehre. Die sozialen Rundschreiben der Päpste und andere kirchliche Dokumente. Mit Einf. von Oswald von Nell-Breuning, Johannes Müller. 8., erw. Aufl, Bornheim 1992, S. 291–395) und allgemein zur Kategorie der „Zeichen der Zeit" Schneider, Martin, „Die Zeichen der Zeit verstehen". Zum Verhältnis von christlicher Sozialethik und Gesellschaftsdiagnose, in: Hilpert, Konrad/Bohrmann, Thomas (Hg.), Solidarische Gesellschaft. Christliche Sozialethik als Auftrag zur Weltgestaltung im Konkreten. Festschrift für Alois Baumgartner, Regensburg 2006, S. 43–61.
43 Sekretariat der Deutschen Bischofskonferenz, Virtualität und Inszenierung, S. 37.

„Authentisches Menschsein ist nur möglich, wenn die Lebensverhältnisse des Menschen so geschaffen sind, dass beides zur Entfaltung kommen kann: menschliche Individualität und Sozialität. Authentizität steht hier nicht nur für den Anspruch, das Leben selbst bestimmt führen zu können und für die Unversehrtheit von Wert und Würde des Einzelnen. Authentizität steht hier ebenso für Aufrichtigkeit und Redlichkeit im menschlichen Miteinander, für die Stimmigkeit sozialer Beziehungen. Diese Aspekte lassen sich bündeln in der Forderung nach Wahrhaftigkeit: Es geht um die Gestaltung von Verhältnissen, die es ermöglichen, dass der Mensch in der Beziehung zu anderen und zu sich selbst aufrichtig sein kann. Authentisches Handeln, zu anderen und zu sich selbst stehen zu können, ist unabdingbar in dem Bemühen, menschliches Leben gelingen zu lassen."[44]

Diese christliche Anthropologie, die vom Evangelium her die Lebensdienlichkeit des authentischen Handelns im Internet aufzeigen will und so die Personalität des Menschen zeitgemäß aktualisiert, ist ein guter Anfang einer christlichen Anthropologie des Web 2.0. Eine Anthropologie des Web 2.0 kann die Internetethik befördern, wenn sie Sinn- und Sachdimension der Internetnutzung nicht gegeneinander ausspielt. Empirische Aufklärung der Sachebene und theologische und/oder philosophische Hermeneutik der Sinndimension können in einer Anthropologie des Web 2.0 vermittelt werden.

---

44 Sekretariat der Deutschen Bischofskonferenz, Virtualität und Inszenierung, S. 37f.

Sichtbar entzogen

Medienwissenschaftliche und theologische Deutung von Selbstdarstellungspraktiken auf Facebook[1]

Christina Ernst

Abstract

Mit neuen Medien und insbesondere im Web 2.0 entstehen neue Möglichkeiten der Selbstdarstellung. Während die Steigerung persönlicher Visibilität im öffentlichen Raum bereits vielfach als Signum der Postmoderne wahrgenommen wird, wird in diesem Beitrag die These vertreten, dass mit Praktiken des sich für andere sichtbar Machens auch Praktiken des sich Entziehens verbunden sind. Am Beispiel persönlicher Öffentlichkeiten auf Facebook (2.) werden Sichtbarkeit und Entzogenheit als gleichermaßen konstitutive Elemente von Selbstdarstellungen erläutert (3.). Im Anschluss an eine Einordnung dieser Beobachtungen in das allgemeine Phänomen von Selbstdarstellung als Ausdruck und Performanz persönlicher Identität (4.) wird jenes Ineinander von Sichtbarkeit und Entzogenheit als ein Hauptmotiv protestantischer Theologie benannt, das dort in der Gotteslehre wie auch in anthropologischer Perspektive als Ermöglichungsgrund und Hauptmerkmal personaler Gottesbeziehung entfaltet wird (5.). Abschließend werden Hinweise gegeben, wie dieses Motiv für eine innertheologische Auseinandersetzung mit Strukturen und Praktiken innerhalb der Social Media genutzt werden kann (6.).

1. „If you're not on MySpace, you don't exist".[2] Zur existentiellen Bedeutung von Selbstdarstellungen

„[U]nfaßbar ist der Mensch, den man liebt. Nur die Liebe erträgt ihn so. [...] Unsere Meinung, daß wir das andere kennen, ist das Ende der Liebe. [...] [dann sehen wir den anderen nicht mehr als] ein Geheimnis, das der Mensch ja immerhin ist, ein erregendes Rätsel, das auszuhalten wir müde geworden sind. Man macht sich ein Bildnis. Das ist das Lieblose, der Verrat."[3]

---

1 Dieser Beitrag geht auf einen Vortrag zurück, der am 21.09.2011 auf der Tagung „Personen im Web 2.0 – Theologische Perspektiven" an der Theologischen Fakultät der Georg-August-Universität in Göttingen gehalten wurde.
2 So gibt Danah Boyd eine Äußerung der 18jährigen Skyler gegenüber ihrer Mutter wieder. Boyd, Danah, Why Youth Heart Social Network Sites: The Role of Networked Publics in Teenage Social Life, in: David Buckingham (Hg.), Youth, Identity, and Digital Media, Cambridge 2008, S. 119–142, S. 119.
3 Frisch, Max, Tagebuch 1946–1949, Frankfurt am Main 1950, S. 33f.

Die Bilder, die sich Menschen voneinander machen, entfalten mächtige Wirkungen im Zusammenleben. In seinem Tagebuch-Eintrag skizziert Max Frisch, was er in seinem Roman „Andorra" in zwölf Bildern ausgestaltet:[4] Beständig fertigen wir Bildnisse unserer Mitmenschen an und sind selbst damit beschäftigt, uns an den Bildnissen, die uns andere als ihre Eindrücke von uns vorhalten, abzuarbeiten. Das größte Geschenk ist es, jemandem ein positives Bild zu schenken, das heißt, ihm oder ihr positive Erwartungen entgegenzubringen, ihm oder ihr gute Eigenschaften zuzuschreiben. An solchen Bildern können wir wachsen, indem wir sie als Selbstbilder annehmen, sie uns aneignen und versuchen, sie zu erfüllen. Aber Bilder, die andere sich von uns machen, legen uns auch fest. Max Frisch beschreibt die vernichtende Wirkung nicht nur von Vorurteilen und negativen Bildern. Auch positive Bilder können ins Negative umschlagen, wenn sie verabsolutiert werden, wenn sie ein Gegenüber festlegen, keinen Raum mehr für das lebendige, sich entwickelnde und verändernde Dasein lassen.

Wie werde ich von anderen gesehen? Wie und von wem möchte ich gesehen werden? Habe ich überhaupt ein Publikum? Und: Wie kann ich dieses auf bestimmte Personen begrenzen? – Diese Fragen rund um das sogenannte *Impression Management* beschäftigen uns heute mehr als je zuvor. Wechselseitige Beobachtung wird vielfach – von Psychologen, Medienwissenschaftlern, Soziologen und Philosophen – als Signum der Moderne und vor allem der Postmoderne benannt. In einer Kultur persönlicher Visibilität herrscht ein Kampf um Aufmerksamkeit.[5] Das Begehren des Blicks anderer kann dabei als Ausdruck eines von jeher bestehenden, allgemeinmenschlichen Bedürfnisses nach sozialer Anerkennung gedeutet werden. Den psychoanalytischen Diskurs zur existentiellen Bedeutung solchen Gesehenwerdens,[6] das die soziale Existenz des Menschen innerhalb einer Gemeinschaft konstituiert, wird von Martin Altmeyer einprägsam unter das Motto „Videor ergo Sum"[7] (ich werde gesehen, also bin ich) gestellt.[8]

---

4   Vgl. Frisch, Max, Andorra: Stück in zwölf Bildern, Frankfurt a.M. 1999 (Or.-Ausg., 1. Aufl., Nachdr.).
5   Vgl. dazu Franck, George, Ökonomie der Aufmerksamkeit. Ein Entwurf, München u.a. 1998. Franck erkennt früh, wie in westlichen Gesellschaften positive Aufmerksamkeit zu einer begehrten und begrenzten Ressource wird. Er beschreibt den Kampf wie auch die Möglichkeiten, durch mediale Technologien die zur Verfügung stehende Aufmerksamkeit zu erhöhen.
6   Den Ausgang nahm dieser Diskurs mit Cooleys Beitrag über das Spiegel-Selbst („looking-glass self"). Vgl. Cooley, Charles H., Human nature and the social order, Rev. ed. with an introduction treating the place of heredity and instinct in human life, New York u.a. 1922. Vgl. als maßgebliche und sehr wirkungsvolle Position auch Winnicott, Donald W., Reifungsprozesse und fördernde Umwelt. Studien zur Theorie der emotionalen Entwicklung, ungekürzte Ausg., 11.-12. Tsd. Aufl., Frankfurt a.M. 1993.
7   Mit dieser Formulierung pointiert Altmeyer immer wieder seine an Winnicott anknüpfenden Überlegungen zur Bedeutung von Selbstdarstellung und sozialer Anerkennung für die Identitätsbildung. Dabei geht er besonders auf aktuelle Medienformate wie z.B. Big Brother ein. Vgl. Altmeyer, Martin, Video(r) ergo sum (Ich werde gesehen, also bin ich), Vortrag im Rahmen der 52. Lindauer Psychotherapiewochen 2002, online verfügbar unter: http://www.lptw.de/archiv/vortrag/2002/altmeyer_martin.pdf [04.08.2012]; ders., Im Spiegel des Anderen. Anwendungen einer relationalen

Insbesondere für Selbstdarstellungen in den Massenmedien zeigt Altmeyer auf, dass solche Selbstthematisierung z.b. in Talkshows oder Sendeformaten wie „Big Brother", die die Intimsphäre der Protagonisten öffentlich machen, nicht vorschnell als „medialer Narzissmus"[9] entwertet werden sollten.[10] Vielmehr stellt jede Gesellschaft spezifische Formen der Selbstthematisierung bereit und fordert diese ein: In der Moderne beginnt dies mit der Beichtpraxis und setzt sich über das Schreiben von Tagebüchern und autobiografischen Romanen bis zur Selbsterkundung in der Psychoanalyse fort. Aktuell sind es Massenmedien und in zunehmendem Maß Angebote und Praktiken des Web 2.0, die jedem einzelnen Bühne und Publikum zur Selbstdarstellung bieten.[11] Soziale Netzwerke, Weblogs, Mikroblogging-Dienste wie Twitter, Fotoportale wie Flickr oder Pinterest bilden gegenwärtig öffentliche Resonanzräume, die die persönliche Visibilität erhöhen. So stellt sich die Frage danach, welche Bilder eines Akteurs im Umlauf sind, für wen er oder sie in welcher Weise sichtbar ist, im Kontext des Web 2.0 dringlicher als je zuvor. Mehr und mehr tritt neben die Frage „Wie will ich gesehen werden?" ein zweites grundlegendes Bedürfnis des Menschen: „Wie kann ich mich allgemeiner Beobachtung entziehen?"

Psychoanalyse, Gießen 2003 sowie ders., „Big Brother" und andere Inszenierungen von postmoderner Identität. Das neue Subjekt entsteht im Auge der Kamera, in: Psychotherapie und Sozialwissenschaft 2, Bd. 3 (2001), S. 160–169.

8 Vgl. Bublitz, Hannelore, Sehen und Gesehenwerden – Auf dem Laufsteg der Gesellschaft. Sozial- und Selbsttechnologien des Körpers, in: Robert Gugutzer (Hg.), Body Turn. Perspektiven der Soziologie des Körpers und des Sports, Bielefeld 2006, S. 341–361 und dies., Im Beichtstuhl der Medien. Die Produktion des Selbst im öffentlichen Bekenntnis, Bielefeld 2010 sowie die Beiträge in Burkart, Günter (Hg.), Die Ausweitung der Bekenntniskultur – neue Formen der Selbstthematisierung?, Wiesbaden 2006.

9 Als „medialen Narzissmus" benennt Altmeyer seine mediale Theorie des Narzissmus, mit der er sich gegen Verfallstheorien und generelle Medienkritik wendet und zeigt, dass die Selbstdarstellung einzelner in den Massenmedien und der Wunsch nach medialer Aufmerksamkeit Ausdruck eines anthropologischen Grundbedürfnisses sind. Vgl. die Literaturhinweise in Anm. 7.

10 Das beschriebene Phänomen soll in diesem Sinne betrachtet werden. Theorien über den Verfall des öffentlichen Lebens und sozialer Strukturen, die oft mit scharfer Medienkritik verbunden sind, wird hier nicht gefolgt. Vgl. als prominente Beispiele solcher Positionen Postman, Neil, Wir amüsieren uns zu Tode. Urteilsbildung im Zeitalter der Unterhaltungsindustrie, Frankfurt a.M. 1985 sowie Sennett, Richard, Verfall und Ende des öffentlichen Lebens. Die Tyrannei der Intimität, Frankfurt a.M. 1987.

11 Alois Hahn nennt Beichte, Tagebuch und Psychoanalyse als drei für Europa besonders prägende „Biographiegeneratoren", d.h. Institutionen, die zur Selbstthematisierung auffordern und hierfür Gelegenheit und kulturelle Muster wie Begrifflichkeiten, Normen als Raster zur Beurteilung des eigenen Verhaltens, Denkens und Fühlens bereit stellen. Menschenbild und Formen des Selbstbewusstseins werden mittels solcher Biographiegeneratoren kulturell erzeugt und verbreitet. Vgl. Hahn, Alois, Identität und Selbstthematisierung, in: Ders./Volker Kapp (Hg.), Selbstthematisierung und Selbstzeugnis: Bekenntnis und Geständnis, Frankfurt a.M. 1987, S. 9–24. Hannelore Bublitz zeigt am Beispiel der Phone-In-Sendung „Domian", wie insbesondere das Setting der Beichte in massenmedialen Sendeformaten aufgenommen wird. Vgl. Bublitz, Beichtstuhl.

Während das Thema persönlicher Sichtbarkeit im und durch das Web 2.0 gegenwärtig vielfach erforscht und gesellschaftlich diskutiert wird,[12] spielt das Thema der persönlichen Verborgenheit eine eher untergeordnete Rolle. Rechtswissenschaftliche Diskurse über Datenschutz, der vor allem technisch – z.B. durch ausreichende Privatsphäreneinstellungen der Betreiber Sozialer Netzwerke – gewährleistet werden soll, können das Thema eines anthropologischen Bedürfnisses nach Sichtbarkeit für andere wie auch nach Entzogenheit vor der Beobachtung durch andere nicht einholen.[13] Es gilt, den Zusammenhang beider Bedürfnisse und ihre konstitutive Bedeutung für das Identitätsgefühl einer Person sowie für die Gestaltung sozialer Beziehungen aufzuzeigen.

Hiermit ist ein Anknüpfungspunkt benannt, an dem eine theologische – insbesondere eine protestantische – Anthropologie durch Praktiken innerhalb der Social Media herausgefordert ist und mit Hilfe ihres christlichen Verstehenshorizontes und der entsprechenden Symbolik einen wichtigen Beitrag zur Selbstverständigung von Menschen leisten kann, die sich beständig im Web 2.0 selbst thematisieren. Als Beitrag zu einer solchen innertheologischen Auseinandersetzung mit den Social Media werden zunächst Struktur und Bedingungen persönlicher Selbstdarstellungen in Online-Öffentlichkeiten skizziert (2.). Im Anschluss daran wird die Zusammengehörigkeit von Praktiken des sich sichtbar Machens und des sich Entziehens innerhalb persönlicher Selbstdarstellung zunächst am Beispiel des Sozialen Netzwerks Facebook für den Kontext des Web 2.0 dargestellt (3.) und sodann als Merkmal kulturell geformter und notwendig pluraler Selbstdarstellungen erklärt (4.). Aus diesen Beobachtungen heraus stellt sich die Frage nach der Bedeutung der beschriebenen Selbstdarstellungspraktiken für die Identität des Akteurs. Sie wird als Thema und Herausforderung an die theologische Anthropologie herangetragen. Dabei wird auf die protestantische Tradition verwiesen, die insbesondere in der Gotteslehre, aber auch in der Anthropologie das Motiv gleichzeitiger Sichtbarkeit und Entzogenheit als Bedingung personaler Gottesbegegnung herausarbeitet (5.). Ziel dieses Beitrags ist, Impulse zur innertheologischen Auseinandersetzung mit dem Feld der Social Media zu geben und Möglichkeiten aufzuzeigen, wie traditionelle theologische Denkfiguren auf die Social Media hin formuliert werden können (6.).

---

12 Vgl. für einen Überblick zu aktuellen soziologischen, psychologischen und medienpädagogischen Positionen Burkart, Ausweitung sowie Mummendey, Hans D., Psychologie der Selbstdarstellung, Göttingen/Bern/Toronto/Seattle, 2. überarb. u. erw. Aufl. 1995; Reckwitz, Andreas, Das hybride Subjekt. Eine Theorie der Subjektkulturen von der bürgerlichen Moderne zur Postmoderne, Weilerswist 2006 und Reichert, Ramon, Amateure im Netz. Selbstmanagement und Wissenstechnik im Web 2.0, Bielefeld 2008.

13 Vgl. den Beitrag von Christoph Gieseler in diesem Band, in dem er die bisherige Auslegung des Rechts auf informationelle Selbstbestimmung ausschließlich als Schutz der Privatsphäre u.a. darauf zurückführt, dass der Personbegriff im rechtswissenschaftlichen Diskurs nicht ausreichend reflektiert wird. So kommt der Mensch als Rechtssubjekt, aber nicht unter Berücksichtigung anthropologischer Kategorien in den Blick.

2. Facebook als Raum persönlicher Öffentlichkeiten

Das Thema persönlicher Visibilität auf Facebook wird in der Forschung rund um Facebook wie auch in der öffentlichen Wahrnehmung in Presse und Politik unter den Stichworten *Impression-Management*, *Datenschutz* und *Schutz der Privatsphäre* diskutiert. Insbesondere letzterer Schlüsselbegriff verweist auf die Vorstellung, dass sich das Leben von Akteuren innerhalb einer Gesellschaft in räumlich und institutionell definierten und abgrenzbaren Sphären vollzieht, die als *Öffentlichkeit* und *Privatsphäre* bezeichnet und einander meist dichotomisch gegenübergestellt werden.[14]

Diese räumliche Zuordnung und klare Abgrenzung öffentlicher und privater Lebensbereiche und dort sich abspielender Kommunikation und Interaktion ist heute immer weniger möglich. Insbesondere durch die rasch voranschreitende Entwicklung mobiler Kommunikationstechnologien wie Handy, Smartphone und immer leistungsstärkerer, kleinerer und leichterer Laptops findet eine Durchdringung beider Bereiche, eine Veröffentlichung des Privaten und eine Privatisierung des Öffentlichen[15] statt: Private Gespräche und Email-Korrespondenzen werden in öffentlichen Verkehrsmitteln, auf Plätzen oder während öffentlicher Veranstaltungen geführt und können dabei oft durch unbeteiligte Beobachter mitverfolgt werden. Berufliche Angelegenheiten können dagegen auch aus dem privaten Badezimmer heraus oder während einer Familienfeier erledigt werden. Anstatt jedoch von einem Verfall entweder des öffentlichen oder des privaten Raums zu sprechen[16], scheint eine akteurszentrierte Perspektive diese Transformationen angemessen beschreiben zu können. Hierzu werden mit Hilfe des Instrumentariums der Praxistheorie[17] die Handlungen einzelner Akteure zum Ausgangspunkt der Analyse genommen. So verschiebt sich das Konzept von Öffentlichkeit und Privatheit: Öffentlichkeit und Privatsphäre erscheinen nicht mehr als an sich bestehende, abgrenzbare Räume, sondern sie werden durch die Akteure handelnd erzeugt. Beispielsweise produzieren Akteure durch Praktiken der Selbstdarstellung auf Facebook einen sozialen Raum, in dem sich öffentliche – d.h. für ein Publikum sichtbare – und private – d.h.

---

14 Diese Rede- und Vorstellungsweise geht auf das Konzept bürgerlicher Öffentlichkeit zurück, wie es von Habermas entwickelt wurde. Vgl. Habermas, Jürgen, Strukturwandel der Öffentlichkeit. Untersuchungen zu einer Kategorie der bürgerlichen Gesellschaft; mit einem Vorwort zur Neuauflage 1990, Frankfurt a.M. 2004. Zu den Auswirkungen dieses Konzepts bürgerlicher Öffentlichkeit sowie dessen Transformation in den Subjektkulturen der Postmoderne vgl. Reckwitz, Subjekt.
15 Vgl. Imhof, Kurt/Schulz, Peter (Hg.), Die Veröffentlichung des Privaten – die Privatisierung des Öffentlichen, Opladen u.a. 1998.
16 So schon Habermas, Strukturwandel. Vgl. auch die Angaben unter Anm. 10.
17 Der praxeologische Ansatz ist keine einheitliche Theorie. Er benennt eher eine spezifische Betrachtung des Sozialen, die von verschiedenen Wissenschaftlerinnen und Wissenschaftlern im Bereich der Kultursoziologie als aussagekräftig empfunden und innerhalb ihrer jeweiligen Untersuchungen angewandt wird. Der hier zugrunde liegende Begriff der „Praxistheorie" und eine programmatische Darstellung findet sich bei Reckwitz, Andreas, Grundelemente einer Theorie sozialer Praktiken, in: ders., Unscharfe Grenzen. Perspektiven der Kultursoziologie, Bielefeld 2008, S. 97–131.

dem Zugang entzogene – Strukturen mischen. Die Struktur der Verknüpfung solcher Sichtbarkeit und Entzogenheit des Akteurs für jegliche Beobachtung oder für bestimmte Personengruppen wird dabei sowohl durch die Programmarchitektur von Facebook vorgegeben, als auch durch die Akteure selbst handelnd hergestellt.[18]

Jan Schmidt bezeichnet solche Strukturen, die für Social Network Sites (SNSs) typisch sind, als „persönliche Öffentlichkeiten" und beschreibt sie als

> „Geflecht von online zugänglichen kommunikativen Äußerungen zu Themen von vorwiegend persönlicher Relevanz [...], mit deren Hilfe Nutzer Aspekte ihrer Selbst ausdrücken und sich ihrer Position in sozialen Netzwerken vergewissern. [...] Persönliche Öffentlichkeiten entstehen an denjenigen Stellen im Netz, an denen Nutzer sich mit ihren eigenen Interessen, Erlebnissen, kulturellen Werken oder Meinungen für ein Publikum präsentieren, ohne notwendigerweise gesellschaftsweite Relevanz zu beanspruchen."[19]

Persönliche Öffentlichkeiten bilden sich zum einen durch private Kommunikation, die im öffentlichen Raum stattfindet und von anderen beobachtet und mitgelesen werden kann. Daneben ist das Publizieren persönlicher Informationen an ein disperses Publikum ein zweiter Kommunikationsmodus zur Herstellung persönlicher Öffentlichkeiten. Beide Strategien spielen eine zentrale Rolle auf Facebook. Praktiken zur Herstellung persönlicher Öffentlichkeiten bilden sich hier im Zusammenspiel von Nutzerverhalten und Programmarchitektur aus, werden durch technische Features gefestigt und gefördert, aber auch durch die Akteure verändert.

So war das Feature „Pinnwand" als Teil jedes Nutzerprofils ursprünglich dafür bestimmt, dass Freunde hier Kommentare hinterlassen, durch die der Profilinhaber beschrieben wird. Mit der Zeit begannen Nutzerinnen und Nutzer jedoch, Kommunikationen zu führen, indem sie wechselseitig Kommentare auf ihren Pinnwänden hinterließen.[20] Inzwischen fördert Facebook diese Art der Kommunikation, indem man nun direkt auf Kommentare antworten kann und so der Kommunikationsverlauf direkt sichtbar wird, anstatt zwischen zwei Pinnwänden verstreut zu sein. So wird diese Art der Kommunikation nicht nur unterstützt, sondern sie wird durch Dritte leichter in ihrem Kommunikationsverlauf nachvollziehbar. Sie öffnet sich damit für die Einbeziehung mehrerer Personen sowie für die Beobachtung durch unbeteiligte Dritte.

---

18 Im Folgenden werden die Begriffe „Sichtbarkeit" und „Entzogenheit" anstelle von „Öffentlichkeit" und „Privatheit" verwendet. Dadurch soll von dem genannten Konzept bürgerlicher Öffentlichkeit wie auch von anderen Öffentlichkeitskonzepten und damit verbundenen Konnotationen Abstand genommen werden. Sichtbarkeit und Entzogenheit bezeichnen die Zugänglichkeit bzw. Unzugänglichkeit von Informationen, Sinneseindrücken und Sinnverstehen. Sie sind zwar aus dem Bereich visueller Wahrnehmung entlehnt, schließen hier jedoch ausdrücklich neben visuellen Eindrücken Sinneseindrücke jeglicher Art wie auch kognitives und emotionales Verstehen von Sinn mit ein.
19 Schmidt, Jan, Das neue Netz. Merkmale, Praktiken und Folgen des Web 2.0, Konstanz 2009, S. 105.
20 Diese Entwicklung beschreiben Danah Boyd und Nicole Ellison in Boyd, Danah/Ellison, Nicole, Social Network Sites: Definition, History, and Scholarship, in: Journal of Computer-Mediated Communication 13/1 (2007), S. 11–12, bes. S. 12.

Die Programm-Features „Statusmeldung" und „News Feed" unterstützen die Kommunikationsstrategie des Publizierens persönlicher Informationen. Dabei gehörte die Statusmeldung von Beginn an zur Programmarchitektur von Facebook. Die Idee für dieses Feature geht auf die Nutzung der Abwesenheitsnotiz von AIM-Accounts (AOL-Instant-Messenger) zurück, die von den Nutzerinnen und Nutzern für politische Statements, möglichst kreative oder humorvolle Äußerungen verwendet wurden. Dies wurde durch die Programmierer aufgegriffen und auf Facebook integriert.[21]

Das News Feed hingegen wurde erst im September 2006 eingeführt und stieß auf große Proteste vieler Facebook-Nutzerinnen und -Nutzer.[22] Es ist ein Push-Medium, das alle Aktivitäten eines Facebook-Nutzers wie die Verknüpfung mit anderen Nutzerinnen und Nutzern, die Veränderung des eigenen Profils oder die Kommentierung von Inhalten anderer auf der Startseite der Facebook-Freunde dieses Nutzers einblendet. Dadurch werden die Interaktionen und damit die sozialen Beziehungen der Akteure für Dritte sichtbar und beobachtbar. Zum einen können die Beobachter passiv bleiben, da ihnen durch das News Feed neue Informationen ungefragt und ohne eigenes aktives Interesse angeboten werden. Zum anderen erhalten aktive Akteure durch das News Feed eine größere Öffentlichkeit, d.h. ein größeres Publikum, da sie zumindest das Gefühl haben können, dass ihre Aktivitäten durch alle Facebook-Freunde über das News Feed zur Kenntnis genommen werden, selbst wenn nur einige wenige diese Annahme durch einen Kommentar oder durch das Anklicken des Buttons „Gefällt mir" bestätigen. So wird das News Feed inzwischen von einigen zur Selbstprofilierung genutzt, indem sie regelmäßig ihr Profilfoto ändern oder ihre Statusmeldung aktualisieren, um so möglichst häufig auf den Startseiten ihrer Facebook-Freunde zu erscheinen, präsent zu sein und sich im Kontakt mit anderen zu fühlen. Mit diesem Gefühl stärkerer Vernetztheit argumentierte Mark Zuckerberg auch gegen Proteste von Facebook-Nutzern, die durch das News Feed ihre Privatsphäre verletzt sahen:

> „Nothing you do is being broadcast; rather, it is being shared with people who care about what you do – your friends."[23]

---

21 So die Darstellung von Kirkpatrick, David, Der Facebook-Effekt. Hinter den Kulissen des Internet-Giganten, München 2011, S. 31.
22 Für eine Beschreibung des News Feed und eine kurze Darstellung der zunächst ablehnenden Reaktionen der Nutzerinnen und Nutzer vgl. Hoadley, Christopher M. u.a., Privacy as Information Access and Illusory Control: The Case of the Facebook News Feed Privacy Outcry, in: Electronic Commerce Research and Applications 9 (2010), S. 50–60.
23 Dieses Zitat stammt aus einem offenen Brief von Mark Zuckerberg an die Facebook-Nutzer als Reaktion auf deren Proteste gegen das News Feed. Vgl. Zuckerberg, Mark, Calm down. Breathe. We hear you, Facebook-Blog, 06.09.2006, online verfügbar unter: http://blog.facebook.com/blog.php?post= 2208197130 [17.7.2012].

3. Verschränkung von Sichtbarkeit und Entzogenheit in Praktiken der Selbstdarstellung auf Facebook

Ein Soziales Netzwerk wie Facebook stellt nicht ein Sachthema oder Ereignis, sondern den konkreten Akteur ins Zentrum. Es entsteht durch dessen Kommunikation und Interaktion innerhalb des Netzwerks und visualisiert seine sozialen Beziehungen und Aktivitäten in verschiedenen Online- und Offline-Kontexten.[24] Somit ist es eine Plattform, auf der Akteure persönliche Öffentlichkeiten produzieren, erweitern und visualisieren. Viel stärker als der Sportverein, die Arbeitsstelle oder die heimische Fußgängerzone bietet Facebook dem einzelnen Akteur eine Bühne, auf der er sich selbst zum Thema für andere machen kann. Dabei existiert ein Akteur innerhalb des Sozialen Netzwerks so lange und in dem Maße, wie er die Aufmerksamkeit anderer erhält. Je mehr Verbindungen ein Einzelner aufweist, je aktiver ein Akteur selbst Facebook nutzt und Statusmeldungen, neue Fotos und Texte einstellt und je aktiver seine Kontaktpersonen ihn einbeziehen, desto sichtbarer wird er selbst innerhalb des Sozialen Netzwerks. Sein Name ist häufig mit den Profilen anderer Nutzerinnen und Nutzer verlinkt und erhält so eine starke Präsenz.

Jedoch gehören zu Praktiken der Selbstthematisierung neben Techniken des sich sichtbar Machens für sich selbst und für andere auch Techniken des sich Entziehens. Damit sind hier weder Alternativen von persönlicher Identifizierbarkeit vs. Anonymität noch die bewusste Nichteinstellung bestimmter persönlicher Daten gemeint. Vielmehr sind hier Praktiken der Selbstthematisierung angesprochen, durch die Strukturen von Sichtbarkeit und Entzogenheit auf komplexe Weise so miteinander verknüpft werden, dass der Akteur zugleich sichtbar und entzogen ist.

Auf Facebook findet solche oszillierende Selbstdarstellung z.B. in Profilfotos statt, auf denen der Profilinhaber zumeist zwar erscheint, jedoch oft kaum erkennbar ist: Fotos mit Sonnenbrille oder mit dem Handy fotografierte Spiegelbilder, die das Gesicht verdecken, sind zwei häufig verwendete Möglichkeiten solcher zugleich sichtbar machender und verhüllender Selbstdarstellung.

Eine andere Praxis, die der Logik Sozialer Netzwerke entspricht, ist die Strategie: „Know me by my friends."[25] Ziel von SNSs wie Facebook ist, die Sozialen Netzwerke, in denen sich der Akteur in Offline-Kontexten bewegt, online als Netzwerk

---

24 Danah Boyd und Nicole Ellison nennen als die drei signifikanten Merkmale von SNSs öffentliche oder halböffentliche Profile, Kontaktlisten und die Sichtbarkeit und Navigierbarkeit dieser Kontaktlisten für Dritte: „We define social network sites as web-based services that allow individuals to (1) construct a public or semi-public profile within a bounded system, (2) articulate a list of other users with whom they share a connection, and (3) view and traverse their list of connections and those made by others within the system" (Boyd/Ellison, Social Network Sites, S. 12).

25 Unter diesem Motto fasst Zhao die Ergebnisse seiner Studie zur Identitätskonstruktion auf Facebook zusammen (Zhao, Shanyang/Grasmuck, Sherri/Martin, Jason, Identity Construction on Facebook. Digital Empowerment in Anchored Relationships, in: Computers in Human Behavior 24 (2008), S. 1816–1836, S. 1825). Obwohl diese Studie 2007 durchgeführt wurde und sich seitdem Facebook selbst wie vermutlich auch der Umgang der Nutzerinnen und Nutzer mit diesem Sozialen Netzwerk verändert haben, sind Zhaos Ergebnisse weiterhin aufschlussreich.

von Facebook-Freunden sichtbar zu machen. Diese für Dritte sichtbare Verknüpfung mit anderen Akteuren kann als Mittel der Selbstdarstellung eingesetzt werden. Die Freunde eines Nutzers bestätigen dessen angegebene Identität als korrekt.[26] Außerdem etablieren sie persönliche Öffentlichkeiten durch den Kommunikationsmodus privaten Austauschs, der durch Dritte beobachtet werden kann: Privater Small-Talk an öffentlich sichtbaren Pinnwänden, die Sichtbarkeit von Freundeslisten oder die Information, dass Person A das Foto von Person B gefällt, machen die entsprechenden Akteure für einander präsent und sichtbar, zugleich liefern sie zumeist keine eindeutigen Informationen über die betreffende Person. Sie machen diese sichtbar und verhüllen sie zugleich.

So spielt das Moment der Entzogenheit, des persönlichen Geheimnisses, eine große Rolle für die Selbstdarstellung auf Facebook. Gerade eine gewisse Uneindeutigkeit fördert die Kommunikation untereinander: Gerüchte entstehen oder werden bewusst verbreitet. Absichtsvoll missverständliche oder zweideutige Botschaften können dazu eingesetzt werden, überraschte oder schockierte Reaktionen und Nachfragen hervorzurufen. Persönliche Geheimnisse, die jedoch als solche entzogenen Aspekte eines Akteurs sichtbar gemacht werden, produzieren ihrerseits Kommunikation und fördern damit die Sichtbarkeit des Akteurs, der sich gerade so zum Thema macht. Als Nichtwissen stimulieren Geheimnisse Neugier und Exploration des anderen und verhindern Langeweile und Desinteresse, schaffen also die Motivation für weitere Kommunikation und Interaktion.[27] Debatin kommentiert dieses Phänomen: „Gossip and rumors [...] provide the social glue that keeps the community alive and interesting."[28] Oder wie dies von einem amerikanischen Jugendlichen in seinem Profil unter dem Punkt „Über mich" appellativ ausgedrückt wurde: „It's for me to know and for you to find out."[29]

---

26 Umgekehrt weisen die Kontaktpersonen eines Profilinhabers so sehr auf dessen Identität hin, dass eine anonyme Nutzung des Sozialen Netzwerks nahezu unmöglich wird, da aufgrund der algorithmischen Programmarchitektur schnell von nur wenigen zutreffenden Angaben oder persönlichen Kontakten auf weitere Beziehungen rückgeschlossen wird. Vgl. zu solchen technologischen Identifizierungsmechanismen die kompakte Darstellung bei Bialobrzeski, Arndt, Freiheit simulieren, Menschen regulieren. Facebooks ‚kreativer' Umgang mit Privatheit, in: Peter Dabrock/Siegfried Keil (Hg.), Kreativität verantworten. Theologisch-sozialethische Zugänge und Handlungsfelder im Umgang mit dem Neuen, Neukirchen-Vluyn 2011, S. 247–264.

27 Westerbarkey verwendet den Geheimnisbegriff als Komplementärbegriff zu einem bestimmten Öffentlichkeitsverständnis, das qualitativer Art ist. Unter Öffentlichkeit versteht er nicht die allgemeine Zugänglichkeit von Informationen, sondern ein gemeinsames Verstehen von Sinn, wobei die Größe der beteiligten Gruppe zunächst irrelevant ist. Weil Nichtwissen Neugier und damit Kommunikations- und Verstehensbemühungen fördert, kann Westerbarkey die These aufstellen, dass Geheimnisse Öffentlichkeit schaffen. Vgl. Westerbarkey, Joachim, Das Geheimnis. Zur funktionalen Ambivalenz von Kommunikationsstrukturen, Opladen 1991.

28 Debatin, Bernhard, The Routinization of Social Network Media. A Qualitative Study on Privacy Attitudes and Usage Routines Among Facebook Users, in: Zeitschrift für Kommunikationsökologie und Medienethik 11 (2009), S. 10–13, S. 12.

29 Zhao/Grasmuck/Martin, Identity Construction, S. 1826.

4. Pluralität von Selbstdarstellungen: Altbekannte Notwendigkeit und neue Herausforderung

In jedem einzelnen Akt einer Selbstdarstellung für andere hebt ein Akteur bestimmte Aspekte seiner körperlichen Erscheinung, seiner Eigenschaften und Fähigkeiten, seiner Lebensgeschichte, seiner Werte und Einstellungen hervor. Andere Aspekte werden dem gegenüber nicht thematisiert oder manchmal absichtsvoll verborgen. Solche Selektivität einer Selbstdarstellung ermöglicht Kontrolle und Handlungsautonomie auf der Seite des Akteurs, ist zudem aber auch kulturell bedingt. Denn die Möglichkeiten der Selbstdarstellung und die Gelegenheit hierfür werden durch den kulturellen Kontext zur Verfügung gestellt.[30] Dem Akteur werden gleichsam eine Bühne, eine Auswahl an Requisiten, Kostümen und Handlungsverläufen zur Verfügung gestellt, aus denen er eine Auswahl treffen kann.[31] Dem entsprechen bestimmte Erwartungen und Sehgewohnheiten des Publikums, das Selbstdarstellungen vor dem Hintergrund bestimmter Normen und Interpretationsmuster versteht und bewertet. So sollte beispielsweise ein Bewerber in einem beruflichen Vorstellungsgespräch seine persönlichen Leistungen und Fähigkeiten geschickt darstellen. Sein Ziel wird sein, als beste Besetzung für die ausgeschriebene Stelle zu erscheinen. Seine Leidenschaft für Wagner-Opern ist dabei nicht von Belang und auch bei der Darstellung seines bisherigen Bildungs- und Berufsweges wird er so selektieren, dass Brüche oder Orientierungen in eine andere berufliche Richtung nicht thematisiert werden. Bei einem ersten Date dagegen kann es gut sein, dass der Musikgeschmack von größerem Interesse ist als Details des beruflichen Werdegangs.

Aufgrund dieser verschiedenen Faktoren macht jede Selbstdarstellung einen Akteur auf bestimmte Weise sichtbar und verhüllt ihn zugleich. So oszilliert jede Selbstdarstellung zwischen der faktisch ausgewählten, performierten und wahrgenommenen Wirklichkeit und dem Horizont unzähliger anderer Möglichkeiten der Selbstdarstellung. Durch diese Spannung wird ein Möglichkeitsraum hergestellt, der verschiedene Selbstentwürfe als Möglichkeiten der Selbstdarstellung zur Verfügung stellt. Gleichzeitig wird er offen gehalten für die zukünftige Realisierung anderer Möglichkeiten: Der seriöse Bankangestellte kann sich in seiner Freizeit auf Gothic Parties amüsieren, eine Literaturkritikerin kann ihre Freude an Schundromanen für sich behalten und diese im Nachtschrank verstecken, Jugendliche kön-

---

30 Zur These der kulturellen Bedingtheit von Praktiken der Selbstthematisierung vgl. Hahn, Identität.
31 Eine solche Beschreibung und Interpretation sozialer Vorgänge mit Hilfe von Begriffen und Strukturen aus dem Theater geht auf Goffman zurück. Seine Ausführungen zu Vorgang und Funktion des „Impression-Management", dem zufolge Akteure eine Situation durch das Erzeugen bestimmter Eindrücke beim Gegenüber und dem Publikum kontrollieren, wird seit einigen Jahren insbesondere in der Forschung rund um Facebook und andere SNSs regelmäßig herangezogen. Vgl. Goffman, Erving, Wir alle spielen Theater. Die Selbstdarstellung im Alltag, Ungekürzte Taschenbuchausg., München u.a. ⁴2006.

nen in ihrer Clique cool, zu Hause verspielt und anhänglich und in ihrem ersten Anzug oder Kostüm etwas unsicher erscheinen.

Gerade auf Facebook führt diese Pluralität von Selbstdarstellungen in verschiedenen Gruppen und Kontexten oft zu Irritationen: Zwar ist es technisch möglich, die Facebook-Freunde in Gruppen einzuteilen, für die jeweils nur bestimmte Inhalte des Facebook-Profils sichtbar sind. Auch kann sich ein Akteur auf unterschiedlichen SNSs unterschiedlich darstellen. Doch insgesamt lassen sich einzelne Lebensbereiche und mit ihnen verbundene soziale Kontakte kaum gegeneinander trennen, sobald man sie auf SNSs einbezieht. Auch besteht immer die Möglichkeit, dass Personen unbemerkt – als ein unsichtbares Publikum – Inhalte rezipieren.[32]

Eine Möglichkeit, auf Facebook Grenzen zwischen verschiedenen sozialen Kontexten und Freundesgruppen zu ziehen, ist eine Art öffentlicher Kommunikation durch Bilder oder Texte, deren Sinn sich nur Gruppenmitgliedern erschließt und Außenstehenden unverständlich bleibt. Dies gelingt durch Bezüge zu Ereignissen aus dem Offline-Kontext, die nur bestimmten Kontaktpersonen bekannt sind. Auch eine Jugendsprache oder spezifischer Slang helfen dabei, auf diese Art Grenzen aufzubauen.[33]

Vermutlich werden aber Pluralität von Selbstdarstellungen und mögliche Spannungen besser akzeptiert, als dies bisher, vor der Verbreitung des Web 2.0 der Fall war. Hier ist anzunehmen, dass die Präsentation solcher Pluralität auf Facebook im Sinne des erwähnten persönlichen Geheimnisses wirkt: Sie kann Fragen und Reaktionen hervorrufen und lässt doch meist offen, ob der coole Fußballer aus der 11b früher wirklich im Knabenchor gesungen hat oder ob die Partyfotos auf der Profilseite einer im Büro eher unscheinbaren Kollegin wirklich eine ungeahnte Seite an ihr enthüllen. Zuverlässig lässt sich dies nur innerhalb der verschiedenen Offline-Kontexte überprüfen.

Nachdem die kommunikations- und medienwissenschaftliche Analyse medialer Selbstdarstellungspraktiken darauf hinweist, dass hier Sichtbarkeit und Entzogenheit eines Akteurs konstitutiv aufeinander bezogen werden, erscheint es als vielversprechend, dieses in der protestantischen Theologie bestimmende Motiv speziell für die theologische Deutung von Praktiken in den Social Media aufzugreifen und für eine theologische Medienethik fruchtbar zu machen.

---

32 Zum Phänomen des unsichtbaren Publikums als Spezifikum von Online-Öffentlichkeiten vgl. Boyd, Danah, Taken Out of Context. American Teen Sociality in Networked Publics, Creative Commons License 2008, online verfügbar:
http://www.danah.org/papers/TakenOutOfContext.pdf [17.07.2012].
33 Vgl. Boyd, Youth.

5. Sichtbarkeit und Entzogenheit als Thema protestantischer Theologie

Dass Selbstdarstellungen einer Person zwischen sichtbar machendem Selbstausdruck und gleichzeitiger Entzogenheit oszillieren, ist ein Hauptmotiv jüdisch-christlicher Theologie. Insbesondere in Hinblick auf göttliche Selbstmitteilungen wird in jüdischer wie christlicher Schriftauslegung und Dogmatik stets herausgearbeitet, dass Gott sich offenbart, indem er sich verhüllt. Im Judentum kommt dies durch das Verbot, den Gottesnamen auszusprechen, zum Ausdruck. Der mit dem Tetragramm JHWH, das für den Gottesnamen steht, verbundene Offenbarungsbericht Ex 3,4ff und Ex 6,2ff macht auf narrativer Ebene deutlich, dass hier auf die Frage nach dem Namen Gottes kein eigentlicher Name angegeben wird. Vielmehr verweist Gott auf sein Sein insgesamt: „Ich bin, der ich bin." Dieses göttliche Sein darf, so wird es verschiedentlich ausgeführt, nicht durch einen Namen oder Kultbild vergegenständlicht werden. Damit werden die Unverfügbarkeit und Souveränität Gottes gegenüber den Menschen ausgesagt. Hierin liegt die große Möglichkeit persönlicher Gottesbegegnung, die individuell und situativ ganz unterschiedlich erfahren werden kann: Da Gott an kein Bild, keinen Kultgegenstand gebunden ist, kann er sich überall und in jedem Medium mitteilen. Ausgerechnet Karl Barth, der die Exklusivität der Selbstoffenbarung Gottes ausschließlich in Jesus Christus zum Zentrum seiner Dogmatik macht, kann deshalb zugleich sagen, dass sich Gott auch „in einem blühenden Rosenstrauch, in einem toten Hund oder im russischen Kommunismus"[34] offenbaren könne.

Insbesondere protestantische Theologen betonen den Zusammenhang zwischen der Selbstoffenbarung Gottes in Jesus Christus und einer bleibenden Entzogenheit Gottes. Auf die Spitze wird dies durch Karl Barth getrieben, der herausarbeitet, dass sowohl die Selbstoffenbarung Gottes in Christus als auch deren Wahrnehmung durch Menschen, die im Glauben den Offenbarungscharakter und -inhalt erkennen, allein durch Gott gewirkt werden. So kann er darstellen, dass die göttliche Offenbarung in Christus zugleich ganz klar und vollständig, jedoch dem Menschen nur „je und je" im Glauben zugänglich und damit weiterhin unverfügbar ist. Barth ist an der Betonung der Souveränität und Unverfügbarkeit Gottes gegenüber dem Menschen gelegen. Gerade im Zusammenspiel von Sichtbarkeit und Entzogenheit Gottes und seiner Selbstoffenbarung in Christus liegt in Barths Konzeption die Möglichkeit personaler Gottesbeziehung, da sich Gott jedem einzelnen

---

34 Barth, Karl, Die Kirchliche Dogmatik Bd. 1: Die Lehre vom Wort Gottes. Prolegomena zur Kirchlichen Dogmatik, Halbbd. 1, München 1932 (KD I/1), S. 55. Zwar wendet sich Barth hier in deutlicher Ironie gegen verschiedene Frömmigkeitsstile und Religionsauffassungen, die sich außerhalb der Kirche stellen. Die Rückbindung an die Christusoffenbarung, dessen schriftliche Überlieferung und an die Kirche als von Gott zur Verkündigung beauftragte Institution ist für Barth entscheidend (vgl. Barth, Kd I/1, S. 1–23). Doch zugleich betont er immer die souveräne Freiheit göttlicher Selbstmitteilung und wendet sich auch gegen eine sich selbst absolut setzende Kirche, weshalb der zitierte Ausspruch bei aller Ironie doch ernst zu nehmen ist.

immer wieder neu und bezogen auf dessen persönliche Lebenssituation vergegenwärtige und seine Offenbarung im Glauben zugänglich mache. Als einer der profiliertesten Vertreter einer Wort-Gottes-Theologie macht Barth mit Theologie als der Rede von Gott ernst: Wahre Theologie als Rede von Gott, die dessen Wirklichkeit bezeugt, könne nur von Gott selbst kommen: „Offenbarungswahrheit ist der frei handelnde Gott selber und ganz allein."[35] Als sich zugleich selbst offenbarende und darin sich ereignende Wirklichkeit Gottes vollzieht sich solche wahre Theologie als dreifache Gestalt des Wortes Gottes: Die sprechende Selbstmitteilung Gottes, deren hörende Rezeption durch den Menschen und das Verstehen des Inhalts werden dabei ausschließlich durch Gott gewirkt.[36] Auf der Seite des Menschen betont Barth dagegen die Medialität aller menschlichen Wirklichkeitserfahrung wie auch allen Selbstvollzuges. Spreche daher der Mensch von Gott, so könne er nur zeichenhaft auf diesen hinweisen, müsse ihn dabei jedoch notwendig verfehlen:

„Von Gott reden würde heißen Gottes Wort reden, [...] das Wort, daß Gott Mensch wird. Diese vier Worte können wir sagen, aber wir haben damit noch nicht das Wort Gottes gesagt, in dem das Wahrheit ist."[37]

So zeichnet Karl Barth immer wieder die Doppelbewegung nach, in der sich Gott zugleich vollständig offenbart und den Menschen unmittelbar begegnet, dabei jedoch weiterhin menschlicher Erkenntnis entzogen bleibt. Gerade in dieser Doppelbewegung ist er ein souverän handelnder Gott, der sich ohne Dazutun des Menschen diesem rein aus Gnade zuwendet.

Die protestantische Tradition sieht in der bleibenden Unverfügbarkeit Gottes, die mit seiner Selbstoffenbarung bestehen bleibt, die Bedingung für die Möglichkeit personaler Gottesbegegnung und -beziehung. Was heißt dies für ein christliches, speziell ein protestantisches Verständnis vom Wesen des Menschen, der sich als durch eine solche Gottesbeziehung bestimmt versteht? Hinweise hierzu geben Ingolf Dalferth und Eberhard Jüngel, die die Gottebenbildlichkeit als Grundbestimmung des Personseins des Menschen im Anschluss an Barth trinitätstheologisch ausdeuten.[38] In dieser Interpretation besteht die Gottebenbildlichkeit des Menschen in dessen Gottesgemeinschaft, ist somit eine Beziehung und kein empirisch auszuweisendes Merkmal des Menschen.[39] Was zuvor von der göttlichen Selbstof-

---

35 Barth, KD I/1, S. 14.
36 Diesen Grundgedanken stellt Barth an den Beginn seiner Kirchlichen Dogmatik und entfaltet ihn später in den verschiedenen Lehrstücken. Vgl. neben Barth, KD I/1, S. 128–194 insbesondere auch §§32–35 zur Erwählungslehre in Barth, Karl, Die Kirchliche Dogmatik, Bd. 2: Die Lehre von Gott, Halbbd. 2, Zürich 1942, S. 1–563.
37 Barth, Karl, Das Wort Gottes als Aufgabe der Theologie, in: Jürgen Moltmann (Hg.), Anfänge der dialektischen Theologie, München 1977, S. 198–218, S. 207.
38 Vgl. Dalferth, Ingolf/Jüngel, Eberhard, Person und Gottebenbildlichkeit, in: Franz Böckle u.a. (Hg.), Christlicher Glaube in moderner Gesellschaft, Freiburg/Basel/Wien 1981, S. 57–99.
39 Jene empirische Aufweisbarkeit der Gottebenbildlichkeit des Menschen wurde prominent durch Wolfhart Pannenberg ausgearbeitet, der sie schöpfungstheologisch interpretiert. Über den Begriff

fenbarung in Christus ausgesagt wurde, gilt auch für die Gottebenbildlichkeit des Menschen: Sie kann als Teilhabe an der trinitarischen Gottesgemeinschaft allein von Gott her eröffnet und verwirklicht werden. Zwar sind in Christus bereits alle Menschen zu solcher Gottesgemeinschaft erwählt, jedoch wird diese und damit ihre Gottebenbildlichkeit als ihre „wahre Identität"[40] erst eschatologisch für sie Wirklichkeit. Unter geschichtlichen, lebensweltlichen Bedingungen muss sich der Mensch daher immer als fragmentarisch und spannungsvoll erleben. Doch auch, wenn der Mensch nur innerhalb der von Gott her sich verwirklichenden Gottesgemeinschaft zu sich selbst kommt, ist er innerhalb seiner Lebensgeschichte in einen dynamischen Prozess der Selbstwerdung eingebunden. In Auseinandersetzung mit seiner Lebenswelt bildet der Mensch seine Individualität aus, die als seine geschichtliche Gestalt ebenfalls Teil seiner Identität ist.[41]

Die Stärke dieser (trinitäts-)theologischen Bestimmung der Gottebenbildlichkeit als der wahren Identität des Menschen, die sich im lebensgeschichtlichen Prozess verwirklicht, liegt meines Erachtens darin, dass hier auch für die Anthropologie das Moment der Entzogenheit in seiner zentralen, beziehungstiftenden Bedeutung zur Geltung gebracht werden kann: Nicht nur die Wirklichkeit Gottes, auch die eigene Wirklichkeit, in der der Mensch voll und ganz sich selbst entspricht, ist seiner Verfügung entzogen und verwirklicht sich extra se in der Gottesbeziehung. Zwar kann er in seiner Lebensgeschichte seine Individualität ausbilden und sich innerhalb seiner verschiedenen sozialen Beziehungen selbst gestalten. Hier interpretiert der Mensch sich in verschiedenen Selbstdarstellungen und macht sich durch sein ganzes Leben hindurch fortwährend auf bestimmte Weise für sich und für andere sichtbar. Doch übergreift das Personsein des Menschen innerhalb der Gottesgemeinschaft solche Selbstbeschreibungen, die ihrerseits immer fragmentarisch und in spannungsvoller Pluralität bleiben. Obwohl empirisch nicht ausweisbar, noetisch unzugänglich und somit menschlicher Verfügung entzogen, konstituiert die Gottesbeziehung des Menschen auch unter geschichtlichen Bedingungen

---

der „Weltoffenheit" des Menschen gelangt Pannenberg jedoch – wenn auch auf anderem Weg – ebenfalls zur Entzogenheit des Menschen als wesentlichem Merkmal seiner Gottebenbildlichkeit. Vgl. dazu Pannenberg, Wolfhart, Was ist der Mensch? Die Anthropologie der Gegenwart im Lichte der Theologie, Göttingen [8]1995 (erste Aufl. 1962). Pannenbergs „negative" Anthropologie, die gerade dieses Moment der Entzogenheit zur Grundbestimmung des Personbegriffs verwendet, wird von Christina Costanza in diesem Band ausführlich dargestellt und theologiegeschichtlich eingeordnet.

40 Dalferth/Jüngel, Person, S. 96.
41 So entfalten es Dalferth und Jüngel, ohne jedoch darauf einzugehen, in welchem Verhältnis geschichtliche Individualität und wahre Identität in der Gottesgemeinschaft zueinander stehen. Zu vermuten ist, dass sie die Differenzierung zwischen Individualität und wahrer Identität parallel zu der zu Beginn des Aufsatzes entfalteten Unterscheidung zwischen Geschöpflichkeit als geschichtlichem und empirisch beschreibbarem Menschsein einerseits und der Gottebenbildlichkeit als empirisch nicht ausweisbare, eschatologische Bestimmung zum Personsein innerhalb der Gottesgemeinschaft verstehen. Wahre Identität und Personsein konstituieren in diesem Verständnis den Menschen auch in seiner geschichtlichen Gestalt und Selbstvollzug. Vgl. Dalferth/Jüngel, Person, bes. S. 61–63.70–80.

dessen Wirklichkeit, die mehr ist als die Summe seiner Selbstdarstellungen. Diese wahre Identität des Menschen – verstanden als ein seiner Bestimmung vollkommen entsprechendes Sein – wird ihm von Gott her in einem Beziehungsgeschehen zugeeignet. Im Glauben an Christus wird dies dem Menschen offenbart und wird doch erst eschatologisch zugänglich.

Allerdings bleibt bei diesen Ausführungen die lebensweltliche Perspektive des Menschen unberücksichtigt. Wie erlebt ein Mensch konkret seine Fragmentarität und die Entzogenheit für sich selbst wie auch die Entzogenheit seiner Mitmenschen? Was heißt dies für die Gestaltung persönlicher Beziehungen? Auf welche Weise ist er aktiv an der Ausbildung seiner Individualität und Identität beteiligt und wie ist das Verhältnis solcher menschlichen Identitätsarbeit und der göttlichen Zueignung der wahren Identität zu denken?

Diese Fragen werden auch durch die aktuellen Erfahrungen innerhalb der Social Media mit neuer Dringlichkeit aufgeworfen. Eine Entfaltung theologischer Anthropologie unter dem Gesichtspunkt der Entzogenheit des Menschen erscheint insbesondere für den Bereich der Social Media lohnend und steht – wie dargelegt – in protestantischer Denktradition.[42]

6. Hinweise für eine Theologie der Social Media

Die angesprochene zunehmende Pluralität von Selbstdarstellungen eines Akteurs sowie die Frage nach der Bezogenheit von Selbstdarstellung und Identität einer Person aufeinander stellen die theologische Anthropologie vor neue Herausforderungen: Handlungstheoretische Theorien und der radikale Konstruktivismus gehen nicht lediglich von einer Pluralität der Selbstdarstellungen, sondern von einer solchen der Identitätsentwürfe aus.[43] Inwieweit können solche Überlegungen zur konstituierenden Bedeutung von Selbstdarstellungen für Identität und Personsein der Akteure theologisch aufgenommen werden? Wo sind Grenzen zu ziehen und ist aus protestantischer Perspektive Kritik an bestimmten Entwicklungen innerhalb der Social Media zu üben?

---

42 In diesem Beitrag kann nur auf das Moment der Entzogenheit als Motiv protestantischer Gotteslehre und Anthropologie (insbesondere bei Karl Barth in trinitätstheologischer und bei Wolfhart Pannenberg in schöpfungstheologischer Entfaltung) hingewiesen und auf das Feld der Social Media bezogen werden. Für die notwendige ausführliche Reflexion von Strukturen und Praktiken der Social Media als Thema und Herausforderung protestantischer Anthropologie und Medienethik verweise ich auf meine Dissertation, die in Kürze vorliegen wird.

43 Eine solche Position wird z.B. von Hannelore Bublitz vertreten, die Selbstdarstellung als Selbstkonstitution interpretiert. Vgl. Bublitz, Beichtstuhl sowie dies., Sehen. Andreas Reckwitz gibt eine konzise Zusammenfassung des Identitätsdiskurses seit Anfang des 20. Jahrhunderts, der auf die Selbstkonstitution und Pluralisierung von Identität in Theorien des (post-)modernen Individuums zuläuft; vgl. Reckwitz, Andreas, Der Identitätsdiskurs. Zum Bedeutungswandel einer sozialwissenschaftlichen Semantik, in: ders., Unscharfe Grenzen. Perspektiven der Kultursoziologie, Bielefeld 2008, S. 47–67.

In diesem Beitrag kann lediglich aufgezeigt werden, dass gerade indem durch Social Media persönliche Sichtbarkeit erhöht und Möglichkeiten der Selbstdarstellung ausgeweitet werden, auch verstärkt das Bedürfnis nach Entzogenheit gegenüber den Blicken und der Wahrnehmung durch andere entstehen. Hier kann eine theologische Reflexion über Social Media und dort praktizierte Werte und Menschenbilder ansetzen. Gerade eine protestantische Anthropologie und Medienethik kann über das Motiv von Sichtbarkeit und Entzogenheit als Merkmal personaler Begegnung Zugang zu einer theologisch fundierten Deutung der Social Media erhalten und diese als Thema theologischer Reflexion und als Herausforderung theologischer Konzepte wahrnehmen.[44]

In Bezug auf Selbstdarstellungen in persönlichen Öffentlichkeiten auf SNSs ist aus theologischer Sicht die Bedeutung dynamischer Elemente hervorzuheben: Kommentare, die auf gemeinsame Erlebnisse im Offline-Kontext verweisen, wie auch die Pluralität von Selbstdarstellungen, wie sie durch das Nebeneinander verschiedener sozialer Kontexte in Sozialen Netzwerken wie Facebook entsteht, können herangezogen werden, um zu verdeutlichen, dass die Profilidentität eines Akteurs nur Einblicke in dessen Leben gibt. So sind nicht die Profilseite selbst und die dort abrufbaren Inhalte, sondern die Handlungen einer Person, die mit Hilfe der Profilidentität ausgeführt werden oder mittels Bildern und Texten dort dokumentiert werden, Ausdruck persönlicher Präsenz und lebendigen Selbstvollzugs. Neben der Gefahr, gerade in Sozialen Netzwerken auf einzelne Bilder festgelegt zu werden, bietet die Dynamik von SNSs die Möglichkeit, bestehende Eindrücke durch neue Bilder zu revidieren, das Publikum bewusst zu irritieren und insgesamt die Vielfalt persönlichen Selbstvollzugs und die damit einhergehende Entzogenheit sichtbar darzustellen. Entzogenheit wird damit – in Bildsprache, Dynamik und Pluralität – zum Thema von Selbstdarstellung, die somit auf ihren Inszenierungscharakter verweist. Eine theologisch-anthropologische Deutung von Selbstdarstellungspraktiken in Social Media kann dies explizit machen und Zusammenhang wie Differenz zwischen Bild und Selbstsein der Akteure hervorheben.

---

44 Hier sei wiederum auf meine Dissertation verwiesen, die die hier genannten Hinweise zur Entzogenheit der sich darstellenden Akteure aufgrund entsprechender Bildsprachen, Pluralität verschiedener Selbstdarstellungen und Dynamik der eingestellten Inhalte umfassend untersucht und theologisch deutet.

„XYZ hat dich angestupst"
Romantische Erstkontakte bei Facebook – ein Schnittstellenphänomen?[1]

Konstanze Marx

Abstract

Am Kontaktaufnahmeverhalten in Sozialen Netzwerken – so die These des vorliegenden Aufsatzes – kann nachvollzogen werden, wie kommunikative Verhaltensformen in romantischen Kontexten aus On- und Offline-Welt zusammenwirken und einander ergänzen. Anders als Online-Kontaktbörsen dienen Soziale Netzwerke in erster Linie der Pflege bereits offline bestehender sozialer Kontakte. Dennoch werden sie auch genutzt, um neue Kontakte zu etablieren, und als eine virtuelle Erweiterung einer Offline-Lebenswelt begriffen, in der fremde, aber als attraktiv kategorisierte Profilidentitäten[2] kontaktiert werden können. Mit (sprachlichen) Strategien wird einerseits das für Offline-Situationen typische Flirtverhalten simuliert, andererseits aber auf das charakteristische Vorgehen in Online-Kontaktbörsen zurückgegriffen. Auf der Basis solcher Beobachtungen werden Soziale Netzwerke als neuer Kommunikationsraum gedeutet, in dem Online- und Offline-Welt diffundieren – eine These, die aufschlussreich ist für eine Theorie kirchlicher Praxis in den Kommunikationsräumen des Web 2.0.

1. Einleitung

„Es war schlichtweg Liebe", so wurde Christian von Boetticher, der Ex-CDU-Spitzenkandidat in Schleswig-Holstein, u.a. auf spiegel.de zitiert.[3] Er bezog sich hiermit auf die Beziehung zu einer Schülerin. Diese Beziehung hatte sich über das Soziale Netzwerk Facebook etabliert. Das prominente Beispiel zeigt, dass Soziale Netzwerke, die vorrangig dazu dienen, bereits in der Offline-Welt existierende soziale Kontakte zu pflegen, inzwischen auch als Plattform für die Etablierung von sozialen Kontakten und/oder romantischen Beziehungen genutzt werden.

---

1 Dieser Beitrag geht auf einen Vortrag zurück, der im September 2011 auf der Tagung „Personen im Web 2.0 – Theologische Perspektiven" an der Theologischen Fakultät der Georg-August-Universität in Göttingen gehalten wurde.
2 Ich spreche hier von einer Profilidentität, weil die Offline-Identität des Profilurhebers nicht mit der Online-Identität im Sozialen Netzwerk gleichgesetzt werden darf.
3 Reimann, Anna, Boetticher-Rücktritt stürzt Nord-CDU in die Krise, in: Spiegel online, verfügbar unter: http://www.spiegel.de/politik/deutschland/0,1518,780205,00.html [15.8.2011].

Es ist keine neue Erkenntnis, dass das Internet[4] als Partnerbörse als erfolgversprechend und positiv bewertet wird.[5] Netzkontakte sind „imaginativ aufgeladen" und werden als „hochgradig romantisiert und erotisiert" empfunden, sie gelten gar als gefährlich, weil sie „auf der Basis mehrdeutiger digitaler Botschaften das seelische Gleichgewicht [und das geregelte Ehe- und Familienleben] der Beteiligten allzu schnell durcheinander[bringen]".[6] Geheimnisvoll und daher faszinierend sind Netzkontakte aber immer auch, weil sie in Anonymität geknüpft wurden. Die sogenannte „Depersonalisierung" bietet nicht nur Schutz, sondern galt paradoxerweise sogar als Voraussetzung für eine besonders persönliche Ebene.[7] In Chaträumen, in denen damit die Hemmschwelle für das Flirtverhalten herabgesetzt ist, und selbst in Online-Kontaktbörsen wird der Anonymität nach wie vor ein großer Stellenwert eingeräumt. So besteht sowohl in Chaträumen als auch in Online-Kontaktbörsen die Möglichkeit, „Nicknames" zu verwenden und damit die Offline-Identität[8] zu verschlüsseln.

Mit der Akzeptanz Sozialer Netzwerke verliert die Anonymität als konstituierende Eigenschaft des Netzverhaltens an Bedeutung.[9] Zunehmend verlagern sich private Identitäten (auch dank vereinfachter Voraussetzungen und minimaler Anforderungen an technische Kompetenzen) in den frei zugänglichen virtuellen Raum. Offenbar besteht ein Bedürfnis, sozialen Kontakten auf diese Weise eine neue kommunikative Dimension hinzuzufügen, die die Illusion gegenseitiger Präsenz – also räumlicher Nähe bei tatsächlicher räumlicher Distanz – vermittelt und damit als die soziale Beziehung intensivierend empfunden wird.[10] Ich spreche hier von einer Illusion, weil der kommunikative Austausch in einer virtuellen Parallelwelt und damit höchstens in einem gemeinsamen virtuellen Raum stattfindet. Neue Technologien bewirken hierbei eine hohe Geschwindigkeit und damit verbundene empfundene Unmittelbarkeit, so dass auch kommunikative Parameter wie Syn-

---

4 Ich verwende den Terminus „Internet" hier sehr weit, weil umgangssprachlich die durch das Internet verfügbaren Internetdienste (Email, www u.a.) in das Konzept INTERNET einfließen, vgl. Runkehl, Jens/Siever, Torsten/Schlobinski, Peter, Sprache und Kommunikation im Internet. Überblick und Analysen, Opladen 1998, S. 3.
5 Vgl. Ben-Ze'ev, Aaron, Love Online. Emotions on the Internet, Cambridge 2004.
6 Döring, Nicola, Internet-Liebe. Zur technischen Mediatisierung intimer Kommunikation, in: Höflich, Julian/Gebhardt, Joachim (Hg.), Vermittlungskulturen im Wandel. Brief-Email-SMS, Berlin 2003, S. 233–264, S. 233.
7 Vgl. Chenault, Brittney G., Developing personal and emotional relationships via computer-mediated communication, in: CMC-Magazine 1998, verfügbar unter: http://www.december.com/cmc/mag/1998/may/chenault.html [21.10.2011].
8 Vgl. Bahl, Anke, Zwischen On- und Offline. Identität und Selbstdarstellung im Internet, München 1995 zur Unterscheidung zwischen On- und Offline-Identität.
9 Vgl. auch Arendholz, Jenny, Interpersonal Relations in Online Message Boards, Augsburg 2011.
10 Bublitz argumentiert entsprechend für eine konsoziative Funktion der neuen Medien, siehe Bublitz, Wolfram, Internet und der ‚duale Nutzer': Ansätze einer dissoziativen Kommunikation?, in: Marx, Konstanze/Schwarz-Friesel, Monika (Hg.), Sprache und Kommunikation im technischen Zeitalter. Wieviel Internet (v)erträgt unsere Gesellschaft? Berlin/New York im Druck.

chronizität, Mündlichkeit oder Schriftlichkeit in ein neues Verhältnis zueinander gesetzt und umgedeutet werden müssen.[11]

Die Modalitäten, die in Sozialen Netzwerken zur Generierung romantischer Beziehungen genutzt werden, versprechen nicht nur linguistischen Erkenntnisgewinn, weil sie Rückschlüsse auf persuasive Strategien und sprachliche Strategien zur Evokation von Emotionen erlauben. An Initialphasen von sich etablierenden romantischen Beziehungen, die im Fokus einer qualitativen Analyse stehen, lassen sich auch Tendenzen zur Auflösung der strikten Grenzen zwischen virtuellen und realen Kommunikationsräumen – indem beispielsweise der Aspekt der Anonymität zusehends in den Hintergrund rückt oder situationsadäquat zwischen den Kommunikationsräumen gewechselt wird – aufzeigen, womit sie auch aus kommunikationswissenschaftlicher Perspektive interessant sind.

Im vorliegenden Aufsatz soll der erste Arbeitsschritt zur Verifizierung einer Konvergenzhypothese skizziert werden. Als Konvergenzprozess erachte ich die zunehmende Diffusion zwischen Öffentlichkeit und Privatheit am Web 2.0-Interface. Dieser besteht darin, die (sprachlichen) Modalitäten zur Generierung romantischer Beziehungen im Sozialen Netzwerk Facebook[12] zu referieren und anhand dessen den Schnittstellencharakter des Sozialen Netzwerks auszudifferenzieren. So scheinen Nutzer[13] von Online-Kontaktbörsen und Nutzer von Sozialen Netzwerken bewusst mit den verschiedenen kommunikativen Raumkonzeptionen zu operieren. Den Terminus „Konvergenz" entlehne ich zu diesem Zweck der Publizistikwissenschaft und übertrage ihn auf die expandierende Schnittstelle zwischen On- und Offline-Welt, zwischen Virtualität und Realität, zwischen Öffentlichkeit und Privatheit[14], an der ich Soziale Netzwerke verortet wissen möchte.

Die Auseinandersetzung mit den Kontaktaufnahmestrategien bei Facebook setzt voraus, dass ausdifferenziert wird, welchen Gegebenheiten sich Kontaktsuchende gegenüber sehen. Entsprechend werden im ersten Teil Indikatoren be-

---

11 Vgl. zur konzeptuellen Mündlichkeit Koch, Peter/Oesterreicher, Wulf, Sprache der Nähe – Sprache der Distanz. Mündlichkeit und Schriftlichkeit im Spannungsfeld von Sprachtheorie und Sprachgeschichte, in: Romanistisches Jahrbuch 36, Berlin/New York 1985, S. 15–43; Androutsopoulos, Jannis, Neue Medien – neue Schriftlichkeit?, in: Mitteilungen des Deutschen Germanistenverbandes 1 (2007), S. 72–97.

12 Dabei beziehe ich mich exemplarisch auf Facebook, den laut BITKOM-Studie 2011 Marktführer im Sektor „Soziale Netzwerke": Bundesverband Informationswirtschaft, Telekommunikation und neue Medien e. V., Soziale Netzwerke. Eine repräsentative Untersuchung zur Nutzung sozialer Netzwerke im Internet, 2011, verfügbar unter: http://www.bitkom.org/files/documents/BITKOM_Publikation_Soziale_Netzwerke.pdf [19.2.2012]. Facebook-Dienste wie Badoo, die einer Kontaktbörse konzeptuell näher sind, klammere ich jedoch aus.

13 Ich verwende in diesem Aufsatz das generische Maskulinum, um den Lesefluss nicht zu beeinträchtigen. Weibliche Personen sind selbstverständlich mitgemeint, werden aber nur dann explizit erwähnt, wenn ausschließlich auf weibliche Referenten Bezug genommen wird.

14 Vgl. Bull, Hans Peter, Informationelle Selbstbestimmung – Vision oder Illusion? Tübingen 2009; Rössler, Beate, Anonymität und Privatheit, in: Bäumler, Helmut (Hg.), Anonymität im Internet. Braunschweig, Wiesbaden 2003, S. 27–40; Schaar, Peter, Das Ende der Privatsphäre, München 2007; Schertz, Christian/Höch, Dominik, Privat war gestern, Berlin 2011.

schrieben, über die Ansprechbarkeit in sozialen Netzwerken signalisiert wird. Anschließend werden exemplarische technologische Schritte und sprachliche Strategien an der Initialphase eines authentischen Facebook-Kontaktaufnahmeversuchs nachvollzogen. Dabei spielen die folgenden Fragen eine Rolle: Wie müssen Erstkontakt-Textbotschaften beschaffen sein, um nicht nur die Aufmerksamkeit einer Person in den Weiten des Internets zu erlangen, sondern diese auch zu fixieren? Welche Strategien führen dazu, dass beim Adressaten Emotionen hervorgerufen werden? Wie sind diese sprachlich umgesetzt? Inwieweit steuert das Bewusstsein über den kommunikativen Raum, in dem die Liebeskommunikation stattfindet, das kommunikative Verhalten?

In einem zweiten Schritt, der hier nur grob konturiert werden kann, wird es notwendig sein, die für Facebook festgestellten Merkmale in Beziehung zu Partnerwerbungsstrategien in Online-Kontaktbörsen, aber auch in Offline-Situationen zu setzen. Somit ist der vorliegende Aufsatz als Werkstattbericht zu begreifen.

2. Zur Datenerhebungsproblematik

Nachdem der private Liebesdiskurs für Forscher lange Zeit weitestgehend unzugänglich oder nur approximativ über literarische Texte nachvollziehbar war, eröffnen sich dank des World Wide Web nun Wege in die Kommunikation zwischen Personen, die sich in der Initialphase einer romantischen Beziehung befinden oder bereits in einer romantischen Beziehung zueinander stehen. In Online-Kontaktbörsen, Chats oder Sozialen Netzwerken entstehen verschriftlichte Konversationen, die zumindest potenziell auch für Dritte einsehbar und zugänglich sind. Nichtsdestotrotz ist die Datenerhebung als diffizil einzustufen, weil es nicht genügt, Paare ausfindig zu machen, die sich über das Internet kennengelernt haben. Die akquirierten Personen müssen zusätzlich über Protokolle ihrer Onlinekommunikation verfügen und ihr Einverständnis zur Verwendung der Daten geben. Diese erschwerten Bedingungen könnten ein Grund dafür sein, dass die sprach- und kommunikationswissenschaftliche Auseinandersetzung mit der Online-Liebe noch am Anfang steht, während das Phänomen bereits aus soziologischer,[15] (sozial-)psycholo-

---

15 Vgl. Bühler-Illieva, Evelina, Einen Mausklick von mir entfernt. Auf der Suche nach Liebesbeziehungen im Internet, Marburg 2006; Illouz, Eva, Gefühle in Zeiten des Kapitalismus, Frankfurt am Main 2006; Geser, Hans, Online search for offline partners. Matching platforms as tools of empowerment and retraditionalization, in: Sociology in Switzerland. Towards Cybersociety and vireal Social Relations, Zürich 2007, verfügbar unter: http://socio.ch/intcom/ t_hgeser19.pdf [9.01.2012]; Schulz, Florian/Skopek, Jan/Klein, Doreen/Schmitz, Andreas, Wer nutzt Internetkontaktbörsen in Deutschland? In: Zeitschrift für Familienforschung 20 (2008), S. 271–292; Schulz, Florian/Zillmann, Doreen, Das Internet als Heiratsmarkt. Ausgewählte Aspekte aus Sicht der empirischen Partnerwahlforschung, in: Bamberg ifb-Materialien 4 (2009), S. 1–27; Schulz, Florian/Skopek, Jan/Blossfeld, Hans-Peter, Partnerwahl als konsensuelle Entscheidung. Das Antwortverhalten bei Erstkontakten im Online-Dating, in: Kölner Zeitschrift für Soziologie und Sozialpsychologie 62 (2010), S. 485–514; Skopek, Jan/Schulz, Florian/Blossfeld, Hans-Peter, Who Contacts Whom? Educational Homophily in Online Mate Selection, in: European Sociological Re-

gischer,[16] medienwissenschaftlicher,[17] philosophischer[18] und ethnologischer oder – graphischer[19] Perspektive untersucht und beschrieben worden ist. Allerdings gibt es bisher keine Erhebungen dazu, in welchem Umfang Menschen Soziale Netzwerke erfolgreich als Partnerbörsen nutzen und wie lange die Zeitspanne durchschnittlich ist, in der sie in einem Online-Beziehungsstatus verweilen.

Einzig im Rahmen des Tübinger Courtship-Projekts[20] wurde eine sprachwissenschaftliche Fragestellung bearbeitet, indem Analysen von Argumentationsstrategien bei der (elektronischen) Partnerwerbung vorgelegt wurden.[21] Allerdings umgingen die Forscher hier die Korpusgenerierungsproblematik, indem kontaktetablierende Gespräche unter kontrollierten Bedingungen in Rollenspielen elizitiert wurden. Sowohl elektronische Daten (aus Chatkommunikationen) als auch Daten, die in einer möglichst natürlichen Umgebung (hier in einem Café) entstanden, wurden protokolliert und ausgewertet. Besonders in den Face-to-face-Gesprächen, aber auch in der Chatkommunikation tendierten die Probanden Knape zufolge[22] allerdings zu Extrema in die eine oder andere Richtung, d.h., dass die Kommunikation abhängig von der jeweiligen Aufgabenstellung ins Lächerliche, Scherzhafte abglitt oder besonders ablehnend und geradezu aggressiv wurde. Knape beschreibt zudem, dass sich die Probanden in vielen Fällen der Rollenspielsituation sehr be-

---

view 27, 2 (2011), S. 180–195; Zillmann, Doreen/Schmitz, Andreas/Blossfeld, Hans-Peter, Lügner haben kurze Beine. Zum Zusammenhang unwahrer Selbstdarstellung und partnerschaftlicher Chancen im Online-Dating, in: Online dating: social innovation and a tool for research on partnership formation. Sonderheft der Zeitschrift für Familienforschung (Journal of Family Research) 23, 3 (2011), S. 291–318.

16 Vgl. Döring, Nicola, Liebe per Mausklick? Chancen und Risiken der Online-Partnersuche, in: BzgA Forum Sexualaufklärung und Familienplanung 2 (2009), S. 8–14; Döring, Nicola, Paarbeziehungen im Internet-Zeitalter, in: Psychologie Heute (Hg.), Im Labyrinth der Seele, Weinheim 2009, S. 36–37; Döring, Nicola, Romantische Beziehungen im Netz, in: Thimm, Caja (Hg.), Soziales im Netz. Sprache, Beziehungen und Kommunikationskulturen im Netz, Opladen 2000, S. 39–70; Döring, Internet-Liebe; Hertlein, Katherine/Sendak, Shelley, Love „Bytes": Internet infidelity and the meaning of intimacy in Computer-mediated relationships, Vortrag auf der Annual Conference of Persons, Intimacy, and Love, Salzburg 2007, verfügbar unter: http://www.inter-disciplinary.net/ptb/persons/pil/pil1/hertlein sendak%20paper.pdf [31.03.2012]; Danebeck, Kristian, Love and Sexuality on the Internet, Göteborg 2006; Hardey, Michael, Mediated relationships. Authenticity and the possibility of romance, in: Information, Communication & Society 7 (2004), S. 207–222; Chenault, Relationships.
17 Vgl. z.B. von Ellrich, Lutz/Funken, Christiane, Liebeskommunikation in Datenlandschaften, in: Ries, Marc/Frauenreder, Hildegard/Mairitsch, Karin (Hg.), dating 21. Liebesorganisation und Verabredungskulturen, Bielefeld 2007, S. 67–99.
18 Vgl. Ben-Ze'ev, Love Online.
19 Vgl. Dombrowski, Julia, Die Suche nach der Liebe im Netz. Eine Ethnographie des Online-Datings, Bielefeld 2011.
20 Vgl. Knape, Joachim/Becker, Nils/Guhr, Dagny, Das Tübinger Projekt zur Courtshiprhetorik, in: Knape, Joachim (Hg.), Rhetorik im Gespräch, Berlin 2009, S. 233–250.
21 Vgl. Becker, Nils, Überzeugen im erotischen Partnerwerbungsgespräch, Berlin 2009; Guhr, Dagny, Argumentation in Courtshipkommunikation: Zu den persuasiven Strategien im Gespräch, Berlin 2008.
22 Vgl. Knape/Becker/Guhr, Tübinger Projekt, S. 240f.

wusst waren und beispielsweise die Bekanntgabe der Telefonnummer, die u.a. als wesentliches Gesprächsziel definiert worden war, nur simulierten. Demnach können argumentative und/oder persuasive Strategien, die aus diesem Korpusmaterial analytisch extrahiert worden sind, nicht unreflektiert auf die sogenannte Courtship-Kommunikation übertragen werden. Vielmehr muss davon ausgegangen werden, dass hier Vermeidungstaktiken oder Reaktionen auf die Experimentsituation Grundlage der Analyse waren und als entsprechende kommunikative Akte eingeordnet und ausgewertet werden müssen.

Um diese unerwünschten Effekte zu vermeiden, konzentriere ich mich auf authentisches Datenmaterial, das seit Oktober 2010 in ein inzwischen etwa 1000 Emails, Chatsequenzen, Kontaktbörsen- und Blog-Postings, Pinnwandeinträge und Nachrichten umfassendes Korpus fließt.[23]

3. Die virtuelle „Ansprechbarkeit" im Sozialen Netzwerk Facebook

Während es in Online-Kontaktbörsen üblich ist, ein möglichst originelles, aussagekräftiges und für die Partnerwerbung taugliches Profil der eigenen Person zu erstellen,[24] das Rückschlüsse auf die Offline-Identität zulässt, sind Nutzerprofile bei Facebook a) nicht dafür angelegt, fremde Personen zu einer romantischen Kontaktaufnahme zu motivieren, b) wird durch die Auswahl der veröffentlichten Inhalte eine Online-Identität konstruiert, die zwar Schnittstellen zur Offline-Identität aufweist, diese aber nicht vollständig darstellen soll und c) wird die Profilidentität in einem dynamischen, von ständig aktualisierten Statusmeldungen, Pinnwandeinträgen und sich verändernden Freundeslisten geprägten Erscheinungsbild präsentiert. So kann das Soziale Netzwerk als Projektionsfläche für partielle Abbildungen der realen Welt in Bezug auf die Personen, mit deren Profilen eine willentliche Verlinkung besteht, betrachtet werden.

Im Sozialen Netzwerk soll vorrangig Kontaktpflege betrieben werden, d.h., dass Personen, die im sozialen Umfeld des Nutzers eine Rolle spielen oder gespielt haben, über eine virtuelle Plattform miteinander interagieren. Dennoch lernen sich Menschen über Facebook kennen, romantische Beziehungen entstehen. Offenbar gibt es von Nutzern preisgegebene Informationen, die als Ansprechbarkeitssignale gewertet werden. Diese sind bei den Privatsphäre-Einstellungen, den eigentlichen

---

23 Die Daten wurden der Verfasserin von den Urhebern zur Verfügung gestellt oder frei zugänglichen Internetplattformen anonymisiert entnommen. Das Korpus wird nicht veröffentlicht. Lediglich Belege, die zur Veranschaulichung theoretischer Annahmen dienen, werden gemäß §51 des Urheberrechtsgesetzes zitiert.

24 Profile in Online-Kontaktbörsen sollen dabei helfen, die größtmögliche Übereinstimmung bereits vor dem ersten Kontakt eruieren zu können. In dem Wissen darüber, dass ein potenzieller Partner seine Entscheidung über eine eventuelle Kontaktaufnahme nur von den Profilinformationen abhängig machen kann, wählen „Bewerber" nicht nur das Profilbild sorgfältig aus, sie messen auch dem Inhalt und der Formulierung ihrer Einträge in die vorgegebenen Profilmasken besondere Bedeutung bei.

Profilinformationen oder dem veröffentlichten Bildmaterial zu verorten, ebenfalls relevante Faktoren sind der Vernetzungsgrad und die Netzwerk-Aktivität.

3.1 Privatsphäre-Einstellungen

Die (Profil-)Informationen, die Nutzer in sozialen Netzwerken preisgeben, sind ausgewählt und lassen darauf schließen, dass sie durchaus ein Bewusstsein dafür entwickeln, dass sie im Internet und damit auch im Sozialen Netzwerk zwischen Privatheit und Öffentlichkeit oszillieren,[25] wie das folgende Beispiel eines Kommentarstrangs bei Facebook zeigt:

(1)[26]
A: aber hügelich
B: nein, / auch das nicht!
A: Menno ;.9
B: so und nun löschen wir das, schreiben es noch mal und drücken shift / umstell +9
B: na wie cool ist das denn, die machen aus MEINER 9 einen Link! Danke, Facebook, Danke!
A: Das haben die Filmemacher aber gefickt viral eingeschädelt
B: Du lenkst ab! Und Du weißt, dass das bei mir wirkt. *Was werden aber all die Anderen sagen, die das hier lesen?*
A: Stimmt wir waren ja mitten in derb Kurvendiskussion. Aber ich finde da gibt's gar nicht so viel zu diskutieren. Es sind doch mathematische Fakten und ich hab se mir nicht ausgedacht (hätt ichs mir ausdenken müssen – haha. Naja im Ergebnis wahrscheinlich das gleiche nur von Fall zu Fall ;) vielleicht mal mit mehr Dynamik)

Jeder Nutzer eines Sozialen Netzwerks ist einer potenziellen Öffentlichkeit ausgesetzt, die sich nicht allein über die Zusammensetzung der eigenen Freundesliste definiert. Abhängig von den Privatsphäre-Einstellungen sind Beiträge eines Profilurhebers auch für Personen zugänglich, mit denen er nur virtuell über Dritte – die gemeinsamen Bekannten – verbunden ist. Ein privater Raum, der über Privatsphäre-Einstellungen konstruiert werden soll, wird somit diffus. Versteht man einen privaten Raum als Raum, der über die Kontrolle an preisgegebenen Informationen über die eigene Identität bestimmt wird, geht mit der Registrierung in einem sozialen Netzwerk die partielle Entprivatisierung einher.[27] Es entsteht eine entprivatisier-

---

25 Ich verweise hier auf den Beitrag von Christina Ernst in diesem Band, die die These formuliert, dass wir im Netz zwischen „Sichtbarkeit und Entzogenheit" oszillieren, und dieses Thema anhand von Facebook untersucht sowie auf das von Schmidt in die Debatte eingebrachte Konzept der „persönlichen Öffentlichkeit" (vgl. Schmidt, Jan, Persönliche Öffentlichkeiten im Social Web und ihre Bedeutung für die Zivilgesellschaft, in: Lange, Dirk [Hg.], Entgrenzungen. Gesellschaftlicher Wandel und Politische Bildung, Schwalbach/Ts. 2011, S. 210–215).
26 Alle Beispiele werden hier im Original und ohne Korrekturen übernommen. Hervorhebung in Bsp. 1 von K.M.
27 Diese Debatte kann an dieser Stelle nicht referiert werden, für eine ausführliche Diskussion verweise ich auf Bull, Selbstbestimmung; Rössler, Anonymität; Schaar, Ende oder Schertz/Höch, Gestern.

te Netzidentität, die im vorgesehenen Fall die Offline-Identität nicht durch Anonymität verschleiert, die aber im Bewusstsein über die partielle Öffentlichkeit ausgewählte Eigenschaften kombiniert. Ein auf diese Weise konstruiertes Netz-Ego muss Freunden wie potenziellen Besuchern gleichermaßen standhalten.

Über die Privatsphäre-Einstellungen wird dem Nutzer die Illusion einer Kontrollfunktion suggeriert. Der Nutzer soll über die Zusammensetzung des Personenkreises bestimmen, der Profilinhalte rezipieren darf. Es ist davon auszugehen, dass dem Nutzer bewusst ist, dass Privatsphäre in einem Sozialen Netzwerk nur bedingte Privatheit garantieren kann. Die Möglichkeiten, die er innerhalb dieser Bedingungen nutzt, um seine Privatsphäre zu wahren, lassen sich als Indikatoren für seine virtuelle Ansprechbarkeit werten. Sie gelten deshalb als Signale für eine kontrollierte Öffentlichkeit. So kann der Urheber eines Profils über die Privatsphäre-Einstellungen generell regulieren, ob Inhalte öffentlich, für Freunde oder benutzerdefiniert zugänglich sind. Auch beim Posten von Beiträgen stehen diese Möglichkeiten zur Auswahl. Bestimmt werden kann auch, welchen Status Personen haben müssen, die Freundschaftsanfragen oder Facebook-Nachrichten senden dürfen oder denen Email-Adresse oder Mobilfunknummer preisgegeben wird. Es kann ebenfalls festgelegt werden, wer an die Pinnwand posten darf, wer sehen darf, was andere im Profil des Urhebers posten. Es wird hier von folgender Annahme ausgegangen: Je mehr Daten und Inhalte der Nutzer einer Öffentlichkeit zugänglich macht, desto höher ist die angenommene Motivation, den virtuellen Freundeskreis auch um fremde Personen zu erweitern.[28]

3.2 Personen-Informationen

Als Indikatoren für die Kontaktfreudigkeit innerhalb eines Sozialen Netzwerks können auch die Informationen gelten, die der Urheber eines Facebook-Profils preisgibt. Dazu gehören allgemeine Informationen (Name, Wohnort, Heimatstadt, Geschlecht, Geburtstag, Sprachen, Interesse an Männern oder Frauen), Angaben zu Freunden und Familie (Beziehungsstatus, Explikation der Familienmitglieder in der Freundesliste), Angaben zu Ausbildung und Beruf (Arbeitgeber, Hochschule, Schule), Angaben, die unter dem Terminus „Philosophie" zusammengefasst werden, wie Religion, politische Einstellung, das Lieblingszitat oder Personen, die den Urheber des Facebook-Profils inspirieren, Angaben zu Kunst und Unterhaltung (Lieblingsmusik, -bücher, -filme, -fernsehen, -spiele), Angaben zu Sport (Lieblingssportarten, -mannschaften, -sportler), zu Aktivitäten und Interessen sowie die Möglichkeit, Kontaktinformationen einzugeben.

Insgesamt kann angenommen werden, dass die Ansprechbarkeit mit der Anzahl der veröffentlichten Profilinformationen steigt, weil allein schon anhand der Infor-

---

28 Sicherlich gibt es auch Facebook-Mitglieder, die Privatsphäre-Einstellungen schlicht aus Unwissenheit nicht nutzen. Ich plädiere deshalb auch dafür, keines der angeführten Ansprechbarkeitskriterien isoliert zu betrachten.

mationsmenge abgelesen werden kann, wie viel Bedeutung der entsprechende Urheber seiner Netzwerk-Präsenz beimisst und wie ernst er seine Netzidentität nimmt. Dabei spielt es zudem eine Rolle, wie wahrscheinlich es ist, dass richtige Angaben gemacht worden sind. Personen, die der Kommunikationsplattform mit Skepsis gegenüber stehen, benutzen beispielsweise nicht ihren bürgerlichen Namen, sondern finden kreative Abwandlungen in der Schreibweise ihres Namens oder entscheiden sich für die Verwendung eines Pseudonyms.

Als besonders relevant im Hinblick auf die (romantische) Ansprechbarkeit sind die Angaben zum Beziehungsstatus zu werten. Hier kann zwischen „Single", „in einer Beziehung", „verlobt", „verheiratet", „es ist kompliziert", „in einer offenen Beziehung", „verwitwet", „getrennt" und „geschieden" gewählt werden. Der Profilurheber muss hierzu keine Angaben machen, so dass bereits die Entscheidung darüber, den Beziehungsstatus anzugeben, als Indikator für Ansprechbarkeit im romantischen Sinne (bei Angabe von: „Single", „es ist kompliziert", „in einer offenen Beziehung", „verwitwet", „getrennt", „geschieden") respektive Nicht-Ansprechbarkeit (bei Angabe von: „in einer Beziehung", „verlobt", „verheiratet") zu werten ist. Ein weiteres wichtiges Merkmal ist, ob innerhalb der Profilidentität Angaben dazu gemacht werden, an welchen Personen ein Interesse besteht – hier kann zwischen Männern und Frauen gewählt werden. Entscheidet sich der Profilinhaber hier für eine Angabe, kann das als deutliches Signal für romantische Kontaktfreudigkeit innerhalb des Sozialen Netzwerks eingestuft werden. Der Ansprechbarkeitsfaktor erhöht sich, wenn diese Angaben in Kombination mit einer Angabe zum Beziehungsstatus, die als Indikator für Ansprechbarkeit eingeordnet wurde, gemacht werden. In einer Stichprobe von 100 Facebook-Profilen waren nur sieben Profile mit einem Beziehungsstatus versehen (1x „in einer Beziehung mit XYZ", 4x „verheiratet mit XYZ", 2x „verlobt mit XYZ"). Die oben beschriebenen Ansprechbarkeitssignale im Hinblick auf den Beziehungsstatus („Single", „es ist kompliziert", „in einer offenen Beziehung", „verwitwet", „getrennt", „geschieden") fanden sich in der Stichprobe nicht. Das mag als Hinweis darauf gedeutet werden, dass an romantischen Kontakten Interessierte eher auf anderen Plattformen kommunizieren.

3.3 Bildmaterial

Der Gestaltungsspielraum im Hinblick auf die Profilbilder ist kaum begrenzt. Als Indikatoren für eine erhöhte Ansprechbarkeit werden Profilbilder gewertet, auf denen der Profilurheber deutlich zu erkennen ist. Nutzer, die zusätzliche Privatfotos in ihr Profil integrieren, gelten ebenfalls als ansprechbarer. Personen, die ihr Profilbild aufwändig künstlerisch verfremden, könnten dadurch – intentional oder nicht – ebenfalls zur Kontaktaufnahme animieren.

3.4 Vernetzungsgrad

Je höher die Anzahl der die Freundesliste konstituierenden Profile, desto höher ist die (technisch realisierbare) Ansprechbarkeit innerhalb eines Sozialen Netzwerks. Diese ergibt sich u.a. daraus, dass die Vernetzung mit jedem zusätzlichen in die Freundesliste aufgenommenen Profil um ein Vielfaches steigt. Dabei ist zu bedenken, dass das Lexem „Freund" innerhalb des sozialen Netzwerks Facebook semantisch weiter verwendet wird und auch Personen einschließt, zu denen der Kontakt nach langer Zeit wieder aufgenommen wurde, die lediglich dem Bekanntenkreis angehören oder mit denen wirtschaftliche, politische oder ähnliche/andere Interessen geteilt werden.[29] Für eine ausführliche Diskussion zur Bedeutungserweiterung von „Freund" verweise ich auf Tokar,[30] der aus linguistischer Perspektive erläutert, dass das Konzept FREUND nicht vorbehaltlos auf die Welt des World Wide Web übertragen werden kann. Hier werden „Freunde" als Hyperlinks identifiziert, die zu Profilseiten anderer Mitglieder des Sozialen Netzwerks führen, somit also Schnittstellen bilden. Er verweist darauf, dass Zahl und Konzeptualisierung der angefreundeten Nutzer von verschiedenen Konzeptualisierungen von „Freund" oder „Anfreunden" abhängig sind. Nutzer, die das „Anfreunden" als „Abonnieren" konzeptualisieren, tendierten dazu, sich online mit möglichst vielen Personen anzufreunden – unabhängig davon, ob sie diese Personen im realen Leben kennen. Diejenigen, die „Freund" als „Bekannter", „Vertrauter" konzeptualisieren, nähmen auch nur Personen aus dem Freundes- und Bekanntenkreis in ihre Freundesliste auf.

Diese strenge Zweiteilung suggeriert die Kategorisierung des Nutzerverhaltens in „öffentlich orientiert" und „privat orientiert" und kann meines Erachtens im Kontext von Sozialen Netzwerken nicht aufrechterhalten werden. Selbst eine Person, die „Freund" als „Vertrauter" konzeptualisiert, wird im Sozialen Netzwerk nicht die Rolle des Freundes als exklusiver privater Begleiter abrufen. Diese Person muss mit der Aufnahme einer vertrauten Person in die Freundesliste jeweils auch die Vertrauten der aufgenommenen Person bedenken, die über die Aufnahme Zugang zu den eigenen Profil-Inhalten erhalten. Es ist anzunehmen, dass eine Interaktion zwischen zwei oder mehreren Personen jeweils von dem Bewusstsein darüber bestimmt ist, dass ausgetauschte Informationen weiteren Personen zugänglich sind. Sie müssen daher auf Öffentlichkeitstauglichkeit evaluiert werden. Die Grenzen dessen, was an privaten Informationen innerhalb des Sozialen Netzwerks thematisiert werden darf, sind dabei dynamisch und an individuelle Parameter geknüpft. Wie das Beispiel (2) eines Facebook-Kommentars zeigt, scheinen manche Nutzer das Soziale Netzwerk als adäquaten Ort für private Entschuldigungen zu

---

29 Das mag darauf zurückzuführen sein, dass Facebook amerikanischen Ursprungs ist, wo das Lexem „friend" sowohl für Freunde als auch für kürzlich geknüpfte Bekanntschaften verwendet wird.
30 Vgl. Tokar, Alexander, Metaphors of the Web 2.0. With special emphasis on Social Networks and Folksonomies, Frankfurt am Main 2008.

empfinden, in anderen Fällen werden die Grenzen zwischen Freunden explizit ausgehandelt (vgl. Bsp. 3).

(2) X: Morgen , hab glaub ich ein bissel mist gemacht . Hoffe das alles geklärt ist , gruß OLLI

(3) „Biste schon so rund, dass Du nich mehr auf das Bild passt?" Mit diesem Facebook-Posting wandte sich eine Nutzerin an eine Freundin, die ihr Profilbild gelöscht hatte. Daraufhin erhielt sie per Facebook-Nachricht eine deutliche Zurechtweisung, in der sich die Freundin verbat, ihre Schwangerschaft auf Facebook auszubreiten.

3.5 Netzwerk-Aktivität

Eng verbunden mit dem Vernetzungsgrad ist die Aktivität innerhalb des Sozialen Netzwerks. Hierbei spielt es allerdings eine Rolle, ob der Profilurheber vornehmlich politische respektive wirtschaftliche oder private Inhalte verbreitet. Dabei gilt, dass eine hohe Anzahl von persönlichen Statusmeldungen oder Pinnwandeinträgen, aber auch unmittelbare Reaktionen auf Statusmeldungen anderer in Form von Kommentaren oder der „Gefällt mir"- respektive „Teilen"-Anwendung eine höhere Ansprechbarkeit signalisieren. Eine besonders hohe Aktivität ist auch dadurch gekennzeichnet, dass Nutzer Nachrichten über ihr Mobiltelefon empfangen und damit ortsunabhängig im Sozialen Netzwerk agieren können. Wie in Beispiel 4 deutlich wird, gelingt es diesen Nutzern sehr gut, die zur Verfügung stehenden Kommunikationsmodalitäten optimal zu ergänzen.[31] In der hier präsentierten Situation (eine Umfrage zum erwogenen Erwerb eines Sofas) wäre es sehr mühsam gewesen, jeden der an der Kommunikation beteiligten Freunde anzurufen, das Möbelstück zu beschreiben und eine Meinung einzuholen. Facebook hingegen bietet die Möglichkeit, ein Foto mit einem Kommentar einzustellen, auf den diejenigen, die Zugriff auf das Profil haben, reagieren können. Neben fünf „Gefällt mir"-Angaben kommentieren verschiedene Nutzer das Foto; andere wiederum reagieren mit „Gefällt mir"-Angaben auf diese Kommentare.

(4)
Statusmeldung: Abstimmung in die Runde: mein neues altes Sofa?
A: schick. So 7oer.
B: [...]
C: Ja, schick. Aber sieht unbequem aus.
D: sieht super aus
E: Style!
F: Kommt auf die Umgebung an. Lad mich doch mal ein ;-)
C: Wieviel solls denn kosten?

Der Nutzer, der hier Zeugnis einer vergleichsweise hohen Netz-Aktivität ablegt, wird – wie an den Kommentaren deutlich wird – tatsächlich mit einer romantischen Anspielung konfrontiert („Kommt auf die Umgebung an. Lad mich doch mal ein ;-)").

---

31 Vgl. Bublitz, Internet.

Die oben getroffenen Aussagen zur Korrelation zwischen hoher Netzwerk-Aktivität und virtueller Ansprechbarkeit treffen jedoch nur zu, wenn Informationen für Dritte einsehbar sind. Demnach bedeutet eine hohe Netzwerk-Aktivität unter den in die Liste aufgenommenen Freunden noch keine generelle hohe Ansprechbarkeit.[32]

Insgesamt sollten die unter 2.1 bis 2.5 angeführten Elemente nicht isoliert betrachtet werden, um Aussagen über die Ansprechbarkeit von Profilurhebern im Sozialen Netzwerk Facebook zu machen. Eine Person, die beispielsweise auf ihrem Profilbild deutlich zu erkennen ist, aber alle weiteren Profilinformationen nur mit Freunden teilt, sendet deutlich weniger Ansprechsignale als eine Person, deren Profilbild zwar verfremdet ist, die aber eine Freundesliste von mehreren hundert Personen aufweist und private Fotos teilt. An dieser Stelle kann keine Aussage darüber getroffen werden, inwieweit die hier aufgeführten Elemente tatsächlich miteinander korrelieren, eine quantitative Analyse steht noch aus. Es geht hier lediglich darum, Kriterien zu benennen, die innerhalb eines Sozialen Netzwerks als Ansprechbarkeitssignale gewertet werden können.

4. Kontaktaufnahmestrategien

Es wurde bereits betont, dass Soziale Netzwerke nicht vorrangig der Etablierung romantischer Kontakte dienen. Wurden also Ansprechbarkeitsindikatoren identifiziert, die mit den oben beschriebenen vergleichbar sind, und ist eine Kontaktaufnahme per Facebook angestrebt, so muss einer möglichen Kommunikation ein sorgsames Aushandeln des kommunikativen Zwecks vorgeschaltet werden.

4.1 Kontaktaufnahme über Kontaktfunktionen

Der Kontakt Aufnehmende kann die Aufmerksamkeit mit Kontaktfunktionen wie dem „Anstupsen"[33] (engl. „poke him/her") oder dem „Gefällt mir"-Button[34] (engl. „like"), die zu diesem Zweck umgedeutet werden, auf sich ziehen. Die Umdeutung ergibt sich nur aus der aktuellen Kommunikationssituation, d.h., dass der Kontak-

---

32 Bei diesen Schlussfolgerungen muss aber immer auch bedacht werden, dass durchaus auch der naive Umgang mit persönlichen Daten den Anschein von Ansprechbarkeit erwecken kann.
33 „Wenn du jemanden anstupst, erhält dieser auf seiner Startseite eine Mitteilung darüber. Das Facebook-Feature zum Anstupsen kann für unterschiedliche Zwecke verwendet werden. Zum Beispiel kannst du deine Freunde anstupsen, um ihnen Hallo zu sagen." (http://www.facebook.com/help/search/?q= anstubsen [16.04.2012]).
34 „‚Gefällt mir' ist eine Möglichkeit positives Feedback zu geben oder sich mit Dingen zu verbinden, die dich auf Facebook interessieren. Du kannst unter Inhalt, der von deinen Freunden gepostet wurde, oder Seiten, mit denen du dich auf Facebook verbinden möchtest, auf ‚Gefällt mir' klicken. Du kannst dich auf mit Inhalt und Seiten über soziale Plug-ins oder Werbung auf Facebook oder außerhalb von Facebook verbinden."
(http://www.facebook.com/help/search/?q=Was+ist+die+%E2%80%9EGef%C3%A4llt+mir %E2%80%9C-Schaltfl%C3%A4che%3F [16.04.2012].)

tierte in der Lage sein muss, die Umdeutung auch nachzuvollziehen. Facebook-Nutzer haben vorrangig die von Facebook vorgegebenen Anwendungsmöglichkeiten internalisiert. Das zeigt eine Erhebung im Forum http://www.gutefrage.net zu den Fragen: „Was heißt das wenn mich jemand anstupst?" und „Was hattes denn für eine bedeutung wenn man in facebook jemanden anstupst???". Aus einer Stichprobe von 35 Einträgen formulierte lediglich ein Nutzer die Möglichkeit, über die Anstupsen-Funktion auch Interesse an einer fremden Person signalisieren zu können (vgl. Bsp. 5).

(5) [...] 3. Allgemein betrachtet kann man das Anstupsen als eine Art „erstes Anlächeln" auf einer Party sehen. 4. Man signalisiert lediglich ein gewisses Interesse. Ein erster Schritt zum eventuellen Kennenlernen (Triangel74 27.12.2010 - 18:56)

In 24 Einträgen wurde bestätigt, dass die Anstupsen-Funktion dazu diene, jemanden nett zu grüßen, ihn freundlich an den Absender zu erinnern oder ihn aufzufordern, sich zu(rück) zu melden (u.a. Bsp. 6 und 7). Vier Nutzer verglichen die Funktion mit der „Gruscheln"-Funktion bei www.schuelervz.net respektive www.studivz.net (vgl. Bsp. 8). Neun Nutzer schrieben der Anwendung eine spielerische Funktion (unter Freunden) zu (u.a. Bsp. 9 und 10).

(6) Das du dich bei demjenigen melden sollst (Striker003 14.04.2011 - 21:02)
(7) ich würde es so interpretieren: es ist eine Art, erinnern daran, dass man an denjenigen denkt, oder eine Aufforderung, dass sich derjenige doch mal wieder meldet... Klar, du hast schon recht, is ziemlich sensless... Wie so einige Dinge bei Facebook ;-) (gretel222 21.01.2011 - 16:04)
(8) diegleiche bedeutung wie das „gruscheln" auf meinvz (JesterR 09.11.2010 - 0:28)
(9) diese funktion ist vol kommen unnüztlich aber lustig sie dient dazu das der angestupste weiß das duh an ihn denkst :)) (fragezeichchen 14.04.2011 - 21:03)
(10) pokes stupskrieg!! ich werde gewinnen:P (lolPC12 14.04.2011 - 21:02)

„Angestupst" werden können nur Personen, die als Freunde bestätigt, Freunde von Freunden oder Mitglieder von gemeinsamen Netzwerken sind.[35] Inwieweit der Kreis der fremden Personen, für die die technischen Voraussetzungen für eine Anstupsen-Funktion erfüllt sind, dadurch eingeschränkt wird, ist abhängig von der Anzahl der gelisteten Freunde und Freundesfreunde. Freunde von Freundesfreunden können nicht mit der Anstupsen-Funktion, wohl aber über die Funktion „Nachricht senden" kontaktiert werden. Es erfolgt dann ein direkter Hinweis auf die Kontaktaufnahme: „Versende eine Nachricht, um deine Unterhaltung mit XYZ zu beginnen." Einen Beleg dafür, dass eine soziale Beziehung über Facebook mit einer persönlichen Nachricht initiiert wurde, gibt es im Korpus bislang nicht.

Projiziert man die Kontaktaufnahmemöglichkeiten auf eine Offline-Situation – wie beispielsweise ein privates Geburtstagsfest –, ergibt sich das folgende Bild. Der Jubilar als direktes Mitglied der Freundesliste sowie die Personen, die seiner Freundesliste angehören, könnten über das „Anstupsen" kontaktiert werden. Das heißt,

---

35 Vgl. Facebook-Hilfebereich: http://www.facebook.com/help/?page=211647895534977 [16.04.2012].

eine non-verbale Handlung, die der Kontaktaufnahme in der realen Welt dient – wie beispielsweise das Anschauen, Zuzwinkern, Anstoßen oder Auf-die-Schulter-Tippen – würden als adäquat empfunden werden. Personen jedoch, die nicht dem unmittelbaren Freundeskreis des Jubilars angehören, aber dessen Freunde begleiten, müssten direkt angesprochen werden, was dem Versenden einer persönlichen Nachricht entspräche. In Offline-Situationen lassen sich für eine solche Unterscheidung keine nachvollziehbaren Erklärungen finden. An diesem Beispiel wird deutlich, dass eine unmittelbare Übertragung von Online-Funktionen nicht ohne „Übersetzungsprobleme" zu leisten ist. Im Sozialen Netzwerk Facebook ist die Anstupsen-Funktion nicht für das Generieren neuer Kontakte vorgesehen, sie mit einer nonverbalen Offline-Handlung gleichzusetzen, kann also trügerisch sein. In einer Offline-Kennenlern-Situation werden nonverbale und verbale Kommunikationssignale nicht isoliert voneinander eingesetzt. Im Internet gibt es diese Trennung jedoch und der nonverbale Kanal muss substituiert werden. Substitutionsvarianten para- oder nonverbaler Informationen im WWW sind beispielsweise sogenannte Emoticons. Intensität oder Prosodie werden mittels graphischer Modifikationen vermittelt. In der Literatur sind diese Vorgehensweisen ausführlich beschrieben worden.[36]

Das Anstupsen ist zunächst ein rein technologischer Vorgang. Der Angestupste wird auf seiner Facebook-Seite darüber informiert, dass er angestupst wurde. Sollte das Anstupsen über eine ihm fremde Person initiiert worden sein, erhält der Angestupste infolge des Zurückstupsens temporär Einblick in dessen Profilseite und damit eine erste Orientierung. Er kann Pinnwandeinträge einsehen, sich einen Überblick darüber verschaffen, ob es gemeinsame Bekannte (in der On- und Offline-Welt) gibt, ob es möglicherweise gemeinsame Interessen gibt, ob es Überschneidungen gibt bei dem, was „gefällt". Zusätzlich stehen ihm alle weiteren Quellen des WWW zur Recherche über diese Person zur Verfügung, noch bevor ein einziges Wort gewechselt worden ist. Anders als in der Offline-Situation erlangt der Angestupste also über die Ausführung einer Reaktion Zugriff auf Informationen, die in der oben beschriebenen Partysituation kommunikativ erarbeitet werden müssten. Auf der anderen Seite muss auch betrachtet werden, dass der Kontaktsuchende, der Anstupsende, sich in Abhängigkeit von der Menge und Art der Inhalte, die auf dem Facebook-Profil des Kontaktierten veröffentlicht sind, ein Bild von der Person machen kann, die er kontaktiert. Anders als in Online-Kontaktbörsen, in denen die Profil-Maske aus einheitlichen Fragen besteht, über die zumindest der Versuch unternommen wird, ein möglichst umfassendes Persönlichkeitsprofil zu erstellen, sind die Informationen über ein Nutzerprofil bei Facebook weniger voll-

---

36 Vgl. u.a. Beißwenger, Michael, Kommunikation in virtuellen Welten: Sprache, Text und Wirklichkeit, Stuttgart 2000; Kalinowski, Uwe, Emotionstransport in textuellen Chats, in: Networx 12 (1999), verfügbar unter: http://www.mediensprache.net/networx/networx-12/emotionstransfer.html [28.10.2011] oder Pankow, Christiane, Zur Darstellung nonverbalen Verhaltens in deutschen und schwedischen IRC-Chats. Eine Korpusuntersuchung, in: Linguistik online 15, 3 (2003), verfügbar unter: http://www.linguistik-online.de/15_03/pankow.pdf [31.03.2012].

ständig und weniger leicht überschaubar. Gegenüber der Online-Kontaktbörse ist der Effizienzgrad in dieser Hinsicht zwar geringer, gegenüber einer Real-Life-Situation aber wesentlich höher.

Auch in der hier zur Veranschaulichung exemplarisch herangezogenen Kontaktaufnahme bestand der erste Schritt des Kontaktierenden darin, die Profilidentität Y anzustubsen. Wie dem Beispiel (Bsp. 14 unter Punkt 3.3) zu entnehmen ist, folgte dem Anstupsen ein Zurückstupsen.

Zunächst sei das Augenmerk auf die kognitive Umdeutungsoperation gerichtet, die von der kontaktierten Person durchgeführt werden musste: Das Anstupsen kann hier als indirekter kommunikativer Akt vergleichbar mit einem indirekten Sprechakt[37] interpretiert werden, der seinem ursprünglichen Handlungswert (der sekundären Illokution: Erinnern an alte Freunde) enthoben wurde. Wie oben beschrieben wurde, ist die Anstupsen-Funktion vorrangig für Profilidentitäten vorgesehen, die bereits Bestandteil der Freundesliste sind. Der Kontaktierte hat darüber Kenntnis und kann ebenso davon ausgehen, dass der Kontaktsuchende über den ursprünglichen Zweck der Funktion informiert ist. Beide Profilidentitäten sind zum Zeitpunkt des Anstupsens nicht Teil einer gemeinsamen Freundesliste, dennoch wird die Funktion eingesetzt. Für den Kontaktierten gibt es nun zwei Interpretationsmöglichkeiten: 1. Es handelt sich um einen Bedienfehler, die Funktion wurde irrtümlich betätigt. 2. Der Kontaktsuchende verfolgt einen kommunikativen Zweck, der mit der ursprünglichen Bedeutung der Anstupsen-Funktion nicht erklärt werden kann. Die Wahrscheinlichkeit eines Bedienfehlers ist deshalb gering, weil für das Anstupsen mehrere Klicks notwendig sind, zum einen muss eine Liste mit Auswahlmöglichkeiten geöffnet werden (1. Klick), zum anderen muss die Anstupsen-Funktion angeklickt werden (2. Klick).

Es liegt also näher, die zweite Interpretationsmöglichkeit in Betracht zu ziehen. Davon ausgehend, dass die Einhaltung der Griceschen Kooperationsmaxime[38] auch für die Kommunikation in Sozialen Netzwerken zugrunde gelegt werden kann, muss der Kontaktierte dem kommunikativen Akt einen neuen Handlungswert (eine primäre Illokution, beispielsweise: Äußerung eines Kennenlernwunsches) zuordnen. Er zieht also die Implikatur, dass der Kontaktierende Interesse an seiner Profilidentität und damit Interesse am Urheber des Profils äußern möchte. Er kann den Kontaktaufnahmeversuch nun ignorieren oder durch die Zurückstupsen-Funktion bestätigen. Die Option des Ignorierens wäre für beide Seiten – anders als in einer Offline-Situation – mit einem geringen Maß an emotionalem und kommunikativem Aufwand zu bewältigen. Der Kontaktierte muss keine höfliche Erklärung für die Abweisung formulieren, der Abgewiesene wird nicht direkt einer unangenehmen Situation ausgesetzt. Der virtuelle Kontaktaufnahmeversuch ist also für beide Sei-

---

37 Vgl. Searle, John R., Speech acts. An essay in the philosophy of language, Cambridge 1969.
38 Vgl. Grice, Herbert Paul, Logic and conversation, in: Cole, Peter (Hg.), Speech acts, New York 1975, S. 41–58.

ten mit weniger Risiko verbunden. Der Kontaktaufnahmeversuch kann mit hoher Effizienz abgewickelt werden.

Für das Zurückstupsen, das im hier vorgestellten Beispiel gewählt wurde, können nun vergleichbare Umdeutungsprozesse angenommen werden. Die ursprüngliche Bedeutung des Zurückgrüßens wird demnach um eine Komponente erweitert, die mit „Ich habe nichts dagegen, Dich auch kennenzulernen" paraphrasiert werden könnte.

4.2 Akzelerationsstrategien im Online-Kontaktbörsen-Kontext

In Online-Kontaktbörsen ist der Weg über technische Funktionen oftmals nicht notwendig, um einen (romantischen) Kontakt unter bisher einander Unbekannten anzubahnen, weil der Zweck, weshalb die Nutzer auf der Plattform agieren, bereits mit der Registrierung festgelegt wird. Nach dem Bekunden des gegenseitigen Interesses wäre hier der nächste Schritt, eine Verabredung zu arrangieren. Die einzelnen Phasen der Offline-Erstbegegnung im Kontext der Partnerwerbung nach Pryor/Merluzzi[39] (vgl. linke Spalte Tab. 1 unten) erfolgen auf Online-Kontaktbörsen nicht nur in hohem Tempo, es werden auch Phasen übersprungen, substituiert, im Ablauf variiert oder verkürzt. Dem Online-Erstkontakt geht die Erstellung eines Profils voraus, Selbstbeschreibungen und Ansprüche an einen zukünftigen Partner werden also bereits im Vorfeld formuliert (Online-Phase 0: Vorbereitung). Die Rezeption der Profilinformationen (Online-Phase 1: Einseitiges Kennenlernen) erfolgt zumeist zeitversetzt, d.h., dass eine Person auf ein Profil aufmerksam wird, es sorgfältig studiert, den Profilurheber kontaktiert (Online-Phase 2: Kontaktaufnahme und Verabredung) und damit diesen dazu motiviert, das eigene Profil zu begutachten. Oftmals wird bereits im Erstkontakt-Text ein persönliches Treffen vorgeschlagen (wie in Bsp. 11) oder es werden Details des zukünftigen Zusammenlebens ausgehandelt (Bsp. 12). Hier kommen sogenannte „Akzelerationsstrategien" zum Einsatz, die ein hohes Emotionalisierungspotenzial[40] bergen, weil mit ihnen der Versuch einhergeht, mit unterschiedlichen sprachlichen Mitteln einen raschen Abbau emotionaler und räumlicher Distanz zu bewirken. Emotionalisierungsstrategien dienen dazu, wesentliche Informationen über den Kontaktierenden so zu vermitteln, dass der Adressat von dessen individueller Attraktivität für ihn überzeugt (Persuasion) und (positive) Gefühlszustände evoziert werden.[41]

---

39 Vgl. Pryor, John B./Merluzzi, Thomas V., The role of expertise in processing social interaction scripts, in: Journal of Experimental Psychology 21 (1985), S. 362–379.
40 Ich unterscheide hier mit Schwarz-Friesel (vgl. Schwarz-Friesel, Monika, Sprache und Emotion, Tübingen 2007, S. 212f.) zwischen Emotionspotenzial, das vom Referenz- und Inferenzpotenzial von Texten determiniert ist, und Emotionalisierungspotenzial, das aus Produzentensicht die gezielte Aktivierung bestimmter Gefühlswerte beim Leser betrifft.
41 Für eine ausführliche Beschreibung verweise ich auf Marx, Konstanze, „Ich finde Dein Profil interessant" – Warum virtuelle Erstkontakte auch für Linguisten interessant sind, in: Bedijs, Kristina/Meyer-Holz, Karoline (Hg.), Sprache und Personen im Web 2.0, Münster im Druck.

(11) X: Hey,
ich konnte den Drang, Dir zu schreiben jetzt einfach nicht länger zurückhalten. Du bist einer der wenigen attraktiven Männer bei OkCupid, bist Vegetarier, magst David Foster Wallace und scheinst außerdem einen guten Geschmack in Bezug auf Filme zu haben. Hachja, und Du tanzt! An dieser Stelle könnte ich gut verstehen, wenn Du mich als langweilige Schwärmerin abtun würdest. Und in der tat gibt es sicherlich originellere Möglichkeiten, Dein Interesse zu wecken. Vielleicht hast Du aber auch Lust, dich einen Abend mit mir zu betrinken, mir mehr über Dich zu erzählen, Tanzen zu gehen oder was auch immer. Ich würde mich jedenfalls freuen. Liebe Grüße (Erstkontaktaufnahme einer OKCupid-Nutzerin)

An Erstkontakt-Texte in Online-Kontaktbörsen, an Texte also, mit denen eine fremde Person Kontakt zu einer Person aufnimmt, deren Profil als ansprechend empfunden wurde, wird ein hoher Anspruch gestellt; schließlich ist in der schnellen Online-Dating-Welt keine zweite Chance vorgesehen.[42] Der Anspruch besteht darin, dass der Kontaktierende einerseits ein glaubwürdiges Interesse an der adressierten Person artikulieren muss. Andererseits muss er (in einem romantischen Kontext) Interesse für seine eigene Person wecken und den Adressaten zu einer Antwort motivieren. Dabei gilt es bereits zu berücksichtigen, dass ein Erstkontaktversuch scheitern könnte. Um sein Gesicht zu wahren und die eigene Gefühlswelt zu schützen, kann er deshalb nur ein begrenztes Repertoire der Eigenschaften, die ihn kennzeichnen, preisgeben. Zudem sollte es gelingen, diese Anforderungen in angemessen kurzer Form umzusetzen, denn Menschen, die auf Partnersuche im WWW sind, legen Wert auf Effizienz.[43]

Eine häufig zu beobachtende Akzelerationsstrategie ist die konstruktive Illusionskreierung, die mit dem kommunikativen Ziel des Distanzabbaus assoziiert werden kann. In Beispiel 12 skizzieren die beiden Teilnehmer eines Erstkontakt-Chats, wie Aufgaben im Haushalt und andere die Beziehung betreffende Aspekte geregelt werden könnten.

(12) [...] [23:01:06] X: guck mir grad die fotos an... also, da sieht es gar nicht aufgeräumt aus[23:01:17] Y: naja, egal .-..[23:01:18] Y: wo?[23:01:31] Y: in meinem Büro?[23:01:54] X: ordnung ist bei mir aber eh nur ein übergangszustand bis zur nächsten unordnung. jetzt: in meinem flur. wanderstiefel neben antiatomkraftflagge und bügelbrett[23:02:10] Y: ich bin Wissenschaftelr hoor[23:02:45] Y: warum glaubst Du suche ich eine Frau?[23:03:23] X: he, da bin ich die falsche. ich kann mich vielleicht über deine unordnung aufregen, aber dir hinterherräumen? :D[23:03:42] Y: ok ..[23:03:53] Y: macht nix[23:03:59] X: wir nehmen uns später ne putzfrau.[23:04:18] Y: kannst Du bügeln?[23:04:40] X: klar. ich näh ja, da ist bügeln grundvoraussetzung.[23:05:01] X: allerdings bleibt bügelwäsche neuerdings immer liegen, seitdem ich hier wohne und nicht mehr fernsehen kann[23:05:35] Y: das ist schon wichtig, ich muss ja immer gut aussehen in meinem neuen Job als R&D Chef[23:05:57] X: jaja, kann ja auch die putzfrau machen.[23:06:21] X: das biß-

---

42 So werden nur 20% der Erstkontaktversuche überhaupt beantwortet, vgl. Schulz/Skopek/Blossfeld, Partnerwahl.
43 Vgl. Schulz/Skopek/Blossfeld, Partnerwahl; Skopek/Schulz/Blossfeld, Who contacts whom.

chen zeit, was wir zusammen haben, soll ja wohl nicht einer bügeln ;)[23:06:31] Y: findest Du? Finde ich jetzt nicht[23:06:58] X: naja, wenn ich hausfrau wäre... aber als ärztin mit 60h-woche?[23:07:12] Y: 60 - Woche?[23:07:25] Y: ist das der Plan?[23:07:32] X: ach ja, in dänemark sind es ja nur40. in dtl jede woche 15-20 unbezahlte überstunden[23:07:46] X: ich würde wahrscheinlich nur 3/4 arbeiten[23:08:02] Y: Wann willst DEu denn dann putzen, kochen und bügeln?[23:08:19] Y: alles klar ...[23:08:25] X: naja, hab mir noch nicht so wirklich gedanken gemacht. in meiner vorstellung hatte ich immer genug zeit für alles[23:08:42] Y: gut das wir in DK leben werden :)
(Erster Chat zwischen zwei parship-Nutzern, X=weiblich, Y=männlich)

Besonders X formuliert ihre Vorstellungen als klare Handlungsanweisungen für die Zukunft („wir nehmen uns später ne putzfrau/ jaja, kann ja auch die putzfrau machen") und ignoriert hiermit, dass noch kein gemeinsamer Haushalt besteht, für dessen Organisation derartige Fragen geklärt werden müssten. Besonders einprägsam gelingt das über die Zeitform Präsens und den grammatischen Modus Indikativ in „das bißchen zeit, was wir zusammen haben, soll ja wohl nicht einer bügeln". Ein Sachverhalt, für dessen Eintreffenswahrscheinlichkeit zum Kommunikationszeitpunkt noch keine Prognosen abgegeben werden können, wird hiermit in die Gegenwart projiziert und dessen Faktizität unterstellt. Eine natürlicherweise noch bestehende emotionale Distanz wird auf diese Weise sprachlich ausgeblendet. Die Zukunftsvision wird konsequenterweise mit der Aussage zur reduzierten Arbeitszeit („ich würde wahrscheinlich nur 3/4 arbeiten") fortgeführt. Schließlich lässt sich auch Y auf das Gedankenspiel ein: „gut das wir in DK leben werden."

Weitere Formen, mit denen Verfasser von Erstkontakten auf eine mögliche (gemeinsame) Zukunft Bezug nehmen, sind Fragen wie in Beispiel 13 oder die Verwendung expliziter zeitlicher Angaben („nach ein paar Jahren klappt es dann auch [...]"; Bsp. 17).

(13) Hallo Unbekannter, ohauerha, noch ein Dickschädel... *ob das gut gehen kann?*
;) Ich finde Dein Profil interessant. Ob das vielleicht auf Gegenseitigkeit beruht?
Gruß aus Lübeck
(Name) (Hervorhebung K.M.)

Mit Konstruktionen wie „Lass dir liebe Grüße da" (wie in Bsp. 18) kann räumliche Nähe impliziert werden. Der Kontaktierende deutet hiermit an, etwas an einem Ort hinterlassen zu können, an den der Adressat zurückkehrt. Sowohl der Verweis auf eine geringe räumliche, aber auch psychologische Distanz (z.B. „noch ein Dickschädel"; Bsp. 13) als auch das Skizzieren von Zukunftsvisionen weisen besonders im Kontext von Onlinekontaktbörsen, deren Nutzer auf der Suche nach einem Lebenspartner sind, ein hohes Emotionalisierungs- und Persuasionspotenzial auf, weil bereits bestehende Hoffnungen geschürt werden. Eine Antwort auf den Kontaktversuch erweist sich in einem Projektionsraum, in dem die potenziellen Partner einander ohnehin schon nahestehen, als unausweichliche Konsequenz.

4.3 Verzögerungstaktik im Sozialen Netzwerk

Im Sozialen Netzwerk hingegen ist innerhalb der ersten Nachricht eine Verzögerungstaktik zu beobachten (Bsp. 14), mit der sich der Prozess des Kennenlernens ein wenig verlangsamt. Damit wird einerseits Spannung aufgebaut, andererseits wird das Vorgehen damit den Mustern des Offline-Erstkontaktes angepasst.

> (14) 01. Januar Hallo...
> ...fremder. Du hast zurück gestupst, daher ist eine persönliche Nachricht erlaubt? Dann wünsche ich Dir erst einmal ein tolles und aufregendes neues Jahr. X.

Der Nutzer, der den Kontakt durch die Anstupsen-Funktion initiierte, nutzt nun die Funktion „Nachricht senden" und kündigt eine persönliche Nachricht an, gibt aber keine persönlichen Informationen preis. Stattdessen wird auf einen floskelhaften Neujahrswunsch zurückgegriffen. Der Kontaktierte wird als „Fremder" tituliert; damit wird ihm etwas Geheimnisvolles zugeschrieben. Es ist davon auszugehen, dass sich der Kontaktierende natürlich über den Kontaktierten informiert hat, für ihn ist er kein Fremder mehr, er kennt sein Facebook-Profil und damit seine Netzidentität, die sich partiell mit der Offline-Identität überschneidet. Der Kontakt initiierende Nutzer hat also die Offline-Phasen 2 und 3 partiell durchlaufen, in dem er den Facebook-Auftritt des Kontaktierten rezipiert und Freunde befragt hat (siehe Bsp. 16). Er versucht jedoch nun, das Tempo zurückzunehmen und eine ähnliche Ausgangsposition (vergleichbar mit den Offline-Phasen 1 und 2, vgl. Tab. 1) für beide Kommunikationspartner zu suggerieren.

> (15) 02. Januar bonjour aus Paris - das wünsche ich dir auch, danke. wie bist du auf mich zum anstupsen gekommen, wenn ich fragen darf? :o) Y.

Der kontaktierte Y, der Facebook-Nachrichten sofort über sein Mobiltelefon empfängt, wartet nun einen Tag, bevor er antwortet. Auch hier lässt sich eine Verzögerungstaktik feststellen, die vor allen Dingen dazu dienen soll, den Stellenwert der eigenen Person abzusichern. Damit einher geht die Information über den momentanen Aufenthaltsort, die ein Indiz für Weltoffenheit sein kann. Sowohl über diese Information als auch über die konkrete Frage wird X signalisiert, dass eine Antwort erwartet wird.

> (16) 02. Januar Oh Paris, wie schön. Ich hoffe Du hattest dort einen guten Start ins neue Jahr? Mit Deiner Frage hatte ich gerechnet. Ich hatte Dich mal bei einem unserer gemeinsamen Freunde etwas posten sehen. Da ich Dich auf Deinen Bildern sehr sexy finde, habe bei L. mal Deinen Namen erwähnt. Er meinte: sexy und intelligent. Also hab ich meinen ganzen Mut zusammen genommen ;-) X.

X beginnt in dieser Nachricht, eine Identität über die Evaluierung des Adressaten(profils) zu konstruieren, eine Strategie, die auch in Erstkontakten-Texten in Online-Kontaktbörsen häufig angewendet wird. So greift X das Thema „Paris" dankbar auf und antwortet so, als könne auch er die Attraktivität der Stadt beurteilen. Somit wird eine mögliche Gemeinsamkeit zwischen beiden aufgebaut. In der Annahme, dass Y freiwillig in Paris ist, also Gefallen an der Stadt findet, kommuniziert X eine konsensetablierende Botschaft. Weiterhin antwortet X mit einem direkten Kompliment auf die gestellte Frage. Dabei wird sowohl auf die Online-Identität von Y Bezug genommen als auch auf die Offline-Identität, in dem ein gemeinsamer Bekannter in die Argumentation integriert wird. X kreiert im Anschluss eine Asymmetrie zwischen beiden Kommunikationsteilnehmern, indem er davon spricht, seinen ganzen Mut zusammen genommen zu haben. Diese wird allerdings durch das Emoticon ironisch gebrochen.

Die Strategie der Identitätskonstruktion wird mit dem kommunikativen Ziel der (assertiven) Informationspreisgabe über den Kontaktierenden eingesetzt. Er orientiert sich hierbei stark an den Informationen, die der Adressat bereits über sich preisgegeben hat. Die Identitätskonstruktion kann über zwei Modalitäten verlaufen. Zum einen wird eine inhaltliche Vorauswahl getroffen: Indem die Kontaktierenden ausgewählte Profileigenschaften des Adressaten schlicht thematisieren, geben sie nicht nur indirekt Auskunft über sich selbst, da sie sich mit pointierten Aspekten identifizieren. Sie suggerieren darüber natürlich auch eine positive Bewertung über sogenannte
E-Implikaturen.[44] Diese Vorgehensweise impliziert, dass sich die Kontaktierenden mit dem Adressatenprofil auseinandergesetzt und Zeit investiert haben. Der Adressat mag hieraus schließen, dass der Kontaktierende in sozialen Beziehungen generell partnerorientiert agiert und wird in eine Stimmung versetzt, in der er die Ausführungen des Kontaktierenden wohlwollend rezipiert.

(17) Du bist ja supercool ;-) .. willst Du so viele wie möglich abschrecken ;-)? Schaffst Du mir nicht. Also *Dänisch kann ich schonmal* und nach ein paar Jahren klapp es dann auch das man wenigstens als Schwede durchkommt ;-). Ghana und sonst auch sehr weltoffen .. ich bin arg neugierig .. Lieben Gruss, (Name)[45] (Hervorhebung K.M.)
(18) t. (nickname) – 08.04.2011 22:56 Hi,wirklich süß geschrieben dein Profil. Spricht mich an (smiley).Lass dir liebe Grüße da, S. (Vorname ausgeschrieben)

Zum anderen werden Evaluierungen über positive Lexeme („süß": Bsp. 18; „lieb": Bsp. 11, 17; „sexy": Bsp. 16; „intelligent": Bsp. 16), emotionsausdrückende Inter-

---

44 E-Implikaturen beziehen sich auf das Emotionspotenzial der Äußerung, sie sind implizite emotionale Bewertungen, über die die expressive Bedeutung vieler indirekter Sprechakte erschlossen werden kann. Sie sind zentral für den kommunikativen Sinn einer Äußerung, I-Implikaturen dagegen betreffen die tatsächlich gemeinte Illokution (vgl. hierzu Schwarz-Friesel, Monika, Ironie als indirekter expressiver Sprechakt: Zur Funktion emotionsbasierter Implikaturen bei kognitiver Simulation, in: Bachmann-Stein, Andrea/Merten, Stephan/Roth, Christine [Hg.], Perspektiven auf Wort, Satz und Text. Semantisierungsprozesse auf unterschiedlichen Ebenen des Sprachsystems. Festschrift für Inge Pohl, Trier 2009, S. 223–232; Schwarz-Friesel, Monika, Ironie, in: Klabunde, Ralf/Primus, Beatrice [Hg.], Semantik und Pragmatik, Berlin/New York, im Druck).
45 Das Profil, auf das sich diese Kontaktaufnahme bezog, liegt mir vor. Hier wird der Eintrag zu „Das sollte mein Partner über mich wissen:" zitiert: „Ich liebe das Leben... und ich möchte gerne noch Kinder haben... ich sehe fast nie fern... ich fahre im Herbst für 6 Wochen nach Ghana... und falls Du auf String Tangas, Solariumsbräune und künstliche Fingernägel stehst, lösch mich am Besten jetzt gleich: Nicht einmal für Dich würde ich es tun. ;)" (Ausschnitt aus einem Profil bei parship.de).

jektionen („hachja": Bsp. 11) oder Komplimente („scheinst außerdem einen guten Geschmack in Bezug auf Filme zu haben": Bsp. 11; „Da ich Dich auf Deinen Bildern sehr sexy finde": Bsp. 16) realisiert. Ihr Interesse am Adressaten formulieren Erstkontakt-Verfasser oftmals darüber, dass sie sich zum Adressaten(profil) positionieren („Spricht mich an": Bsp. 18; „[...] willst Du so viele wie möglich abschrecken ;-)? Schaffst Du mir nicht": Bsp. 17).

Das über die partielle Identitätskonstruktion von X gewonnene Tempo der Kontaktanbahnung im Sozialen Netzwerk wird nun von Y abermals reduziert.

(19) 02. Januar
Das finde ich sehr sympatisch :o) danke für die blumen. nun, was ich auf deinem profilbild sehe sieht auch ganz nett aus. so richtig viele bilder haste hier ja anscheinend noch nicht...:o)
jo, die tage hier waren sehr nett und zu silvester war ich auf einer sehr angenehmen privatparty mit netten leuten. morgen geht's heim, heute nochma bissl raus in irgendnen park denke ich. Wie war dein start ins neue Jahr? na vielleicht trifft man sich ja ma aufn bier bei L., da war ich schon lange nich mehr...bin jetz ma draußen.
Y.

Y bedankt sich zwar für die Offenheit und bewertet diese entsprechend als positiv, gleichzeitig versucht Y aber, die deutlich zu inferierende Emotionalisierung abzuwehren, indem Profilbilder von X als „ganz nett" bewertet werden und mit einer mit dem Small Talk in Offline-Phase 3 vergleichbaren Plauderei begonnen wird. Am Ende der Nachricht wird dennoch ein unverbindliches Treffen in Aussicht gestellt. Y signalisiert zwar propositional Interesse an der Fortsetzung der Korrespondenz, indem eine Frage gestellt und beiläufig die Information gegeben wird, wann Y in die Heimatstadt zurückkehrt. Über die hier gewählten sprachlichen Mittel wird aber Zurückhaltung kodiert. Das Lexem „trifft man sich ja ma" soll auf ein zufälliges Zusammentreffen (kein Rendezvous) verweisen, auch über das Lexem „man" wird emotionale Distanz generiert. Mit „bin jetz ma draußen" wird umschrieben, dass Y nicht in Erwartung auf die Antwort vor dem Computer verharren wird, was wiederum als Reduktion des Emotionalisierungspotenzials verstanden werden kann.

Offline-Situation Vier-Phasenmodell von Pryor/Merluzzi[46]	Soziales Netzwerk	Online-Kontaktbörse
	0. Phase **Registrierung** im Sozialen Netzwerk, Auswahl der veröffentlichten Profilinformationen	0. Phase **Vorbereitung** Ausfüllen der Profilinformationen
1. Phase **Gegenseitige Wahrnehmung** Er bemerkt sie am Salatbuffet Sie bemerkt ihn Beide blicken sich an	1. Phase **Einseitige Wahrnehmung** X entdeckt Y in einer Freundesliste und nimmt Einblick in das FB-Profil	1. Phase **Einseitige Wahrnehmung** X rezipiert eine Anzahl von Profilen und erachtet ein Profil als ansprechend
2. Phase **Gegenseitige Annäherungsversuche** Beide lächeln sich an Beide versuchen voneinander soviel wie möglich über Freunde herauszufinden Beide denken sich Wege aus, dem anderen „wie zufällig" zu begegnen	2. Phase **Einseitige Annäherung** Einsatz der technischen Kontaktfunktionen „Anstupsen" oder „Gefällt mir"	2. Phase **Einseitige Annäherung** Kontaktaufnahme mit Informationen über den Absender und zumeist konkret geäußertem Wunsch, sich persönlich zu treffen
3. Phase **Gegenseitiges Kennenlernen** Beide werden durch einen gemeinsamen Freund miteinander bekannt gemacht Beide sagen „Hallo!" zueinander Er beginnt mit Small Talk Beide reden über ihre Interessen und versuchen Gemeinsamkeiten zu finden Er fragt sie, ob sie Interesse hätte mit ihm auszugehen und bittet sie um ihre Telefonnummer	3. Phase **Akzeptanz der Annäherung/ Kennenlernen** Einsatz der technischen Kontaktfunktion „Zurückstupsen" Austausch über persönliche Belange Small Talk über das Austauschen von Nachrichten	3. Phase **Einwilligung zum persönlichen Kontakt** In Form eines Treffens oder bei großer geographischer Distanz in Form eines Telefonats oder Chats

---

46 Vgl. Pryor/Merluzzi, Role.

Offline-Situation Vier-Phasenmodell von Pryor/Merluzzi[46]	Soziales Netzwerk	Online-Kontaktbörse
4. Phase **Verabredung eines Rendezvous** Sie willigt ein und gibt ihm ihre Telefonnummer Er ruft sie später an Er beginnt mit Small Talk am Telefon Er fragt sie nach einem Rendezvous und trifft entsprechende Vorbereitungen	4. Phase **Aufnahme in die Freundesliste**	
	5. Phase **Verabredung eines Treffens**	

Tab. 1: *Gegenüberstellung der Erstkontaktphasen in der Partnerwerbung offline und online (Soziales Netzwerk vs. Online-Kontaktbörse)*

In der Antwort von X (Bsp. 20), die unmittelbar folgt (Steigerung des Emotionalisierungspotenzials), wird nun zunächst versucht, die Relation zwischen X und Y in eine netzwerktaugliche Form zu bringen, es wird eine Freundschaftsanfrage angekündigt, die – ihre Annahme vorausgesetzt – zumindest im Sozialen Netzwerk eine Verbindung zwischen beiden Kommunikationspartnern generieren kann.

(20) 02. Januar Danke auch Dir :-) Ich habe einige Bilder, die können aber nur Freunde sehen. Ich schick Dir eine Freundschaftsanfrage und Du entscheidest. Mein Start ins neue Jahr ist leider wenig erfreulich. Ich hatte bei L. im Restaurant gearbeitet. Um 6 Uhr ist mir dann mein Telefon aus der Tasche gerutscht als ich mich endlich mal hinsetzen konnte. Vermutlich haben es die letzten drei Gäste eingesteckt. Ich hatte mir das iPhone im August zu meinem Studienplatzbescheid und Ende meiner Arbeitszeit „geschenkt". Auf den Schreck bin ich noch ins ...(Location)... gegangen und habe Silvester gefeiert. Ein gemeinsames Bier ist eine sehr gute Idee. L. hat bis zum 14. Betriebsferien. Sehr schade und noch eine ganze Weile hin :-)Viel Spaß draußen. X

Der nächste entscheidende Schritt nach dem Anstupsen wird also erneut online vorgenommen. Geht Y auf die Freundschaftsanfrage ein, manifestiert sich sein mögliches Interesse an X in der Ausübung einer technischen Funktion. Parallel versucht X seine Offline-Identität weiter zu explizieren. So stellt er sich als erfolgreiche Person dar („positiver Studienplatzbescheid"), die an einem Wendepunkt im Leben steht („Ende meiner Arbeitszeit") und bereits jetzt bereit ist, am Leben von Y Anteil zu nehmen (Spaß wünschen).

Er drückt zudem sein Bedauern darüber aus, dass sich ein Treffen in der avisierten Lokation nicht unmittelbar realisieren lässt und vermittelt hierbei Ungeduld und Vorfreude (wiederum Steigerung des Emotionalisierungspotenzials und mit dem Vorgehen in Online-Kontaktbörsen vergleichbar).

Anhand der Beispielanalyse habe ich versucht zu zeigen, dass die Kontaktaufnahme im Sozialen Netzwerk sowohl Aspekte der Kontaktaufnahme in Offline-Situationen aufweist als auch Anleihen aus dem Vorgehen in Online-Kontaktbörsen. Die Partnerwerbungsphasen in der Kennenlernphase sind in Tabelle 1 einander gegenübergestellt. Als Ausgangspunkt für diese Gegenüberstellung wurde das Phasenmodell von Pryor/Merluzzi[47] gewählt und die Kennenlernphasen im Sozialen Netzwerk und in der Online-Kontaktbörse angewendet.

Es muss allerdings darauf hingewiesen werden, dass das als Vergleichsbasis hinsichtlich der Offline-Situation dienende Modell in den siebziger Jahren entstand, so dass die Gültigkeit der Phasen für die aktuelle Partnerwerbung zumindest mit Vorsicht betrachtet werden sollte. Auch die Phasen für das Vorgehen in Online-Kontaktbörsen sind als tentativ einzustufen; hier wurden Arbeitshypothesen für den unter 1. angekündigten zweiten Arbeitsschritt formuliert.

5. Zwischenfazit und Ausblick

Virtuelle Erstkontakte im Rahmen von sich etablierenden romantischen Beziehungen sind durch die Anwendung technischer Funktionen gekennzeichnet. Diese werden selbstverständlich und kompetent genutzt. Anhand der Beispielanalyse wurde jedoch deutlich, dass es hinsichtlich der Kontaktaufnahmen Unterschiede zwischen Kontaktbörsen und Sozialen Netzwerken gibt. Während die Konzeption von Kontaktbörsen zu einem recht standardisierten Kontaktaufnahmeverhalten motiviert, das dem Verhalten bei herkömmlichen Kontaktanzeigen oder gar Bewerbungsschreiben und damit artifiziellen Situationen ähnelt, scheinen über Soziale Netzwerke Offline-Kontaktaufnahmen und damit natürliche Situationen simuliert zu werden. Dementsprechend wird gefolgert, dass Soziale Netzwerke an einer Schnittstelle situiert sind, an der (in der Wahrnehmung der Nutzer) Offline- und Online-Welt diffundieren. Es erfolgt eine automatische Übertragung von Offline-Handlungsschemata auf Online-Situationen, weil der virtuelle Kommunikationsraum des Sozialen Netzwerks als Erweiterung des Offline-Kommunikationsraums konzeptualisiert wird.

Das Kontaktaufnahmeverhalten in Sozialen Netzwerken wurde hier hinsichtlich der Aspekte der Ansprechbarkeit, der Effizienz und der Kontaktaufnahmemodalität geprüft und bereits ansatzweise dem Vorgehen in Online-Kontaktbörsen, das hier als Beispiel typischen Online-Rollenverhaltens begriffen wird, sowie dem Offline-Kennenlernprozess gegenübergestellt.

---

[47] Vgl. Pryor/Merluzzi, Role.

So muss bei einer Kontaktaufnahme in Sozialen Netzwerken der Kommunikationszweck zunächst ausgehandelt werden, ein Schritt, der offline (zwar in einem anderen Modus) ebenfalls vollzogen werden muss, in Online-Kontaktbörsen jedoch überflüssig ist. Hier wird eine hohe Effizienz bei der Partnerwahl angestrebt, denn mit der Registrierung artikulieren bereits alle Nutzer ein gemeinsames (kommunikatives) Ziel: einen Lebenspartner zu finden. Entsprechend sind die Profilmasken, die auszufüllen sind, konstruiert. Um die Ansprechbarkeit einer Profilidentität im Sozialen Netzwerk zu eruieren, müssen Signale auf verschiedenen Ebenen (Privatsphäre-Einstellungen, Preisgabe persönlicher Informationen, Bildmaterial, Vernetzungsgrad und Netzwerk-Aktivität) entschlüsselt werden. Auf diese Weise erlangt die Kontakt aufnehmende Person allerdings auch Informationen, bevor überhaupt ein Kontakt stattgefunden hat. Diese Informationen stammen nicht wie in Offline-Situationen vollständig aus zweiter Hand (indem Freunde befragt werden), sondern sind vom Urheber der Profilidentität eingestellt und zeigen ihn in Interaktion mit den Profilidentitäten seiner Freundesliste. Die Anzahl und Qualität der auf diese Weise erworbenen Informationen ist also höher und kann in einem kürzeren Zeitraum akquiriert werden. Weiterhin stehen der Kontakt aufnehmenden Person anders als in der Offline-Situation technische Funktionen wie das Anstupsen zur Verfügung, über die ein Kontakt initiiert werden kann, ohne das eigene Gesicht, das eigene Ansehen zu gefährden. Der weitere Verlauf der Kontaktaufnahme ist eher von Vorsicht geprägt und ähnelt wiederum einem Sich-Gegenseitig-Herantasten in einer Offline-Situation. Es wurde gezeigt, wie mit Verzögerungstaktiken gezielt versucht wird, das Tempo im Kennenlernprozess zu reduzieren – ganz im Gegensatz zu den in Online-Kontaktbörsen beobachteten Akzelerationsstrategien beispielsweise in Form der Illusionskreierung.

Die sich über Soziale Netzwerke etablierende Liebeskommunikation ist ein neues Forschungsfeld. Es ist also vielversprechend, den Untersuchungsgegenstand auf Manifestierungs- und Auflösungsphasen von romantischen Beziehungen auszudehnen. Hierbei ist besonders interessant, inwieweit die Kommunikation in Sozialen Netzwerken mit real ablaufenden Prozessen verwoben und damit auch für eine potenzielle Öffentlichkeit zugänglich bleibt. Neben Fragen nach der geschichtlichen Veränderung des Konzepts von Partnerwerbungsverhalten im Kontext neuer Technologien und den hierfür identifizierten sprachlichen Indikatoren ist auch die Frage von Bedeutung, ob eine Korrelation zwischen der Art des Kennenlernens und der durchschnittlichen Beziehungsdauer sowie der Einflussnahme einer potenziellen Öffentlichkeit besteht.

Langfristig versprechen die Analysen von (romantischer) Kommunikation im Web 2.0 einen Zugang zu einem neuen Kommunikationsraum und damit Erkenntnisse über die Online-Offline-Schnittstelle.

Datenschutz in Sozialen Netzwerken als Schutz freier Persönlichkeitsentfaltung

Christoph Gieseler

Abstract

Das Bundesverfassungsgericht hat 1983 entschieden, dass jeder über Preisgabe und Verwendung seiner persönlichen Daten selbst bestimmen kann. Doch was, wenn man sich – insbesondere in Sozialen Netzwerken – für eine unbeschränkte Preisgabe entscheidet? Endet dann der Grundrechtsschutz oder muss der Staat die Nutzer trotzdem vor den Folgen der Veröffentlichung schützen? 29 Jahre nach dem „Volkszählungsurteil" reichen die traditionellen Antworten auf die Herausforderungen des Datenschutzes nicht mehr aus. In Zeiten einer veränderten Kommunikationskultur muss sich die Rechtswissenschaft daher von neuem fragen, warum und damit auch inwieweit Datenschutz Voraussetzung einer „freien Entfaltung der Persönlichkeit" ist.

1. Einleitung

In den Medien wird viel über die Gefahren Sozialer Netzwerke diskutiert. Dabei geht es um völlig unterschiedliche Probleme und Gefahrenquellen. Die eine Gruppe von Gefahren entsteht durch das Verhalten anderer Nutzer im Sozialen Netzwerk. Es geht um Cybermobbing, insbesondere unter Jugendlichen, Identitätsdiebstahl als das Auftreten unter den Namen eines Anderen oder um das Verbreiten rufschädigender Informationen über andere.

Eine zweite Gruppe von Gefahren entsteht durch den Umgang Dritter mit den veröffentlichten Daten. Das können Personen aus dem sozialen Umfeld sein, potenielle Arbeitgeber oder auch Kriminelle, die mit Hilfe der Informationen Straftaten wie Einbrüche oder sexuelle Übergriffe vorbereiten. Der Betreiber des Netzwerks sammelt die Daten und hält sie häufig auch noch nach der „Löschung" durch den Nutzer[1] gespeichert, um zielgerichtete Werbung zu platzieren, womöglich auch, um sie weiterzuverkaufen. Auch der Staat interessiert sich für die Daten. Für die Ermittlungstätigkeit von Polizei, Steuer- und Sozialbehörden oder auch der GEZ sind Soziale Netzwerke eine interessante Informationsquelle.

---

1 Aus Gründen besserer Lesbarkeit wird im Folgenden von „dem Nutzer" bzw. „den Nutzern" gesprochen. Dabei sind weibliche Akteure selbstverständlich stets mit eingeschlossen. – Urteile und Gesetzeskommentare werden im Folgenden nach rechtswissenschaftlichen Konventionen zitiert. Urteile in amtlichen Sammlungen werden zitiert: „Band, Anfangsseite (Seite, auf die konkret verwiesen wird)". Gesetzeskommentare werden zitiert: „Autor, in: Titelangaben, Kommentierte Norm, Randnummer". Im Literaturverzeichnis erscheint der betreffende Kommentar.

In diesem Beitrag möchte ich die rechtliche Relevanz dieser Gefahren untersuchen. Das ist weniger interessant für die erste Gruppe. Verleumdungen, Beleidigungen und Rufschädigungen sind verboten, ob auf der Straße, in der Zeitung oder im Internet. Interessant wäre hier höchstens die Frage, ob es eine rechtliche Handhabe gegen Eingriffe unterhalb dieser Schwelle geben muss, etwa gegen Mobbing. Aber letztlich ist das eine Frage, die man genauso für das Mobbing auf dem Schulhof stellen könnte. Der Vergleich macht deutlich, dass bei solchem Verhalten eher die Pädagogik gefordert ist als die Rechtswissenschaft. Da ich mich auf Soziale Netzwerke beschränken möchte, soll auch die im Zusammenhang mit Bewertungsplattformen diskutierte Frage der Abwägung zwischen Persönlichkeitsrecht und Meinungsfreiheit bei der Veröffentlichung von Informationen und Urteilen über Dritte[2] außen vorbleiben.

Spannender ist die zweite Gruppe der Gefahren Sozialer Netzwerke. In all diesen Fällen, in denen staatliche und private Personen und Institutionen die Daten aus Sozialen Netzwerken zur Kenntnis nehmen, speichern oder nutzen, mag das aus Sicht des Nutzers potentiell unerwünscht sein. Es wäre aber zu einfach, dies schlicht als Missbrauch zu sehen, der im Interesse des Nutzers verboten sein sollte. Ein potentieller Arbeitgeber oder Vermieter hat ein berechtigtes Interesse daran zu erfahren, wen er sich ‚ins Haus holt'. Wenn der Betreiber oder ein anderes Unternehmen Daten sammelt, um dem Nutzer zielgerichtete Werbung zukommen zu lassen, verfolgt er damit wirtschaftliche Interessen und handelt daher in Ausübung seiner Berufsfreiheit nach Art. 12 Abs. 1 GG. Behörden verfolgen mit ihren Ermittlungen öffentliche Interessen.

Besonders fragwürdig ist ein Schutz des Nutzers vor diesen Gefahren, wenn er die Daten selbst veröffentlicht hat. Rein faktisch gibt er damit die Kontrolle darüber auf, wer sie zur Kenntnis nimmt, womöglich herunterlädt, mit anderen Daten verknüpft oder weitergibt. Doch nicht alles, was faktisch möglich ist, ist auch rechtlich zulässig. Daher soll der Schwerpunkt im Folgenden auf der Frage liegen, ob und inwieweit trotz der Veröffentlichung von Daten durch den Nutzer noch ein Schutz vor deren Kenntnisnahme und Verarbeitung zum Schutz seiner freien Persönlichkeitsentfaltung gewährt sein muss. Ich möchte mich dabei angesichts der ethischen Fragestellung, in deren Rahmen dieser Beitrag steht, auf die Datenverarbeitung durch Private konzentrieren.

Zur Beantwortung der Frage muss ich recht weit ausholen. Nach einer kurzen rechtlichen Einordnung (2.) werde ich mich mit Hilfe *Niklas Luhmanns* den rechtlichen Begriffen von Persönlichkeit bzw. Persönlichkeitsentfaltung nähern (3.). Daraus ergibt sich ein neuer Ausgangspunkt für den grundrechtlichen Datenschutz, der dem Phänomen Sozialer Netzwerke erheblich besser gerecht wird als die vom Bundesverfassungsgericht vertretene Theorie der informationellen Selbstbestimmung (4.). Nach diesen Vorüberlegungen kann ich Aussagen darüber treffen, in-

---

2   Vgl. dazu BGHZ 181, 328ff.

wieweit der Umgang mit selbst veröffentlichten Daten durch Dritte das Persönlichkeitsrecht des Betroffenen beeinträchtigt (5.). Zuletzt werde ich untersuchen, inwieweit sich dieses Recht auch gegen Grundrechte der Datenverarbeiter durchsetzt (6.).

2. Rechtliche Einordnung der Fragestellung

Will ein Privater Daten verarbeiten, so muss er sich am geltenden Datenschutzrecht orientieren, etwa dem Bundesdatenschutzgesetz (BDSG) und spezielleren Gesetzen wie dem Telemediengesetz (TMG). Dabei ergeben sich jedoch zwei Schwierigkeiten: Zum einen stammen gerade im BDSG viele Vorschriften aus einer Zeit vor dem Internet und vor allem vor dem Web 2.0. So erlaubt etwa § 29 Abs. 1 S. 1 Nr. 2 BDSG mit nur wenigen Ausnahmen die geschäftsmäßige Verarbeitung von Daten, die aus allgemein zugänglichen Quellen entnommen werden können. Dem liegt der Gedanke zugrunde, dass die Veröffentlichung gleichbedeutend sei mit einer unbeschränkten Freigabe dieses Datums für alle Verwendungen. Es wird zu untersuchen sein, ob dieser Gedanke im Zeitalter Sozialer Netzwerke noch so aufrechterhalten werden kann.[3]

Zum anderen besteht das Datenschutzrecht zu einem großen Teil aus Generalklauseln, also sehr allgemein gehaltenen Normen, die geeignet sind, eine Vielzahl unterschiedlicher Fälle zu erfassen. Die geschäftsmäßige Verarbeitung nicht allgemein zugänglicher Daten etwa ist nach § 29 Abs. 1 S. 1 Nr. 1 BDSG zulässig, wenn kein Grund zu der Annahme besteht, dass der Betroffene ein schutzwürdiges Interesse an dem Ausschluss der Erhebung, Speicherung oder Veränderung hat. Damit setzt die Norm aber die Beantwortung der soeben aufgeworfenen Fragen schon voraus. Ob trotz der Veröffentlichung noch ein schutzwürdiges Ausschlussinteresse des Betroffenen vorliegt, ist der Norm nicht zu entnehmen.

Daher möchte ich diese Frage aus Sicht der Grundrechte der Nutzer untersuchen, namentlich aus Sicht ihres allgemeinen Persönlichkeitsrechts. Dieses wird vom Bundesverfassungsgericht aus dem Grundrecht auf freie Entfaltung der Persönlichkeit (Art. 2 Abs. 1 GG) in Verbindung mit der Menschenwürde (Art. 1 Abs. 1 GG) abgeleitet.[4] Seit dem Volkszählungsurteil aus dem Jahre 1983[5] entnimmt das Bundesverfassungsgericht dem allgemeinen Persönlichkeitsrecht als einen Teilaspekt das sogenannte Recht auf informationelle Selbstbestimmung. Dieses umfasse

---

[3] Dagegen etwa Eifert, Martin, Freie Persönlichkeitsentfaltung in sozialen Netzen – Rechtlicher Schutz von Voraussetzungen und gegen Gefährdungen der Persönlichkeitsentfaltung im Web 2.0, in: Bieber, Christoph/Eifert, Martin/Groß, Thomas/Lamla, Jörn (Hg.), Soziale Netze in der digitalen Welt. Das Internet zwischen egalitärer Teilhabe und ökonomischer Macht (Schriftenreihe des Zentrums für Medien und Interaktivität [ZMI], Gießen Bd. 7), Frankfurt a.M. 2009, S. 253–269, bes. S. 264; Roßnagel, Alexander, Persönlichkeitsentfaltung zwischen Eigenverantwortung, gesellschaftlicher Selbstregulierung und staatlicher Regulierung, in: ebd., S. 271–285, bes. S. 282.

[4] Erstmals ausdrücklich BVerfGE 54, 148–158 (153), seitdem ständige Rechtsprechung.

[5] BVerfGE 65, 1ff.

„die Befugnis des Einzelnen, grundsätzlich selbst über die Preisgabe und Verwendung seiner persönlichen Daten zu bestimmen".[6] Hier ist aus grundrechtlicher Sicht der Datenschutz verortet.

Nun ist heutzutage weitestgehend anerkannt, dass Grundrechte nicht unmittelbar Privaten gegenüber gelten.[7] Allerdings ergibt sich aus den Grundrechten nicht nur ein Abwehrrecht des Bürgers gegen Verletzungen seiner Grundrechte durch den Staat, sondern auch eine Schutzpflicht des Staates, wenn ein Privater ein grundrechtliches Schutzgut verletzt oder wenn die Gefahr einer solchen Verletzung droht.[8] Wie die oben genannten Beispiele gezeigt haben, drohen die Gefahren auch und gerade von Privaten. Soweit diese Grundrechtsrelevanz haben, muss der Staat daher Maßnahmen zum Schutz der Grundrechtsträger ergreifen.

Bei der Wahl der Mittel hat er einen weiten Ermessensspielraum. Adressat der Schutzpflicht kann der Gesetzgeber sein, soweit der Schutz Erlass oder Änderung von Rechtsnormen voraussetzt, oder auch die Judikative, die die Generalklauseln unter Berücksichtigung der Schutzpflicht auszulegen hat.[9] Eine Frage, die ich hier nicht vertiefen möchte, aber die angesichts der grenzüberschreitenden Natur der Datenverarbeitung immer zu beachten ist, ist auch, wie der deutsche Staat deutsche Grundrechtsträger vor Übergriffen durch ausländische Unternehmen schützen kann.[10]

3. Das allgemeine Persönlichkeitsrecht

3.1 Der Persönlichkeitsbegriff in Rechtswissenschaft und Rechtsprechung

Am nächsten würde es liegen, sich dem allgemeinen Persönlichkeitsrecht vom Begriff der Persönlichkeit her zu nähern. Die Bezeichnung des Rechts legt nahe, dass diese Schutzgut des allgemeinen Persönlichkeitsrechts sein müsste. Doch eine subsumtionsfähige Definition der „Persönlichkeit" hat die Rechtswissenschaft noch nicht gefunden. Der bisher umfangreichsten rechtswissenschaftlichen Untersuchung zu dieser Frage schickt *Heinrich Hubmann* voraus, die Persönlichkeit umgebe „ein tiefes Dunkel, ihr Bild ist von einem Schleier verhüllt, den zu lüften, wie wir schon hier bekennen müssen, nicht vollständig gelingen kann".[11] In den letzten Jahrzehnten wurde kaum auch nur versucht, den Persönlichkeitsbegriff zu definie-

---

6 BVerfGE 65, 1 (43).
7 Vgl. nur Pieroth, Bodo/Schlink, Bernhard, Grundrechte Staatsrecht II, Heidelberg ²⁷2011, S. 47.
8 Vgl. Isensee, Josef, Das Grundrecht als Abwehrrecht und als staatliche Schutzpflicht, in: ders./Kirchhof, Paul (Hg.), Handbuch des Staatsrechts der Bundesrepublik Deutschland, Bd. V Allgemeine Grundrechtslehren, Heidelberg ²2000, S. 143–241, bes. S. 194.
9 Vgl. Isensee, Grundrecht, S. 190f.
10 Dazu Hoffmann-Riem, Wolfgang, Grundrechts- und Funktionsschutz für elektronisch vernetzte Kommunikation, in: Archiv des öffentlichen Rechts 134 (2009), S. 513–541, bes. S. 538–541.
11 Hubmann, Heinrich, Das Persönlichkeitsrecht, Köln 21967, S. 10.

ren. Ähnlich wie in der früheren Rechtsprechung des Bundesverfassungsgerichts die Privatsphäre bleibt „Persönlichkeit" ein bloßes Schlagwort. Das ist bemerkenswert für die Rechtswissenschaft als einer Wissenschaft, die sehr intensiv mit Begriffen und deren Definition arbeitet. Es ist aber erklärlich. Der Persönlichkeitsbegriff hängt stark vom Menschenbild ab, im Hinblick auf welches das Verfassungsrecht gerade neutral bleiben sollte. Daher muss eine Definition zwangsläufig pauschal bleiben, so dass sich daraus wiederum kaum Folgerungen für den Einzelfall ziehen lassen könnten.[12] Insofern gibt es Parallelen zum Begriff der Menschenwürde. Auch für diese hat sich aus den gleichen Gründen keine Definition durchgesetzt. Es gibt zwar Versuche, sich ihr im Sinne einer Begriffsbestimmung anzunähern, die aber zumeist nicht als abschließende Definitionen angesehen werden. Demgegenüber besteht Konsens über die Fallgruppen, in denen der Schutzbereich der Menschenwürde betroffen ist.[13]

Ebenso wenig wie die Literatur hat sich das Bundesverfassungsgericht darin festgelegt, was das gemeinsame Ganze des allgemeinen Persönlichkeitsrechts sein soll. Es hat sich damit zufrieden gegeben, Fallgruppen festzulegen, die durch das Recht erfasst sein sollen. Eine generelle Aussage, was Inhalt dieses Rechts sein soll und von der ggf. neue Fallgruppen deduziert werden könnten, fehlt. „Wegen der dargelegten Eigenart des allgemeinen Persönlichkeitsrechts" möchte das Bundesverfassungsgericht den Inhalt des geschützten Rechts vielmehr ausdrücklich nicht abschließend umschreiben.[14] Diese Selbstbeschränkung ist die logische Konsequenz aus der Schwierigkeit, den Persönlichkeitsbegriff zu erfassen, und trägt gleichzeitig zur Entwicklungsoffenheit des allgemeinen Persönlichkeitsrechts bei. Doch fehlte es vollkommen an einer – sei es auch vagen – Richtschnur, was das allgemeine Persönlichkeitsrecht als Ganzes umfasst, so wäre es letztlich richterlicher Willkür ausgesetzt.[15]

3.2 Luhmanns Untersuchung zu Freiheit und Würde der Person

Daher möchte ich zumindest eine Annäherung versuchen. Ich gehe von einem Ansatz aus, der zwar nicht alle Facetten des allgemeinen Persönlichkeitsrechts erklärt, aber doch die relevantesten, sowohl generell gesprochen als auch auf das Thema „Soziale Netzwerke" bezogen. Es handelt sich um die Untersuchung *Niklas Luhmanns* zu den grundrechtlichen Begriffen „Freiheit" und „Würde",[16] die als Be-

---

12 Nettesheim, Martin, in: Veröffentlichungen der Vereinigung der Deutschen Staatsrechtslehrer 70 (2010), S. 107–111, S. 109f gesteht mit dieser Begründung sein Scheitern am Persönlichkeitsbegriff ein. Dabei lassen sich seine Ergebnisse zum Datenschutz durchaus von einem richtig verstandenen Persönlichkeitsbegriff ableiten.
13 Pieroth/Schlink, Grundrechte, S. 84f.
14 BVerfGE 54, 148 (153).
15 Ähnlich Hubmann, Persönlichkeitsrecht, S. 10.
16 Luhmann, Niklas, Grundrechte als Institution. Ein Beitrag zur politischen Soziologie (Schriften zum Öffentlichen Recht Bd. 24), Berlin ³1986, S. 53–83.

standteile des allgemeinen Persönlichkeitsrechts gelten (s. Kap. 2). Luhmann sieht die Persönlichkeit aus der Perspektive der Selbstdarstellung: „Der Mensch wird die Persönlichkeit, als welche er sich darstellt."[17] Die Selbstidentifikation des Menschen vollziehe sich im sozialen Kontakt und in Auseinandersetzung mit den dadurch eröffneten Gefährdungen, „also im Wissen darum, daß man mit jeder einsehbaren Lebensäußerung absichtlich oder unabsichtlich eine Aussage über sich verbindet".[18] Freiheit und Würde seien „Grundbedingungen des Gelingens der Selbstdarstellung eines Menschen als individuelle Persönlichkeit".[19]

Nach Luhmann ist das Recht auf freie Entfaltung der Persönlichkeit das Recht auf eine „zurechenbare Handelssphäre".[20] Er meint damit die Möglichkeit, Handlungen vorzunehmen, die nicht dem gesellschaftlich vorgegebenen Rollenverhalten entsprechen. Gerade in diesen werde der Einzelne als Individuum wahrgenommen.[21] „Würde" ist für ihn die Konsistenz der Selbstdarstellung. Die Zurechnung von Handlungen wirkt gleichsam über die einzelne Situation hinaus, die Handlungen prägen auch für die Zukunft die Selbstdarstellung mit. Für soziales Handeln sei eine gewisse Verlässlichkeit und Erwartbarkeit des Verhaltens unabdingbar. Die Würde sei gefährdet, weil zu viele Informationen über ein Individuum verfügbar seien, die sich nicht mehr zu einem kohärenten Ganzen zusammenfügen ließen.

Wenn die Sicht Dritter entscheidend für die Identitätsbildung ist, ist die Kontrolle über diese Informationen von höchster Bedeutung.[22] Luhmanns Verständnis von Würde entspricht daher dem gelungenen Management der auf das Individuum bezogenen Informationen. Die Würde sei „keineswegs eine Naturausstattung",[23] sondern müsse vom Einzelnen selbst durch seine Selbstdarstellung konstituiert werden. Der Einzelne muss lernen, seine Handlungen so zu kontrollieren, dass keine Informationen entstehen, die der sonstigen Selbstdarstellung widersprechen. Luhmann versteht dies aber nicht nur als Pflicht, sondern leitet aus der Menschenwürde auch das *Recht* ab, die Verantwortung für das Würdemanagement selbst wahrzunehmen.

„Das Problem der Würde aber ist die Schwierigkeit einer konsistenten und überzeugenden Selbstdarstellung und die Eigenverantwortung des Menschen für die Lösung dieser Aufgabe. Über ihm zurechenbare Darstellungen muß der Mensch selbst entscheiden können, denn nur er kann bestimmen, was er ist."[24]

---

17 Luhmann, Grundrechte, S. 60.
18 Ebd.
19 Luhmann, Grundrechte, S. 61.
20 Luhmann, Grundrechte, S. 79.
21 Luhmann, Grundrechte, S. 65f.
22 Eingehend zur Kontrolle des Eindrucks bei anderen über sich durch Kontrolle der Selbstdarstellung: Goffman, Erving, Wir alle spielen Theater. Die Selbstdarstellung im Alltag, Ungekürzte Taschenbuchausg., München u.a. ⁴2006.
23 Luhmann, Grundrechte, S. 68.
24 Luhmann, Grundrechte, S. 75.

Eine besondere Bedeutung für die Würde erkennt Luhmann der „Intimsphäre" zu, verstanden als „jener Komplex von Informationen, der nicht öffentlich zugänglich gemacht werden kann, ohne die öffentliche Selbstdarstellung zu diskreditieren".[25] Dabei geht er allerdings nicht näher darauf ein, welche Informationen das sein sollen und vor allem, wo die Grenze zwischen „intim" und „öffentlich zugänglich" verläuft.

Würde und Freiheit bedingen einander: Wer keine Möglichkeit sehe, seine Würde zu bewahren, versuche, lieber gar keine zurechenbaren Selbstdarstellungen zu produzieren als inkonsistente. Er fliehe in das gesellschaftlich vorgegebene Verhalten. Damit könne er sich weiterhin „sehen lassen", werde aber nicht mehr als Individuum wahrgenommen.[26] Seien aber beide Bedingungen erfüllt, so könne der Einzelne in der heutigen differenzierten Sozialordnung vielfältige Rollen übernehmen und situationsangemessen unterschiedlich, aber doch konsistent handeln. Wenn die Rollen hinreichend Darstellungsspielraum und damit Freiheit gewährten, könne er sich jeweils selbst mit darstellen, die Rolle auf seine ganz eigene, individuelle Weise gestalten. Die Würde bleibt gewahrt, wenn diese dem Einzelnen zugerechneten Anteile an der Selbstdarstellung konsistent sind und „die Verschiedenheiten der Handlungen den Situationen, ihre innere Zusammengehörigkeit aber ihm selbst zugerechnet werden".[27]

Rechtsdogmatisch ist gegenüber Luhmanns Ausführungen eine Korrektur notwendig. Der Schutzbedarf, den Luhmann der Menschenwürde zuordnet, wird heute durch das allgemeine Persönlichkeitsrecht abgedeckt. Der Grund ist dogmatischer Natur: Eingriffe in die Menschenwürde können nicht gerechtfertigt werden. Jeder Eingriff in die Menschenwürde stellt eine Verletzung derselben dar und ist unzulässig, so gewichtig auch die Interessen sein mögen, die für den Eingriff sprechen. Dementsprechend eng muss der Bereich der Menschenwürde gezogen werden. Zugleich wäre es nicht überzeugend, für diesen engen Bereich einen absoluten, außerhalb dessen aber überhaupt keinen Schutz zu gewähren. Daher übernahm das Bundesverfassungsgericht für Eingriffe, die nicht die Freiheit betreffen, die aber unterhalb der Schwelle dieser eng gefassten Menschenwürde stehen, das allgemeine Persönlichkeitsrecht aus der Zivilrechtsprechung. Art. 2 Abs. 1 GG als grundrechtliche Generalklausel bot sich dabei als Anknüpfungspunkt an, um diese Sachverhalte grundrechtlich zu erfassen.[28]

---

25 Luhmann, Grundrechte, S. 67.
26 Luhmann, Grundrechte, S. 70.
27 Luhmann, Grundrechte, S. 71.
28 Vgl. die Argumentation in BVerfGE 27, 344 (350f); Dürig, Günter, Der Grundrechtssatz von der Menschenwürde. Entwurf eines praktikablen Wertsystems der Grundrechte aus Art. 1 Abs. I in Verbindung mit Art. 19 Abs. II des Grundgesetzes, in: Archiv des öffentlichen Rechts 81 (1956), S. 117–157, S. 130.

3.3 Handlungen als Kern der Persönlichkeitsentfaltung

Luhmann rückt Handlungen in den Mittelpunkt des Interesses. Denn der zentrale Weg, die über die eigene Person verfügbaren Informationen zu steuern und sich damit als Persönlichkeit zu konstituieren, ist schlicht und ergreifend, in einer bestimmten Weise zu handeln. Die Kontrolle der Informationen – etwa in Form eines Rechts –, so dass bestimmte Informationen nicht an die Öffentlichkeit gelangen, ist nur ein zweiter Schritt, der den ersten ergänzt.

Dieser Befund ist keineswegs Luhmann-spezifisch. Das Problem der Konsistenz der Selbstdarstellung wird intensiv unter dem Stichwort der „Identität" diskutiert. Luhmann selbst sieht den Identitätsbegriff als eine Fortentwicklung des Persönlichkeitsbegriffs; seinen eigenen Beitrag sieht er in diesem Kontext.[29] Sein Würdebegriff deckt sich mit dem Begriff der sozialen Identität bei *Döbert/Habermas/Nunner-Winkler* als „symbolische Struktur, die es einem Persönlichkeitssystem erlaubt, [...] über die verschiedenen Positionen im sozialen Raum hinweg Kontinuität und Konsistenz zu sichern".[30] Identität wird heute als etwas verstanden, was sich in Handlungen im sozialen Kontext konstituiert. Insbesondere *George Herbert Mead* hat herausgearbeitet, dass die Identität sich nicht gleichsam ‚im stillen Kämmerlein' entwickelt, sondern in der Interaktion, in Auseinandersetzung mit Anderen und der Gesellschaft als Ganzer.[31] In neueren Identitätstheorien spielt die Auseinandersetzung mit Dritten eine noch größere Rolle. Identität müsse „ausgehandelt" werden, um die Anerkennung Dritter für den eigenen Identitätsentwurf zu erlangen.[32]

Für die Auslegung der Menschenwürde ist Luhmanns handlungszentrierter Ansatz in der Rechtswissenschaft zur Kenntnis genommen worden. So wird seine „Leistungstheorie" – Würde als etwas, das der Mensch selbst konstituieren muss – der älteren „Mitgifttheorie" – Würde als etwas, das der Mensch als Mensch von Natur aus hat – gegenübergestellt.[33] Der Schritt, auch die Persönlichkeit und ihre Bedeutung nicht in ihrem Status, sondern in ihrer Entfaltung zu sehen, wurde hingegen noch viel zu selten gemacht.[34] Oft scheint der Auslegung des Art. 2 Abs. 1 GG eine Differenzierung zwischen der Persönlichkeit einerseits und ihrer Entfaltung

---

29 Luhmann, Grundrechte, S. 60, insbesondere Anm. 22.
30 Döbert, Rainer/Habermas, Jürgen/Nunner-Winkler, Gertrud, Zur Einführung, in: dies. (Hg.), Entwicklung des Ichs, Königstein ²1980, S. 9–30, Zitat: S. 9.
31 Vgl. Mead, George Herbert, Geist, Identität und Gesellschaft aus der Sicht des Sozialbehaviorismus, Frankfurt a.M. 1968, S. 177–271. Zur theologischen Bedeutung der Identitätsthematik vgl. bes. Zarnow, Christopher, Identität und Religion. Philosophische, soziologische, religionspsychologische und theologische Dimensionen des Identitätsbegriffs (RPT Bd. 48), Tübingen 2010.
32 Vgl. Taylor, Charles, Multikulturalismus und die Politik der Anerkennung, Frankfurt a.M. 2009, S. 21f.
33 Exemplarisch Pieroth/Schlink, Grundrechte, S. 84.
34 Vgl. aber Kube, Hanno, Persönlichkeitsrecht, in: Isensee, Josef/Kirchhof, Paul (Hg.), Handbuch des Staatsrechts der Bundesrepublik Deutschland, Bd. VII Freiheitsrechte, Heidelberg ³2009, S. 79–145, bes. S. 122f.

andererseits zugrunde zu liegen.[35] Zugleich wird der Schutz der rein statisch verstandenen Persönlichkeit und damit etwa der Privatsphäreschutz höher gewichtet als der Schutz von Handlungen. Luhmann lehrt, nicht den Schutz des Rückzugs in Form der Beschränkung von Informationen, sondern den Schutz des Handelns im sozialen Kontext in den Mittelpunkt zu rücken. Die Persönlichkeit erscheint nur in ihrer Entfaltung, sie *ist* gleichsam ihre Entfaltung.

4. Die Schwächen der Theorie der informationellen Selbstbestimmung

4.1 Die Idee informationeller Selbstbestimmung

Warum betone ich die Bedeutung von Handlungen? Bei Daten denken (nicht nur) Juristen geradezu reflexhaft an den Bedarf nach einer Art Privatsphäreschutz in Form einer Kontrolle über die entstehenden Informationen. Das Bundesverfassungsgericht spricht, wie erwähnt, vom „Recht auf informationelle Selbstbestimmung" als einer „Befugnis des Einzelnen, grundsätzlich selbst über die Preisgabe und Verwendung seiner persönlichen Daten zu bestimmen".[36] Das Recht auf informationelle Selbstbestimmung soll dem Gericht zufolge verhindern, dass das Gefühl des Beobachtetseins von der Ausübung von Grundrechten abschreckt.[37] Eine entsprechende Begründung findet sich auch beim Recht der Privatsphäre.[38] Allerdings gilt das Recht auf informationelle Selbstbestimmung ausdrücklich nicht nur für Informationen mit privatem Inhalt, sondern für alle persönlichen Daten, also persönliche Informationen, die in irgendeiner Weise gespeichert – sozusagen *verdatet* – sind. Die Speicherung intensiviert das Gefühl der Beobachtung auch bei eigentlich schon öffentlichem und damit beobachtetem Verhalten, da der Einzelne nicht mehr absehen kann, an wen eine Information weitergegeben und mit welchen weiteren Informationen sie verknüpft wird.

Daten werden damit pauschal als eine potentielle Bedrohung gesehen. Jedes Datum könnte in irgendeinem Zusammenhang zu Beeinträchtigungen für den Einzelnen führen und schon die Angst vor einer Speicherung und Weitergabe von Informationen könnte die Verhaltensfreiheit beeinträchtigen. Daher soll der Einzelne umfassend kontrollieren dürfen, was mit „seinen" Daten geschieht und so seine Interessen wahren. Das Recht ist, wie oft bemerkt und kritisiert wurde, „eigentumsanalog" konzipiert, der Einzelne soll über seine Daten verfügen können wie über

---

35 Auffällig etwa bei Lorenz, Dieter, in: Dolzer, Rudolf/Kahl, Wolfgang/Waldhoff, Christian/Graßhof, Karin (Hg.), Bonner Kommentar zum Grundgesetz, Bd. 1 Einleitung – Art. 3, 156. Aktualisierung Heidelberg 2012, Art. 2 Abs. 1 Rn 29-32.
36 BVerfGE 65, 1–71 (43).
37 BVerfGE 65, 1 (43).
38 BVerfGE 101, 361 (382).

sein Eigentum.[39] So kann er selbst entscheiden, welche Datenverarbeitungen er zulässt und zu welchen Zwecken er wem gegenüber den grundsätzlichen Schutz vor der Datenverarbeitung aufgibt. Es geht aber nicht mehr darum, ob eine Datenverarbeitung im Einzelfall die Persönlichkeitsentfaltung gefährdet. Das Recht auf informationelle Selbstbestimmung ist damit seinem Inhalt nach von den Gründen, die es tragen, abstrahiert. Der Einzelne bekommt nicht nur ein Recht, frei zu handeln, sondern separat davon ein Recht zu entscheiden, welche Daten sein Handeln produziert.

4.2 Handlungsschutz statt Privatheitsschutz als Ausgangspunkt

Denkt man dies für Soziale Netzwerke zu Ende, müsste man wohl sagen, der Nutzer „bestimmt" durch die Interaktion in Sozialen Netzwerken zugleich über Preisgabe und Verwendung seiner Daten. Die Frage ist nach der Theorie der informationellen Selbstbestimmung nicht, inwieweit Datenschutz für die freie Entfaltung der Persönlichkeit notwendig ist, sondern was jemand im Hinblick auf die entstehenden Daten erklärt, indem er eine Statusmeldung bei Facebook eingibt. Hat dieses Verhalten tatsächlich den Erklärungsgehalt, dass die enthaltene Information zur freien Verfügung stehen soll? Inwieweit gestattet er Eingriffe in seine Privatheit im Sinne einer Kontrolle darüber, wem welche Daten über ihn zugänglich sind?

Damit zeigt sich aber, dass ein grundlegender Perspektivwechsel in der Rechtsdogmatik notwendig ist, um die Probleme, die in Sozialen Netzwerken entstehen, angemessen zu lösen.

Die traditionelle Dogmatik sieht nicht die Kommunikation, sondern die entstehenden Daten und diese dann wiederum ausschließlich als Bedrohung. Es geht dieser Sichtweise nicht um das Agieren in Sozialen Netzwerken als Handlung, sondern um die Erzeugung von (womöglich öffentlich zugänglichen) Daten, die damit einhergeht. Hierin wird vornehmlich ein Verlust von Privatheit gesehen. Aus diesem Blickwinkel wird der Schutz, den das Recht auf informationelle Selbstbestimmung gewährt, aufgegeben und damit ein hochwertiges Gut, die „Persönlichkeit" (was immer das eben sein mag), fast schon die Menschenwürde. Entspricht die Verfügungsmacht über die Daten der Verfügungsmacht über das Eigentum, so entspricht die Datenveröffentlichung einem Wegwerfen von Geldscheinen. Eine scheinbar

---

39 So etwa Albers, Marion, Umgang mit personenbezogenen Informationen und Daten, in: Hoffmann-Riem, Wolfgang/Schmidt-Aßmann, Eberhard/Voßkuhle, Andreas (Hg.), Grundlagen des Verwaltungsrechts, Bd. II Informationsordnung, Verwaltungsverfahren, Handlungsformen, München 2008, S. 107–220, bes. S. 144; Pitschas, Rainer, Informationelle Selbstbestimmung zwischen digitaler Ökonomie und Internet. Zum Paradigmawandel des Datenschutzrechts in der globalen Informationsgesellschaft, in: Datenschutz und Datensicherheit 22 (1998), S. 139–149, S. 146; Trute, Hans-Heinrich, Verfassungsrechtliche Grundlagen, in: Roßnagel, Alexander (Hg.), Handbuch Datenschutzrecht. Die neuen Grundlagen für Wirtschaft und Verwaltung, München 2003, S. 156–187, S. 165; Vogelgesang, Klaus, Grundrecht auf informationelle Selbstbestimmung? (Studien und Materialien zur Verfassungsgerichtsbarkeit Bd. 39), Baden-Baden 1987, S. 140.

sinnlose Aufgabe eines bedeutsamen Gutes lässt sich natürlich kaum erklären und es entsteht der paternalistische Reflex, man müsse die Menschen daran hindern, sich so zu offenbaren.[40] Und wer es dennoch tut, der ist, so könnte man argumentieren, selbst schuld und verdient keinen Schutz mehr.

Eine solche Wertung steht dem Verfassungsrecht aber nicht zu. Man kann die häufig zu beobachtende Selbstentblößung in Sozialen Netzwerken aus vielerlei Gründen gut oder schlecht finden. Aus verfassungsrechtlicher Perspektive ist sie Freiheits- und damit Grundrechtsausübung. Was die Nutzer Sozialer Netzwerke tun, ist in aller erster Linie zu handeln. Sie möchten nicht über ihre Daten bestimmen, nicht ihre Privatheit aufgeben, sie möchten schlichtweg kommunizieren, ihre Persönlichkeit entfalten, Meinungen äußern etc. Dafür sind Soziale Netzwerke ein Medium. Das zeigt sich in empirischen Studien,[41] es ist aber auch unabhängig davon der einzige Weg, dieses Verhalten zu erklären und verfassungsrechtlich zu würdigen, ohne in paternalistische Argumentationsmuster zu verfallen.

Konnte man früher vielleicht noch unterstellen, dass jemand sich über Einwilligungen in die wenigen Datenverarbeitungen Gedanken machte, sind diese heute alltäglich geworden. Kommunikation in Sozialen Netzwerken ist per se verdatet. Dass die Nutzer ständig Daten erzeugen, ist daher nur noch ein Nebeneffekt von Handlungsentscheidungen, die sich überhaupt nicht auf die entstehenden Daten und ihre Verwendung beziehen. Der Datenveröffentlichung einen Erklärungsgehalt dahingehend zu entnehmen, was mit den Daten passieren darf, ist nicht zielführend.

Die Kommunikation als Handlung muss daher der Ausgangspunkt sein, von dem aus man fragen kann, ob und inwieweit Datenschutz in Sozialen Netzwerken nötig ist. Dann ist es aber kein Schutz *gegen* die Datenpreisgabe, sondern gerade ein Schutz *der* Datenpreisgabe als grundrechtlich geschütztem Verhalten. Damit ist die Frage nicht, welche Entscheidung Nutzer von Sozialen Netzwerken im Hinblick auf ihre Daten treffen und inwieweit man den scheinbaren Verzicht auf ihren Datenschutz akzeptieren kann. Vielmehr öffnet dieser Ansatz die Augen für die Frage, inwieweit das Kommunizieren in Sozialen Netzwerken verfassungsrechtlich relevanten Gefahren ausgesetzt ist, vor denen Schutz geboten ist.

4.3 Freiheit der Datenverarbeitung statt Bestimmungsrecht als Grundsatz

Habe ich oben noch die eine mögliche Extremposition dargestellt – die Veröffentlichung von Daten führt zu einem völligen Verlust ihrer Schutzwürdigkeit –, könnte

---

40 Typisch für eine solche Auffassung, wenn auch vorsichtig mit konkreten Schlussfolgerungen: Häberle, Peter, in: Veröffentlichungen der Vereinigung der Deutschen Staatsrechtslehrer 70 (2010), S. 94f, S. 95.
41 Vgl. Schmidt, Jan/Paus-Hasebrink, Ingrid/Hasebrink, Uwe, Entwicklungsaufgaben im Social Web, in: dies. (Hg.), Heranwachsen mit dem Social Web. Zur Rolle von Web 2.0-Angeboten im Alltag von Jugendlichen und jungen Erwachsenen, Schriftenreihe Medienforschung der Landesanstalt für Medien Nordrhein-Westfalen Bd. 62, Berlin 2009, S. 269.

man mit der gerade vorgestellten Argumentation das Gegenteil vertreten: Die Gefahr einer unerwünschten Einsichtnahme in die Daten – durch angehende Arbeitgeber oder Schwiegereltern, das Sozialamt oder die GEZ – könnte davon abschrecken, sie zu veröffentlichen. Daher müsse jede Einsichtnahme oder Verarbeitung der Daten verboten sein für alle, die nicht dem – wie auch immer zu bestimmenden – erwarteten Empfängerkreis der Veröffentlichung angehören.

Doch Persönlichkeitsentfaltung ist keine Einbahnstraße, auf der der Einzelne unabhängig bestimmt, wer er gern wäre und wer was von ihm erfährt.[42] Der Blick Dritter, so unerwünscht kritisch er auch sein mag, ist eine Tatsache, wenn nicht gar das zentrale Element der „Selbstidentifikation".[43] Der Einzelne erfährt sich nicht direkt, sondern nur indirekt als „Objekt", sozusagen aus der Außenperspektive, „in der er die Haltungen anderer Individuen gegenüber sich selbst innerhalb einer gesellschaftlichen Umwelt oder eines Erfahrungs- und Verhaltenskontextes einnimmt, in den er ebenso wie die anderen eingeschaltet ist".[44]

Daher muss der Einzelne im Grundsatz damit leben, dass seine Handlungen Informationen und Reaktionen der Gesellschaft erzeugen. Er ist selbst dafür verantwortlich, sich so zu verhalten, dass seine Selbstdarstellung nicht leidet.[45] Das Recht des Handelnden, Kenntnisnahme und Weitergabe von Informationen über sein Handeln zu unterbinden, ist hingegen die begründungsbedürftige Ausnahme; er kann grundsätzlich nicht verlangen, dass richtige Informationen über ihn nicht verbreitet werden. Dass die Teilnahme an Sozialen Netzwerken als prinzipiell schutzwürdige Grundrechtsausübung anzusehen ist, heißt daher nicht, dass ein Schutz vor allen Risiken und Nebenwirkungen dieses Handelns zu gewähren ist.

Für das Recht der Selbstdarstellung, das die Verbreitung aller, auch nicht gespeicherter Informationen betrifft, hat das Bundesverfassungsgericht dies mit einiger Verzögerung deutlich gemacht:

„Ein allgemeines und umfassendes Verfügungsrecht über die Darstellung der eigenen Person enthält Art. 2 Abs. 1 in Verbindung mit Art. 1 Abs. 1 GG [...] nicht."[46]

Klar: Über andere Menschen zu sprechen, zu erzählen, zu ‚tratschen' kann im Grundsatz niemandem verboten werden, ohne Kommunikation nahezu unmöglich zu machen. Bei gespeicherten Informationen sieht das Gericht das aber immer noch anders. Das Recht auf informationelle Selbstbestimmung kehrt das genannte Regel-Ausnahme-Verhältnis um: Nicht die Beschränkung des Informationsflusses, sondern die Speicherung, Verbreitung und Verwendung persönlicher Daten ist die rechtfertigungsbedürftige Ausnahme.

---

42 Allgemein zu einem „interaktiven" Verständnis der Persönlichkeitsentfaltung Suhr, Dieter, Entfaltung der Menschen durch die Menschen. Zur Grundrechtsdogmatik der Persönlichkeitsentfaltung, der Ausübungsgemeinschaften und des Eigentums, Schriften zur Rechtstheorie Heft 52, Berlin 1976.
43 Luhmann, Grundrechte, S. 60.
44 Mead, Geist, S. 180.
45 Luhmann, Grundrechte, S. 67, S. 75f. Anm. 60.
46 BVerfGE 101, 361 (380).

Auch dieser Grundsatz muss spätestens jetzt im Zeitalter der Informationsgesellschaft „zurück-umgekehrt" werden. Dem Einzelnen ein umfassendes Recht an „seinen" Daten zuzuerkennen, geht einerseits viel zu weit. So selbstverständlich wie das Tratschen auf der Straße ist für viele Menschen heute die Kommunikation in Sozialen Netzwerken, die praktisch unvermeidbarerweise auch gespeicherte Informationen über Andere erzeugt. Die Gefahren, die durch die erhöhte Öffentlichkeit erzeugt werden, sollen damit nicht geleugnet werden, müssen aber viel präziser herausgearbeitet werden, als es das Recht auf informationelle Selbstbestimmung kann. Andererseits sorgt der pauschale Schutz vor Verdatung dafür, dass die *wirklich* problematischen Datenverarbeitungen zwischen all den selbstverständlichen, alltäglichen und erwünschten Datenverarbeitungen geradezu untergehen. Datenschutz ist so nur noch ein lästiger Klick, der im Bestell- oder Anmeldevorgang gemacht werden muss.

5. Der persönlichkeitsrechtliche Schutz selbst veröffentlichter Daten

5.1 Die Bedingungen der Würde

Was sind nun die mehrfach erwähnten Gefahren der Datenverarbeitung? Dies herauszuarbeiten ist nun von höchster Bedeutung. Denn wenn der Grundsatz die Freiheit der Datenverarbeitung ist und nicht mehr ihr Verbot, so muss umso mehr Augenmerk auf die Ausnahmen von diesem Grundsatz gelegt werden, sollen diese Gefahren nicht unbewältigt bleiben. Auch für die Beantwortung dieser Frage können Luhmanns Ausführungen grundlegende Erkenntnisse bieten. Denn auch wenn der Datenschutz im Jahre 1965, als Luhmanns Text entstand, noch kaum ein Thema war, lässt sich aus seinen Thesen ohne Weiteres herleiten, inwiefern Datenverarbeitungen die Würde im Luhmannschen Sinne beeinträchtigen.

Bei Luhmanns Würde geht es, wie dargestellt, darum, einzelne zurechenbare Handlungen zu einer Identität zusammenzufassen, zu einer konsistenten Darstellung dessen, was man ist. Der Schutzbedarf erwächst für Luhmann aus der Möglichkeit des Staates, Darstellungen zu erzwingen oder zu produzieren, die dem Einzelnen zugerechnet werden, die er aber nicht in seine Selbstdarstellung integrieren kann. Gerade die Eigenverantwortung für die Identität *sei* aber die Würde. Eine Verletzung liege daher vor allem in Eingriffen in die private Regie der Selbstdarstellung, etwa durch die unerlaubte Veröffentlichung privater Aufzeichnungen oder unbemerkte Tonbandaufnahmen.[47] Außerdem verletzten Verleumdungen die Würde, aber nur wenn sie dazu führten, dass der Einzelne kein Echo für die eigene Selbstdarstellung findet.[48] Auch in erzwungenen oder per Lügendetektor erzeugten Schuldbekenntnissen vor Gericht sieht Luhmann Würdeverletzungen. Das Gleiche

---

47 Luhmann, Grundrechte, S. 73, insbesondere Anm. 54.
48 Luhmann, Grundrechte, S. 73f.

gilt für die Videoüberwachung etwa am Arbeitsplatz, da sie den Einzelnen in die Dauerspannung eines ununterbrochenen Darstellungszwangs versetze.[49]

Versucht man, diese Beispiele zu systematisieren, so lassen sich zwei Bedingungen dafür herausarbeiten, dass der Einzelne seine Würde gestalten und bewahren kann. Zum einen müssen die Rahmenbedingungen eine „würdevolle" Selbstdarstellung ermöglichen. Dazu muss es die Möglichkeit einer Erholung von der Selbstdarstellung geben, die durch Videoüberwachungen gefährdet wird, aber auch durch das Eindringen in private Räume, „in denen Darstellungen vorbereitet oder aufgefrischt werden oder Nichtdarstellbares getan werden muß".[50] Außerdem braucht es die Möglichkeit, mit den eigenen Darstellungen bei Anderen „durchzudringen", ein „Echo" für die Selbstdarstellung zu bekommen. Das ist unter Anderem dann nicht möglich, wenn die Interaktionspartner ein vorgefertigtes negatives Bild vom Einzelnen haben, gegen das er nicht ankommt.

Die zweite Bedingung ist, dass keine die Konsistenz störenden Darstellungen erzeugt werden, die der Einzelne nicht zu verantworten hat. Letztere Einschränkung ist von großer Bedeutung. Sie impliziert zum einen den vorhin herausgearbeiteten Grundsatz, dass der Einzelne die Verantwortung dafür trägt, seine Selbstdarstellung konsistent zu halten, er sich daher nicht gegen unerwünschte, aber selbst verantwortete Darstellungen wehren kann. Zum anderen bestimmt sie die Reichweite der Ausnahme: Wenn und soweit dem Einzelnen eine Darstellung zugerechnet wird, die er nicht zurechenbar veranlasst hat, ist seine Würde verletzt. Das ist offensichtlich, wenn Selbstdarstellungen über Körperfunktionen erzeugt oder durch Folter erzwungen werden. Doch es gilt auch, wenn ein Verhalten, das nicht als Selbstdarstellung beabsichtigt war, durch Dritte zu einer solchen gemacht wird, wie etwa bei der Veröffentlichung privater Informationen oder eben Verdatungen, etwa der Aufzeichnung von Worten, die nicht zur dauerhaften Fixierung bestimmt waren.

Die Würdeverletzungen der ersten und zweiten Art müssen nicht zwangsläufig zusammenhängen, dennoch kann gerade eine Vielzahl von einzelnen nicht zurechenbaren Darstellungen zu einer Würdeverletzung der ersten Art führen: Wer es mehrfach erlebt hat, dass private Informationen weitergegeben oder private Gespräche aufgenommen wurden, wird sich einem ständigen Darstellungszwang ausgesetzt fühlen. Auch können es gerade private Informationen sein, die den Einzelnen so diskreditieren, dass eine selbst verantwortete Selbstdarstellung unmöglich wird. Wenn nun die Frage ist, welcher Umgang Dritter mit den selbst veröffentlichten Daten einen Eingriff darstellt, bietet es sich daher an, bei der zweiten genannten Bedingung für die Wahrung der Würde anzusetzen und damit bei den „Eingriffen in die private Regie der Selbstdarstellung".[51]

---

49 Luhmann, Grundrechte, S. 75 Anm. 59.
50 Luhmann, Grundrechte, S. 67.
51 Luhmann, Grundrechte, S. 73 Anm. 54.

5.2 Die Archivierung als Würdebedrohung

Sicher kein solcher Eingriff ist die Kenntnisnahme dieser Informationen. Eben zu diesem Zweck hat der Einzelne sie eingestellt. Er hat die Kontrolle darüber, wie er sich in einem Sozialen Netzwerk darstellt, und muss daher mit den Konsequenzen leben. Das hat nichts mit einem Grundrechtsverzicht zu tun. Wie oben bereits dargestellt, führt es nicht weiter, Daten aus der Perspektive der Privatsphäre zu sehen und ihre Veröffentlichung als Aufgabe derselben. Die Kenntnisnahme der Informationen durch Dritte ist schlicht die selbstverständliche, zurechenbare Folge der Handlung, nämlich der Datenveröffentlichung. Es wäre widersprüchlich, Daten für einen unbestimmten Personenkreis einsehbar zu machen, aber die Einsichtnahme dann rechtlich verhindern zu wollen.

Diese Daten können zweifellos die Konsistenz der Selbstdarstellung in bestimmten sozialen Zusammenhängen beeinträchtigen. Vollkommen zu Recht sieht Luhmann Verdatungen als würdegefährdend an. Denn die Fixierung und Möglichkeit der Weitergabe von Informationen steigert die Gefahr von Inkonsistenzen und damit die Notwendigkeit, seine Handlungen im Hinblick darauf zu kontrollieren. Der Einzelne muss ständig darauf gefasst sein, dass seine Handlungen – hier die Kommunikation im Sozialen Netzwerk – in völlig anderen Kontexten als dem, in dem er sich gerade befindet, ein Teil seiner Selbstdarstellung werden. Das ist aber nur dann eine Würdegefährdung, wenn die Verdatung von Dritten ohne das Wissen oder gegen den Willen des Einzelnen vorgenommen wird. Dann ist es ein Dritter, der die Darstellungen in dieser fixierten Form erzeugt. Etwas Anderes gilt aber, wenn der Einzelne, wie es in Sozialen Netzwerken geschieht, eine Verdatung und sogar eine Veröffentlichung selbst vornimmt. Dann hat er das selbst zu verantworten, die Eigenregie der Selbstdarstellung bleibt gerade gewahrt.

Das Gleiche muss bei einer kurzfristigen, zweckgerichteten Speicherung der Daten durch einen Dritten gelten: Lässt sich ein Personalchef von seiner Sekretärin das Profil eines Bewerbers aus einem Sozialen Netzwerk herunterladen oder ausdrucken, so ist dies genauso zu behandeln wie eine bloße Kenntnisnahme. Der Nutzer hat selbst entschieden, die Informationen zu speichern und in einer verdateten Form der Öffentlichkeit zugänglich zu machen. Zwar geht es nunmehr um eine neue Speicherung durch einen Dritten. Ein neues Gefährdungspotential allein dadurch ist indes nicht ersichtlich.

Etwas Anderes ist das bei einer systematischen Archivierung der Daten zur Erstellung einer Datenbank mit dem Zweck, persönliche Daten des Einzelnen abrufbar und verwendbar zu machen. Eine solche stellt auch bei öffentlichen Daten einen Eingriff in die private Regie der Selbstdarstellung dar und löst daher eine Schutzpflicht für das allgemeine Persönlichkeitsrecht aus. Bei den Daten, die auf dem Profil zu sehen sind, hält der Einzelne die Kontrolle darüber, wie er sich gegenüber anderen Nutzern präsentiert. Er kann jederzeit beschließen, die Daten zu löschen und damit seine gegenwärtige Selbstdarstellung zu verändern. Werden die Daten durch den Betreiber des Netzwerks, nachdem der Nutzer sie gelöscht hat, oder durch einen Dritten archiviert, so wechselt diese Kontrolle über die Selbstdarstellung. Die Archivierung entspricht einer Video- oder Tonaufzeichnung, über die derjenige verfügen kann, der sie vorgenommen hat, und nicht mehr der, den sie betrifft.

Die Archivierung bringt ein Ungleichgewicht in den Prozess der kommunikativen Persönlichkeitsentfaltung. Wer Daten über einen Anderen gesammelt hat, kann dessen Selbstdarstellung übernehmen oder ersetzen. So kann er je nach seinen Interessen bestimmte Daten auswählen und dabei aus ihrem ursprünglichen Zusammenhang nehmen, nutzen und weitergeben und damit absichtlich oder unbeabsichtigt einen verzerrten Eindruck vom Einzelnen vermitteln. Zudem geht die Technik immer mehr dahin, automatisiert einzelne Daten über eine Person zu verknüpfen. Dadurch können einzelne Daten in einem neuen Licht erscheinen und einen Informationsgehalt erzeugen, den der Einzelne so nicht absehen konnte. Bei so genannten Scoring-Verfahren etwa werden zur Beurteilung der Kreditwürdigkeit Faktoren herangezogen, die mit dieser in einem statistischen Zusammenhang stehen, aber für den Einzelnen nicht nachvollziehbar und vorhersehbar sind. Dem Interesse am Kauf einer Gitarre könnte zum Beispiel angesichts entsprechender statistischer Daten die Information entnommen werden, der Käufer sei unzuverlässig beim Bedienen von Krediten.[52] Im Extremfall können so Rückschlüsse auf (vermeintliche oder korrekte) private Informationen gezogen werden – etwa über den Gesundheitszustand –, die der Einzelne so nicht preisgegeben hat, die aber, einmal gespeichert, die Selbstdarstellung beeinträchtigen.

Archivierungen können auch dazu führen, dass der Einzelne kein Echo mehr für seine Selbstdarstellung findet. Damit ist eine der genannten Grundvoraussetzungen selbst verantworteter Selbstdarstellung in Gefahr. Interaktionspartner, denen die Daten bekannt sind, gehen davon aus, vollständig informiert zu sein – desto mehr, je umfangreicher die Datensammlung ist. Dadurch wird der Einzelne nicht mehr in seiner situativen Selbstdarstellung wahrgenommen, sondern mit festen Verhaltenserwartungen konfrontiert, gegen die er nicht ankommen kann. Das blockiert den immerwährenden Prozess der Ausbildung individueller Identität. Im Extremfall kann das Gefühl, ständig mit einem vorgefertigten Bild der eigenen Person konfrontiert zu sein, dazu führen, dass der Einzelne sich diesem Bild fügt und das Ziel einer selbst verantworteten Selbstdarstellung aufgibt.[53]

Damit beeinträchtigt die Archivierung persönlicher Daten das Persönlichkeitsrecht des Einzelnen.

---

52 Vgl. Andrews, Lori, Rote Linien im Netz. In den USA haben Datensammlungen von Firmen wie Facebook und Google schon Folgen, in: Süddeutsche Zeitung v. 10.02.2012, S. 11.

53 Vgl. Britz, Gabriele, Freie Entfaltung durch Selbstdarstellung. Eine Rekonstruktion des allgemeinen Persönlichkeitsrechts aus Art. 2 I GG, Tübingen 2007, S. 40; Mallmann, Otto, Zielfunktionen des Datenschutzes. Schutz der Privatsphäre – Korrekte Information (Kybernetik, Datenverarbeitung, Recht Bd. 6), Frankfurt a.M. 1977, S. 50.

Das gilt unabhängig davon, welchen Zwecken sie dient. Viele Nutzer mögen etwa personalisierte Werbung, Nachrichten, Angebote etc. wünschen. Eine Archivierung zu diesen Zwecken können sie gestatten; damit verzichten sie auf die Schutzwirkungen des allgemeinen Persönlichkeitsrechts. Doch auch solche Verwendungen können individuelle Fortentwicklung hemmen: Man überlässt es einem Dritten zu entscheiden, was einen voraussichtlich interessiert. Damit vermeidet man es, mit Informationen konfrontiert zu werden, die nicht dem bisherigen Weltbild entsprechen, und kann so eine verzerrte Wahrnehmung der Welt und damit auch der eigenen Position darin entwickeln. Das heißt weder, dass Archivierungen generell verboten werden müssen, noch, dass der Zweck irrelevant ist.[54] Es heißt aber, dass sie vom Grundsatz her eine staatliche Schutzpflicht auslösen.

Datenverarbeitungen, die an die Archivierung anschließen, können nicht mehr dem Einzelnen und seiner ursprünglichen Selbstdarstellung zugerechnet werden. Ihre Weitergabe berührt daher aufs Neue das allgemeine Persönlichkeitsrecht, auch wenn diese Daten einmal öffentlich gewesen sind. Der Betroffene hat sie der fremden Kenntnisnahme freigegeben, für den Zeitraum, in dem sie im Sozialen Netzwerk abrufbar waren. Werden sie nun aber archiviert und weitergegeben, stellt der Einzelne sich nicht mehr selbst dar, er wird dargestellt. Ebenso können bestimmte Datenverarbeitungen aufs Neue das allgemeine Persönlichkeitsrecht betreffen. Das gilt insbesondere in datengestützten Beurteilungen des Betroffenen wie den gerade erwähnten Scoring-Verfahren, bei denen Menschen letztlich nicht aufgrund ihrer eigenen Persönlichkeit, sondern aufgrund des vergangenen Verhaltens vermeintlich vergleichbarer Menschen beurteilt werden. Dies betrifft aber alle Daten gleichermaßen, ob öffentlichen oder nicht öffentlichen Ursprungs, und soll daher hier nicht vertieft werden.

5.3 Die Einwilligung in Archivierungen

Die Schutzpflicht entfällt, wie gerade angedeutet, wenn der Betroffene wirksam in die Archivierung einwilligt. Die Einwilligung wird schon rein praktisch vor allem im Verhältnis zum Betreiber des Sozialen Netzwerks eine Rolle spielen, da der Nutzer mit diesem ohnehin in einem Vertragsverhältnis steht. Regelmäßig verlangen Betreiber eine Einwilligung, die ihnen nicht nur eine Archivierung der öffentlich zugänglichen Daten erlaubt, sondern auch Nutzung und Archivierung nicht öffentlich zugänglicher Daten sowie von Daten über das Nutzungsverhalten. Solche Einwilligungen sind keineswegs unproblematisch. Zu Recht wird kritisiert, dass die Freiwilligkeit fragwürdig ist, wenn ein Nutzer die meisten Web 2.0-Angebote ohne Einwil-

---

54 Vgl. dazu näher Abschnitt 6 dieses Beitrags.

ligung nicht nutzen kann, außerdem die Techniken und Möglichkeiten der Datenverarbeitung zu komplex sind, um informiert einwilligen zu können.[55]
Andererseits mag ein Nutzer mit guten Gründen ein Interesse an einer Archivierung haben. Je mehr Daten er zur Verfügung stellt, desto zielgerichteter können ihm Werbung, Vorschläge und Angebote präsentiert werden. Manche Nutzer mögen das ablehnen, andere begrüßen. Letztlich lässt sich weder mit einer verfassungsrechtlichen noch mit einer rechtspolitischen Argumentation die zentrale Bedeutung der Selbstbestimmung des Einzelnen leugnen. Die Einwilligung bleibt aber eine zentrale ‚Baustelle' des Datenschutzrechts, die auch durch den hier vorgeschlagenen Ansatz nur verkleinert, nicht beseitigt werden kann.

6. Abwägung mit kollidierenden Interessen

6.1 Grundlagen

Zwischenergebnis ist hiernach, dass die Kenntnisnahme der Informationen durch Dritte einschließlich einer kurzen Speicherung zulässig ist. Dagegen schützt das allgemeine Persönlichkeitsrecht der Nutzer grundsätzlich davor, dass die Daten ohne Zustimmung archiviert, also in eine von der sichtbaren Profilseite verschiedene Datenbank überführt werden. Ebenso besteht ein Schutz gegen die Weitergabe und unter Umständen gegen die Verarbeitung und Nutzung durch den Archivierenden.

Dennoch kann die Archivierung schon deswegen nicht schlechthin unzulässig sein, weil auch die Datenverarbeiter Grundrechte auf ihrer Seite haben, die mit dem allgemeinen Persönlichkeitsrecht der Nutzer in Ausgleich gebracht werden müssen. Das ist vor allem die Informationsfreiheit nach Art. 5 Abs. 1, S. 1, 2. Alt., also das Recht, sich aus allgemein zugänglichen Quellen ungehindert zu unterrichten. Nach herrschender Auffassung umfasst das Sich-unterrichten auch Speicherung und Aufbereitung von Informationen.[56] Je nach Zweck der Archivierung kann der Archivierende sich unter Umständen zudem auf Wissenschaftsfreiheit, Pressefreiheit oder Berufsfreiheit berufen.

Die Schutzpflicht für das allgemeine Persönlichkeitsrecht des Nutzers auf der einen Seite und die Grundrechte der Datenverarbeiter auf der anderen Seite zum Ausgleich zu bringen, ist in erster Linie Aufgabe des Gesetzgebers. Soweit dieser etwa durch Generalklauseln einen Spielraum gelassen hat, ist dieser durch Rechtsprechung und Rechtswissenschaft unter Berücksichtigung des Gewichts der beteiligten Grundrechte zu füllen. Bei der Beurteilung des Gewichts des allgemeinen Persönlichkeitsrechts kann daran angeknüpft werden, inwieweit eine Datenverar-

---

55 Vgl. Hoffmann-Riem, Wolfgang, Grundrechts- und Funktionsschutz, S. 527f; Hohmann-Dennhardt, Christine, Informationeller Selbstschutz als Bestandteil des Persönlichkeitsrechts, in: Recht der Datenverarbeitung 24 (2008), S. 1–7, S. 2.
56 Jarass, Hans D., in: ders./Pieroth, Bodo, Grundgesetz für die Bundesrepublik Deutschland. Kommentar, München [11]2011, Art. 5 Rn. 17.

beitung die Persönlichkeitsentfaltung des Einzelnen beeinträchtigt. Jede Archivierung und darauf folgende Verarbeitung und Weitergabe von Daten beeinträchtigt die Eigenverantwortung des Einzelnen für seine Selbstdarstellung. Wie gravierend das ist, hängt allerdings extrem davon ab, welche Daten in welchen Kontexten wie verarbeitet werden. Diese Frage muss für jedes Stadium der Verarbeitung – Speicherung, Nutzung, Verarbeitung, Weitergabe – und für jeden Einzelfall gesondert beantwortet werden.

Für die Archivierung selbst veröffentlichter Daten als solche möchte ich indes einige Leitlinien vorschlagen. Diese können vor allem dazu dienen, im Rahmen der einfachrechtlichen Generalklauseln eine Abwägung der betroffenen Interessen vorzunehmen. Gleichzeitig können sie Leitlinien für den Gesetzgeber sein, wenn es darum geht, die Erlaubnistatbestände des BDSG zu überdenken.

6.2 Grundsätzliches Überwiegen der Informationsfreiheit

Da das Grundgesetz durch die Informationsfreiheit selbst die Wertung trifft, dass allgemein zugängliche Daten frei sein sollen, spricht eine Vermutung für die Zulässigkeit der Datenverarbeitung. Zwar nimmt der Archivierende, wie dargelegt, dem Einzelnen die Kontrolle über seine Selbstdarstellung aus der Hand. Allerdings kann in der Abwägung berücksichtigt werden, dass der Betroffene diese Information zuvor bewusst zum Teil seiner Selbstdarstellung gemacht hat. Damit ist seine Eigenverantwortung nur hinsichtlich der Dauer der Speicherung und der Menge der anfallenden Daten beeinträchtigt. Hinsichtlich des Inhalts der Informationen hat der Betroffene selbst bestimmt, dass dieser Teil seiner Selbstdarstellung werden soll. Soll dem allgemeinen Persönlichkeitsrecht nicht ein völliger Vorrang vor der Informationsfreiheit zugesprochen werden, muss sie sich zumindest insoweit gegen das allgemeine Persönlichkeitsrecht durchsetzen.

Etwas Anderes muss aber gelten, wenn Datensammlungen mit Daten angereichert werden, die der Einzelne nicht veröffentlicht hat, die etwa auf der Analyse seines Nutzungsverhaltens beruhen, aus privater Kommunikation – etwa in Chats oder Messages – stammen oder bei Dritten erhoben wurden. Für diese kann der Datenverarbeiter sich nicht auf seine Informationsfreiheit berufen, was die Archivierung einem erhöhten Rechtfertigungsbedarf unterwirft. Ein interessanter Grenzfall ist die Erhebung von Daten, die von einem Dritten über den Betroffenen veröffentlicht wurden. Hierfür gilt zwar die Informationsfreiheit, zugleich trifft die eben angeführte Argumentation aber nicht zu. Diese Problematik soll aber nicht weiter vertieft werden, da sie sich nicht sinnvoll von der – hier ausgeklammerten – Frage trennen lässt, wann so eine Veröffentlichung durch Dritte zulässig sein soll.

6.3 Ausnahme bei problematischen Daten

Wann ist eine Archivierung im Hinblick auf das Persönlichkeitsrecht des Betroffenen so problematisch, dass sie trotz der Informationsfreiheit unzulässig ist? Vor allem kann sich ein besonderes Gewicht des Persönlichkeitsrechts aus dem Inhalt der Daten ergeben. Hierfür wird als Indiz häufig die Aufzählung „besonderer Arten personenbezogener Daten" in § 3 Abs. 9 BDSG genannt:

> „Angaben über die rassische und ethnische Herkunft, politische Meinungen, religiöse oder philosophische Überzeugungen, Gewerkschaftszugehörigkeit, Gesundheit oder Sexualleben".

Diese Aufzählung stellt ein Sammelsurium an Kategorien von Informationen dar, die aus unterschiedlichen Gründen als besonders sensibel angesehen werden. Dementsprechend ist auch zu differenzieren.

Gesundheit und Sexualleben sind zwei Bereiche, die typischerweise als privat gelten. Nun kommt man mit Privatheitskriterien bei selbst veröffentlichten Daten nicht weiter. Wer etwas veröffentlicht hat, kann sich nicht zugleich auf einen Privatsphäreschutz berufen.[57] Wenn jemand also bestimmte Informationen aus diesen privaten Bereichen öffentlich zugänglich gemacht hat, verbleibt keine Privatheit mehr, die einen erhöhten Schutz vor Archivierung rechtfertigt.

Alle anderen Gruppen von Informationen – von der Gewerkschaftszugehörigkeit abgesehen – finden sich so oder ähnlich im speziellen Diskriminierungsverbot nach Art. 3 Abs. 3 GG. Hier geht es also um mögliche Konsequenzen der Informationen. Ihre Speicherung und Weitergabe kann dazu führen, dass der Betroffene diskriminiert wird. Das BDSG will dem von vornherein entgegenwirken, indem nicht erst die Berücksichtigung dieser Information bei einer Entscheidung, sondern schon ihre Speicherung, Verarbeitung und Weitergabe besonderen Anforderungen unterworfen wird. Dieser Gedanke kann auch auf die Archivierung öffentlich zugänglicher Daten angewendet werden. Hier geht es nicht darum, wie vielen Personen die Information ohnehin bekannt ist, sondern um ihre Folgen, die unabhängig davon sind, ob die Daten öffentlich waren oder nicht. Eine Sammlung von Daten, die eine Diskriminierung begünstigen – nicht nur, aber insbesondere die genannten – muss daher erhöhten Rechtfertigungsanforderungen genügen.

Bei der Speicherung von politischen Meinungen und religiösen und philosophischen Überzeugungen treten die Grundrechte der Meinungs- bzw. Glaubensfreiheit hinzu. In diesen Bereichen hat die Befürchtung des Bundesverfassungsgerichts, Datenverarbeitungen könnten von grundrechtlich geschütztem Verhalten abschrecken, ein besonderes Gewicht. Gerade Meinungsäußerungen setzen einen Empfänger der Äußerung voraus, und je größer der Empfängerkreis ist, desto effektiver ist die Meinungsäußerung. Wenn nun aber bei öffentlichen Meinungsäußerungen befürchtet werden muss, dass diese archiviert werden, und zugleich gerade politische Meinungen leicht zu Diskriminierungen führen können, kann das von der Ausübung

---

57 BVerfGE 101, 361 (385).

der Meinungsfreiheit abschrecken. Es ist anerkannt, dass die staatliche Überwachung von Versammlungen, etwa die Registrierung der Teilnehmer, angesichts des möglichen Abschreckungseffekts in die Versammlungsfreiheit eingreifen kann.[58] Es ist kein Grund ersichtlich, warum das nicht auch für die Meinungsfreiheit gelten sollte. Weniger eindeutig, aber denkbar ist es, der Glaubensfreiheit ein Recht auf „angstfreies" öffentliches Glaubensbekenntnis zu entnehmen.

Auch die Archivierung solcher Daten ist nicht schlechthin unzulässig. Die Informationsfreiheit allein dürfte zwar nicht genügen, um die Archivierung zu rechtfertigen. Wenn allerdings in Ausübung anderer Grundrechte, wie der Wissenschafts- oder der Pressefreiheit, eine Archivierung erforderlich ist, die sich gerade auch auf solche Daten bezieht, kann diese zulässig sein. Letztlich wird immer der Einzelfall zu berücksichtigen sein. So ist es ein großer Unterschied, ob diverse Daten archiviert werden, von denen einzelne mittelbar Informationen über politische Meinungen des Betroffenen enthalten können, oder ob zum Beispiel gezielt ein Archiv ‚rechter' bzw. ‚linker' Meinungsäußerungen erstellt wird.

Entscheidend muss – diese Erkenntnis wird in der Datenschutzdiskussion zu Recht immer wieder betont – der Verwendungszusammenhang der Daten sein.[59] Dafür kann der Inhalt der Daten ein Indiz sein. Doch es gibt unter den Bedingungen der automatischen Datenverarbeitung kein belangloses Datum mehr.[60] Wenn Daten durch den Inhaber des Archivs nicht rechtmäßigerweise verwendet werden könnten, so muss bereits die Archivierung verboten sein. Ansonsten müssen Regelungen an spätere Stadien der Datenverarbeitung anknüpfen. Auch hier gilt: Daten sind nicht an sich gefährlich. Es kommt darauf an, wer was damit macht und welche Folgen das für den Betroffenen hat. Hierzu bedarf es einer differenzierten Dogmatik, die die freie Entfaltung der Persönlichkeit und ihre Gefahren in den Mittelpunkt rückt.

---

58 Pieroth/Schlink, Grundrechte, S. 187.
59 Vgl. etwa Albers, Umgang, S. 148; Benda, Ernst, Privatsphäre und „Persönlichkeitsprofil". Ein Beitrag zur Datenschutzdiskussion, in: Leibholz, Gerhard/Faller, Hans Joachim/Mikat, Paul/Reis, Hans, Menschenwürde und freiheitliche Rechtsordnung. Festschrift für Willi Geiger zum 65. Geburtstag, Tübingen 1974, S. 23–44, bes. S. 37; Simitis, Spiros, Die informationelle Selbstbestimmung – Grundbedingung einer verfassungskonformen Informationsordnung, in: Neue juristische Wochenschrift 37 (1984), S. 398–405, dort S. 402; Trute, Verfassungsrechtliche Grundlagen, S. 164f.
60 BVerfGE 65, 1 (45).

"Ich hab' nichts zu verbergen!"
Persönlich-Sein und Person-Sein im Web 2.0[1]

Anne-Kathrin Lück

Abstract

Verraten persönliche Daten in einem Sozialen Netzwerk zwangsläufig etwas über jemanden als Person? Dieser Frage geht der Beitrag anhand von zwei fiktiven Profilbeispielen nach, um die These zu erhellen, dass persönliche Daten (mit einer kleinen Einschränkung) immer „etwas" über jemanden als Person aussagen.

Ausgehend von einer Untersuchung der Begriffe *Persönlichkeit* und *Personalität* wird auf der Grundlage eines phänomenologischen Personverständnisses (Thomas Fuchs) dargelegt, dass für die Entwicklung und Vermittlung der Persönlichkeit einer Person grundsätzlich direkte, (zwischen)leibliche Begegnungen notwendig sind. Es zeigt sich, dass persönliche Eigenschaften dennoch auch computervermittelt kommuniziert werden – was dabei allerdings genau kommuniziert wird, hängt stark von der Deutung des Betrachters ab.

1. Das Ausgangsproblem: Das Erstellen eines persönlichen Profils in einem Sozialen Netzwerk

Das Teilnehmen an und das Teilsein von Sozialen Netzwerken im Web 2.0 gehört heutzutage für viele Menschen zu ihrem persönlichen Leben dazu. Doch bei der konkreten Nutzung dieser Kommunikationsplattformen, z.B. beim Erstellen einer persönlichen Profilseite in einem Sozialen Netzwerk, treten immer wieder verschiedene Orientierungsprobleme ethischer Provenienz auf. Dieser Beitrag setzt sich mit einem dieser Probleme auseinander.

Wer an einem Sozialen Netzwerk teilhaben möchte, muss zunächst ein persönliches Profil erstellen. Einige wenige persönliche Daten – wie z.B. Name, Geburtstag und Wohnort[2] – muss der Nutzer[3] obligatorisch angeben. Darüber hinaus ist es ihm selbst überlassen, wie viele und welche anderen Informationen er sonst noch

---

1 Dieser Beitrag beruht auf einem Input-Referat, das ich im Rahmen der interdisziplinären Tagung „Personen im Web 2.0 – Theologische Perspektiven" vom 23.–25.09.2011 in Göttingen gehalten habe. Der Vortragsstil ist in der vorliegenden schriftlichen Fassung im Wesentlichen beibehalten worden. – Die von der üblichen Form abweichende Schreibweise „Person-Sein" (statt „Personsein") resultiert aus der Gesamtargumentation im Folgenden, d.h. vor allem aus der Gegenüberstellung zum Begriff des „Persönlich-Seins".
2 Was genau angegeben werden muss, differiert von Netzwerk zu Netzwerk.
3 In diesem Beitrag werden im Allgemeinen maskuline Formen für die Bezeichnung von Personen und Personengruppen verwendet. Weibliche Personen sind stets inkludiert.

über sich auf seinem Profil veröffentlicht. Diese Freiheiten nötigen ihn jedoch gleichzeitig dazu, Entscheidungen darüber zu treffen, wie viele und welche Informationen er über sich preisgeben möchte und welche nicht. Während viele Netzwerkteilnehmer diese Entscheidungen vermutlich vorwiegend intuitiv treffen, treten bei einigen Menschen ethische Orientierungsfragen auf: Ist es besser, möglichst viele und authentische Angaben über sich zu machen oder ist es doch besser, möglichst wenig über sich bekannt zu geben? Was sind die Konsequenzen der jeweiligen Entscheidungen? Empirisch lassen sich beide Extreme beobachten: Einige Nutzer geben sehr viele Informationen über sich bekannt, während andere sehr sparsam mit der Preisgabe ihrer persönlichen Daten umgehen.[4] Dies soll an zwei fiktiven Teilnehmern eines Sozialen Netzwerks – Adam und Eva – verdeutlicht werden: Während Adam lediglich seinen Namen, sein Geburtsdatum und seinen Wohnort für alle sichtbar macht, füllt Eva alle 17 Kategorien, die zur Verfügung stehen,[5] mit Informationen aus. Nehmen wir nun an, wir würden sowohl Adam als auch Eva fragen, warum sie so wenige bzw. so viele Informationen über sich in ihrem Sozialen Netzwerk-Profil veröffentlichen, so könnte Evas Antwort lauten: „Warum denn nicht? Ich hab' nichts zu verbergen. Es ist doch kein Problem, wenn jeder weiß, dass ich gerne Äpfel mag. Es sagt doch nichts über mich als Person aus." Und Adam könnte antworten: „Ich möchte nicht so viele Informationen über mich auf meinem Profil preisgeben – es muss doch nicht jeder wissen, dass ich klassische Musik mag! Das ist eine intime Information über meine Person. Ich bin eher ein privater Mensch!"[6]

Bei diesen beiden Netzwerkteilnehmern hängt die Entscheidung, wie viele und welche Daten sie von sich auf ihrem persönlichen Profil veröffentlichen, offensichtlich stark damit zusammen, wie sie den Zusammenhang von persönlichen Daten und ihrer Person interpretieren. Dieser Zusammenhang soll Gegenstand der folgenden Erörterungen sein. Die Kernfrage dieses Beitrags lautet dementsprechend: Enthüllt das *Persönlich-Sein* eines Nutzers in Form von persönlichen Daten, wie sie in Profilen in Sozialen Netzwerken preisgegeben werden, irgendetwas über den Nutzer als *Person*? Eva wäre vermutlich der Ansicht: „Nein, persönliche Daten enthüllen nicht zwangsläufig etwas über jemanden als Person!" Adam hingegen wäre wahrscheinlich anderer Meinung und würde behaupten: „Ja, persönliche Daten enthüllen immer etwas über jemanden als Person!" Die Frage ist: Wer hat recht? Adam oder Eva?

Um eine Antwort auf diese Frage zu finden, muss zunächst geklärt werden, was genau unter *Persönlich-Sein* und *Person-Sein* im Web 2.0 zu verstehen ist (2.–3.).

---

4   Neben diesen Extremen lassen sich in Sozialen Netzwerken selbstverständlich auch viele Profile finden, die weder besonders viele noch besonders wenige persönliche Informationen enthalten, sondern irgendwo in der Mitte liegen.
5   In diesem Fall handelt es sich um folgende Kategorien: Name, Geburtsdatum, Größe, Gewicht, Wohnort, Ausbildung, Telefonnummer, Email-Adresse, Beziehungsstatus, Angaben zur Familie, Hobbies, Talente, Lieblingslied, Lieblingsbuch, Lieblingsessen, Lieblingsfilm und Lebensmotto.
6   Diese Aussagen sind zwar fiktiv, sie entsprechen aber Antworten, die ich in diversen Gesprächen über dieses Thema in meinem persönlichen Umfeld immer wieder vernehme.

Dabei gilt es auch zu klären, was Persönlichkeit und Personalität unterscheidet und in welchem Verhältnis diese beiden Aspekte zueinander stehen (4.). Im Anschluss werde ich kurz auf die Frage eingehen, wie Persönlichkeitsmerkmale computervermittelt kommuniziert werden können (5.), um abschließend die anfangs gestellte Frage beantworten zu können, ob – und wenn ja, inwiefern – persönliche Daten etwas über jemanden als Person enthüllen (6.). Zum Schluss dieses Beitrags werde ich einige ethische Konsequenzen dieser Ausführungen andeuten (7.).

2. Persönlich-Sein

Persönliche Daten, wie man sie in persönlichen Profilen in Sozialen Netzwerken antrifft, geben Auskunft über persönliche Eigenschaften einer Person. Den Begriff der persönlichen Eigenschaften möchte ich an dieser Stelle sehr weit fassen. Unter persönlichen Eigenschaften verstehe ich sowohl die „Pass-Identität"[7] als auch die Familienzugehörigkeit, Charaktereigenschaften, aktuelle oder generelle Gedanken oder Einstellungen, Interessen und Hobbies, Wertvorstellungen, Vorlieben, Wünsche, Hoffnungen, Phantasien etc. – alles, was man über sich auf einem persönlichen Netzwerkprofil veröffentlichen kann. *Persönlichkeit* soll hier als die *Summe aller persönlichen Eigenschaften einer Person* verstanden werden. Diese Definition beinhaltet zwei Implikationen: Erstens kennzeichnet die Persönlichkeit einer Person diese als *individuell*, denn es ist faktisch unmöglich, dass alle persönlichen Eigenschaften von zwei verschiedenen Personen identisch sind (dies scheitert spätestens an der Pass-Identität). Damit bringt aber gleichzeitig Persönlichkeit – und dies ist die zweite Implikation – die *Identität* einer Person zum Ausdruck, und zwar nicht nur die Pass-Identität. Wenn jemand Angaben von bestimmten persönlichen Eigenschaften betrachtet, kann er sich selbst identifizieren und sagen „Ja, das bin ich!" oder feststellen „Nein, das bin ich nicht!". Dies funktioniert (bis zu einem gewissen Grad) auch in Bezug auf dritte Personen. Ein Freund kann z.B. sagen „Ja, das ist Petra!" oder auch „Nein, das ist nicht Petra, Petra ist doch nicht schüchtern – Petra ist anders!" Zu beachten ist, dass es sich bei der Betrachtung der Individualität und Identität einer Person anhand ihrer Persönlichkeitsmerkmale immer um die Betrachtung der *empirisch feststellbaren, faktischen* Individualität und Identität dieser Person handelt. Persönlichkeit, Individualität und Identität sind in diesem Sinne also *deskriptiv* zu verstehen.

---

7   Unter „Pass-Identitäts"-Daten sind Informationen zu verstehen, wie sie z.B. im Reisepass oder auf Identitätskarten zu finden sind (Name, Geburtstag, Geburtsort, Haarfarbe, Größe, Nationalität etc.). Anhand dieser Daten kann eine Person im Normalfall als eine bestimmte Person identifiziert werden.

3. Person-Sein

Der *Person*-Begriff steht ebenso wie der *Persönlichkeits*-Begriff in einem direkten Zusammenhang mit den Begriffen *Individualität* und *Identität*. Als Person bezeichnet man einen einzelnen Menschen in seiner Individualität und Identität. Allerdings meint *Person-Sein* mehr als *Persönlich-Sein*, denn eine Person ist etwas anderes – in gewisser Weise immer *mehr* – als die Summe ihrer persönlichen Eigenschaften.[8]

Person zu sein heißt nicht nur ein Mensch zu sein, der über eine faktische Individualität und Identität verfügt, sondern *Person-Sein* beinhaltet auch immer eine Aufgabe: nämlich *als* Person zu *werden*, d.h. (s)eine individuelle und eigene Persönlichkeit auszubilden und zu entwickeln. Person-Sein ist damit sowohl ein deskriptiver als auch ein *normativer* Begriff.[9]

Die Frage, die sich anschließt, ist, wie sich die Individualität und Identität bzw. die persönlichen Eigenschaften einer Person genau entwickeln und wie diese für die Person selbst und für andere Personen erfahrbar wird. Dazu gilt es, zwei verschiedene Personverständnisse kurz zu erörtern.

3.1 Ein klassisches Personverständnis

Gemäß vielen klassischen Zugängen ist Personalität mit dem *Innen* der Person verknüpft. Gefühle wie Schmerz, Interessen, Gedanken usw., die das *Selbst* einer Person ausmachen, entwickeln und äußern sich zunächst im Innern einer Person. Nur von dort her können sie nach außen getragen und so für andere sichtbar und zugänglich werden. „Eine Person", so heißt es im Grundkurs Ethik von Johannes Fischer, „kann gewissermaßen nur von sich selbst her für uns in Erscheinung treten".[10] Diese Beschreibung zeichnet ein Bild von Personalität, das stark von einem Innen-Außen-Kontrast bestimmt ist. Ich verstehe dieses Bild so, dass hier davon ausgegangen wird, dass es im Innern einer Person etwas gibt (das als *Selbst* bezeichnet wird), das die Individualität und Identität einer Person ausmacht, und das sich in bestimmten persönlichen Eigenschaften wie Wünschen, Bedürfnissen etc. ausdrückt. Dieses Selbst ist nur durch die Person als Subjekt bestimmbar und auch nur vom Subjekt selbst her anderen zugänglich – nämlich dann, wenn und in der Form, wie das Subjekt dem Anderen nach außen hin darüber Auskunft erteilt. Person A kann nur die Wünsche einer Person B erkennen, wenn Person B sie darüber

---

8   Bei Robert Spaemann findet sich treffend dazu der Gedanke, dass die Gesamtheit der Prädikate eines „Jemand" nicht sagt, wer er ist, sondern höchstens was er ist (vgl. Spaemann, Robert, Personen. Versuche über den Unterschied zwischen ‚etwas' und ‚jemand', Stuttgart 1996, S. 48).
9   Ein weiterer normativer Gehalt des Personbegriffs, nämlich die im Begriff selbst enthaltene Pflicht von Personen, andere Personen zu achten bzw. das Recht, von anderen Personen als Person geachtet zu werden, soll hier nicht thematisiert werden.
10 Fischer, Johannes/Gruden, Stefan/Imhof, Esther/Strub, Jean-Daniel, Grundkurs Ethik. Grundbegriffe der philosophischen und theologischen Ethik, Stuttgart ²2008, S. 423.

aufklärt. Als Person A dies zu verstehen und zu respektieren, ist dann wiederum auch ein erster Schritt, Person B überhaupt als Person, d.h. in ihrer Individualität, anzuerkennen.

Aus phänomenologischer Perspektive hingegen drängt sich ein anderes Bild dessen auf, was das Person-Sein kennzeichnet, wie sich jemand als Person entwickelt und wie jemand von anderen Personen als Person in seiner Persönlichkeit erfahrbar wird. Dies soll anhand von Überlegungen des Psychiaters und Philosophen Thomas Fuchs verdeutlicht werden. Im Folgenden wird dazu kurz dessen Personverständnis skizziert.[11]

3.2 Ein phänomenologisches Personverständnis

Fuchs' Personverständnis lässt sich mit einer Spaemannschen Formulierung zusammenfassen: „Die ‚Person' ist weder innen noch außen".[12] Wie ist die darin enthaltene These im Hinblick auf Fuchs' Überlegungen zu verstehen?

Zunächst gilt es, Fuchs' Gedanken festzuhalten, dass das menschliche Subjekt immer nur als verkörpertes Subjekt existiert.[13] Es gibt nicht ein losgelöstes *Innen* in Form eines losgelösten Selbst oder Bewusstseins, sondern das menschliche Selbst und das Bewusstsein sind immer an einen menschlichen Körper im Sinne eines Organismus gebunden. Darüber hinaus existieren Menschen nicht nur körperlich, sondern leiblich. Während dem Raum der Körper die Objektperspektive (Dritte-Person-Perspektive) angehört, schließt der Raum der Leiblichkeit die Erlebnisperspektive mit ein, die sowohl die Erste- als auch die Zweite-Person-Perspektive umfasst. Personen sind nach Fuchs dadurch gekennzeichnet, dass sie sich selbst und andere Personen sowohl leiblich als auch körperlich betrachten können und dies in ihrem Lebensvollzug auch ständig tun.[14]

Eine weitere wichtige Beobachtung von Fuchs, die es hier festzuhalten gilt, ist, dass der Mensch niemals für sich als unabhängiges Subjekt oder Objekt existiert, sondern dass er – eben weil er ein *lebendiges* Wesen ist – immer in Beziehung zu seiner Umwelt steht und mit dieser permanent interagiert und kommuniziert: Mit Heidegger gesprochen handelt es sich um das *In-der-Welt-Sein* des Menschen, das seine Existenz kennzeichnet.[15] Entscheidend für Fuchs' Personverständnis ist, dass sich eine Person ohne dieses In-der-Welt-Sein und Sich-ständig-in-Interaktion-mit-der-Umwelt-Befinden niemals als Person entwickeln kann.

---

11 Vgl. zu Fuchs' Personverständnis insgesamt v.a. Fuchs, Thomas, Leib, Raum, Person. Ein Entwurf einer phänomenologischen Anthropologie, Stuttgart 2000 sowie Fuchs, Thomas, Das Gehirn – ein Beziehungsorgan. Eine phänomenologisch-ökologische Konzeption, Stuttgart ³2010.
12 Spaemann, Personen, S. 48. Vgl. dazu Fuchs, Gehirn, S. 222–266; bes. S. 225.
13 Fuchs, Gehirn, S. 224.
14 Fuchs nennt dieses Phänomen den „personalen Doppelaspekt" (vgl. dazu Fuchs, Gehirn, S. 103–110, bes. S. 106f).
15 Vgl. Fuchs, Gehirn, S. 95f; S. 116; S. 264.

Wie geschieht solches *Werden-als-Person* nach Fuchs nun genau? Ein wichtiges Schlüsselwort für diesen Prozess ist der Begriff der „Zwischenleiblichkeit".[16] Die Zwischenleiblichkeit bezeichnet die „Fähigkeit des Leibes zur Assimilation begegnender Leiblichkeiten".[17] Treffen zwei *Leiblichkeiten* aufeinander, entsteht *(zwischen)leibliche Kommunikation*, die sich in einer oszillierenden Erfahrung von Resonanzen und Dissonanzen äußert.[18] Zwischenleibliche *Resonanz* meint dabei das Erfahren des Andern „am eigenen Leib, in einem subtilen Mitschwingen",[19] das im *gemeinsamen* Erleben von Lebensäußerungen[20] virulent wird.[21] Die Fähigkeit des Leibes, sich einem begegnenden Leib zu assimilieren, indem etwas, das der andere ausstrahlt, in ihm selbst spürbar wird, ist z.B. die Voraussetzung dafür, überhaupt Mitleid empfinden zu können. Obwohl der Mitleidende niemals das Leid des Anderen genau so wie dieser selbst empfindet, muss er etwas von diesem Leid bzw. den Anderen als Leidenden leiblich, d.h. in irgendeiner Form bewegend, am eigenen Leib spüren. Andernfalls könnte dieser Mensch niemals *Mit-Leid erleben*, sondern er könnte allenfalls jemanden aus der Dritten-Person-Perspektive als leidend beobachten, ohne selbst davon in irgendeiner Weise betroffen zu sein.

Ausdruck der Erfahrung von *Dissonanz* ist, dass man im Falle des Mitleids im Miterleben des Leides des Anderen das Leid als *Mit*leid empfindet, d.h. dass man immer weiß und spürt, dass es das Leid *des Anderen* ist, welches man spürt, und dass das, was man spürt, von anderer Qualität ist und seinen Ausgang beim Anderen nimmt. Die leibliche Dissonanzerfahrung besteht also in der Erfahrung des Unterschieds zwischen mir selbst und dem mir entzogenen Anderen.[22] *(Zwischen)leibliche Kommunikation* ist insgesamt in der Sphäre der erlebten Wirklichkeit zu verorten, d.h. sie schließt sowohl die Erste-Person- (der Akzent liegt hier auf der Resonanzerfahrung) als auch die Zweite-Person-Perspektive (der Akzent liegt hierbei auf der Dissonanzerfahrung) mit ein. Leibliche Kommunikation vollzieht sich, wie oben gesagt, immer als Oszillation zwischen Resonanzen und Dissonanzen. Diese Oszillation treibt einen Interaktionsprozess zwischen den leiblichen Kommunikationspartnern voran, in dem diese sich selbst und gegenseitig einerseits zugänglich werden, andererseits einander aber zugleich auch immer entzogen blei-

---

16　Fuchs nimmt diesen Begriff von Merleau-Ponty auf. Vgl. dazu Merleau-Ponty, Maurice, Das Auge und der Geist, Hamburg 2003, S. 256 und S. 263.
17　Fuchs, Leib, S. 292.
18　Vgl. Fuchs, Thomas, Der Schein des Anderen. Zur Phänomenologie virtueller Realitäten, in: Bohrer, Clemens/Schwarz-Boenneke, Bernadette (Hg.), Identität und virtuelle Beziehungen im Computerspiel, München 2010, S. 59–73, S. 62; Fuchs, Gehirn, S. 187–191.
19　Fuchs, Schein, S. 62.
20　Unter Lebensäußerungen versteht Fuchs z.B. lachen, Schmerzen leiden, Tennis spielen, sprechen oder jemanden begrüßen (vgl. Fuchs, Gehirn, S. 108).
21　Vgl. Fuchs, Gehirn, S. 107f.
22　Vgl. Fuchs, Schein, S. 62.

ben.[23] „Die leibliche Interaktion", so Fuchs, „bleibt ein dialektisches Geschehen von Frage und Antwort, Verstehen und Missverstehen, Präsenz und Latenz".[24]

Der entscheidende Punkt in Fuchs' Personverständnis ist nun, dass ein Lebewesen seine faktische Individualität und Identität, d.h. seine persönlichen Eigenschaften – wie eigene Gefühle, Interessen usw. – nur mithilfe dieser zwischenleiblichen Kommunikation entwickeln kann und sie darüber auch kommuniziert.[25] D.h. nur durch zwischenleibliche Kommunikation kann sich ein Lebewesen überhaupt als Person entwickeln, andere Personen als Personen erleben und auch von anderen als Person erlebt werden. Entscheidend ist, dass sich eine Person also nicht *im Innern* entwickelt und nur von dort her selbstbestimmt in Erscheinung tritt, sondern dass das klassisch gesprochene *Innen* einer Person – d.h. das, was ihre Individualität und Identität, ihre persönlichen Wünsche etc. ausmacht – von vornherein konstitutiv mit dem Anderen zusammenhängt. Die Person entwickelt sich zugleich von innen und von außen her. Den Anderen erfährt eine Person immer in und durch ein Spüren von zwischenleiblicher Resonanz und Dissonanz in sich selbst und nicht erst dadurch, dass der Andere sie selbstbestimmt in sein *Inneres* blicken lässt. Gleichzeitig erfährt die Person sich aber auch selbst durch die Begegnung mit dem Anderen. Mit Merleau-Ponty ausgedrückt:

> „Die Anderen brauche ich nicht erst anderswo zu suchen: ich finde sie innerhalb meiner Erfahrung, sie bewohnen die Nischen, die das enthalten, was mir verborgen, ihnen aber sichtbar ist."[26]

Das bedeutet auch: Die Ich-Perspektive gibt es nicht ohne die Du-Perspektive und andersherum. Dies soll allerdings nicht heißen, dass damit das *Innen* der Person aufgehoben wäre. Es gibt immer noch ein *Innen*, das nur vom Subjekt selbst in der Ersten-Person-Perspektive erlebt werden kann – aber dieses *Innen* konstituiert nicht die Person als Person. Denn die Person gibt es nur im Gegenüber zum Anderen.

An dieser Stelle sei noch eine weitere Anmerkung zu Fuchs angefügt: Wenn oben gesagt wurde, dass jemand (nur) in und durch zwischenleibliche Kommunikation als Person erlebbar wird, so gilt dies v.a. auch im Hinblick auf die Persönlichkeitsstruktur dieser Person. Wie Thomas Fuchs in dem Aufsatz „Gibt es eine leibliche Persönlichkeitsstruktur? Ein phänomenologisch-psychodynamischer Ansatz" erläutert, äußert und bildet diese sich zum einen vornehmlich leiblich, und zum anderen erschließt sie sich auch dem Anderen gegenüber *von Leib zu Leib*.[27] Ist jemand ängstlich, so können wir das anhand seines ganzheitlichen leiblichen Ausdrucks wahrnehmen – an seiner Körperhaltung, an seinem Gesichtsausdruck, an seiner Stimme, an seiner Reaktion, wenn er angesprochen wird usw. All diese leiblichen

---

23 Vgl. Fuchs, Schein, S. 62.
24 Fuchs, Schein, S. 62.
25 Vgl. Fuchs, Gehirn, S. 183–186.
26 Merleau-Ponty, Maurice, Die Abenteuer der Dialektik, Frankfurt a.M. 1974, S. 166.
27 Vgl. Fuchs, Thomas, Gibt es eine leibliche Persönlichkeitsstruktur? Ein phänomenologisch-psychodynamischer Ansatz, in: Psychodynamische Psychotherapie 5 (2006), S. 109–117.

Ausdrucksmomente sind nichts Sekundäres, d.h. eine Person fühlt nicht erst in ihrem Inneren Angst und präsentiert diese anschließend nach außen, indem sie ihren Gesichtsausdruck etc. entsprechend formt, sondern Gefühle wie Angst o.ä. vollziehen sich bereits in und mit dem entsprechenden leiblichen Ausdruck – sie sind leibliche Phänomene.[28] In einer zwischenleiblichen Begegnung werden wir von diesem leiblichen Ausdruck wiederum leiblich *ergriffen* und *begreifen* genau dadurch seine Bedeutung. Durch dieses leibliche Aufeinandertreffen wird der oben beschriebene leibliche Interaktionsprozess initiiert, in dem wir uns gegenseitig als begegnende Leiblichkeiten zugleich zugänglich werden und entzogen bleiben.

4. Das Verhältnis von Personalität und Persönlichkeit

An dieser Stelle ist es sinnvoll, die bisherigen Überlegungen und Ergebnisse in Bezug auf das hier vertretene Verständnis von Personalität und Persönlichkeit zusammenzufassen und eine Verhältnisbestimmung dieser beiden Begriffe vorzunehmen.

Der Begriff *Persönlichkeit* bezeichnet die Summe aller persönlichen Eigenschaften einer Person. Der Begriff *Person* bezeichnet einen individuellen Menschen mit einer bestimmten Identität und Persönlichkeit und impliziert zugleich die Aufgabe, sich *als* Person, d.h. (s)eine persönlichen Eigenschaften zu entwickeln.

Personalität schließt damit das Moment der Persönlichkeit immer ein; jede Person hat ihre individuelle Persönlichkeit, d.h. sie besitzt eine individuelle Kombination verschiedener persönlicher Eigenschaften. Obwohl bei der Persönlichkeit von Eigenschaften gesprochen wird, ist sie etwas, das sich in einem fortlaufenden Prozess befindet – sie entwickelt sich dadurch, dass sich einzelne persönliche Eigenschaften innerhalb von (zwischen)leiblicher Kommunikation in (zwischen)leiblichen Begegnungen immer wieder verändern und neue entstehen. Persönliche Eigenschaften bringen die faktische Individualität und Identität einer Person zum Ausdruck, sind aber nicht Grund für die Personalität einer Person. Die Personalität an sich liegt in einem Anerkennungsverhältnis zwischen Personen begründet, das sich in zwischenleiblichen Begegnungen verwirklicht. *Person-Sein* ist daher auch kein ontologischer Status, sondern bezeichnet eine relationale Wirklichkeit.

5. Leibliche Kommunikation – computervermittelt?

Bevor ich mich der Beantwortung der Kernfrage dieses Beitrags zuwende, möchte ich noch eine andere Frage klären. In einer Online-Kommunikationssituation begegnen sich die Kommunikationspartner nie unmittelbar leiblich. Können dann aber Persönlichkeitsmerkmale, die – wie wir gesehen haben – vornehmlich leiblich gebildet und vermittelt werden, überhaupt *computervermittelt* kommuniziert wer-

---

28 Vgl. Fuchs, Gehirn, S. 231.

den? Diese Frage lässt sich grundsätzlich bejahen. Der Grund dafür ist, dass in einer computervermittelten Kommunikationssituation zwar keine leibliche Kommunikation im vollen Sinne – v.a. keine zwischenleibliche Kommunikation –, dafür aber eine reduzierte leibliche Kommunikation stattfindet.[29] Diese These lässt sich folgendermaßen begründen: Stellt sich ein Nutzer auf seiner Profilseite selbst dar, so geschieht das, indem er seine persönlichen Merkmale in Form von *schriftlichen* Angaben, Fotos und anderen Bildern anderen Nutzern gegenüber visuell zugänglich macht. Sichtbarkeit ist wiederum ein integrales Moment von Leiblichkeit. Im wahrnehmenden Sehen und Gesehenwerden findet leibliche Kommunikation statt – wenn auch nicht mit allen Sinnen, sondern ausschließlich mit dem visuellen Sinn. So ist es auch zu verstehen, dass z.B. ein Bild, das jemand in einem Museum oder einer Zeitung sieht, Emotionen in ihm als Betrachter auslösen kann, die er wiederum leiblich spürt.[30] Bezogen auf die Gestaltung des persönlichen Profils in einem Netzwerk heißt das: Das Sich-selbst-sichtbar-Machen durch das Preisgeben von persönlichen Daten in seinem Profil ist eine Form von leiblicher Kommunikation – unabhängig davon, wie viele und welche Informationen bekannt gegeben werden. Was genau durch das Profil kommuniziert wird, hängt von demjenigen ab, der das Profil anschaut – denn er ist es letztlich, der das Gesehene auf dem Hintergrund seines eigenen (in zwischenleiblichen Begegnungen geprägten) Deutungs- und Wahrnehmungshorizontes interpretiert. Der Betrachter nimmt einen auf einem Foto abgebildeten Gesichtsausdruck nicht nur als gegenständliche Information wahr, sondern er kann das Bild in seiner Vorstellung *zum Leben erwecken*. Dies geschieht, indem er z.B. den wahrgenommenen Gesichtsausdruck durch andere dazu passende leibliche Ausdrucksmomente, wie er sie in unmittelbaren zwischenleiblichen Begegnungen zuvor erlebt hat, in seiner Vorstellung ergänzt und so die Person durch das Foto hindurch *erlebt*.

Leiblich ausgedrückte Persönlichkeitsstrukturen können also als Momentaufnahme visuell – z.B. in einem Foto – abgebildet werden und vom Betrachter wiederum leiblich als Persönlichkeitsausdruck wahrgenommen werden.

Was allerdings tatsächlich in dieser Art von Kommunikation vollständig fehlt, ist die direkte leibliche, reziproke Interaktion, d.h. die gegenseitige, synchrone Erfahrung der Oszillation von (zwischen)leiblicher Resonanz und Dissonanz. Das hat zur Folge, dass sich zum einen die Persönlichkeit bzw. die persönliche Erscheinung des Profilinhabers in dieser Art von Kommunikation nicht bilden und formen kann und

---

29 An diesem Punkt unterscheide ich mich in der Akzentuierung von Thomas Fuchs. Fuchs betont stark die fehlende Zwischenleiblichkeit in der virtuellen Online-Kommunikation und zeigt deren Konsequenzen auf (vgl. Fuchs, Schein, S. 66). Ich hingegen versuche an dieser Stelle eher, die noch bestehenden leiblichen Aspekte der computervermittelten Kommunikation zwischen zwei leiblichen Kommunikationspartnern aufzuspüren und diese in das Verständnis von Online-Kommunikation mit einzubeziehen.

30 Ein Bild mit fröhlichen Kindern kann z.B. ein Lächeln auf dem Gesicht des Betrachters hervorrufen, beim Betrachten eines Bildes, auf dem etwas Ekelerregendes abgebildet ist, kann es den Betrachter schütteln usw.

zum anderen, dass mögliche Fehlinterpretationen des Betrachters nicht korrigiert werden. Wie ein Profil einen Betrachter genau anspricht, d.h. was genau kommuniziert wird, kann der Profilinhaber nicht beeinflussen und erfährt es auch nicht in der aktuellen Kommunikationssituation, sondern höchstens über ein späteres Feedback.

6. Konklusion: Wer hat recht – Eva oder Adam?

Ich möchte mich nun wieder der Kernfrage dieses Beitrags zuwenden: Enthüllen persönliche Daten, wie sie in Profilen in Sozialen Netzwerken preisgegeben werden, irgendetwas über den Nutzer als *Person*?

In unserem fiktiven Szenario ist Eva der Meinung, dass die angegebenen persönlichen Daten nicht zwangsläufig etwas über jemanden als Person aussagen, während Adam der Überzeugung ist, dass persönliche Daten immer etwas über jemanden als Person aussagen. Nach den obigen Überlegungen zu Personalität und Persönlichkeit lässt sich die Frage, wer von beiden recht hat, nun beantworten: Adam hat recht, aber Eva hat auch nicht ganz unrecht! Wie ist dies zu verstehen?

6.1 Adam hat recht! Persönliche Daten sagen immer etwas über jemanden als Person aus!

Die Sichtweise, die Adam repräsentiert, betont die Interdependenz zwischen Persönlichkeit und Personalität. Persönliche Daten, so könnte man hier argumentieren, sind immer Ausdruck des *Person-Seins* einer Person und enthüllen Teile ihrer Persönlichkeit. Man könnte zwar denken, dass sie als deskriptive Informationen letztlich denselben Charakter wie Informationen bezüglich eines Objektgegenstandes haben; die Information, dass Adam klassische Musik mag, hätte in diesem Fall dann denselben Charakter wie die Information, dass der Stuhl, auf dem ich sitze, schwarz gepolstert ist. Allerdings sind persönliche Daten immer Informationen bezüglich eines *lebendigen* Subjekts und eben nicht bezüglich eines gegenständlichen Objekts wie einem Stuhl. Jegliche persönliche Eigenschaft hängt mit dem Ganzen der Person zusammen, für die wiederum die Begegnung mit dem lebendigen, leiblichen Anderen konstitutiv ist. Nun könnte man meinen, dass persönliche Daten, indem sie computervermittelt kommuniziert werden, genau von diesem Lebendigen getrennt werden und ihren leiblichen Charakter verlieren. Darauf lässt sich erwidern, dass in einer computervermittelten Kommunikationssituation zwar keine leibliche Kommunikation im vollen Sinne, dafür aber eine reduzierte leibliche Kommunikation stattfindet. Ein Profilinhaber wie Adam bildet in seinem Profil seine (leiblichen) persönlichen Eigenschaften sprachlich und bildlich ab. Das Bild, das sich daraus ergibt, kann den Betrachter (leiblich) ansprechen. Der Betrachter wird es auf dem Hintergrund seines eigenen Wahrnehmungs- und Deutungshorizonts interpretieren und „etwas" über Adam als Person erfahren. Was dies genau sein wird, entzieht sich aber aufgrund der fehlenden unmittelbaren leiblichen Interaktion letztlich Adams Wissen und Kontrolle.

Zusammenfassend lässt sich für diese Position festhalten:
1. Ein persönliches Netzwerkprofil zeigt, dass der Profilinhaber eine Person mit bestimmten persönlichen Eigenschaften ist.
2. In dem Moment, in dem das Profil von jemand anderem gesehen wird, wird der Betrachter leiblich angesprochen und ein Kommunikationsprozess wird eröffnet – der Betrachter erfährt „etwas" über Adam.
3. Je mehr persönliche Daten sichtbar sind, desto detaillierter wird das Bild, das sich der Betrachter von der Person des Profilinhabers macht.
4. Dieses Bild entsteht allerdings v.a. auf dem Hintergrund des Deutungs- und Wahrnehmungshorizontes des Betrachters – der Profilinhaber selbst hat keine Kontrolle darüber, wie dieses Bild aussieht und kann es auch nicht durch eine unmittelbare, leibliche Interaktion korrigieren.

Insgesamt zeigt sich also auf dem Hintergrund dieser Argumentation, dass Adam recht hat, wenn er behauptet, dass persönliche Daten in Netzwerkprofilen immer „etwas" qualitativ über den Profilinhaber als Person aussagen.

Was ein persönliches Profil allerdings definitiv nicht kann, ist, eine Person und ihre Persönlichkeit als Ganzes zu erfassen und zu repräsentieren. Das präsentierte Bild ist ein fixiertes, d.h. ein statisches Bild. Persönlichkeit ist aber etwas Dynamisches, das sich innerhalb von (zwischen)leiblichen Begegnungen konstituiert, entwickelt und sich fortlaufend verändert. Durch diese Dynamik ist es praktisch unmöglich, Persönlichkeit (als Summe aller persönlichen Eigenschaften) in einem Bild zu erfassen. Abbilden lässt sich höchstens eine Momentaufnahme der Persönlichkeit einer Person, die sich im selben Moment aber schon wieder weiterentwickelt hat. Darüber hinaus muss betont werden, dass, selbst wenn es gelänge, alle persönlichen Eigenschaften einer Person in einer Momentaufnahme komplett zu erfassen und abzubilden, immer noch nicht die Person in ihrem *Person-Sein* erfasst wäre – denn die *Person* ist „mehr" als die Summe ihrer persönlichen Eigenschaften.[31]

Ein persönliches Profil in einem Sozialen Netzwerk kann daher niemals eine Person vollständig in ihrer Personalität und Persönlichkeit erfassen und repräsentieren, sagt aber immer „etwas" über sie aus.

6.2 Eva hat nicht ganz unrecht! Persönliche Daten sagen nicht zwangsläufig etwas über jemanden als Person aus!

Die Sichtweise, die durch Eva repräsentiert wird, betont die Differenz zwischen Personalität und Persönlichkeit. Auf einem persönlichen Profil in einem Sozialen Netzwerk gibt ein Nutzer ein sichtbares „Bild" von sich ab, das er selbst gestaltet.

---

31 Fuchs drückt dieses „mehr" in Anlehnung an Lévinas folgendermaßen aus: „Personen werden füreinander wirklich, insofern sie einander als etwas erkennen, das immer noch jenseits dessen ist, als was sie sich zeigen" (Fuchs, Schein, S. 62).

Andere Nutzer sehen den Profilinhaber zunächst nur durch dieses Bild. Je detaillierter der Inhaber nun sein Bild gestaltet, d.h. je mehr er es mit Informationen anreichert, desto stärker kann er sein Gesehenwerden kontrollieren. Er lässt sich in einer Weise von anderen sehen, wie er gesehen werden möchte – das lässt ihm aber immer noch die Möglichkeit offen, dahinter jemand anders[32] bzw. „mehr" zu sein. Dies wird insbesondere durch die computervermittelte Kommunikationssituation ermöglicht, in der sich die beiden Kommunikationspartner nicht unmittelbar leiblich begegnen.

Persönliche Informationen, die auf einem Profil sprachlich oder bildlich online veröffentlicht werden, sind durch die Computervermittlung nicht mehr an die leiblich existierende Person gebunden. Dadurch können sie in ihrem Informationsgehalt eben doch mit Informationen bezüglich eines Objektgegenstandes verglichen werden. Die Information, dass Evas Lieblingsfilm „Adams Äpfel" ist, kann also computervermittelt durchaus denselben Charakter und dieselbe Qualität haben wie die Information über ein äußeres Merkmal eines Gegenstands, z.B. darüber, dass der Stuhl, auf dem ich sitze, schwarz gepolstert ist. Wenn diese persönliche Information nun falsch wäre, sagen wir, wenn Evas Lieblingsfilm gar nicht „Adams Äpfel", sondern Disney's „Rapunzel – neu verföhnt" wäre, so würde die angegebene Information tatsächlich nichts über Eva aussagen.

Kurz: Im Zuge dieser Argumentation muss man konstatieren, dass das Profil einer Nutzerin in einem Sozialen Netzwerk lediglich zeigt, *dass* die Nutzerin eine Person ist und damit persönliche Eigenschaften hat, aber dass es nicht zwangsläufig qualitativ Auskunft über die Profilinhaberin als Person gibt.

Warum behaupte ich nach all dem Gesagten nicht, dass Eva auch recht hat, sondern dass sie lediglich nicht ganz unrecht hat?

Wir haben oben gesehen, dass persönliche Daten, die online kommuniziert werden, nicht mehr an die leibliche Präsenz der Person gebunden sind und daher auch nicht unbedingt etwas über die Person aussagen – sie können auch völlig unauthentisch sein und gar keine persönliche Eigenschaft der Person beschreiben. Wenn diese Unauthentizität unentdeckt bliebe, hätte Eva wohl recht: Persönliche Daten in einem Sozialen Netzwerk sagen nicht unbedingt etwas über jemanden als Person aus. Die Unauthentizität könnte tatsächlich in einer Kommunikationssituation unentdeckt bleiben, in der die Ebene der unmittelbaren (zwischen)leiblichen Kommunikation fehlt. Dies wäre bei einer reinen computervermittelten Online-Kommunikation der Fall. Nun ist es allerdings so, dass Studien gezeigt haben, dass

---

32 Dieser Aspekt spielt auf das Problem der Authentizität der Angaben, die in Sozialen Netzwerken gemacht werden, an. Ein Bild von sich frei kreieren zu können, lässt die Möglichkeit offen, sich als jemand anders zu präsentieren, als man ist. Dies kann theoretisch soweit gehen, sich eine völlig neue, zweite Identität zu geben. Wie eine Studie gezeigt hat, wird diese Möglichkeit allerdings kaum genutzt; vgl. Stopfer, Juliane/Back, Mitja D./Egloff, Boris, Persönlichkeit 2.0. Genauigkeit von Persönlichkeitsurteilen anhand von Online Social Network-Profilen, in: Datenschutz und Datensicherheit 34 (2010), S. 459–462.

sich die meisten Online-Freunde in Sozialen Netzwerken auch offline kennen.[33] Das hat zur Konsequenz, dass die meisten Betrachter einer Profilseite die dort vorgefundene Selbstdarstellung mit dem Bild vergleichen werden, das sie in zwischenleiblichen Offline-Begegnungen von der Person des Profilinhabers gewonnen haben. Und auf diesem Hintergrund werden sie es auch deuten. Wenn sich jemand sehr einseitig oder völlig unauthentisch darstellt, so fällt dies den Betrachtern also in der Regel auf. Das *Sich-unauthentisch-oder-einseitig-Präsentieren* kann in dieser Situation sogar als eine eigene persönliche Eigenschaft des Profilinhabers verstanden werden, die wiederum etwas über den Profilinhaber als Person aussagt: So könnte ein gezielt unauthentisches oder einseitiges Ausfüllen des Profils darauf hinweisen, dass die Person mit sich unzufrieden ist oder lieber jemand anders wäre. Es könnte auch Ausdruck ihres Humors sein (jemand spielt z.B. gerne mit falschen Angaben und „verkleidet" sich gern). Ein einseitiges Bild könnte schließlich darauf hinweisen, dass die Person die Seiten, die sie in ihrer Selbstdarstellung so stark betont, besonders wichtig findet oder besonders an sich mag. Je besser ein Betrachter den Profilinhaber offline kennt, desto besser wird er dessen präsentiertes Bild einordnen und deuten können.

Insgesamt lässt sich an dieser Stelle festhalten: Entgegen Evas Behauptung sagt auch ein vollkommen unauthentisch ausgefülltes Profil etwas über den Profilinhaber als Person aus, wenn diese Unauthentizität erkannt wird. Da dies faktisch zumeist der Fall sein wird, hat Eva nur eingeschränkt recht.

7. Ethische Konsequenzen

Worin liegt nun der Gewinn dieser Ausführungen in ethischer Hinsicht? Oder anders gefragt: Inwiefern helfen die Ausführungen den Nutzern bei ihren Orientierungsproblemen im Hinblick auf die Frage, wie viele und welche persönliche Daten sie auf ihrem Profil in einem Sozialen Netzwerk veröffentlichen sollen, weiter? Auf diese Frage gibt es eine schlichte Antwort: Indem die Ausführungen neue Verstehensdimensionen des Zusammenhangs von persönlichen Daten auf einem Netzwerkprofil und der Person des Profilinhabers eröffnen, befähigen sie jeden einzelnen Nutzer, der sich in diesem Verstehensprozess verortet, nicht nur eine intuitive, sondern eine eigenverantwortliche und argumentativ begründete Entscheidung in Bezug auf die Frage, wie viele und welche Daten er von sich auf seinem Profil preisgeben möchte, zu treffen.[34]

---

33 Vgl. Schmidt, Jan, Das neue Netz. Merkmale, Praktiken und Folgen des Web 2.0, Konstanz 2009, S. 109f.

34 Die Betonung der eigenverantwortlichen Stellungnahme des Einzelnen in ethischen Fragen ist ein zentrales Moment einer reformatorisch-theologisch ausgerichteten Ethik. Vgl. hierzu insbesondere Rendtorff, Trutz, Ethik. Grundelemente, Methodologie und Konkretionen einer ethischen Theologie, hg. v. Reiner Anselm und Stephan Schleissing, Tübingen ³2011.

Dabei kann es durchaus vorkommen, dass mehrere Nutzer, die unterschiedlich entscheiden, in ihrer Handlungsbegründung auf dasselbe Handlungs*motiv* zurückgreifen. Dies könnte auch in unserem fiktiven Szenario bei Adam und Eva der Fall sein. Adam und Eva entscheiden sich bezüglich ihrer Datenpreisgabe bekanntlich sehr unterschiedlich: Adam veröffentlicht sehr wenige und Eva sehr viele Informationen über sich auf seinem bzw. ihrem Profil. Das gemeinsame Handlungsmotiv könnte darin bestehen, dass beide so viel Kontrolle wie möglich über ihre persönliche Erscheinung haben möchten. So könnte Evas Handlungsbegründung lauten: „Je detaillierter ich meine persönliche Erscheinung in meinem Profil gestalte, d.h. je mehr Daten ich von mir sichtbar mache, desto mehr Kontrolle habe ich darüber, wie ich von anderen gesehen werde. So habe ich letztlich die größte Kontrolle über meine Person und meine persönliche Erscheinung." Adam hingegen könnte sich folgendermaßen über das Motiv seiner Entscheidung, so wenig wie möglich von sich preiszugeben, äußern: „Egal, wie viele persönliche Daten ich in meinem Profil veröffentliche – durch die fehlende unmittelbare leibliche Interaktion habe ich niemals Kontrolle darüber, wie ich online von anderen als Person wahrgenommen werde. Am ehesten kann ich meine persönliche Erscheinung insgesamt kontrollieren, indem ich so wenig persönliche Daten wie möglich online kommuniziere."

„All Mankind as Our Skin"
Wie wir uns im Global Village auf die Welt bringen[1]

Vera Dreyer

Abstract

Der Urvater der Medientheorie, Marshall McLuhan, behauptete, im elektronischen Zeitalter trügen wir die ganze Menschheit auf der Haut. Was bedeutet dieser rätselhafte Satz? Und wie kann man von ihm her die Selbstdarstellung im Web 2.0 verstehen? McLuhan warb dafür, sich selbst auf den Weg zu begeben, um die Dynamik der Medien, ihre Auswirkungen und letztlich auch sich selbst zu erforschen. Ziel dieses Beitrags ist, für komplexe mediale Zusammenhänge zu sensibilisieren und sie in Verbindung mit interpersonellen Wahrnehmungen zu bringen. Die sich daraus ableitenden Mindsets, die für jede Selbstdarstellung entscheidend sind, werden hinsichtlich mündlicher, schriftlicher und elektronischer Kultur skizziert und mit aktuellen Befunden aus kulturwissenschaftlicher und neurologischer Perspektive parallelisiert.

1. Einleitung

Kurz vor seinem letzten Schlaganfall beschäftigt sich Marshall McLuhan mit dem Tod. Es geht um den Narziss-Mythos, für McLuhan eine Todesmetapher. Bruce Powers, Co-Autor seines letzten Buches „The Global Village", bietet die gewohnte Lesart an: Narziss verliebte sich in sich selbst und ging daran zugrunde. „Falsch", sagt McLuhan. Narziss sei nicht in sich selbst verliebt gewesen, denn er kannte sich ja gar nicht! Der, den er im Wasser sah, sei ein anderer gewesen; zwar ähnlich genug, um vertraut zu sein, doch fremd genug, um ihn in seinen Bann zu schlagen. Sein Spiegelbild sei keine Replik, sondern eine Repräsentation seiner selbst gewesen, ein Stellvertreter, eine künstliche Verzerrung.[2]

Wenn wir uns in den Medien darstellen, tun wir laut McLuhan genau das: wir projizieren uns nach außen. Wir fertigen körperlose Repräsentationen an; künstliche Verzerrungen, theatrale Aufführungen unserer Selbst. Dieser Gestaltungsprozess hat für viele Menschen sowohl etwas Qualvolles als auch etwas Lustvolles. Es

---

[1] Dieser Beitrag geht auf einen Vortrag zurück, der im September 2011 auf der Tagung „Personen im Web 2.0 – Theologische Perspektiven" an der Theologischen Fakultät der Georg-August-Universität in Göttingen gehalten wurde.
[2] Vgl. McLuhan, Marshall/Powers, Bruce R., The Global Village. Transformations in World Life and Media in the 21st Century, New York u.a. 1992, S. XXI und S. 86f.

ist so, als sollten wir uns selbst auf die Welt bringen. Aber nicht so, wie wir sind, sondern wie wir eigentlich sind oder sein sollten.[3]

Thema dieses Beitrags ist die Selbstdarstellung im Web 2.0 – und wie man sie mit McLuhan verstehen könnte. Um seine immer noch ungewöhnliche Sicht auf Medien zu erläutern, stelle ich McLuhans Verständnis von Medien als Körpererweiterungen und seine *Überlegungen* zu den drei Medienzeitaltern vor.[4] Dann erörtere ich McLuhans Interpretation der Narziss-Metapher und bestimme den Begriff der Selbstdarstellung.

In Bezug auf die Selbstdarstellung im Web 2.0 frage ich, was es für die Selbstdarstellung bedeutet, wenn McLuhan sagt: „In the electric age we wear all mankind as our skin".[5] Wie wandelt sich unser Verständnis gelungener, authentischer Selbstdarstellung durch die neuen Medien? Wie sind auch unser Selbsterleben und die Gestaltung unseres Zusammenlebens betroffen? Eine mögliche Beantwortung dieser Fragen wird durch Überlegungen und Beobachtungen unternommen, die einerseits eine steigende Körpervergessenheit durch die neuen Medien feststellen und andererseits eine Körperversessenheit erkennen, mit der – z.B. mittels Tatoos – der eigene Körper als Medium der Selbstdarstellung betont wird. Abschließend werden mit dem Schlüsselbegriff *Achtsamkeit* Impulse für den Umgang mit den neuen Medien und medialen Selbstdarstellungen gegeben.

2. Medien als Körpererweiterungen

Für McLuhan sind Medien Verlängerungen unserer Sinne und unseres Bewusstseins, also Erweiterungen unserer selbst.[6]

So ist das Rad eine Erweiterung des Fußes, denn es beschleunigt die Fähigkeit, sich fortzubewegen. Ein Kleidungsstück ist eine Erweiterung der Haut, weil es unabhängiger von den Witterungsbedingungen macht. Eine Brille ist eine Erweiterung des Auges, die dazu befähigt, bei Sehschwäche oder ungünstigen Lichtverhältnissen den Sehsinn zu erhalten oder zu verbessern. Außerdem gibt es Medien wie das phonetische Alphabet, die umwälzende, kollektive Veränderungen hervor-

---

3 Dahinter verbirgt sich oft ein Anspruch auf „Authentizität". Dieser schwer fassbare Begriff hat stark performativen Charakter, der sich in Akten der Selbstdarstellung ereignet. Vgl. dazu Dreyer, Vera, Selbstdarstellung und Authentizität im Spiegel medienwissenschaftlicher Konstruktionen am Beispiel Marshall McLuhans, Diss. Berlin 2005.
4 Es handelt sich um Überlegungen, nicht um eine Theorie, denn McLuhan nahm diesen Begriff nicht für sich in Anspruch.
5 McLuhan, Marshall, The Gutenberg Galaxy. The Making of Typographic Man, Toronto 1962/ 11 2002, S. 5.
6 Der Begriff des Selbst erfordert eine eigene Betrachtung; vgl. Dreyer, Selbstdarstellung. Der Selbstdiskurs wird momentan von der Neurowissenschaft dominiert, wo aktuell der alte Streit fortgesetzt wird: Handelt es sich bei dem Selbst um eine neurologische Aktualisierungsleistung mit einer erstaunlich kurzen Halbwertszeit? Oder um ein Phänomen des beseelten Geistes? Vgl. dazu Roth, Gerhard, Persönlichkeit, Entscheidung und Verhalten, Stuttgart 2007 und Fuchs, Thomas, Das Gehirn – ein Beziehungsorgan. Eine phänomenologisch-ökologische Konzeption, Stuttgart ³2010.

bringen. Medien sind für McLuhan Sinneserweiterungen, die unsere Fähigkeiten beschleunigen oder verstärken. Damit verbindet sich auch eine Veränderung unseres Bewusstseins:[7]

„All media are a reconstruction, a model of some biological capability speeded up beyond the human ability to perform: the wheel is an extension of the foot, the book is an extension of the eye, cothing an extension of the skin, and electronic circuitry is an extension of the central nervous system. Each medium is brought to the pinnacle of vortical strength, with the power to mesmerize us. When media act together they can so change our consciousness as to create whole new universes of psychich meaning."[8]

McLuhan unterscheidet drei Medienzeitalter: die orale Kultur als Erweiterung des Hörsinns, die Schriftkultur als Erweiterung des Sehsinns und die elektrische bzw. elektronische Kultur als Erweiterung des Zentralen Nervensystems. Jede Sinneserweiterung bewirkt ihm zufolge eine neurologische Reorganisation. In „Understanding Media" (1964) widmet McLuhan diesen Prozessen seine Aufmerksamkeit.[9]

Jedes Medienzeitalter wirkt sich auf das Selbstverständnis und die Selbstdarstellung des Menschen aus. Die mündliche Kultur ist eine voralphabetische Stammeskultur, in der die Menschen über akustische Reize (wie Stimme, Sprache, Gesang und Trommel) sozial und kommunikativ miteinander verbunden sind. Das Ohr ist ihr wichtigstes Organ, man lebt in einer Hörkultur. Diese Kultur ist ganzheitlich, d.h. alle Sinne sind eingeschlossen. Wie der Klang selbst umfasst diese Welt den Menschen rundherum. Es gibt keine Distanzierungsmöglichkeiten. Die räumliche Nähe zu den Nachbarn bringt bestimmte Sozialtechniken hervor. Die Ideale der mündlichen Kultur sind der weise alte Mann oder die weise alte Frau. Als Stammesälteste sind sie Wissensträger und Rechtsprecher. Hörmenschen leben im „Wir"-Gefühl, ein „Ich" ist unbekannt. Es ist schwer für einen Wir-Menschen, sich selbst zu beschreiben, ja fast unmöglich. Walter Ong, ein kanadischer Linguist und Zeitgenosse McLuhans, beschreibt dieses Phänomen. Er zitiert Gespräche des Ethnologen und Hirnforschers A.R. Luria mit usbekischen, nicht literalisierten Bauern. Luria fragt einen Bauern:

„Was sind Sie für ein Mensch, welchen Charakter haben Sie, welche guten Eigenschaften und welche Fehler haben Sie?"
„Ich kam hierher aus Uch-Kurgan, ich war sehr arm, nun bin ich verheiratet und habe Kinder."
„Und welche Fehler haben Sie?"

---

7 McLuhan, Marshall/Fiore, Quentin, The Medium is the Message. An Inventory of Effects. Produced by Jerome Angel, San Francisco 1967.
8 McLuhan/Powers, Global Village, S. 87.
9 McLuhan, Marshall, Die magischen Kanäle. Understanding Media. Aus dem Englischen von Meinrad Amann (Originalausgabe 1964 erschienen bei McGraw Hill), Dresden/Basel 1995.

„Dieses Jahr habe ich ein Pud Weizen gesät, wir stellen allmählich die Fehlbestände fest. Nun, die Leute sind verschieden – ruhig, temperamentvoll, manchmal sind sie vergesslich. Wie würden Sie sich einschätzen?"[10]

An den Antworten wird deutlich, dass die Aufforderung, sich selbst zu beschreiben, auf Unverständnis stößt. Die Fragen nach Individualität, nach Stärken und Schwächen gehören nicht ins Universum der oralen Kultur. Es sind Fragen, wie sie Literalisierte stellen.

Dessen ist sich der literalisierte Mensch jedoch nicht bewusst. Er ist, wie McLuhan behauptet, „hypnotisiert" von der Wirkung der Medien („Narzissmus als Narkose"[11]). Betäubt von der Wirkung der Schriftkultur auf sein Selbstbild geht der literalisierte Mensch selbstverständlich davon aus, dass seine Wirklichkeit auch für alle anderen relevant sei. Er verkennt, dass jedes Medium die Tendenz hat, sich in unserer Selbstdarstellung zu verwirklichen. Das bedeutet, dass ein Medium seine Bedingungen in unserer Selbstdarstellung zur Entfaltung bringt. So schreibt sich etwa das phonetische Alphabet durch seinen Einfluss auf unser Denken in unsere Selbstmodelle und Ideale ein. Unter dem Stichwort „Neuroplastizität" lässt sich die Inkorporation von Erfahrung auch neurologisch nachweisen.[12]

Betrachten wir den literalisierten Menschen. Er lebt in Stille, denn er ist gewohnt, viele Stunden regungslos über den Büchern zu sitzen. Sein Sehsinn ist dominant, der übrige Körper ruhig gestellt. Er erwirbt die Fähigkeit, sich vom Gegenstand der Betrachtung zu distanzieren und erlebt in der Autorenschaft die höchste soziale Anerkennung. Als Urheber selbständig verfasster Gedanken prägt er ein Ego aus, das sich aus der Gemeinschaft herauslöst. Seine Ideen erobern Zeit und Raum. Konzepte von Individualität und Privatheit sind wesentlich für sein Selbstverständnis. Um sich zu authentifizieren, stellt er seine Selbstdarstellung auf die Bedürfnisse seiner Medienumwelt ein. Der Lesevorgang begünstigt die Entwicklung der linken Gehirnhälfte und führt zu einem kausalen, linearen, abstrakten Denken. Diesen Fähigkeiten entsprechend entwickelt sich ein bestimmter Typus, der zur Norm erhoben wird.

Analytisches, kausales, lineares, abstraktes, detailorientiertes, sequenzielles Denken gewinnt an Bedeutung.[13] Der literalisierte Mensch ist auf sich gestellt und die Fragen, die er stellt, künden eben von dieser Selbstauffassung. Es hat keinen Sinn, einen Menschen zu fragen, wie sich ein Mensch selbst beschreibt, wenn dieser

---

10 Ong, Walter, Oralität und Literalität. Die Technologisierung des Wortes, Opladen 1987, S. 58f. Die überraschende Gegenfrage sieht Ong übrigens als Manöver. Die Bitte nach Information werde als Bitte nach Interaktion verstanden. Dieser Bitte werde in oralen Kulturen durch ein friedliches Duell nachgegangen. Die Gegenfrage sei ein witziges Spiel, eine Operation innerhalb einer oralen Kriegsführung. Vgl. a.a.O., S. 71ff.
11 McLuhan, Kanäle, S. 73ff. Bereits 1962 schreibt McLuhan: „Every technology contrived and outered by man has the power to numb human awareness during the period of its first interiorization." McLuhan, Marshall, Gutenberg Galaxy, S. 153.
12 Fuchs, Gehirn, S. 155f.
13 McLuhan/Powers, Global Village, S. 50ff und 126f.

Mensch nicht in „Ich"-Kategorien, sondern in „Wir"-Kategorien denkt. Der literalisierte Mensch versteht diesen Unterschied erst, wenn er die Wirkung des phonetischen Alphabets auf seine eigene geistige Verfassung durchschaut. Um die Unterschiede zwischen mündlicher und schriftlicher Noetik[14] zu betonen, bezieht sich McLuhan ebenso wie Walter Ong auf Alexander R. Luria. Es sind die neurologischen Veränderungen, die die Betonung des Sehsinns auf die Hirnorganisation verantworten, wie McLuhan schreibt:

> „Luria's results show that the expression ‚linear thinking' is not merely a figure of speech, but a mode of activity which is peculiar to the anterior regions of the left hemisphere of the brain."[15]

In der linken Hemisphäre sind die Areale der Großhirnrinde angesiedelt, die das verstandesgeleitete Umgehen mit sich selbst und der Umwelt betreffen. Dieser bewusste Teil, also die kognitiv-kommunikative Ebene, ist am weitesten von der Persönlichkeit und von der Handlungssteuerung entfernt, wie der Neurowissenschaftler Gerhard Roth betont.[16] Das bedeutet, dass ein Mensch aufgrund seiner neuronalen Hirnstruktur überhaupt erst zu der Abstraktion in der Lage ist, die eine Selbstbeschreibung ermöglicht. Diese Hirnstruktur ist für McLuhan mit der Schriftkultur verbunden.

Um McLuhans Ansatz zu verstehen, ist es wichtig, dass es nicht die sog. Inhalte sind (also die bewussten Anteile), die eine Handlung oder ein Selbstbild bestimmen, sondern die unbewussten Anteile. Den Inhalt eines Mediums vergleicht McLuhan mit einem saftigen Stück Fleisch, das der Einbrecher (das Medium) mit sich führt, um die Aufmerksamkeit des Wachhundes (des Bewusstseins) abzulenken. Die Wirkung des Mediums werde gerade deswegen so stark und eindringlich, weil es wieder ein Medium zum „Inhalt" hat. Der Inhalt von Geschriebenem oder Gedrucktem ist Sprache, aber der Leser sei sich des Drucks oder der Sprache fast gar nicht bewusst.[17] Letzten Endes sei der Inhalt jeden Mediums der Mensch selbst:

> „You are the content of any extension of yourself, whether it be pin or pen, pencil or sword, be it palace or page, song or dance or speech [...]. The meaning of all these is the experience of using these extensions of yourself. Meaning is not ‚content' but an active relationship."[18]

Die dritte große Medienrevolution beginnt für McLuhan mit der Erfindung des Telegraphen und der Fotografie. Diese Technologien läuten einen rasanten technologischen Fortschritt ein. Es ist der Beginn der verdrahteten, vernetzten Welt. Die

---

14 Zum Verständnis des Begriffs „Noetik" vgl. Assmann, Aleida/Assmann, Jan, Schrift – Kognition – Evolution. Eric A. Havelock und die Technologie kultureller Kommunikation, in: Havelock, Eric A., Schriftlichkeit. Das griechische Alphabet als kulturelle Revolution, Weinheim 1990, S. 1–35.
15 McLuhan/Powers, Global Village, S. 57.
16 Vgl. dazu Roth, Gerhard, Persönlichkeit, S. 94f.
17 McLuhan, Kanäle, S. 38.
18 McLuhan zitiert nach: A McLuhan Sourcebook. Key Quotations from the Writings of Marshall McLuhan, Assembled by William Kuhns, in: McLuhan, Eric/Zingrone, Frank (Hg.), Essential McLuhan, Concord 1995, S. 270–297, Zitat: S. 280.

elektronische Kultur weist McLuhan zufolge orale Strukturen auf, die er als Rückgriff auf Stammeskulturen deutet, worauf später noch detailliert eingegangen wird.

Das 20. Jahrhundert brachte den Computer und das Internet hervor und diese Erfindungen haben revolutionäre Folgen: Raum- und Zeitkonzepte, wie wir sie aus der Schriftkultur kennen, lösen sich auf. Die instantane Kommunikation bewirkt McLuhan zufolge, dass sich Raum- und Zeitwahrnehmung enorm verändern. Die Erde schrumpft auf das, was er das „Global Village" nennt. Wie das Medium aussieht, das den Fernseher ablösen wird, weiß McLuhan nicht. Jedoch beschreibt er bereits 1962 in „The Gutenberg Galaxy" seine Eigenschaften. Sie erinnern verblüffend an die Errungenschaften des Web 2.0:

> „Das nächste Medium, was immer es ist – vielleicht die Ausweitung unseres Bewusstseins –, wird das Fernsehen als Inhalt miteinbeziehen, nicht als dessen bloßes Umfeld, und es in eine Kunstform verwandeln. Der Computer als Forschungs- und Kommunikationsinstrument könnte die Recherche von Informationen steigern, die Zentralbibliotheken in ihrer bestehenden Form überflüssig machen, die enzyklopädische Funktion des Individuums wiederherstellen und in einen privaten Anschluss umkehren, über den individuell zugeschnittene Informationen sofort und für Geld abgerufen werden können."[19]

Elektronische Medien übernehmen viele Dienste für uns. Sie sind Telefonbuch, Tagebuch, Kalender, Diktaphon, Wecker, Merkhilfe, Speichermedium, Postfach, Musik im Ohr, Kino in der Tasche, um nur die konventionellsten Anwendungen zu nennen. Das Internet präsentiert sich wie eine gigantische Bibliothek und ermöglicht, dass wir unser Gedächtnis auslagern. In eben diesem Sinne versteht McLuhan das weltumspannende Netzwerk der Computerkultur als eine Analogie des Zentralen Nervensystems des menschlichen Körpers.

Dieses steuert die Selbstregulation und erhält den Gesamtorganismus aufrecht. Durch die enorm beschleunigte, instantane Kommunikation der elektronischen Medien steht unser zentrales Nervensystem dauerhaft unter Stress. Wir erleben und tun viele Dinge gleichzeitig. Der Umgang mit dem Computer bzw. mit dem Internet erfordert eine vollständige Einlassung auf seine Bedingungen. Die hohe Geschwindigkeit des Surfens, Klickens und Ausfilterns erzeugt eine kognitive Überlastung. Die Verweildauer der Informationen in unserem Kurzzeitgedächtnis ist sehr kurz. Die Informationen gelangen nicht ins Langzeitgedächtnis, denn dazu müssten sie konsolidiert werden. Wenn keine entsprechenden Verknüpfungen hergestellt werden, kann sich das Neue nicht mit dem Alten verbinden. Wenn das Neue jedoch nicht mit dem verknüpft wird, was wir bereits gedacht, gefühlt und erlebt haben, hat

---

[19] McLuhan zitiert in: Coupland, Douglas, Marshall McLuhan, Toronto 2009, S. 10. Der Neurowissenschaftler Fuchs bestätigt McLuhans Aussage: Menschen erfänden Medien, um sie als „Außengedächtnis" zu nutzen. Fuchs führt Schrift, Bücher, Kalender oder den Computer dafür an und erläutert, dass dies möglich ist, weil sich das Gehirn mit den Medien zusammenschließe, so wie sich der Leib die Medien „einverleibe". Das Gehirn als Organ des Geistes sei selbst schon Teil des übergreifenden Systems von kulturellen Bedeutungszusammenhängen geworden. Vgl. Fuchs, Gehirn, S. 220.

es keinen Wert, der über den Moment hinausgeht. Dies ist dem amerikanischen Wissenschaftsautor Nicholas Carr zufolge jedoch die Voraussetzung für intellektuelle Tiefe und Reichtum. Er schreibt, mit dem Verlust von Aufmerksamkeit gehe die Fähigkeit verloren, Wichtiges von Unwichtigem zu unterscheiden. Ablenkung führe zu schlechteren Ergebnissen und kreative Leistungen würden seltener.[20]

3. Medien, Selbstdarstellung und Authentizität

Das Verständnis und Verhältnis von Selbstdarstellung und Authentizität verändert sich analog zum Medienwandel. Das Internet verändert unsere Geschwindigkeit, Reichweite und unsere Bewertungsmaßstäbe. Im Web 2.0 bemisst sich die Selbstdarstellung nicht mehr an inhaltlichen Kategorien, sondern an den Prämissen, die beispielsweise Soziale Netzwerke vorgeben. Das Internet beschleunigt die Kommunikation und erweitert die Reichweite. Wir sind augenblicklich verbunden mit der ganzen Welt, das ist vordergründig gemeint mit dem Satz „In the electronic age we wear all mankind as our skin".[21]

Im Narziss-Mythos ist es das Wasser, das dem Jüngling als Medium begegnet. Ich verstehe McLuhans Anspielung auf den Narziss-Mythos so, dass sich Narziss des Mediums, das ihm begegnet, nicht bewusst ist. Die Wasseroberfläche spiegelt sein Antlitz. Im McLuhanschen Verständnis erweitert das Wasser sein Selbst. Meine Interpretation ist, dass sich Narziss auf fatale Weise seiner Person gewahr wird.[22] Diese ist, McLuhan zufolge, „ähnlich genug, um ihm vertraut zu sein, doch fremd genug, um ihn in seinen Bann zu schlagen".[23]

Im Wasser kann ein Bild entstehen, doch sollten wir mit McLuhans kritischem Blick auf die Medien das Spiegelbild nicht mit dem Selbst verwechseln! Ich frage mich, welche Eigenschaften des Wassers Narziss' Spiegelbild beeinflusst haben mögen? Das Wasserbild ist zweidimensional, die Farben entsprechen nicht den tatsächlichen Farben und die Beschaffenheit des Wassers selbst (trüb, klar, ruhig oder aufgewühlt) haben einen wesentlichen Einfluss auf die Erscheinung. Wenn Narziss ins Wasser blickt, sieht er eine Figur aus einer bestimmten Perspektive, nämlich von oben nach unten. Er blickt herab auf ein Antlitz, das ihn mit konzentrierter Aufmerksamkeit fixiert. Auf magische Art führt das Spiegelbild genau dieselben Handlungen aus wie er selbst. Man kann sich die Faszination, die das Spiegelbild erzeugt, vorstellen und auch Narziss' Wunsch, diese Person zu berühren. Dieser Wunsch wird ihm zum Verhängnis. Das Bild hypnotisiert ihn, er gerät in eine

---

20 Vgl. Carr, Nicolas, The Dark Side of the Information Revolution. Vortrag anlässlich einer Wirtschaftstagung der Zeitschrift „The Economist" im Jahr 2011. Online unter: http://www.nicholasgcarr.com/ [5.2.2012].
21 McLuhan, Gutenberg Galaxy, S. 5.
22 Die ursprüngliche Bedeutung des Wortes „Person" ist lat. „persona" und bedeutet „Maske" – wie die Maske des Schauspielers.
23 McLuhan/Powers, Global Village, S. 86.

Trance, die seine Sinne trübt und er verfällt dieser rätselhaften Person im Wasser. Wenn sich Narziss in dem Wasserbild verliert, dann verwechselt er die Repräsentation mit der Wirklichkeit. Infolgedessen verlässt er sich selbst, um die Eigenschaften des Wassers anzunehmen. Er löst sich im Wasser auf.

Erliegen wir einer ähnlichen narzisstischen Faszination, wenn wir uns im Web 2.0 zur Erscheinung bringen? Wir gestalten unsere Images durch unsere Posts und Kommentare. Wir sehen uns gespiegelt durch die Aufmerksamkeit, die durch Klicks, „likes" und Kommentare unserer „Freunde" erzeugt wird. Doch wir sind nicht (nur) die Person, die auf Facebook postet, wir sind viel mehr. Die Person auf Facebook kann authentisch sein, in dem Sinne, dass sie die Regeln des Mediums erfolgreich anwendet. Sie kann ständig erreichbar sein, kann abertausende von „Freunden" haben, gewandt im Posten, geschickt im Teilen von unverfänglichen Mitteilungen. Aber sie muss keine Person aus Fleisch und Blut sein. Sie muss über keine „archaischen Relikte" verfügen, die sie unverwechselbar machen. Die Person auf Facebook kann ein Trugbild sein:

„Megan war verliebt. Ihr Verehrer Josh, 16, sah gut aus und zeigte großes Interesse an ihr. Kennengelernt hatte sie ihn auf der Internetplattform MySpace. Seither machte er ihr über das Internet Avancen. Megan betete ihn an. Doch plötzlich wollte er nichts mehr von ihr wissen, beleidigte und demütigte sie. Megan wird nie erfahren, warum, die 13-Jährige hat sich noch am Abend ihrer Verschmähung erhängt. Die Wahrheit ist: Hinter der virtuellen Figur des Josh steckten eine ehemalige Freundin und deren Mutter, die sich an Megan rächen wollten."[24]

Die Selbstdarstellung im Web 2.0 kreist wie nie zuvor um die Frage: Was will ich bewirken? Wie will ich gesehen werden? Besonders bemerkenswert erscheint mir das Spannungsverhältnis zur „besseren Hälfte" der Selbstdarstellung, der Authentizität. Bemerkenswert deshalb, weil der Begriff erstaunlich oft und bemerkenswert undifferenziert verwendet wird. Während die Selbstdarstellung auf eine bewusste Inszenierung abzielt, gilt Authentizität im Alltagsverständnis als absichtslose Enthüllung eines „wahren Kerns".[25] Diese Auffassung ist unter anderem deshalb problematisch, weil in diesem Konzept mediale Aspekte, die für das Erleben von Authentizität wesentlich sind, unberücksichtigt bleiben. Sich seiner selbst gewahr zu werden und andere daran teilhaben zu lassen, bedarf nämlich einer Inszenierung.[26] Dies wird auf der Bühne und im Film augenfällig, wo wir Authentizität als Momente der Wahrheit erleben können. Nie würden wir vergessen, dass enorme technische Anstrengungen nötig sind, um dieses Erleben möglich zu machen. Authentizität ist

---

24 Römer, Anke, Gewalt 2.0, in: Psychologie heute 9 (2010), S. 1. Online verfügbar unter: http://www.psychologie-heute.de/archiv/detailansicht/news/gewalt_20/ [14.04.2012].
25 Es würde hier zu weit führen, den Authentizitätsdiskurs im wissenschaftlichen Sinne auch nur annähernd zu skizzieren. Am Rande sei darauf hingewiesen, dass alle Basistheorien des 20. Jahrhunderts von der Psychoanalyse bis zu den Genderstudies Identität und Medialität in einen Zusammenhang bringen. Das Subjekt ist abhängig von Wissensformationen, Diskurspraktiken, Machtstrategien und Medien. Vgl. dazu das Kapitel „Authentizität als Herausgeberfiktion", in: Dreyer, Selbstdarstellung, S. 182-231.
26 Vgl. dazu Dreyer, Selbstdarstellung, S. 187ff.

nichts, was einfach passiert. Sie setzt eine genaue Kenntnis der Medien voraus. Das hat sie mit der Selbstdarstellung gemeinsam.

Im elektronischen Zeitalter gelten für die Selbstdarstellung andere Regeln als im literalen Zeitalter, dem Zeitalter der Buchkultur. Die Freizügigkeit, mit der sich Facebook-User der Welt präsentieren, hat wenig mit Authentizität im literalisierten Sinne zu tun. Ein Mensch, der sich der Schriftkultur verbunden fühlt, empfindet Selbstdarstellungen auf Facebook, wenn wir mehrere hundert oder gar tausend Menschen „Freunde" nennen, unter Umständen als Fassade. Das literalisierte Konzept der Autorenschaft wird im Web 2.0 obsolet. Darunter fallen individuelle, originelle Gedankenführung, die Idee der Privatheit und vor allem Schreibfertigkeiten.[27] Auch andere klassische Merkmale einer Literalisierung – wie Sicherheit in der Rechtschreibung und Interpunktion, Ausdrucksreichtum, Sicherheit im Umgang mit Quellen – stehen nicht mehr im Vordergrund. Dafür sind Schnelligkeit, Erreichbarkeit, Reichweite im Sinne von Kontakten und Verlinkungen gefragt.

Das iPhone, das iPad und der iMac, all diese so erfolgreichen Medien nehmen nicht grundlos auf das „I", das „Ich" Bezug. Ich möchte es hier als Teilaspekt des Selbst vorstellen. Die I-Medien – egal ob sie nun von Apple oder einem anderen Hersteller kommen – sind zweifellos Medien der Selbstdarstellung, also im McLuhanschen Sinne Verlängerungen unserer Selbst. Sie ermöglichen eine instantane Kommunikation mit der ganzen Welt. Sie informieren uns über Uhrzeit, Wetter und Geschehnisse auf der ganzen Welt. Die ungeahnten politischen Umwälzungen in der arabischen Welt werden ihrem Einsatz zugeschrieben. So komfortabel dies alles ist, die Anwendungen sind auch unsere elektronischen Fußfesseln, die wie die Tamagotchies in den 1990er Jahren ständig unsere Aufmerksamkeit fordern. Sie wollen mit Daten gefüttert werden, Anschluss finden, und wir streicheln sie den ganzen Tag.

Die Beschäftigung mit elektronischen Medien beansprucht sehr viel Zeit. Zeit, die zu Lasten der Zeit geht, die wir unmittelbar – face-to-face – mit Menschen verbringen. Wenn wir überwiegend „körperlos" im Web 2.0 unterwegs sind, hat das selbstverständlich Auswirkungen auf unser Zentrales Nervensystem. Diese zeigen sich möglicherweise in der Tendenz, Berührungsdefizite zu kompensieren, wie noch auszuführen sein wird.

David Jonas, der Medizinanthropologe und Idiolektikforscher, auf den sich McLuhan im Narziss-Artikel bezieht, nennt körperliche Formen des Selbstausdrucks wie Schwitzen oder Erröten „archaische Relikte". In seinem gleichnamigen Buch führt er aus, was passiert, wenn das Zentrale Nervensystem überlastet ist. Das limbische System trennt sich funktionell vom neokortikalen (bewussten) Einfluss und erzeugt Reaktionen wie Erröten, Schwitzen, Zähneknirschen, Fingernägel kauen, mit den Knöcheln knacken oder die Haut kratzen. Diese Körperäußerungen sind

---

27 Vgl. dazu u.a. Havelock, Eric A., Schriftlichkeit. Das griechische Alphabet als kulturelle Revolution, Weinheim 1990; Goody, Jack/Watt, Ian/Gough, Kathleen, Entstehung und Folgen der Schriftkultur, Frankfurt am Main 31997; McLuhan, Gutenberg Galaxy.

Folgen einer Überlastung des Gehirns. Funktionell sorgen sie für mehr Autonomie, denn sie lenken von der Tatsache ab, dass die Person emotional überwältigt ist.[28] Derartige unwillkürliche Körperreaktionen können charmant wirken, doch die unfreiwillige Preisgabe innerer Prozesse ist zum Beispiel in einem Bewerbungsgespräch oft peinlich und störend. Um das zu vermeiden, versucht man, Faktoren, auf die es ankommen könnte, zu kontrollieren und in ein festgelegtes Ablaufschema zu pressen. Nicolas Carr glaubt, dass das Internet dazu führt, dass wir uns immer stärker an festgelegten Ablaufschemata orientieren.[29]

Ratgeberliteratur leitet dazu an, den besten Weg für ein effizientes Ergebnis zu finden. Die Selbstdarstellung wird in eine endliche Anzahl von Arbeitsschritten aufgeteilt, die zu einem festgelegten Ergebnis führen sollen, in diesem Fall: „Ich bekomme den Job." In die Selbstdarstellung werden körperliche Verfassung, Dresscode und Frisur, Sprachregelungen und Statussymbole mit einbezogen. Die Vorgaben dazu liefern häufig mediale Vorbilder.

Der Medienpädagoge Joshua Meyrowitz weist mit der Wendung „media literacy"[30] darauf hin, dass das Internet andere und komplexe Formen der Selbstdarstellung – als Inszenierung von Authentizität – von uns verlangt. Die Schwierigkeiten gelungener, d.h. als authentisch wahrgenommener Selbstdarstellung lassen sich hier mit Hilfe eines „Wertequadrats" – ein von Schulz von Thun entwickeltes Modell – veranschaulichen: Um ein Wertequadrat zu konstruieren, werden die Werte benannt, die den Begriff kennzeichnen, kontrastieren, übertreiben und ins Gegenteil verkehren.[31] So befindet sich nach Schulz von Thun der Begriff „Selbstdarstellung" in einem positiven Spannungsverhältnis zum Begriff „Authentizität". Ihre negativen Gegenspieler sind manipulative Fassadenhaftigkeit (übertriebene Selbstdarstellung) und naive Unverblümtheit (übertriebene Authentizität).[32] Die Übergänge von einem Begriff zum anderen hängen auch vom medialen Umfeld ab. So können Selbstauskünfte, die in einem Gespräch unter vier Augen authentisch erscheinen, auf Facebook wie „naive Unverblümtheit" wirken, wie der Fall „Megan" zeigt.

Authentizität erzeugt eine Form der Ergriffenheit, die alle (technischen) Umstände vergessen lässt. Auch in Facebook kann eine solche Wirkung erzeugt werden. Die Kunst der Selbstdarstellung im Web 2.0 könnte darin bestehen, sich selbst zu kennen, seine Rolle zu verstehen und die Medienwirkung zu beherrschen.[33]

---

28 Vgl. Jonas, Doris F./Jonas, Adolphe D., Signale der Urzeit. Archaische Mechanismen in Medizin und Psychologie, Würzburg ³2008, S. 276f.
29 Vgl. Carr, Nicholas, Wer bin ich, wenn ich online bin... und was macht mein Gehirn solange? Wie das Internet unser Denken verändert. Aus dem amerik. Engl. von Henning Dedekind, München 2010, S. 234.
30 Eine Synthese von McLuhans und Goffmans Ansätzen versucht Meyrowitz in seinem Konzept der Medienkompetenz. Vgl. Meyrowitz, Joshua, Multiple Media Literacies, Journal of Communication 48 (1998), S. 96–108.
31 Vgl. Schulz von Thun, Friedemann, Miteinander reden Bd. 2: Stile, Werte und Persönlichkeitsentwicklung, Reinbek bei Hamburg 1993, S. 40ff.
32 Vgl. Schulz von Thun, Miteinander reden, S. 45.
33 Vgl. Dreyer, Selbstdarstellung, S. 231.

Medien verändern uns – psychisch und auch physisch. Wie bereits erwähnt, ist das Gehirn formbar. Es entwickelt sich ein Leben lang, und das, was wir denken, fühlen und tun, befindet sich in permanenter Wechselwirkung mit den Dingen, mit denen wir uns beschäftigen.[34] Durch den Umgang mit Computern wird die Fähigkeit erweitert, Objekte und andere Stimuli schnell zu bewerten und zu kategorisieren, Rätsel zu lösen und in Begriffen von Symbolen im Raum zu denken. Andere Fähigkeiten – wie etwa die Konzentrationsfähigkeit und das Erinnerungsvermögen – werden geschwächt. Ist das Internet eine „Technologie des Vergessens"?[35] Was diese Technologie für das Selbst- und Weltverhältnis bedeuten könnte, möchte ich im Folgenden untersuchen.

4. Selbstdarstellung und Körper

Wenn er die Welt als globales Dorf bezeichnet, dann bedeutet das für McLuhan eine Rückkehr zur Stammeskultur. Alte Rituale erstehen auf, man rückt näher zusammen. 1964 schreibt McLuhan:

> „Die elektrische Schrift und Geschwindigkeit fluten ihn [den Menschen] in jedem Augenblick und andauernd mit den Belangen aller anderen Menschen. Er wird wieder stammesgebunden. Die Familie der Menschheit wird zu einem großen Stamm."[36]

Dies hat Auswirkungen auf die Kommunikation. Je mehr wir mit der Bändigung von technischen Geräten beschäftigt sind, desto mehr Zeit verbringen wir im virtuellen Raum. McLuhan stellt fest: „Der Sender verliert seinen Körper und damit auch seine Identität".[37] Das hat enorme Konsequenzen für das Selbstverständnis, denn der Körper ist der wichtigste Referenzpunkt menschlicher Identität.[38] Die neurologischen Veränderungen sind für manche Menschen – wie z.B. Nicholas Carr – fühlbar. Er beschreibt diesen Vorgang so:

> „Während der letzten paar Jahre beschlich mich immer wieder das unangenehme Gefühl, dass irgendjemand oder irgendetwas an meinem Gehirn herumpfuscht, die neuronalen Schaltkreise neu vernetzt und mein Gedächtnis umprogrammiert hatte."[39]

---

34 Die britische Hirnforscherin Susan Greenfield konnte bei Londoner Taxifahrern nachweisen, dass ihr Hippocampus, die Hirnregion, die das Erinnerungsvermögen strukturiert, signifikant größer ausgebildet war als bei Vergleichsgruppen. Vgl. Coupland, Marshall McLuhan, S. 204f. Auch bei Violinisten konnte nachgewiesen werden, dass bestimmte Bereiche des Gehirns größer sind als bei Nichtviolinisten. Vgl. Carr, Wer bin ich, S. 61.
35 Carr, Wer bin ich, S. 231.
36 Zitiert in: Düker, Ronald, Prophet unserer Gegenwart, in: LITERATUREN 101 (2011), S. 24–35, S. 29.
37 McLuhan, Marshall, „I ain't got no body. Gespräch mit Louis Fordsdale", in: ders., Das Medium ist die Botschaft, hg. und übers. von Martin Baltes u.a., Dresden 2001, S. 7–54, S. 10f.
38 Vgl. Rohr, Elisabeth (Hg.), Körper und Identität. Gesellschaft auf den Leib geschrieben, Königstein 2004.
39 Carr, Wer bin ich, S. 21.

McLuhan beschreibt diesen Vorgang als Entkörperlichung: „The electronic age [...] angelizes man, disembodies him. Turns him into software".[40] Je mehr wir uns entkörperlichen vor dem Bildschirm, desto intensiver könnte der Wunsch nach einschneidenden Erlebnissen sein. Ein Indiz dafür könnte im Trend zur Körpermodifikation zu finden sein.[41] Wäre es möglich, dass wir zu besonderen Maßnahmen greifen, um uns zu „authentifizieren"? Könnte es sein, dass wir „Hand anlegen" (eine der möglichen ursprünglichen Bedeutungen von Authentizität[42]), um uns einzuprägen, was uns zu entgleiten droht?

Im elektronischen Zeitalter sind wir einem ständigen Selbstdarstellungszwang ausgesetzt. Was wir essen, trinken, denken, fühlen, wie wir wohnen, aussehen und sprechen, nichts ist willkürlich, sondern wird der Selbstdarstellung zugeschrieben. Alle Dinge, mit denen wir uns umgeben, sind unsere Visitenkarte. Sie erzählen von unserer sozialen Zugehörigkeit, unseren Werten und unserer Popularität. Wir gehen online einkaufen, spielen oder kommunizieren und anschließend ins Fitness-Studio, um uns zu verausgaben. Die Selbstdarstellung in Sozialen Netzwerken pendelt zwischen „Körpervergessenheit" und „Körperversessenheit".[43] Festzustellen ist ein Gegensatz von der Konzentration auf Bilder vom Körper im virtuellen Raum ohne eigenes Körpererleben einerseits und der Konzentration auf intensives Körpererleben andererseits, wie wir sie u.a. durch Körpermodulationen und extreme Körpererlebnisse beobachten.[44] Ist das Web 2.0 ein Medium, das unsere Aufmerksamkeit in pathologischer Weise herausfordert, eine „Technologie der Vergesslichkeit"?[45] Und wie ist dieser Befund in einen Zusammenhang zu bringen mit McLuhans Feststellung, im Global Village trügen wir die ganze Menschheit auf unserer Haut?[46]

---

40 Marshall McLuhan, Interview with A.F. Knowles, Video Tape, Toronto: York University Instructional Technology Center, 1971.
41 Körpermodifikationen wie Tätowierungen, Piercings und Körperhaarentfernung wurden untersucht. Es zeigt sich eine Geschlechts- und Altersabhängigkeit. Tätowierungen nehmen zu. Vgl. Brähler, Elmar, Verbreitung von Tätowierungen, Piercing und Körperhaarentfernung in Deutschland. Ergebnisse einer Repräsentativerhebung in Deutschland im Mai und Juni 2009, Pressemitteilung, Universität Leipzig, 13. Juli 2009, online verfügbar unter: http://medpsy.uniklinikum-leipzig.de/medpsy.site,postext,pressemitteilungen,a_id,964.html?PHPSESSID=l9s78k49sqdveqk87ecd6h3n85 [14.4.2012].
42 „Hand anlegen" im Sinne von „Selbstvollbringer, Töter" ist eine der möglichen etymologischen Ursprünge des Wortes „Authentizität". Vgl. Dreyer, Selbstdarstellung, S. 174.
43 Vgl. Dreyer, Selbstdarstellung, S. 150.
44 Beispielhaft für Körpermodulationen seien Schönheitsoperationen, Fitnesswahn, Tattoos und Piercings genannt, wobei die Grenzen zu extremem Körpererleben (z.B. durch Extremsportarten) fließend sind.
45 Carr, Wer bin ich, S. 302.
46 McLuhan, Marshall, „Verliebt in seine Apparate. Narzißmus als Narkose", S. 73–83, in: ders., Kanäle, S. 83.

Exkurs: Die Bedeutung der Haut für das Selbst- und Weltverständnis

Die Haut ist unser größtes Organ. Sie grenzt das Körperinnere von der Umwelt ab. Die Differenzierungsfähigkeit der Haut ist enorm groß. Die unmittelbarste Erfahrung, die wir in der Welt machen, ist mit Berührung verbunden. Sie ist das erste und das letzte Kommunikationsmittel im Leben. Wenn andere Kommunikationskanäle noch nicht oder nicht mehr erschlossen sind, bei sehr kleinen, sehr alten oder kranken Menschen kann man immer noch über Berührung in Kontakt treten. Die Haut ist das Organ der Selbstvergewisserung. Berührung kann heilen und verletzen. Menschen, die berührt werden, werden schneller wieder gesund. Die Haut erneuert sich unentwegt und gibt sich der Welt zu erkennen. Ihr Zustand wird über das Zentrale Nervensystem gesteuert. Die Häutung als Symbol der Veränderung wird in der Schlange, die sich um den Äskulapstab schmiegt, versinnbildlicht. In der westlichen Ikonografie steht die Schlange für Heilkraft und Verderbnis. McLuhan bezeichnet den medialen Übergang von der Schriftkultur zur elektronischen Kultur als Prozess der Häutung.[47]

Der Haut kann man nichts vormachen. Kälte, Wärme, Schmerz, Druck und Bewegung werden aufs Genaueste registriert. Diese Informationen werden im limbischen System, vor allem im Hypothalamus, verarbeitet. Er ist u.a. der Entstehungsort der Trieb- und Affektzustände.[48] In unserer Sprache spiegeln sich psychosomatische Vorgänge. Redewendungen, wie „aus der Haut fahren" oder „außer sich sein" sind Äußerungen des limbischen Systems, die man für Diagnostik und Therapie fruchtbar machen kann.[49] McLuhan war mit diesem (später „idiolektisch" genannten) Ansatz vertraut.[50] Auch symbolische Handlungen werden über Spiegelneuronen zu berührenden Erlebnissen. Bindernagel und Poimann zufolge spielgelt sich „unwillkürlich und unbewusst das in mir, was ich beobachte, so dass die ‚Welt da draußen' in Wirklichkeit die ‚Welt in mir' ist".[51]

Wird das Nervensystem überreizt, kann es sein, dass neurotoxisches Material durch die Haut ausgeschieden wird. Neurodermitis, Ekzeme, Allergien und andere Hautveränderungen bilden dann die Sinnesüberreizung körperlich ab.[52] Wir erleben, dass die Zahl der Allergiker und Hautkranken rasant zunimmt. Umweltgifte und Dauerstress werden dafür verantwortlich gemacht. Die beschleunigte Kommunikation bedeutet für unser Gehirn Stress, denn unser Gehirn ist, wie der Gehirn-

---

47 McLuhan, Marshall, „Die Gegenwart ist immer unsichtbar". Gespräch mit Eli Bronnstein, dem Herausgeber des „Structurist" Anfang 1966 in Toronto, in: ders., Medium, S. 132.
48 Roth, Persönlichkeit, S. 45.
49 Jonas, Adolphe David/Daniels, Anja, Was Alltagsgespräche verraten. Verstehen Sie limbisch? Würzburg 2008.
50 McLuhan, „Verliebt in seine Apparate", in: ders., Kanäle, S. 74f.
51 Bindernagel, Daniel/Poimann, Horst, Idiolektik und Neurowissenschaften, in: Bindernagel, Daniel/Krüger, Eckard/Rentel, Tilman/Winkler, Peter (Hg.), Schlüsselworte. Idiolektische Gesprächsführung in Therapie, Beratung und Coaching, Heidelberg 2010, S. 101–128, S. 118.
52 Jonas/Jonas, Signale, S. 74.

forscher Damasio hervorhebt, von Natur aus langsam.[53] Um den Stress zu beschreiben, bemüht McLuhan eine Metapher: Beschleunigte Kommunikation sei, wie wenn ein Lastwagen mit Vollgas auf uns zu fahre. Wir blieben stehen, wie das hypnotisierte Kaninchen vor der Schlange.

In „Signale der Urzeit" führt David Jonas den Zusammenhang zwischen Stress und neuronalen Reaktionen aus:

> „Wenn ein [...] fein gestimmtes Nervensystem unaufhörlich mit groben Stimuli bombardiert wird, wird die daraus folgende Übererregung [...] das Individuum zu einer beinahe automatischen Schutzreaktion treiben. Aus unserer eigenen Erfahrung wissen wir, dass uns der ohrenbetäubende Lärm eines Düsenmotors unwillkürlich dazu veranlasst, beide Hände auf die Ohren zu pressen ebenso, wie wir uns gegen zu grelles Licht die Augen bedecken. Wogegen schützen wir uns? Letzten Endes ist es ein Schmerz, der fühlbar wird, wenn ein sensorischer Nerv über einen Schwellenwert hinaus stimuliert wird."[54]

5. Ink and Pain. Einschreibungen gegen das Vergessen

Einleitend wurde gesagt, dass Selbstdarstellungen häufig gleichzeitig als qualvoll und als lustvoll empfunden werden. Manifestiert sich die Gleichzeitigkeit dieser Empfindungen im Trend, die eigene Haut zu gestalten? Die Haut wird gestrafft, geritzt und punktiert. Das bereitet Schmerzen und offenbar auch Lust.[55] So gesehen scheint es kein Zufall zu sein, dass parallel zum Aufkommen des World Wide Web Tätowierungen in Mode kommen. Zunächst sind es Mitte der 1980er Jahre die sog. Tribals. Das sind Motive, die ursprünglich polynesischen Stammesgesellschaften entlehnt sind. Es sind damals vor allem Techno-Fans, die diesen Körperschmuck als Ausdruck ihres Lebensgefühls wählen. Inzwischen ist die Motivwahl nicht immer das Ergebnis einer langen Auseinandersetzung und auch die Wahl des Tattoo-Studios ist nicht immer gut durchdacht.[56] Dies erstaunt, denn die Beziehung zwischen Tätowierten und Tätowierern ist Erfahrungsberichten zufolge eine ganz besondere.[57] Hier wird eine lebenslange Verbundenheit etabliert, und das setzt großes

---

53 Damasio zitiert in Carr, Wer bin ich, S. 341.
54 Jonas/Jonas, Signale, S. 254.
55 Die Verknüpfung von Schmerz-Lust-Erfahrungen als Kompensation einer Dialektik zwischen Körpervergessenheit und Körperversessenheit könnte auch im Zusammenhang mit zunehmenden S/M-Techniken diskutiert werden.
56 Wittmann, Ole/Kes One 3001, Das Material Haut in der Tätowierkunst, in: QUERFORMAT. Zeitgenössisches, Kunst, Populärkultur 4 (2011), S. 20–24.
57 Die Tätowiererin Susanne Stichert berichtet, dass man glaubt, Frauen tätowierten schmerzfreier als Männer. Sie selbst hält das für unwahrscheinlich, da die Technik dieselbe ist. Für sie spielt die Tagesform eine wichtige Rolle beim Schmerzempfinden. Sie räumt ein, dass sie in eine gute Atmosphäre investiert. Ihre Kunden fühlen sich so, „als ob sie sich schon immer kennen". Für sie selbst spielt die Bindung zum Tätowierer eine Rolle in der Wahrnehmung ihrer eigenen Tattoos. So hat sie ein Tattoo von jemandem, den sie nicht besonders mag und mag dieses Tattoo nicht. Mitschrift eines Interviews vom 18.9.2011.

Vertrauen voraus. Doch dies ist verhandelbar – wie auch die Wirkung der Tattoos an sich. Waren sie lange mit sozialem Makel behaftet – man kannte sie von „Knackies", Seemännern und Prostituierten – sind Tattoos inzwischen in der Mitte der Gesellschaft angekommen, schreibt Oliver Bidlo in seiner lesenswerten Einführung in und Auseinandersetzung mit Tattoos.[58]

Kann man dieses Phänomen als Betonung des Körpers und Körperempfindens in Entgegensetzung zur Körpervergessenheit lesen? Im kulturwissenschaftlichen Diskurs besteht Einigkeit darüber, dass Tattoos keine Zeichen von Authentizität sind, sondern theatrale Akte der Selbstvergewisserung, in der die Einzigartigkeit des Individuums zur Disposition steht.[59] Selbstvergewisserung ist in unserer fluiden Gesellschaft, wo nichts mehr sicher ist, sehr wichtig. Es gibt keine Sicherheit am Arbeitsplatz, Familienzusammenhänge brechen auseinander und Geschlechteridentitäten werden erschüttert. Vor diesem Hintergrund steht das Tattoo für Dauerhaftigkeit, Verlässlichkeit und Selbstbestimmung. Das „ink and pain"-Geschäft boomt.[60] Sich für das Leben zeichnen zu lassen, ist ein Phänomen, das ich parallel zu den Aufzeichnungen in Sozialen Netzwerken diskutieren möchte.

Die größte Gemeinsamkeit zwischen dem Tätowiertsein und der Aktivität in Sozialen Netzwerken scheint zu sein, dass man sich der Welt zeigt, ohne wirklich von ihr berührt werden zu wollen. Tattooträger_innen und aktive „Poster" in sozialen Netzwerken setzen Zeichen ohne spezifischen Adressaten. Sie wenden sich an eine Community, an einen Freundeskreis und bezeugen ihre Zugehörigkeit über das Sichtbarmachen von Einträgen. Reaktionen sind nicht zwingend. Man tut seine Meinung kund und erwartet meist keine Reaktion. Das können Vorlieben in Musik, Kunst, Politik oder Partys sein oder Dokumentationen von Empörung, Abwehr und Protest. Man teilt und man teilt sich mit. Doch anders als in Sozialen Netzwerken, wo es um flüchtige Kommentare und oftmals bewegte Bilder geht, sind es beim Tätowieren „stills", also statische Bilder: gebannter Augenblick, unveränderliche Zeugnisse, lebenslängliche Bekenntnisse, die in den Körper gepixelt werden. Ist das Wechselspiel zwischen flüchtiger Kommunikation im Web 2.0 und dem lebenslänglichen Inschriften der Tattoo-Kultur als Pendeln zwischen Körpervergessenheit und Körperversessenheit zu verstehen?

In Vorbereitung dieses Beitrags führte ich zahlreiche Gespräche, um herauszufinden, ob es einen Zusammenhang zwischen Mediennutzung im Web 2.0 und der Affinität zu Tattoos gibt. Es scheint, dass die „Babyboomer-Generation" (also

---

58 Vgl. Bidlo, Oliver, Die Einschreibung des Anderen, Essen 2010.
59 Dankemeyer, Iris, Haut Couture. Zeitgenössische Tätowierungen zwischen Mode und Authentifizierungsbedürfnis, in: QUERFORMAT. Zeitgenössisches, Kunst, Populärkultur 4 (2011), S. 14–18; Bidlo, Einschreibung, S. 52–59.
60 Vgl. Bidlo, Einschreibung; Hermann, Anja/Kampmann, Sabine, Editorial QUERFORMAT. Zeitgenössisches, Kunst, Populärkultur 4 (2011), o.S. Die Bezeichnung „ink-and-pain-business" habe ich in John Irvings Roman „Bis ich Dich finde" (Zürich 2006) gelesen. Es ist die Geschichte eines kleinen Jungen, der seinen (ganzkörpertätowierten) Vater sucht.

die zwischen 1959 und 1964 Geborenen) eine eher ablehnende Haltung gegenüber Tattoos hat. Ihre Haltung zu Sozialen Netzwerken ist tendenziell zurückhaltend. Der Gedanke, sich in Facebook oder ähnlichen Netzwerken auszustellen, ist vielen unsympathisch. Man befürchtet den Verlust von Privatheit, Datenmissbrauch und Trivialisierung. Ein Großteil der Befragten sah in Tätowierungen eine Form der Selbststigmatisierung, die die Freiheit der Berufswahl oder die soziale Zugehörigkeit gefährdet. Dies erstaunt nicht, denn die Babyboomer sind in einer Medienkultur aufgewachsen, die noch stark von der Buchkultur geprägt war und ihre Ideale, wenn auch nicht (immer) reflektiert, verinnerlicht hat.[61] Unterscheiden ihr Selbstverständnis und ihr Authentizitätsbegriff sich von dem Selbstverständnis derer, die mit dem Computer und dem Internet aufgewachsen sind? Um diese Spur zu verfolgen, führte ich Gespräche mit Menschen, die nach 1964 geboren sind und Tattoos tragen. Ich befragte sie nach ihren Motiven, und zwar im doppelten Wortsinne.

Bei ihnen stellte ich ein Unbehagen fest, darüber Auskunft zu geben. Typische Antworten waren, „es gefiel mir halt" oder „ach, nur so" oder „dabei hab ich mir eigentlich gar nichts gedacht" oder „es hat keine besondere Bedeutung". Wenn es gelang, die Gespräche weiter zu führen, stellte sich oft heraus, dass das Tattoo parallel zu einem bestimmten Lebensereignis entstand. Ein besonderer Urlaub, eine Liebe oder der Triumph über das elterliche „Nein". Entgegen meiner Erwartung ist es jedoch nicht angesagt, darüber zu sprechen oder sich zu erklären. Es soll einfach stehen gelassen werden. Auf eine kurze Formel gebracht: Anschauen erlaubt, hinterfragen verboten. Ist die Tätowierung zu intim, um über sie mit Fremden zu sprechen? Was bedeutet das für die Kommunikation im Web 2.0, die ja hier Vergleichsobjekt sein soll?

Mit der Beschleunigung der elektronischen Kommunikationsmedien werden Grenzen neu verhandelt. Zur Diskussion steht u.a. das Verhältnis von Öffentlichkeit und Privatheit, auch was den eigenen Körper anbelangt. Mitteilungen adressieren sich heute an ein viel größeres Publikum. Die Reichweite der Mitteilungen in Sozialen Netzwerken hat sich deutlich ausgedehnt wie auch die Bereitschaft, Zeichen über den eigenen Körper zu kommunizieren. Bemerkenswert scheint mir, dass der Flüchtigkeit der Kommunikation im Web 2.0 die Irreversibilität der Körpereintragungen gegenüber steht.[62]

---

61 Das Fernsehen in der Bundesrepublik Deutschland wurde erst ab 1964 zum Leit- und Massenmedium; vgl. die „Kurze Geschichte des Fernsehens" bei ZEIT Online: http://www.zeit.de/2007/01/Kurze_Geschichte_des_Fernsehens/seite-1 [4.5.2012].
62 Zwar kann man Tattoos rückgängig machen, doch sind diese Verfahren noch nicht ausgereift und eher die Ausnahme.

6. „One must probe everything, including the words and one's self"[63]

Welche Medien wir zur Selbstdarstellung benutzen, ob es Kleidung, Sprache, Fotos oder Tattoos, Statussymbole wie Uhren, Autos, Immobilien sind, hängt stark von unserer Mediensozialisation ab. Was zeigen wir von uns? Welche Anteile unserer Persönlichkeit verstärken wir durch Medien? Wir können über alles sprechen – aber wir tun es nicht. Zurückhaltende Antworten ziehen eine Grenze. Die Grenzen mögen sich verändern, das Bedürfnis, Dinge für sich zu behalten, nicht.

Parallel zur Dauerbereitschaft, online zu sein, entwickelt sich ein massenhaftes Bedürfnis nach Ruhe und Kontemplation. Fernöstliche und westliche Meditationstraditionen und die Themenkarriere des Begriffs *Achtsamkeit* sprechen dafür.[64] Kann man diesen Trend als Regulat zu einer Hyperaktivität im Netz lesen?[65]

McLuhan verband mit seiner Medienforschung mehr als reines Forschungsinteresse. Er sah darin einen Bildungsauftrag, der ihn auch zur Selbsterforschung verpflichtete:

> „In dem Sinne, dass diese Medien Erweiterungen unserer selbst – des Menschen – sind, ist mein Interesse an ihnen ausgesprochen humanistisch. All diese Technologien und die Mechanismen, die sie schaffen, sind zutiefst menschlich. Was soll man den Leuten sagen, die nicht in der Lage sind, die Erweiterungen ihrer eigenen Körper und Fähigkeiten zu erkennen, für die die Umwelt nicht durchschaubar ist?"[66]

McLuhans Bestreben war es, Bezüge vom menschlichen Körper und Geist zu den Medien zu rekonstruieren. Sich ihrer Wirkung bewusst zu werden, hilft, wie er fand, um nicht von ihnen „hypnotisiert" zu werden. Er war davon überzeugt, dass man die Wechselwirkungen zwischen Mensch und Medium beeinflussen kann, wenn man die Prozesse versteht, die sie in Gang setzen. McLuhan ging es um „Selbstermächtigung", wie man heute sagen würde.

> „The first and most vital step of all [...] is simply to understand media and its revolutionary effects on all psychic and social values and institutions. Understanding is half the battle. The central purpose of all my work is to convey this messaage, that by understanding media as they extend man, we gain a measure of control over them [...] If we diagnose what is happening to us, we can reduce the ferocity of the winds of change and bring the best elements of the old visual culture [...] into peaceful coexistence with the new retribalized society."[67]

---

63 Gordon, Terrence, McLuhan for Beginners, London 1997, S. 34.
64 Gibt man den Begriff „Achtsamkeit" in Google ein, erhält man 1.450.000 Ergebnisse. Google Insights for Search zeigt das Interesse im zeitlichen Verlauf an.
Vgl. http://www.google.com/insights/search/#cat=0-14&q=achtsamkeit&cmpt=q am 11.5.2012. Der Begriff „christliche Meditation" hat im Vergleich 815.000 Ergebnisse.
65 Für die Popularität des Themas spricht u.a.der internationale Kongress Achtsamkeit, den die Universität Hamburg im August 2011 veranstaltete: www.achtsameitskongress.de [14.4.2012].
66 McLuhan, Medium, S. 95.
67 Marshall McLuhan im Gespräch mit Eric Norden: Marshall McLuhan, A candid conversation with the high priest of popcult and metaphysician of media, Interview, PLAYBOY, March 1969, S. 53–74.158, Zitat: S. 74.

McLuhan dürfte die Narziss-Metapher gewählt haben, um seinen kritischen Blick auf die Medienwirkung zu untermauern. Es war sein lebenslanges Anliegen, auf die betäubende Wirkung der Medien hinzuweisen. Er rang darum, ihr zu entgehen. „One must probe everything, including the words and one's self",[68] empfiehlt McLuhan und meint damit ein lebenslanges, phänomenologisch und semiotisch ausgerichtetes Selbstexperiment, das für ihn eine Schlüsselkompetenz im Global Village ist. In der Fähigkeit, sich zurückzuziehen, die McLuhan der Literalisierung zuschreibt, findet er selber Zuflucht: Medien zu studieren, ohne sich von ihnen vereinnahmen zu lassen.[69] Das wichtigste Medium ist für McLuhan die Sprache. Sie ist für ihn das Idealmodell aller Medien.[70] Sie zu erforschen, blieb ein lebenslanges Anliegen. Die Selbsterforschung („probing one's self") kann über die Bewusstwerdung der eigenen Sprachbilder erfolgen, die das allgemeine Mindsetting bestimmen.[71]

McLuhan war kein Apologet der neuen Medien. Er konstatierte vielmehr ihre krankmachende, „traumatische" Wirkung und plädierte für ein nüchternes Untersuchen und Verstehen der Medien, in dem man sich zugleich „hineinbegibt" und „distanziert". McLuhan beschreibt sie so:

> „Man muss damit beginnen, sich aus der gewohnten Umwelt heraus zu begeben und sich hinter die Frontlinie zurückzuziehen, um die Konfigurationen der beteiligten Kräfte studieren und verstehen zu können."[72]

Man könnte diese Haltung mit jener Haltung parallelisieren, die in Achtsamkeitskursen propagiert wird. Jon Kabat-Zinn, der weltweit führende MBSR-Lehrer,[73] zitiert einen Spruch auf einen T-Shirt, der es auf den Punkt bringt: „Meditation – it's not what you think".[74] Dieser Spruch hätte McLuhan, der eine Schwäche für Wortspiele hatte, gefallen. Einerseits wird darauf angespielt, dass Meditation ein Schlagwort ist, mit dem sich Klischees verbinden. „[I]t's not what you think" bedeutet in diesem Sinne, hinter dem Schlagwort verbirgt sich mehr als man annimmt. Andererseits ist „[I]t's not what you think" wörtlich zu nehmen, denn bei der Meditation geht es ja gerade nicht um das Denken, sondern darum, sich der Illusion des Denkens gewahr zu werden. Wahrnehmung, nicht Konzeptualisierung

---

68 Gordon, McLuhan, S. 34.
69 McLuhan, Conversation, S. 158.
70 Höltschl, Rainer/Böhler, Fritz, Ich bin mein eigener Computer. Sprache, Schrift und Computer bei McLuhan, in: McLuhan, Medium, S. 245–291, S. 262.
71 Vgl. dazu Jonas/Daniels, Alltagsgespräche; Ehrat, Hans Hermann, Archaische Relikte in der Psychosomatik, in: Bindernagel, Daniel u.a. (Hg.), Schlüsselworte. Idiolektische Gesprächsführung in Therapie, Beratung und Coaching, Heidelberg 2010, S. 187–205.
72 McLuhan, Marshall, Geschlechtsorgan der Maschinen. Playboy-Interview mit Eric Norden, in: ders., Medium, S. 169–244, Zitat: S. 241.
73 Kabat-Zinn ist emeritierter Professor an der University of Massachussetts Medical School in Worcester. Seine Bücher wurden in 30 Sprachen übersetzt und erlangten zum Teil Bestseller-Status. Kabat-Zinn konzentriert sich auf die Zusammenhänge von körperlichen Vorgängen und geistigen Aktivitäten.
74 Eine Einführung in MBSR von Jon Kabat-Zinn findet man unter http://www.youtube.com/watch?v=3nwwKbM_vJc [14.4.2014].

sind sowohl für McLuhan als auch für die Achtsamkeitsmeditation der Schlüssel zum Umgang mit den Herausforderungen der neuen Medien.[75]

Als McLuhan in „Understanding Media" über den Narziss-Mythos schrieb, konnte er nicht wissen, dass David Jonas, auf den er sich bezog, um die hypnotisierende Wirkung der Medien zu beschreiben, gerade dabei war, eine Methode zu entwickeln, die genau dies zum Ziel hat: die eigenen Worte und sich selbst zu erforschen. Die als Idiolektik bekannte Methode erforscht die Eigensprache und trägt dazu bei, die psychosomatischen Befunde, von denen hier die Rede ist, in einen soziokulturellen Zusammenhang zu stellen.[76] David Jonas war mit McLuhans Werk vertraut.[77] Die gegenseitigen Bezugnahmen sind noch nicht erforscht.

Folgt man McLuhan, dann hängt die Selbstdarstellung wesentlich davon ab, in welchem medialen Umfeld wir uns bewegen. Wenn wir unser Selbstbild nach Außen tragen, kreieren wir *Images*. Ihre Bestimmung ist es, gewisse Merkmale und Fähigkeiten unserer Persönlichkeit zu verstärken und andere auszublenden. Diese Dynamik wurde an McLuhans Interpretation des Narziss-Mythos illustriert.

Die Selbstdarstellung im Web 2.0 bemisst sich an den Bedingungen der sozialen Medien. Populär ist, wer erreichbar, vernetzt und mitteilsam ist. Die Flüchtigkeit der Nachricht steht im Kontrast zur Dauerhaftigkeit, mit der der eigene Körper zum Nachrichtenträger wird. Zwischen Körpervergessenheit und Körperversessenheit pendelnd birgt das Web 2.0 die Möglichkeit, sich permanent neu zu erfinden. Grenzen werden neu verhandelt. Die literalisierte Vorstellung von Authentizität wird herausgefordert. Klassische Unterscheidungen wie „erfunden" oder „erlebt", „öffentlich" oder „privat" werden neu verhandelt. Kann die Relevanz einer Nachricht an ihrer Beständigkeit bemessen werden? Sind tätowierte Zeichen aussagekräftiger als Eintragungen auf Facebook?

„We wear all mankind as our skin" – wie man sich im Web 2.0 selbst auf die Welt bringt, hängt auch vom jeweiligen Selbst- und Weltverständnis ab. Im Global Village steht nicht weniger als der achtlose oder der achtsame Umgang mit sich und der Welt zur Debatte. „Medien zu verstehen" im McLuhanschen Sinne setzt den achtsamen Umgang mit sich selbst und seiner Sprache voraus. Insofern ist McLuhans Vermächtnis weit mehr als ein herausfordernder theoretischer Ansatz, sondern eine Anregung, mit sich und seiner Umwelt achtsam umzugehen. Darin dürften sich die Pioniere und Querdenker Marshall McLuhan und David Jonas einig gewesen sein: „One must probe everything, including the words and one's self."

---

75 Ein oft zitiertes, geflügeltes Wort von McLuhan lautet „It's all percept, no concept." McLuhan/Zingrone, Essential McLuhan, S. 271.
76 Vgl. Winkler, Peter, Dummheit siegt. Gezielte Naivität als therapeutische Strategie zur Erreichung passgenauer Interventionen, in: Ehrat, Hans Hermann/Poimann, Horst (Hg.), Idiolektik Reader. Wichtiges aus zwei Jahrzehnten, Würzburg 2011, S. 89–102.
77 Jonas/Jonas, Signale, S. 212.

Fernanwesenheit
Personsein im Social Web im Lichte der Theologie

Christina Costanza

Abstract

Im Rückgriff auf Wolfhart Pannenbergs Anthropologie wird vor dem Hintergrund der Geschichte des Personbegriffs eine „negative" Persontheorie skizziert: Personen sind prinzipiell undurchschaubar und darin dem verobjektivierenden Zugriff unzugänglich (2.). In Auseinandersetzung mit der Medienanthropologie Sherry Turkles wird sodann gezeigt, wie von einer solchen Persontheorie das Phänomen der computervermittelten Telepräsenz kulturhermeneutisch gedeutet werden kann: Eine andere Person im virtuellen Gesprächsraum als fernanwesend, d.h. als zugleich anwesend und abwesend zu erfahren, ist eine wesentliche Signatur interpersonaler Kommunikation (3.). Da diese Signatur in theologischer Perspektive von der Personalität Gottes her zu verstehen ist, öffnet sich das Phänomen der Telepräsenz als Erfahrung der Anwesenheit des Abwesenden für die theologische Deutung, wie an einigen religiösen Vollzügen exemplarisch skizziert wird (4.).

1. Telepräsenz: Medienanthropologie und Theologie im Gespräch

„Sie sind wie eine zweite Stimme in mir, die mich durch den Alltag begleitet. Sie haben aus meinem inneren Monolog einen Dialog gemacht. Sie bereichern mein Innenleben. Sie hinterfragen, insistieren, parodieren, Sie treten in Widerstreit zu mir. Ich bin Ihnen so dankbar [...].
Emmi, diese scheinbar belanglosen Worte mit Ihnen über den Tod meiner Mutter, die haben mir wahnsinnig gut getan. Da war wieder diese zweite Stimme in mir, die ‚meine' fehlenden Fragen stellt, die mir ‚meine' ausstehenden Antworten gibt, die permanent meine Einsamkeit durchbricht und unterwandert. Ich hatte sofort den dringenden Wunsch, Sie noch näher an mich heranzulassen, Sie ganz nahe bei mir zu haben."[1]

Diese Worte, die Daniel Glattauer in seinem 2006 erschienenen Roman „Gut gegen Nordwind" seinem Protagonisten Leo Leike in den Mund – besser: in die Email an die Co-Protagonistin Emmi Rothner – legt, können als exemplarisches Dokument von interpersonalen Erfahrungen im Social Web gelesen werden. Dass sie im Roman als Email-Text inszeniert sind,[2] tut dieser Lesart insofern keinen Abbruch, als

---

1 Glattauer, Daniel, Gut gegen Nordwind, Roman, München ²²2008, S. 77.
2 E-Mail ist als ein bestimmter Dienst des Internets zu verstehen, neben dem World Wide Web als anderem Dienst, auf welchen wiederum die Techniken und Kommunikationsphänomene des so

sich Glattauers Geschichte zweier Menschen, die einander über Email-Austausch kennen und (fast) lieben lernen, ohne sich je face-to-face zu begegnen, ähnlich über typische Kommunikationsweisen des Social Web – Chat, persönliche Nachrichten in einem Sozialen Netzwerk, Twitter-Gespräche oder ähnliches – hätte entwickeln lassen. Entscheidend ist die erzählte Bewegung zweier einander unbekannter Menschen aufeinander zu, die allein durch computervermittelte, rein textbasierte Kommunikation vorangetrieben wird und die durch ein eigentümliches Beieinander von Nähe und Distanz gezeichnet ist. Durchweg sind Emmi und Leo einander körperlich entzogen; entsprechend ist ihnen der physische Ort des je anderen durchweg nicht gewärtig. Und doch kommen die beiden einander über die geschriebenen Texte ihrer Emails näher, als es ihnen im zeitlichen Kontext ihrer Konversation die leiblich präsenten Menschen ihrer physischen Umgebung sind.

Diese eigentümliche Verbindung von Nähe und Distanz in interpersonaler Kommunikation kann mit einem in der Medientheorie schon länger geläufigen Begriff als „Telepräsenz", als „Fernanwesenheit" bezeichnet werden.[3] Solche Fernanwesenheit verstehe ich als die medial vermittelte Präsenz eines physisch entzogenen Gegenübers. Fernanwesenheit kann durch verschiedene Medien induziert werden: Das Lesen eines Briefes kann dessen Verfasser ebenso fernanwesend werden lassen wie eine Fotografie den abgebildeten Menschen oder den Fotografen als Urheber des Fotos. Aber es sind die Medien elektronischer Telekommunikation vom optischen Telegraphen bis zur mobilen Telephonie und dem Internet, welche Fernanwesenheit insofern intensiviert erleben lassen, als, erstens, hier die räumliche Entzogenheit häufig mit kommunikativer Gleichzeitigkeit einhergeht (auch die Protagonisten von „Gut gegen Nordwind" verwenden die Email-Technik mehrfach im Sinne eines synchronen Chatting), und zweitens mit dem computertechnisch gestützten Aufbau eines virtuellen Raumes verbunden ist. „Virtueller Raum" wird hier als Kommunikationsraum zwischen zwei über Internet verbundenen Menschen verstanden, der nicht als *unwirklich* missverstanden werden darf, sondern als ima-

---

genannten Web 2.0 oder Social Web aufbauen. Vgl. zu Begriff und Strukturen des Web 2.0 v.a. Schmidt, Jan, Das neue Netz. Merkmale, Praktiken und Folgen des Web 2.0, Konstanz 2009.

3 Vgl. exemplarisch Jonathan Steuers Studien zur Telepräsenz: ders., Defining Virtual Reality: Dimensions Determining Telepresence, in: Journal of Communication 42 (1992), S. 73–93, sowie Grau, Oliver, Telepräsenz. Zu Genealogie und Epistemologie, in: Gendolla, Peter u.a. (Hg.), Formen interaktiver Medienkunst. Geschichte, Tendenzen, Utopien, Frankfurt a.M. 2011, S. 39–63. Manfred Faßler lociert den verstärkten Gebrauch des Begriffs „Fernanwesenheit" in den 1980er Jahren, mithin zu der Zeit, als die ersten Vernetzungen von Rechnern in Deutschlands Wissenschaftswelt vorgenommen wurden (mithin die Technologie des Internets in Deutschland, zunächst im Bereich der Forschung, eingeführt wurde); vgl. ders., Die Auswirkungen der Informationstechnologie auf die Mobilität, in: Roth, Martin u.a. für die Expo 2000 Hannover GmbH, Der Themenpark der Expo 2000, Bd. 1: Planet of visions, das 21. Jahrhundert, Mobilität, Wissen, Information, Kommunikation, Zukunft der Arbeit, Wien 2000, S. 116–121, bes. S. 119. Durch die intensivierte interaktive Nutzung des Internets für soziale Funktionen ist „Fernanwesenheit" zum „Lebensstil" vieler Menschen geworden (Trick, Ulrich/Weber, Frank, SIP, TCP/IP und Telekommunikationsnetze. Next Generation Networks und VoIP – konkret, München ⁴2009, S. 11).

ginierter Raum vielfach mit den auch physisch vorhandenen Räumen verbunden ist, in welchen Menschen face-to-face kommunizieren.[4] Die Wirklichkeit eines solchen virtuellen Kommunikationsraums kann im Roman „Gut gegen Nordwind" sehr eindrücklich beispielsweise daran nachvollzogen werden, dass die Begegnung im virtuellen Raum beim Ehemann Emmi Rothners ganz reale Gefühle der Eifersucht zeitigt.

Im vorliegenden Essay bedenke ich das benannte Phänomen interpersonaler Begegnung im virtuellen Raum, die Fernanwesenheit, von einem schon klassischen Zeugnis christlicher Rede vom Personsein her: Wolfhart Pannenbergs Vorlesungen über theologische Anthropologie von 1959/60, wie sie in dem kleinen Band „Was ist der Mensch? Die Anthropologie der Gegenwart im Lichte der Theologie"[5] versammelt sind. Dabei ist die Idee leitend, dass Pannenbergs Vorgehen, nämlich die theologische Durchdringung zeitgenössischer, in seinem Falle v.a. biologischer und soziologischer Anthropologien des 20. Jahrhunderts,[6] auch für eine Theologie der Social Media in Anwendung gebracht werden kann: nämlich anthropologische Beobachtungen und Deutungen aus der Medientheorie auf ihre Implikationen für die theologische Rede vom Menschsein unter den Bedingungen des virtuellen Zeitalters zu befragen.[7] Ziel ist die theologische Deutung des Personseins, näherhin der interpersonalen Kommunikation im Social Web, wie sie von der Medienanthropologie begriffen und beschrieben wird. Deshalb ist zunächst zu fragen, was in theologischer Perspektive unter Personsein zu verstehen ist. Die folgende Skizze eines theologischen Personbegriffs geschieht im Anschluss an Pannenberg und vor dem Hintergrund bestimmter Stationen der Begriffsgeschichte.

---

4   Überlegungen zum nicht einfach dichotomischen Verhältnis von Virtualität und Realität sind mittlerweile Legion, auch im theologischen Bereich. Vgl. (auch zur Literatur) bes. Nord, Ilona, Realitäten des Glaubens. Zur virtuellen Dimension christlicher Religiosität, Praktische Theologie im Wissenschaftsdiskurs Bd. 5, Berlin/New York 2008; weiterhin Haese, Bernd-Michael, Hinter den Spiegeln – Kirche im virtuellen Zeitalter des Internet, Praktische Theologie heute Bd. 81, Stuttgart 2006, bes. S. 135–176. – Zum Verhältnis des Virtuellen zum Materiellen sei im Blick auf die computervermittelte Kommunikation exemplarisch auf Jan Schmidt verwiesen, der die Praktiken des Web 2.0 als mit Offline-Praktiken verzahnt betrachtet und darauf hinweist, dass sich auch „das Geschehen ‚im' Internet letztlich zwischen Menschen abspielt, die *vor* dem Rechner bzw. Bildschirm sitzen" (ders., Netz, S. 73). – Es wäre sicher erhellend, die Kennzeichen von Telekommunikation auf die Kommunikation über traditionelle Medien wie den Brief zurückzubeziehen: Inwiefern wird mir der Verfasser eines Briefes im Augenblick der Lektüre gleichzeitig, und inwiefern baut sich während solcher Lektüre zugleich ein virtueller Raum auf? – Zum Begriff des Raums, der in der Medienanthropologie zunehmend vor den Zeitbegriff als einstmals zentralem Theorem in der Selbstverständigung des Menschen über sich selber tritt, vgl. Haese, Hinter den Spiegeln, S. 176–189.

5   Pannenberg, Wolfhart, Was ist der Mensch? Die Anthropologie der Gegenwart im Lichte der Theologie, Göttingen [8]1995 (erste Auflage: 1962).

6   Vgl. zu Pannenbergs Methodologie und insbesondere zum Verhältnis von Theologie und Anthropologie ders., Anthropologie in theologischer Perspektive, Göttingen 1983, S. 11–23.

7   Dabei ist – stärker als dies der Titel von Pannenbergs „kleiner" Anthropologie nahelegt – davon auszugehen, dass das Licht, welches die Theologie auf die medientheoretische Rede vom Menschsein im virtuellen Raum wirft, zurückgeworfen wird auf die Theologie selber, so dass sie sich in ihrer Reflexion auf gegenwärtige Lebenswelten selber weiterentwickelt.

2. „Every one is a moon".[8] Pannenbergs negativer Personbegriff in begriffsgeschichtlicher Perspektive

Der Personbegriff kommt in Pannenbergs kleiner Anthropologie nicht erst im Kapitel zu „Person in Gesellschaft"[9] vor, sondern bereits in der an eine Sprach- und Kulturtheorie im Miniaturformat[10] anschließende Passage zum Thema „Sicherheit statt Vertrauen?".[11] Pannenberg führt hier aus, wie das Streben des Menschen nach „Verfügung über die [ihn] umgebende Wirklichkeit"[12] Sprache, Kultur und Technik ausbilden lässt. Er stellt fest, dass jenes Streben zugleich aber der *Weltoffenheit* zuwiderläuft, welche er im ersten Kapitel als basale Signatur des Menschseins beschrieben hat: Während der tierische und pflanzliche Lebenstrieb in den engen Grenzen der jeweiligen Umgebung bleibt, also umweltgebunden ist, geht der demgegenüber verhältnismäßig ungebundene Lebenstrieb des Menschen stets über seine Umgebung hinaus.

> „Er kann immer neue und neuartige Erfahrungen machen, und seine Möglichkeiten, auf die wahrgenommene Wirklichkeit zu antworten, sind nahezu unbegrenzt wandelbar."[13]

Auf die menschliche Weltoffenheit und die von Pannenberg hieran angeschlossene Gottoffenheit ist unten wieder zurückzukommen. An dieser Stelle interessiert, dass die Weltoffenheit als anthropologisches Fundament in kritischer Weise einhergeht mit jenem oben erwähnten Streben nach *Verfügung* über die Welt. Denn das Streben nach Verfügung über die Welt, welches sich als Streben nach Sicherheit erklärt, schließt dem Menschen die Welt *zu*.

Als Kontrast zu dieser Dynamik erörtert Pannenberg die der menschlichen Weltoffenheit eigentlich entsprechende Haltung des „Vertrauens"[14] und führt in diesem Kontext seine Persontheorie ein. Er zeigt zunächst, wie eine Haltung des Vertrauens, mit welcher der Mensch sich „an das Unbekannte" wagen kann,[15] im Weltumgang durchweg nötig ist, weil es aus pragmatischen Gründen dem Menschen nicht möglich ist, die Dinge, mit denen er Umgang hat oder seine Welt kulturell oder technisch bearbeitet, vollständig zu durchschauen. In kategorial unterschiedenem Maße ist Vertrauen aber im „Umgang mit Menschen" erforderlich,[16] die anders als

---

8 „Every one is a moon, and has a dark side which he never shows to anybody." Twain, Mark, Following the Equator, Stilwell 2008 (Erstausgabe 1897), S. 287.
9 Pannenberg, Mensch, 58–67.
10 Vgl. Pannenberg, Mensch, 13–22 (zweites Kapitel).
11 Pannenberg, Mensch, 22–31.
12 Pannenberg, Mensch, 22.
13 Pannenberg, Mensch, S. 8.
14 Pannenberg, Mensch 22 u.ö.
15 Pannenberg, Mensch, S. 23.
16 Pannenberg, Mensch, 25.

Dinge *prinzipiell* nicht vollständig durchschaubar sind, die, wie Mark Twain es formuliert, eine dunkele Seite haben, die sie niemandem zeigen:[17]

„Solche Wesen aber, auf die man angewiesen ist, ohne daß ihr Verhalten uns berechenbar würde, pflegen wir als Personen anzusehen und zu behandeln."[18]

Personen sind per definitionem nicht vollständig durchschaubar – Pannenberg führt damit den Personbegriff in seine kleine Anthropologie ein, indem er eine sprachliche und moralische Gewohnheit – die Bezeichnung und Behandlung bestimmter Wesen als Personen – auf eine anthropologische Konstante, nämlich die Unerforschlichkeit individuellen Menschseins, zurückführt. Dies ist insofern originell, als der Personbegriff im Kontext einer Theorie des Vertrauens genau genommen *negativ*, also in Beziehung auf ein Nichtvorhandensein – besser: ein Nicht*zu*handensein – bestimmt wird.[19] Hiermit unterscheidet sich Pannenbergs persontheoretischer Zugriff von solchen, die den Personbegriff über Rekurs auf bestimmte positive Eigenschaften, die das als Person verstandene Wesen ausmachen, definieren.

Klassische Versuche, den Personbegriff positiv zu definieren, finden sich in Philosophie und Theologie spätestens seit dem frühen Mittelalter. Sie wurden nötig durch die gesteigerte Verwendung des Personbegriffs in theologisch brisanten Kontexten. Boethius beispielsweise reagiert mit seiner berühmt gewordenen Definition des Personbegriffs im Traktat „Contra Eutychen et Nestorium" auf die Fraglichkeit der durch Chalcedon dogmatisierten Rede von den zwei Naturen in der einen Person Christi.[20] Seine im Alltagsgebrauch von „persona" anhebende Argumentation

---

17 Vgl. oben Anm. 8.
18 Pannenberg, Mensch, 25.
19 „Negativ" wird hier im Sinne der negativen Theologie verwendet, jener theologischen Richtung von Platon bis zur Gegenwart, nach welcher Gottes letzthinniger Unsagbarkeit in der Verneinung aller positiven Attributierung und damit in der Selbstbegrenzung der Sprache zu entsprechen ist. Vgl. zur Bedeutung der negativen Theologie die Studie von Westerkamp, Dirk, Via negativa. Sprache und Methode der negativen Theologie, München 2006.
20 Theologiegeschichtlich ist nicht zu übersehen, dass das Dogma von Chalcedon weniger eine Lösung der vorhergehenden christologischen Debatte als vielmehr eine erneut zu diskutierende theologische Position war. Besonders die Trennung der sog. monophysitischen Richtungen der Kirchen von Ägypten, Syrien und Palästina von der Reichskirche zeigt an, dass auch nach Chalcedon die bis dato enge Verbindung der Begriffe „natura" und „persona" es theologisch schwer macht, Christus zwei Naturen zuzuschreiben ohne die Personeinheit aufzuheben (woraus sich der Monophysitismus erklärt, der gegen die angenommene Teilungschristologie der Konzilsanhänger der Person Christi nur eine, nämlich die göttliche Natur zuzuschreiben). Boethius' Persondefinition ist vor diesem Hintergrund als Versuch zu verstehen, die Begriffe „natura" und „persona" zu entflechten, um so eine vernünftige Besinnung auf die Personeinheit Christi als wahrer Gott und wahrer Mensch zu fundieren. – Für den Nachvollzug der Geschichte des Personbegriffs in der Alten Kirche ist besonders zu empfehlen: Andresen, Carl, Zur Entstehung und Geschichte des trinitarischen Personbegriffes (1961), in: ders., Theologie und Kirche im Horizont der Antike. Gesammelte Aufsätze zur Geschichte der Alten Kirche, hg. v. P. Gemeinhardt, Arbeiten zur Kirchengeschichte Bd. 112, Berlin/New York 2009, S. 55–89 sowie Fuhrmann, Manfred, Art. Person, I. Von der Antike bis zum Mittelalter, HWPh Bd. VII, 1989, Sp. 269–283.

mündet in der Definition, Person sei „naturae rationabilis individua substantia".[21] Es ist das Prädikat der Vernunftbegabtheit, an welchem sich in der Folgezeit weitere Versuche – vor allem der angelsächsischen Philosophie von John Locke bis zur analytischen Philosophie[22] – abarbeiten, Personsein via Prädikation positiver Merkmale zu bestimmen. Auch jener Entwurf, welcher in den letzten Jahrzehnten erheblich zur neuen Strittigkeit der Rede vom Personsein geführt hat, Peter Singers Ethik, basiert auf einer rationalitätstheoretischen Bestimmung des Personbegriffs.[23]

Dieser persontheoretischen Traditionslinie stellt Robert Spaemann in seiner Studie zu „Personen" eine zweite Linie gegenüber, nach welcher sich der Personbegriff nur im Blick auf das *Soziale* bestimmen lässt[24] – es ließe sich auch von *relationaler* Persontheorie sprechen. Solche, nach Spaemann an Hegel und Fichte anschließende, Konzeptionen ruhen auf der These auf, dass Personsein durch ein „gegenseitige[s] Anerkennungsverhältnis"[25] wesentlich interpersonal konstituiert wird.

M.E. gehört der oben skizzierte negative persontheoretische Ansatz Pannenbergs einer dritten Gruppe der Definition von Personsein an, welche zwar insbesondere zum relationalen Personbegriff starke Verbindungslinien aufweist, aber als eigene Variante gegenüber den rationalitäts- und den relationstheoretischen Personkonzeptionen erhellt werden kann. Ohne dass hier bereits der Anspruch eingelöst werden könnte, eine durchgehende begriffsgeschichtliche Linie zu zeichnen, seien einige Schlaglichter auf die *Traditionsgeschichte eines negativen Personbegriffs* geworfen:

Als erstes Dokument der *systematischen* Verwendung des Personbegriffs in der Theologie, genauer: der Trinitätslehre, gilt gemeinhin Tertullians „Adversus Praxean".[26] Die terminologische und damit auch die gedankliche Ausgestaltung der Trinitätstheologie hat durch Tertullians Übernahme des Personbegriffs aus der antiken Grammatik entscheidende Impulse erfahren. Tertullian wendet sich gegen

---

21 Boethius, Contra Eutychen et Nestorium III, in: ders., Die theologischen Traktate (lat.-dt.), übers. u. mit Einl. u. Anm. versehen v. Elsässer, Michael, Philosophische Bibliothek Bd. 395, Hamburg 1988, S. 74/75–80/81, Zitat: S. 74/75.
22 Vgl. Spaemann, Robert, Personen. Versuche über den Unterschied zwischen ‚etwas' und ‚jemand', Stuttgart ³2006, S. 9 (als Beispiel für die sprachanalytische Philosophie der Gegenwart nennt Spaemann Peter Strawson).
23 Vgl. Singer, Peter, Practical Ethics, New York 32011. Zur eben genannten neuen Strittigkeit des Personbegriffs vgl. Spaemann, Personen, S. 10–12.
24 Spaemann, Personen, S. 9f. – Zu sozialen Aspekten der Personkonstitution vgl. auch den Beitrag von Thomas Zeilinger in diesem Band.
25 Spaemann, Personen, S. 9.
26 Vgl. Hilberath, Bernd J., Der Personbegriff in der Trinitätstheologie in Rückfrage von Karl Rahner zu Tertullians „Adversus Praxean", Innsbrucker theologische Studien Bd. 17, Innsbruck/Wien 1986, S. 13 und 92. – Nach Andresen, Entstehung, S. 75, ist die Anwendung der sog. prosopologischen Exegese, d.h. die Auslegung einer Bibelstelle in Hinblick auf die sprechenden Personen, auf den *Geist* das eigentliche „dogmengeschichtliche Verdienst" Tertullians.

den Monarchianismus seiner Zeit, also letzthin die „einfache Identifikation"[27] von Gott und Christus und damit gegen die Infragestellung der Menschheit Christi. Sein Versuch, demgegenüber die *Dreiheit* Gottes zu beschreiben ohne dabei seine begriffliche Teilung zu riskieren, besteht zu einem großen Teil auf Schriftargumentation. Für Tertullian besonders interessant sind jene Bibelstellen, die auf eine Mehrheit in Gott hinweisen, und er exegetisiert diese Stellen unter Zuhilfenahme des grammatikalischen Personbegriffs.[28] Exemplarisch ist seine Auslegung von Ps 110,1: „Der HERR sprach zu meinem Herrn: ‚Setze dich zu meiner Rechten, bis ich deine Feinde zum Schemel deiner Füße mache.'" Tertullian sieht hier den Geist „ex tertia persona"[29] über die Personen des Vaters und des Sohnes sprechen.

Wie Tertullian nun die Rede von Gott in drei Personen polemisch-gewitzt entfaltet, ist an dieser Stelle nicht nachzuzeichnen; es soll aber auf eine überraschenderweise negative Theologie antönende Stelle in diesem bildmächtigen trinitätstheologischen Traktat verwiesen werden: In Kapitel 14, d.h. im zentralen Teil der Schrift,[30] wendet Tertullian die bisherigen Ergebnisse seiner prosopographischen Exegese auf die (bibel)theologische Frage der *Sichtbarkeit* Gottes an. Er kontrastiert dabei jene Bibelstellen, die Gott für unsichtbar erklären und ein Schauen seines Angesichts mit dem Tod verbinden – zum Beispiel Ex 33,20 – mit solchen, die von einem Schauen Gottes durch Menschen wissen – zum Beispiel die Theophanien vor den Vätern oder Propheten (so vor Jakob Gen 32,31).[31] Tertullian gleicht den Widerspruch dadurch aus, dass er zunächst dem Vater die Unsichtbarkeit und dem Sohne die Sichtbarkeit zuschreibt (14,3.) – für ihn zugleich ein weiteres Indiz für die Verschiedenheit der beiden personae (14,5.).

Indem Tertullian sein Argument entfaltet, legt er zugleich eine paradoxale Tiefenstruktur frei, die jene trinitätslogische Aufteilung von Sichtbarkeit und Unsichtbarkeit in größere Unruhe bringt, als es eine oberflächliche Lektüre des Traktats meinen lässt. Denn es lässt sich für Tertullian zeigen (vgl. besonders 14,9. und 14,10.), wie die Person Christi – als zwar von der Person des Vaters verschieden, aber mit ihr eins – auch an der väterlichen Unsichtbarkeit partizipiert. Genau genommen müsste deshalb gefolgert werden: Die Person Christi ist *zugleich* sichtbar und unsichtbar.[32] Mehr noch: Sie ist deshalb die zweite Person Gottes, weil sie

---

27 Wischmeyer, Wolfgang, Tertullian, Adversus Praxean, in Danz, Christian (Hg.), Kanon der Theologie. 45 Schlüsseltexte im Portait, S. 18–22, Zitat: S. 19.
28 Zum Personbegriff in der antiken Grammatik vgl. überblickend und für Literatur Fuhrmann, Art. Person, Sp. 272.
29 Tertullian, Adversus Praxean / Gegen Praxeas 11,7., Fontes Christiani Bd. 34, Freiburg u.a. 2001, S. 146.
30 Zum rhetorischen Aufbau von Adversus Praxean (und der Verteilung des Personbegriffs auf die entsprechenden Teile) vgl. Hilberath, Personbegriff, S. 163–169.
31 Vgl. Tertullian, Adversus Praxean 14,1. u. 2., S. 163.
32 Dieses dem christologischen Paradox des vere Deus – vere homo analoge christologische Paradox lässt sich nach Isaak August Dorner in drei heilsgeschichtliche Phasen entflechten: die in Gott verschlossene Sohnschaft, das „Hervortreten zur Weltschöpfung" und die Menschwerdung, in welcher der Sohn dem Vater „in erscheinender Persönlichkeit" gegenübertritt (ders., Entwicklungsgeschichte der Lehre

sichtbar auf den unsichtbaren Gott verweist. Vater und Sohn (und ebenso der Geist) sind damit personae, deren Anwesenheit in carne sich vor dem Hintergrund einer noch größeren Entzogenheit heilsgeschichtlich entfaltet.

Die hier aufscheinende Negativität, d.h. die Entzogenheit dessen, was die sichtbar anwesende Person (in Tertullians Trinitätslehre den Sohn) in ihrer Tiefe bestimmt, umspielt konsequenterweise als Bedeutungsnuance auch die christologische Verwendung des Personbegriffs in der Alten Kirche. Während, angestoßen vor allem durch Tertullian, in der altkirchlichen Trinitätstheologie der Personbegriff zur Bezeichnung der „Mehrheit" in Gott gebraucht wird, bezeichnet er in der Christologie nun die *Einheit* dessen, der als Gott und Mensch geglaubt wird. Es ist Augustin, dessen Versuch, die durch die nizänische Rede von den zwei Naturen Christi gefährdete Einheit des Subjektes Christus zu erfassen, zur christologischen Formel „una persona" führt.[33] Weil Christus una persona ist, schließt sein Menschsein das Gottsein nicht aus, können ihm als Gottessohn menschliches Leben und Leiden, als Menschensohn himmlische Herkunft attributiert werden.[34] Der Personbegriff hat damit bei Augustin die Funktion, eine Einheit aus Gegensätzen zu bezeichnen – und dies eröffnet insofern eine negative Persontheorie, als die Weise, wie die christologische coincidentia oppositorum[35] gestaltet ist, am Punkt ihres „Aufeinandertreffens" dunkel bleibt. Auch der Personbegriff kann die christologische Frage nicht lösen, sondern nur näher bestimmen, wo das Geheimnis des vere Deus – vere homo anhebt. Genau genommen bewahrt der Personbegriff dieses Geheimnis gegenüber der Auflösung in die eine oder andere „häretische" Richtung.

Augustin ist auch Zeuge dafür, wie der Personbegriff aus der Trinitätstheologie und der Christologie in die theologische Anthropologie transferiert wird: Insofern im Menschen Leib und Seele vereinigt sind – für Augustin eine Analogie, mit welcher er das Zusammensein von Gott und Mensch in Christus expliziert – ist er im

---

von der Person Christi in den ersten vier Jahrhunderten, Abth. 2: Die zweite Epoche enthaltend, Stuttgart 1845, S. 588). – Vgl. zu der oben angesprochenen, philologisch dunklen Stelle aus dem 14. Kapitel von Adversus Praxean besonders Hilberath, Personbegriff, S. 200–202.

33 Die „originelle Leistung Augustins" besteht nach Hubertus R. Drobner dabei darin, persona als Bezeichnung nicht einer bloßen Rolle wie in der prosopographischen Exegese, sondern der Einheit des Subjekts (ursprünglich Christi, davon abgeleitet des Menschen) zu verwenden (vgl. ders., Person-Exegese und Christologie bei Augustinus. Zur Herkunft der Formel *Una persona*, Philosophia Patrum Bd. 8, Leiden 1986, S. 271–274, Zitat: S. 273).

34 Vgl. Augustin, Contra Sermonem Arrianorum, in: ders., Opera/Werke Bd. 48, zweisprachige Ausgabe, hg. v. H.-J. Sieben, Paderborn u.a. 2008. Vgl. zur oben skizzierten Logik v.a. a.a.O. VIII., S. 78f: „Nec, quia dixit hominis, separavit deum, qui hominem adsumpsit, *quia*, sicut dixi et valde commendandum est, una persona est."/„Und damit, daß der Apostel ,eines Menschen' [Röm 5,19] sagte, schloß er Gott, der den Menschen angenommen hatte, nicht aus, *denn*, wie ich bereits sagte und wie sehr zu unterstreichen ist: Er ist eine Person." (Hervorhebung C.C.)

35 Vgl. zu diesem Begriff aus der negativen Theo-Logie des Nikolaus von Kues: Flasch, Kurt, Nikolaus von Kues. Die Idee der Koinzidenz, in: Speck, Josef (Hg.), Grundprobleme der großen Philosophen. Philosophie des Altertums und des Mittelalters, Göttingen 1992, S. 221–261.

Anschluss an die Christologie Person zu nennen.[36] Auch hier fallen zwei nicht aufeinander reduzierbare Attribute in einer Weise zusammen, die dem rationalen Zugriff unzugänglich bleibt.

In den anthropologischen Entwürfen der Neuzeit nimmt der Personbegriff dann häufig eine zentrale Stellung ein. Und ausgerechnet jene anthropologische Persontheorie, welche das Fundament der modernen Menschenwürdekonzeption bereit stellt, erhebt das oben in der altkirchlichen Theologie ausgewiesene Moment der Entzogenheit der personalen „Mitte" geradezu zur Definition des Personbegriffs: Kants diesbezügliche Variante des kategorischen Imperativs – „Handle so, daß du die Menschheit sowohl in deiner Person, als in der Person eines jeden andern, jederzeit zugleich als Zweck, niemals bloß als Mittel brauchst"[37] – und damit die Verbindung der Personwürde mit ihrer Selbstzwecklichkeit gründet in der Verortung des Personbegriffs in der praktischen Philosophie. Person zu sein heißt, Lockescher Tradition folgend, sich der eigenen Identität in der Abfolge der Zeiten bewusst zu sein.[38] Dieses Selbstbewusstsein ist nach Kant der theoretischen Vernunft jedoch unzugänglich, insofern es von ihm keine objektive, auf einen anschaulich gegebenen Gegenstand bezogene Erkenntnis geben kann. Der Kontext des Personbewusstseins ist vielmehr die moralische Erfahrung als Erfahrung des unbedingten Sollens und der damit einhergehenden Freiheitserfahrung.[39] Das Nichtzuhandensein des Personseins für die objektivierende Perspektive macht eine materiale Definition des Personseins im Zusammenhang der Erkenntnis der theoretischen Vernunft unmöglich und erhebt im Zusammenhang der praktischen Vernunft zugleich die Unverfügbarkeit der Person zu ihrem Wesen.[40]

---

36 Vgl. Drobner, Person-Exegese, S. 117–124 und 224f. Drobner schließt aus seinen Augustin-Studien, dass „tatsächlich Christologie und Trinitätslehre die treibenden Kräfte zur Fortentwicklung der Lehre von der *Personeinheit* des Menschen waren" (a.a.O., S. 122; Hervorhebung C.G.), die sich von Augustins früherer, neuplatonisch begründeter Sicht einer nur „akzidentelle[n] Einheit" (a.a.O., S. 124) abhebt.

37 Kant, Immanuel, Grundlegung zur Metaphysik der Sitten, in: Werke in sechs Bänden Bd. 4, hg. v. W. Weischedel, Darmstadt ⁶2005 (unveränd. Nachdr. d. Ausg. Darmstadt 1956), S. 61 (dort hervorgehoben).

38 Vgl. Kant, Immanuel, Kritik der reinen Vernunft, A 361 (Dritter Paralogism der Personalität), in: Werke in sechs Bänden Bd. 2, hg. v. W. Weischedel, Darmstadt ⁶2005 (unveränd. Nachdr. d. Ausg. Darmstadt 1956), S. 370: „Was sich der numerischen Identität seiner selbst in verschiedenen Zeiten bewußt ist, ist so fern eine *Person* [...]."

39 Zur Kantschen Unterscheidung von „Persönlichkeit" als Bezeichnung des Menschen im Allgemeinen, sofern er zum von der Sinnenwelt unterschiedenen Reich der Freiheit gehört, und „Person" als Bezeichnung des konkreten menschlichen, zugleich zur Sinnenwelt gehörenden Individuums, vgl. ders., Kritik der praktischen Vernunft, A 154–156, in: Werke in sechs Bänden Bd. 4, hg. v. W. Weischedel, Darmstadt ⁶2005 (unveränd. Nachdr. d. Ausg. Darmstadt 1956), S. 209f.

40 Dass die Persontheorie Kants damit der Verwendung des Personbegriffs in Luthers (freilich nicht systematisierter) Anthropologie entspricht, kann gezeigt werden. Bei Luther ist der Mensch als Person deshalb unverfügbar, weil sein Wesen außerhalb seiner selbst – ekstatisch – in Gott liegt (vgl. Kible, Brigitte Th., Art. Person II. Hoch- und Spätscholastik; Meister Eckhart; Luther, HWPh Bd. 7, Basel 1989, Sp. 283–300, bes. Sp 297f; Kible verweist auf den Galater-Kommentar von 1531 [WA 40/1, 589, 8], die Zirkulardisputation „de veste nuptiali" von 1537 [WA 39/1, 282, 16] sowie eine

Es liegt in der Linie der Kantschen Unterscheidung zwischen theoretischem und praktischem, zwischen objektivierendem und moralischem Weltzugang, wenn Martin Buber – dessen dialogische Philosophie die theologische Verwendung des Personbegriffs im 20. Jahrhundert weitgehend beeinflusst hat[41] – Personsein an der Unterscheidung der Ich-Es- von der Ich-Du-Beziehung expliziert. Während der Mensch, wenn er sein Weltverhältnis über „das Grundwort Ich-Es"[42] gestaltet, alles, was ihm begegnet, vergegenständlicht (und sich dabei selber als „Eigenwesen", „als Subjekt des Erfahrens und Gebrauchens"[43] isoliert), tritt der Mensch, der anderes als „Du"[44] wahrnimmt, zu diesem anderen in lebendige Beziehung. In solcher Beziehung, und also erst von dem Du her und durch dieses eröffnet, wird das Ich allererst zur Person[45] – und werden, so ist hinzuzufügen, andere Menschen als Personen, und das heißt als schlechterdings ungegenständlich und unverfügbar erkannt.

Auf Bubers mithin der relationalen Personentheorie zuzuordnenden Bestimmung – besser: Umschreibung – von Personsein nun ruht der oben eingeführte Personbegriff in Pannenbergs kleiner Anthropologie auf. Die schließlich im Kapitel „Person in Gesellschaft"[46] expressis verbis vorgelegte Definition von „Person" verbindet dabei den relationalen mit dem negativen Personbegriff:

> „Person ist das Du, insofern es mir nicht verfügbar wird wie die mich umgebenden Dinge."[47]

Geradezu konträr zur Etymologie des Personbegriffs, welche auf das lateinische „persona" für „Maske" und „Rolle" zurückweist,[48] führt Pannenberg seine Definition, an die Kantsche Idee der Achtung anschließend, weiter aus:

> „Der andere Mensch ist immer noch mehr als die Rolle, in der er mir entgegentritt, mehr auch als der Charakter, der sich in seinem bisherigen Verhalten ausgeprägt hat. Seine Rolle und seinen Charakter mag ich einkalkulieren [...], aber über den anderen Menschen kann ich damit nicht verfügen, noch kann ich ihn endgültig aburteilen wollen. Ich habe mich immer dafür offenzuhalten, daß der andere noch über sich selbst hinaus zu neuen Möglichkeiten finden kann, und ich bin verpflichtet, ihm dazu zu helfen durch meine Kritik an seiner Vorfindlichkeit einerseits, die aber einhergeht mit der Achtung für seine besonderen Möglichkeiten andererseits."[49]

Predigt von 1522 [WA 10/3, I, 16]). Bei Kant ist die Freiheitserfahrung als ein Implikat der Rede vom Faktum des Sittengesetzes zu interpretieren, d.h. sie ist zu verstehen als durch das Sittengesetz konstituiert und damit ebenfalls „extern" begründet und insofern unverfügbar.

41 Vgl. Gollwitzer, Helmut, Martin Bubers Bedeutung für die protestantische Theologie, in: Bloch, Jochanan/Gordon, Hain (Hg.), Martin Buber – Bilanz seines Denkens, Freiburg u.a. 1983, S. 402–423.
42 Buber, Martin, Ich und Du, Stuttgart 1995 (folgt der Ausgabe Heidelberg [11]1983), S. 3.
43 Buber, Martin, Ich und Du, S. 60 (Einklammerung Bubers gestrichen, C.C.).
44 Buber, Martin, Ich und Du, S. 3 u.ö.
45 Vgl. Buber, Martin, Ich und Du, S. 60f.
46 Pannenberg, Mensch, S. 58–67.
47 Pannenberg, Mensch, S. 60.
48 Vgl. z.B. Fuhrmann, Manfred, Art. Person, Sp. 269.
49 Pannenberg, Mensch, S. 60.

An die negative Bestimmung von Personsein als das nicht gänzlich durchschaubare und zugängliche und deshalb prinzipiell unverfügbare Lebewesen schließt die der eschatologischen Theologie Pannenbergs[50] gemäße *Zukunftsorientierung* menschlichen Personseins an. Wie in seinen Ausführungen zur Weltoffenheit des Menschen[51] ist es auch hier der Gottesgedanke, über den Pannenberg das Ziel der durch innerzeitlich unabschließbare Dynamik bestimmten Personentwicklung beschreibt: Das Immer-über-sich-selber-hinaus-Sein des Menschen als Person entspricht dessen „unendliche[r] Bestimmung zu Gott".[52] Dass eben im Gottesgedanken auch letzthin der Grund liegt, Personen negativ über ihre Undurchschaubarkeit und Unverfügbarkeit zu beschreiben, ist unten noch einmal aufzunehmen. Zuvor soll die hier skizzierte negative Persontheorie darauf hin befragt werden, was sie im Blick auf das Phänomen der computervermittelten Fernanwesenheit kulturhermeneutisch austrägt.

3. Ambivalente Intimität. Zur interpersonalen Kommunikation im Social Web

In ihrem 2011 erschienenen Buch „Alone Together"[53] versucht die US-amerikanische Soziologin Sherry Turkle, ihre wissenschaftlichen Forschungen zu den Themenkreisen Robotik und computervermittelte Kommunikation über die Fachwelt hinaus verständlich zu machen, indem ein populärer Sprachstil gewählt und die eigene Betroffenheit beschrieben wird. Letzteres hat methodologischen Sinn: Turkle verzahnt in ihrem Buch narrative Exzerpte aus hunderten von Interviews mit Internetnutzern, die sie in den vorhergegangenen 15 Jahren geführt hat, mit Schilderungen eigener Erlebnisse. Sie reflektiert den hieraus entwickelten „Plot" unter Einbeziehung kommunikationswissenschaftlicher Studien und vor dem Hintergrund der psychoanalytischen Theorie (in der sie selber ausgebildet wurde). Ihr Hauptergebnis in Bezug auf die computervermittelte Kommunikation: Onlinespiele in simulierten Welten und Soziale Netzwerke sowie bestimmte Kurznachrichtendienste sind Technologien, deren Nutzung mit hohen Immersionsgraden[54] verbun-

---

50 Vgl. Axt-Piscalar, Christine, Die Eschatologie in ihrer Bedeutung und Funktion für das Ganze der Systematischen Theologie W. Pannenbergs, in: KuD 45 (1999), S. 130–142.
51 Vgl. Pannenberg, Mensch, S. 13f: „Die Weltoffenheit des Menschen setzt seine Gottoffenheit voraus. [...] Die unbegrenzte Offenheit für die Welt ergibt sich erst aus der Bestimmung über die Welt hinaus."
52 Pannenberg, Mensch, S. 60.
53 Turkle, Sherry, Alone Together. Why We Expect More from Technology and Less from Each Other, New York 2011. – Vgl. zur medienethischen Reflexion auf Turkles Analysen den Beitrag von Thomas Zeilinger in diesem Band.
54 Zum Phänomen der Immersion vgl. auch Bente, Gary/Krämer, Nicole C./Petersen, Anita, Virtuelle Realität als Gegenstand und Methode in der Psychologie, in: dies., Virtuelle Realitäten (Internet und Psychologie – Neue Medien in der Psychologie Bd. 5), Göttingen u.a. 2002, S. 1–31, bes. S. 16–18.

den ist und die nicht nur Handlungs- und Kommunikationsweisen verändern, sondern sich auf emotionale Vollzüge und die Selbstwahrnehmung auswirken.

„Overwhelmed [by the possibilities the internet has to offer], we have been drawn to connections that seem low risk and always at hand: Facebook friends, avatars, IRC chat partners."[55]

Der Drang, über das Netz eine möglichst permanente Verbindung („connection") zu Kommunikationspartnern aus virtuellen Räumen zu pflegen, überlagert Turkles Studien zufolge den Wunsch nach Gesprächen („conversation") mit physisch präsenten Gesprächspartnern. Telepräsenz, wie sie oben unter 1. als Anwesenheit eines physisch entzogenen Gegenübers in einem gemeinsamen virtuellen Gesprächsraum definiert wurde, ist nach Turkles Beschreibungen des neuen Lebensstils der „connectivity"[56] dabei als Deprivation im Vergleich zu physischen Präsenzen zu verstehen. Denn die Erweiterung der Offline-Kommunikationskontexte um diverse weitere Online-Kommunikationen haben Turkle zufolge eine paradoxe Auswirkung: „[M]oments of more may leave us with lives of less".[57]

Turkles Ausführungen lassen sich im Blick auf dieses „less" systematisieren. Es bezieht sich auf soziale, emotionale und identitätsstiftende Vollzüge, die in der Begegnung einander telepräsenter Gesprächspartner depriviert ausfallen, wenn sie mit „conversation" unter physisch Anwesenden verglichen wird:

Die Verbindung mit anderen Nutzern über das Internet bedeutet, erstens, ein Zusammensein, welches Turkles Beobachtungen zufolge mit Isolation einhergeht.[58] Denn die personalen Begegnungen im virtuellen Raum des Internets sind in der Regel durch einen niedrigeren Grad an Verbindlichkeit gekennzeichnet als Freundschaften und Bekanntschaften, welche physische Präsenz integrieren.[59] Letztere werden häufig geradezu geschwächt, weil der Inanspruchnahme durch – oft mehrere simultan stattfindende – computervermittelte Kommunikationsvollzüge besser entsprochen werden kann, wenn der Nutzer alleine ist (zum Beispiel vor dem Rechner).[60] Face-to-face-Beziehungen können auch deshalb geschwächt werden, weil die computervermittelte Kommunikation den Nutzer in oftmals sehr kurzen Abständen für Momente aus der physisch präsenten Versammlung entnimmt (zum Beispiel beim Gebrauch des Smartphones).[61]

---

55 Turkle, Alone, S. 295.
56 Turkle, Alone, S. 154 u.ö.
57 Turkle, Alone, S. 154.
58 Vgl. Turkle, Alone, S. 154.
59 Vgl. Turkle, Alone, S. 238f zum Wandel des Verständnisses von „community".
60 „In fact, being alone can start to seem like a precondition for being together." Turkle, Alone, S. 155.
61 Für Begegnungen mit aktiven Smartphone-Nutzern gilt oft, was Turkle aus der Beobachtung eines Experiments sieben junger Forscher am MIT Media Lab im Jahre 1996 folgert, die sich mit am Körper befestigten Computern, Radio-Transmittern, Tastaturen und Bildschirmen als „Cyborgs" in ihren Lebenswelten und zugleich im Internet bewegten. Turkle: „The multiplicity of worlds before them set them apart: they could be with you, but they were always somewhere else as well" (Alone, S. 152). Die gegenwärtige Situation im Gebrauch des sozialen Internets ist ebenfalls durch eine sol-

Diese sozialen Auswirkungen der „connectivity", der interpersonalen Verbundenheit in Telepräsenz, gehen, zweitens, mit noch tiefer greifenden emotionalen Folgen zusammen: Aufgrund der Spezifika der verwendeten Kommunikationstechnologie birgt die Verbundenheit im Netz das Risiko, andere Menschen als *Objekte* zu betrachten, zu denen der Bildschirm kontrollierten Zugang bringt.[62] Damit einher geht, dass internetvermittelter Austausch zu Simplifikationen zu führen scheint:

> „When interchanges are reformatted for the small screen and reduced to the emotional shorthand of emoticons, there are necessary simplifications."[63] Mehr noch: „Social media ask us to represent ourselves in simplified ways."[64]

Die Verobjektivierung des Gesprächspartners und die damit einhergehende Simplifizierung des Kommunikationsgehaltes zeichnen nun aber nicht nur den Umgang des Internetnutzers mit den ihm im Internet begegnenden Personen aus, sondern fallen, drittens, auf die Selbstwahrnehmung des Nutzers und darüber schließlich auf die kollektiv geteilte, populäre Anthropologie zurück: „The self that treats a person as a thing is vulnerable to seeing itself as one."[65]

Besonders aufschlussreich in dieser Hinsicht sind Turkles Ausführungen zum Gebrauch von ELIZA, einem von Joseph Weizenbaum, heute ein bekannter Kritiker eines unreflektierten Computer-Gebrauchs,[66] in den 1960ern am MIT entwickelten Computerprogramm, welches einen Psychotherapeuten als Gesprächspartner simulieren kann. Der „ELIZA effect"[67] besteht darin, dass Programmnutzer in (für Weizenbaum selber) überraschendem Ausmaß dazu tendieren, das Programm als menschlichen Gesprächspartner zu imaginieren. Turkle schließt aus ihren Studien auf einen noch tieferen ELIZA-Effekt: „the fantasy that there is an alternative to people".[68] Diese Phantasie teilen jene Forscher, die sich von Programmen wie ELIZA eine Substitution des menschlichen Therapeuten erwarten – noch in den

---

che ablenkende Multiplizität gekennzeichnet, da über Einbeziehung virtueller Parallelwelten wie die in Online-Spielen oder sozialen Netzwerken Nutzer einen „life mix" aufbauen, „the mash up of what you have on- and offline." In Verbindung damit entsteht eine Vielzahl von Identitäten, zwischen denen das Subjekt jenes „life mix" wechseln kann. Zitate: a.a.O., S. 160f.; vgl. zum Spiel mit multiplen Identitäten im Internet auch Turkles Ausführungen zu „Audrey: A Life on the Screen": Alone, S. 189–194 (auch a.a.O., S. 194–198). – Es ist die Fähigkeit zum „multitasking" (a.a.O., S. 162), welche für synchrone Kommunikationsabläufe in diversen On- und Offlinekontexten erforderlich ist – die aber, wie Turkle entsprechenden neueren Studien entnimmt, weniger effizient ist als in den euphorischen Zeiten der Internetanfänge angenommen wurde (vgl. a.a.O., S. 162f).

62 Vgl. Turkle, Alone, S. 154.
63 Turkle, Alone, S. 172.
64 Turkle, Alone, S. 185.
65 Turkle, Alone, S. 168.
66 Vgl. z.B. Weizenbaum, Joseph, Inseln der Vernunft im Cyberstrom? Auswege aus der programmierten Gesellschaft, mit Gunna Wendt, Bonn 2006.
67 Turkle, Alone, S. 24 u.ö. Vgl. auch Rheingold, Howard, Tools for Thought. The History and Future of mind-expanding Technology, Cambridge 2000 (Reprint der Erstausgabe New York 1985), S. 163–167.
68 Turkle, Alone, S. 282.

1970ern eine allgemein befremdliche Vorstellung, die seit der Mitte der 1980er zumindest in den USA an kultureller Akzeptanz gewinnt.[69]

„The arc of this story does not reflect new abilities of machines to understand people, but people's changing ideas about psychotherapy and the workings of their own minds, both seen in more mechanistic terms."[70]

Entscheidend ist mithin nicht, dass ein Computerprogramm anthropomorph verstanden wird, sondern dass sich menschliche Selbstbilder in der Gegenwart und hierüber auch die zeitgenössische populäre Anthropologie vermehrt über Bilder aus der Computertechnologie aufbauen – besonders bezeichnend in der Verwendung von „Computer" als Metapher für das menschliche Gehirn oder den menschlichen Geist[71] –, so dass es wiederum einleuchtend wird, Kommunikation mit einem Computer als der zwischenmenschlichen Kommunikation gleichrangig zu betrachten: „[S]omething that is less than conversation begins to seem like conversation."[72]

Nun ist die computervermittelte Kommunikation zwischen zwei menschlichen Gesprächspartnern von der Kommunikation eines menschlichen Gesprächspartners mit einem sogenannten „chatbot", einem computersimulierten Gesprächspartner, zu unterscheiden. An letzterer aber zeigt sich besonders prägnant, was nach Turkle auch die zwischenmenschliche Kommunikation im Internet ausmacht und das Phänomen der Telepräsenz als Mangelerfahrung begreifen lässt: Etwas, was weniger als Präsenz ist, beginnt wie Präsenz zu wirken. Von Turkle her ist das Moment des Fernen, des Abwesenden, welches die Telepräsenz mitbestimmt, eine Einschränkung der personalen Möglichkeiten von Präsenz. Dies zeigt sich in folgendem Urteil Turkles über die interpersonale Verbundenheit im Netz:

„Our networked life allows us to hide from each other, even as we are tethered to each other."[73]

Hier zeigt sich, welche *implizite Anthropologie* Turkles Beschreibungen zugrunde liegt.[74] Ihr Kern ist darin zu rekonstruieren, dass Menschen, die einander physisch präsent sind, in Face-to-face-Gesprächen also, zumindest dem Ideal solcher Gespräche nach *ihr Innerstes enthüllen*, indem sie ihre Gefühle mitteilen und miteinander teilen. Die Bewusstwerdung des authentischen Selbst und seiner Gefühle erfolgt nach Turkle dabei in der Regel zuvor in „solitude".[75] Sie begreift es bezeich-

---

69 Zur Kulturgeschichte der „computer psychotherapy" vgl. Turkle, Sherry, Life on the Screen. Identity in the Age of the Internet, New York 1995, 102–124.
70 Turkle, Alone, S. 25.
71 Vgl. Ruß, Aaron/Müller, Dirk/Hesse, Wolfgang, Metaphern für die Informatik und aus der Informatik, in: Bölker, Michael/Gutmann, Mathias/Hesse, Wolfgang (Hg.), Menschenbilder und Metaphern im Informationszeitalter, Hermeneutik und Anthropologie Bd. 1, Berlin 2010, S. 103–132.
72 Turkle, Alone, S. 231.
73 Turkle, Alone, S. xx.
74 Zum Verhältnis von Medienanthropologie und Medienethik vgl. den Beitrag von Alexander Filipović in diesem Band.
75 Turkle, Alone, S. 203 u.ö. –„[T]he notion of a bounded self [...] suggests, sensibly, that before we forge successful life partnerships, it is helpful to have a sense of who we are." Turkle, Alone, S. 175.

nenderweise als defizitäre Erscheinung, wenn jemand durch die Mitteilung, beispielsweise das Schreiben einer SMS, erst das Gefühl kreiiert, welches kommuniziert wird[76] – denn idealiter ist ihr zufolge das Gefühl bewusst, *bevor* es mitgeteilt wird. Ebenfalls versteht sie es als Defizit, dass computervermittelte Kommunikation offensichtlich viel Raum für das *Verbergen* von Gefühlen lässt.[77] Das Ideal zwischenmenschlicher Kommunikation ist umgekehrt die totale Transparenz des einen für den anderen, und das heißt eine personale Präsenz, die mit unzweideutiger Intimität einhergeht.[78]

Der oben skizzierte negative Personbegriff erhebt jedoch gerade die *Unzugänglichkeit* der Person sowohl für ihre Interaktions- und Kommunikationspartner als auch für sich selber zu dem, was eine Person ausmacht. Interpersonale Kommunikation lebt hiernach nie von unzweideutiger Intimität, sondern speist sich aus einem Beieinander von Sichtbarkeit und Unsichtbarkeit, Zugänglichkeit und Unzugänglichkeit, Nähe und Distanz – Anwesenheit und Abwesenheit. Interpersonale Kommunikation ist mithin gezeichnet durch eine *ambivalente Intimität*.[79]

Dass Nutzer das Internet als einen Ort, an dem man sich im Kommunikationsprozess *verstecken* kann, bezeichnen,[80] muss einer negativen Persontheorie zufolge mithin nicht als Defizit oder gar Risiko von Kommunikation im Internet begriffen werden, sondern im Gegenteil als Möglichkeit des Mediums Internet, welche der anthropologischen Grundsignatur interpersonaler Kommunikation entspricht.[81] Medienethisch gefolgert, ist der von Turkle festgestellten Gefahr der Verobjektivierung des Anderen wie des Selbst in computervermittelter Kommunikation gerade dann zu begegnen, wenn die Ambivalenz in der Begegnung erhalten bleibt. Denn der Andere ist negativer Persontheorie zufolge *gerade darin* Subjekt, dass er in der Kommunikation, also in der Mitteilung, immer auch unzugänglich bleibt.[82] Das

---

76 „Now, technology makes it easy to express emotions while they are being formed. It supports an emotional style in which feelings are not fully experienced until they are communicated." Turkle, Alone, S. 175.
77 „In text, messaging, and e-mail, you hide as much as you show." Turkle, Alone, S. 207.
78 Vgl. zu ihrem Begriff von „intimacy" Turkle, Alone, 6. – Zu den Spezifika der Face-to-face-Begegnung im Blick auf Intimität vgl. auch den Beitrag von Vera Dreyer in diesem Band.
79 Formuliert in Nähe zum von Lisa Reichelt geprägten Begriff der „ambient intimacy" (vgl. deren vielkommentierten Blogeintrag „Ambient Initmacy" (01.03.2007), http://www.disambiguity.com/ambient-intimacy/ [11.07.2012]). Die Flüchtigkeit von Intimität ist ein mögliches (und offensichtlich häufig zu beobachtendes) Phänomen internetvermittelter Kommunikation; die oben genannte Ambivalenz von Intimität aber eine anthropologische Konstante, die sowohl flüchtige als auch intensive Kommunikationen im Social Web wie über andere Medien kennzeichnet.
80 Vgl. Turkle, Alone, S. 187.
81 Das sieht Turkle, ausgebildet in psychoanalytischer Tradition, in der das Verbergen des Patienten vor den Augen des Therapeuten Praxis ist, selber: „[H]iding makes it easier to open up". Dies., Alone, S. 187.
82 Zur kommunikationstheoretischen Valenz von Anonymität und Entzogenheit in internetvermittelter Kommunikation vgl. auch die Beiträge von Anne-Kathrin Lück und Konstanze Marx in diesem Band.

Phänomen der Fernanwesenheit bringt Anwesenheit und Abwesenheit zugleich mit sich: Der physisch entzogene Andere kommt durch die Etablierung eines gemeinsamen virtuellen Gesprächsraums nahe, der im entstehenden virtuellen Gesprächsraum präsente Andere bleibt gleichzeitig fern. Dass man auch zusammen alleine ist – „alone together"[83] – ist entsprechend nicht wie bei Turkle als gesellschaftlicher Morbus zu begreifen, sondern als anthropologische Konstante in Hinsicht auf Kommunikation. Sie gilt auch für Face-to-face-Gespräche und andere Kommunikationsweisen, wird freilich in der computervermittelten Kommunikation besonders anschaulich.

Turkles abschließende medienethische Forderung nach einer Reflexion von Netzphänomenen, welche vor allem Selbstreflexion ist, weil sie Transformationen menschlicher Selbstwahrnehmung und entsprechender Anthropologie mit bedenkt,[84] führt vor dem Hintergrund einer negativen Persontheorie mithin zu einer vertiefenden Wahrnehmung jener Netzphänomene: Die Erfahrung von Telepräsenz, wie sie durch die Nutzung des Social Web induziert wird, ist eine hochgradig ambivalent bleibende Erfahrung, wie sie die interpersonale Kommunikation per definitionem kennzeichnet. Mehr noch: in der ambivalenten Erfahrung von Fernanwesenheit *wird der eine dem anderen allererst zur Person* – in computervermittelter Kommunikation wie im Face-to-face-Gespräch.

4. Die Anwesenheit des Abwesenden – theologischer Ausblick

Wie Emmi Rothner für Leo Leike nach dessen eingangs zitierter Email unsichtbar, unberührbar und unfassbar – abwesend – bleibt, wie er dennoch mit ihr redet, Fragen stellt, Antworten gibt, ihr Innenleben bereichert und ein Spiegel ihrer täglichen Erfahrungen ist – anwesend ist –, so ist es den monotheistischen religiösen Gebetstraditionen nach Gott für den Betenden. Ein Gegenüber, unkörperlich, unbegreifbar, ein Geheimnis – aber eine Person, die angeredet werden kann und Antworten vernehmen lässt, mithin eine Person, die im virtuellen Raum des Gesprächs *fernanwesend* wird.[85]

Es ist Kennzeichen einer anthropomorph strukturierten Theologie, Gott solchermaßen von der Begegnung mit einem menschlichen Gegenüber her zu verstehen, was für eine vernunftgemäße Reflexion des Gebets Schwierigkeiten mit sich bringt.[86] Diese anthropomorphe Struktur kann jedoch aufgebrochen werden, wenn

---

83 So der Titel von Turkles Buch.
84 Vgl. Turkle, Alone, 279–305.
85 Vgl. zur beziehungsstiftenden Bedeutung der „Entzogenheit Gottes" (ebenso wie der Entzogenheit der „menschliche[n] Erkenntnis für sich selbst") im Vollzug des Gebets bes. die Studie von Christine Svinth-Værge Pöder: Doxologische Entzogenheit. Die fundamentaltheologische Bedeutung des Gebets bei Karl Barth, TBT Bd. 147, Berlin/New York 2009 (Zitate: S. 294).
86 Vgl. Schüßler, Werner, Das Gebet. Versuch einer philosophisch-theologischen Grundlegung, in: ders./Reimer James A. (Hg.), Das Gebet als Grundakt des Glaubens. Philosophisch-theologische

umgekehrt die Begegnung zweier menschlicher Personen – in diesem Falle besonders das Phänomen der Fernanwesenheit – vom theologischen Personbegriff her verstanden wird. Denn was die Bedeutung des Personbegriffs für die Theologie betrifft, ist aus den obigen Ausführungen zu Begriffsgeschichte zu schließen: *Wir reden nur deshalb so von menschlichen Personen, wie wir von menschlichen Personen reden, weil wir von Gott als Person reden.* An Tertullian und Augustin wurde gezeigt, wie der Personbegriff aus der antiken Grammatik in die christliche Rede von Gott und von da aus dann – quasi theo-logisch imprägniert – in die Anthropologie gewandert ist. Das heißt aber: Der Personbegriff ist ein ursprünglich *theologischer*, so dass in jeder Rede von Personsein die Frage mitschwingt, wie die grundsätzliche Bezogenheit des Menschen auf Gott das menschliche Personsein fundiert, beziehungsweise wie sich umgekehrt im menschlichen Personsein der fundamentale Gottesbezug des Menschen äußert.[87] In Umkehrung der neuzeitlichen Fokussierung des persontheoretischen Interesses auf die Anthropologie ist mithin in Anlehnung an die theandrische Syllogistik der Kirchenväter[88] nicht zu fragen, was es für die Gotteslehre bedeutet, wenn von Menschen als Personen gesprochen wird.[89] Sondern es ist zu fragen, was es für die Anthropologie bedeutet, wenn von Gott als Person – beziehungsweise trinitätstheologisch als Perso*nen* – gesprochen wird. Dies entspricht der Pannenbergs Persontheorie letzthin bestimmenden Frage nach der eschatologischen Bestimmung des Menschen und das heißt nach seiner Gottebenbildlichkeit.

Dass Gott die Personbezeichnung in höchster Weise zukommt, hat bereits Thomas gegen die zeitgenössischen Kritiker personaler Rede von Gott gemeint.[90] So kann in der negativ-persontheoretischen Perspektivierung des Phänomens der Fernanwesenheit der Horizont sichtbar werden, von dem her auch die computervermittelte Telepräsenz genuin theologisch zu begreifen ist: Fernanwesenheit ist zunächst ein Prädikat, welches religiöser Weltdeutung zufolge dem Wirken Gottes als Person zukommt, insofern die Erfahrung von Gottes Anwesenheit mit der Er-

---

Überlegungen zum Gebetsverständnis Paul Tillichs, Tillich-Studien – Beihefte Bd. 2, Münster 2004, S. 11–28, bes. S. 21–24.

87 Dies zeigt sich besonders deutlich in der orthodoxen Gotteslehre: So betont Zizioulas, dass im Osten der Personbegriff ontologisch voran steht. D.h. das eine Wesen Gottes gründet dem orthodoxen Verständnis nach im Personsein des Vaters (nicht die drei Personen in der einen Substanz, die sich dann gewissermaßen sekundär entfaltet). Vgl. Zizioulas, John D., Being as Communion. Studies in Personhood and the Church, Contemporary Greek theologians Bd. 4, New York 1985, bes. S. 27–65; weiter Panagopoulos, Johannes, Ontologie oder Theologie der Person? Die Relevanz der patristischen Trinitätslehre für das Verständnis der menschlichen Person, KuD 39, 1993, S. 2–30.

88 Vgl. Panagopoulos, Ontologie, S. 16.

89 Vgl. Fichtes Kritik am personalen Gottesgedanken, wonach dieser von der Selbstbeobachtung des Menschen her, also letzthin anthropomorph verfasst sei: Fichte, Johann Gottlieb, Über den Grund unsers Glaubens an eine göttliche Weltregierung (Philosophisches Journal VIII, 1798), in: Lindau, Hans (Hg.), Die Schriften zu J. G. Fichtes Atheismus-Streit, München 1912, S. 21–36, bes. 33f.

90 Vgl. Thomas von Aquin, Summa Theologica, Buch I, Frage 29, in: Die deutsche Thomas-Ausgabe Bd. 3, hg. v. H.M. Christmann, Salzburg 1939, S. 40–61 (bes. Artikel 3: Ob man den Namen Person im Göttlichen verwenden darf).

fahrung seiner Abwesenheit einhergeht. Dies gilt, erstens, in *ontologischer* Hinsicht: Gott wird auch als Person als der menschlichen Vernunft entzogen und als ungegenständlich begriffen.[91] Gott ist, zweitens, auch in Hinsicht auf die Tradition genuin *dialektischer* Gottesrede als fernanwesend zu begreifen: Er ist nach Martin Luther gerade in seiner Abwesenheit erfahrbar,[92] und er ist nach Karl Barth der sich in der Offenbarung zugleich verhüllende Gott.[93] Die Nichtgegenständlichkeit und die Verborgenheit des personal verstandenen Gottes ist dem protestantischen Prinzip zufolge geradezu ein Kriterium für die Gotteserfahrung.

Das Phänomen computervermittelter Fernanwesenheit in zwischenmenschlicher Kommunikation genuin theologisch, also von der Erfahrung des fernanwesenden Gottes her zu verstehen, bedeutet nun nicht, in schlichter Gleichsetzung die computerinduzierte Telepräsenz als solche und darüber schließlich die Computertechnologie zu vergöttlichen. Im Sinne einer Deutung alltäglicher Lebenswelten auf ihre Transzendenzfähigkeit hin, die immer auch die Differenz zwischen Gotteserfahrung und zwischenmenschlicher Begegnung im Blick haben wird, öffnet eine solche Verstehensweise aber auch die computervermittelte interpersonale Kommunikation der *theologischen Deutung*. Die Erfahrung von Telepräsenz in computervermittelter Kommunikation ist in dieser Perspektive als eine von vielen „kleine Transzendenzen"[94] auszulegen, die den lebensweltlichen Alltag auf *die eine große Transzendenz* hin durchsichtig werden lassen. Die Erfahrung, dass eine abwesende Person im virtuellen Gesprächsraum anwesend wird, dass diese Präsenz aber mit bleibender Abwesenheit einhergeht, kann durchsichtig werden für die Begegnung mit Gott. Umgekehrt lässt sich die personale Rede von Gott als Gegenüber des

---

91 Vgl. z.B. Paul Tillichs Kritik an einer sprachlichen Vergegenständlichung Gottes (z.B. ders., Systematische Theologie Bd. I, Berlin/New York 1987 [unverän. Nachdr. d. 8. Aufl. v. 1984, Übers. d. amerikan. Ausgabe v. 1951], bes. S. 273–280 zu „Gott als Sein".

92 Vgl. hierzu Ebeling, Gerhard, Existenz zwischen Gott und Gott, in: ders., Wort und Glaube Bd. II, Tübingen 1969, 257–286, bes. S. 282, wo Ebeling in Auslegung Luthers die Dialektik von Anwesenheit und Abwesenheit Gottes sowohl für den Deus absconditus als auch den Deus praedicatus aufzeigt.

93 Vgl. Barth, Karl, Die Kirchliche Dogmatik Bd. 1: Die Lehre vom Wort Gottes. Prolegomena zur Kirchlichen Dogmatik, Halbbd. 1, München 1932, z.B. S. 175: „[E]s verhält sich so, *daß Gott selbst sich verhüllt und eben damit* [...] *sich enthüllt*". – Christina Ernst zeigt die Bedeutung dieses theologischen Gedankens für die Interpretation von Praktiken der Selbstdarstellung auf Facebook auf; vgl. den Beitrag ders. in diesem Band.

94 Vgl. zu diesem von Thomas Luckmann in Anschluss an Alfred Schütz weiterentwickelten Begriff der Religionssoziologie in alltagstheologischer Perspektive v.a. den Titel der FS für Hermann Timm zum 65. Geburtstag (hg. v. Huizing, Klaas/Bendrath, Christian/Buntfuß, Markus/Morgenroth, Matthias, Münster u.a. 2003). Was „kleine Transzendenzen" sein können, wird deutlich in Timms Deutung des menschlichen Alltags, d.h. konkret des Tagesablaufs vom Sonnenaufgang bis zu Mitternacht, hin auf seine „religiöse Grundierung" (Timm, Hermann, Zwischenfälle. Die religiöse Grundierung des All-Tags, Gütersloh 1983). – Eine Theologie der Social Media ist im Anschluss an die oben vorgetragenen Überlegungen und im Blick auf die Einbettung dieser Medien in alltägliche Lebenswelten immer auch ein Beitrag zu einer Theologie des Alltags.

Menschen, beispielsweise im Blick auf das Gebet, von der alltäglichen Erfahrung der Telepräsenz her verantworten.[95]

Eine Frage, die Turkle gesellschaftskritisch angesichts der lebensweltlichen Verbreitung computervermittelter Kommunikationsvollzüge stellt, eröffnet in der hier vorgeschlagenen Doppelperspektive genuin theologische Fragerichtungen auch über die Persontheorie hinaus:

„What is a place if those who are physically present have their attention on the absent?"[96]

Eine theologische Antwort kann aufzeigen: Ein solcher Ort, an welchem das Abwesende intensiviert wahrgenommen wird, der mithin durch das Phänomen der Telepräsenz gezeichnet ist, lässt die Erfahrung machen, dass die Bedingungen menschlichen Lebens in Gründen wurzeln, die der menschlichen Selbsttätigkeit entzogen bleiben (Bildung zur Religion). Ein solcher Ort eröffnet den Blick für die Leerstellen und Zwischenräume menschlichen Gesprächs, an denen unverfügbares Geistwirken vernommen werden kann (Seelsorge). Ein solcher Ort kann als Ort verstanden werden, an dem die sinnlich erfahrbaren Vollzüge und Gegebenheiten den Sinn und Geschmack für Transzendenz eröffnen (Gottesdienst). An diesen Beispielen, die sich auf andere genuin religiöse Vollzüge hin erweitern ließen, zeigt sich: Die Erfahrung computervermittelter Telepräsenz kann theologisch begriffen werden als Einübung in religiöses Erleben sowie als theologische Analogie.[97] Beides erweitert die Sprache der Dogmatik im Sinne ihrer gegenwartsbezogenen Fortschreibung um neue Lebensweltbezüge und bietet Anknüpfungspunkte für einen Beitrag der Dogmatik zu einer Theologie der Social Media.

---

95 Die Relevanz einer solchen Alltagstheologie zeigt sich im Blick auf die neuesten Medien besonders für die Kommunikation des Evangeliums in den sog. Milieus der Postmodernen; vgl. hierzu den Beitrag von Andrea Mayer-Edoloeyi in diesem Band.
96 Turkle, Alone S. 156.
97 Vgl. Pannenberg, Wolfhart, Analogie und Doxologie, in: Joest, Wilfried/Pannenberg, Wolfhart, Dogma und Denkstrukturen, FS Edmund Schlink, Göttingen 1963, S. 96–115.

Kirche 2.0 – zwischen physischer, virtueller und geistlicher Gemeinschaft[1]

Karsten Kopjar

Abstract

Wie soll ein soziales Datennetz der Zukunft aussehen? Welche Auswirkungen wird das auf bestehende Gemeinschaftsformen haben? Und was kann der Beitrag der Kirchen dabei sein? Aufgrund der medialen Tradition von Gemeinschaftserfahrungen soll aufgezeigt werden, wie etablierte Kernkompetenzen der Kirchen zu medienethischer Verantwortungsübernahme im Social Web führen können.

Aufbauend auf einer kurzen Mediengeschichte des Christentums, an deren Anfang und Ende die zwischenmenschliche Gemeinschaft steht, und in Weiterentwicklung von Ernst Langes partizipatorischem Gottesdienstmodell lassen sich Grundlagen schaffen, wie kirchenfern stehende Milieus von Web 2.0-Affinen durch reflektierte Social Media-Nutzung für die christliche Idee geistlicher Gemeinschaft und für eine stärkere Wahrnehmung physischer Realitäten gewonnen werden können.

1. Geistliche Gemeinschaft zwischen Oralität und Literalität

„Alles Wissen von Gott ist durch Medien vermittelt".[2] Durch biblische Schriften, persönliche Visionen, Träume und übernatürliche Eindrücke, durch Gebet und antwortendes Handeln kann Kommunikation zwischen Gott und Mensch stattfinden. So sind traditionelle und moderne Medien seit jeher Kanäle für religiöse Kommunikation und Kommunikation über Religion. Doch Medien ändern sich. Die heutige Zeit ist durch das Hybridmedium Internet und durch Medienkonvergenzen geprägt, Menschen definieren ihr Leben und ihren Sinn stärker in Bezug zu ihren medialen Erfahrungen. Wilhelm Gräb fragt daher zu Recht danach, wie „die Kirchen religionsbildende Sinnräume auch in der Mediengesellschaft sein und bleiben können".[3]

---

1 Dieser Artikel basiert auf Grundlagen der Dissertationsschrift „Kommunikation des Evangeliums für die Web-2.0-Generation. Virtuelle Realität als Reale Virtualität" von Karsten Kopjar, angenommen am Fachbereich Evangelische Theologie der Philipps-Universität Marburg 2011, in Veröffentlichung.
2 Gräb, Wilhelm, Medien, in: ders./Weyel, Birgit (Hg.), Handbuch Praktische Theologie, Gütersloh 2007, S. 149–161, S. 149.
3 Gräb, Wilhelm, Sinn fürs Unendliche. Religion in der Mediengesellschaft, Gütersloh 2002, S. 16. Inhaltlich auch aufgenommen in Nord, Ilona, Realitäten des Glaubens. Zur virtuellen Dimension christlicher Religiosität, Praktische Theologie im Wissenschaftsdiskurs Bd. 5, Berlin/New York 2008, S. 139.

Jede Gesellschaft hat ein eigenes zeitlich bedingtes Medienarsenal mit spezifischen Leitmedien zur Verfügung. Die europäische Mediengeschichte lässt sich dabei in vier Phasen aufteilen:[4] Menschmedien, Druckmedien, elektronische Medien und digitale bzw. vernetzte Medien waren jeweils in einer Epoche als Leitmedium bestimmend und treten nun nebeneinander oder sogar ineinander verzahnt auf.

Neue Medien ersetzen zwar die alten nicht, treten aber in zentralen Funktionen an deren Stelle und werden zu vorherrschenden Kommunikationskanälen, während bisherige Medien ihren Stärken entsprechend weiterhin im Hintergrund genutzt werden. So werden auch heute noch das persönliche Gespräch, das gedruckte Buch und das analoge Radiosignal genutzt, während viele aktuelle Nachrichten mittlerweile primär über digitale Internetkanäle ausgetauscht werden. Die Entwicklung wird dabei schneller, dynamischer und globaler. Gesellschaftliche Kommunikation ist heute primär massenmediale Kommunikation. Die Folgen für religiöse Kommunikation sind sowohl die Individualisierung der persönlichen Spiritualität wie auch die Pluralisierung von Sinnangeboten außerhalb der Kirchen durch den quasireligiösen Charakter von Kino, Literatur, Fernsehen und Internet.[5]

Das Christentum ist schon immer eingebettet in eine multimediale Welt voller Erzählungen, Lieder, Tänze, theatralischer Handlungen, Briefe, Audio-Fern-Übertragungen, vernetzter Visionen und Gruppenerlebnisse. Schon die frühen Zeugnisse der Bibel erzählen Geschichten, die über Generationen mündlich tradiert wurden. Orale Wissensvermittlung ist an (physische) Gemeinschaft gebunden, weil das Wissen eines einzelnen nur durch Kommunikation weitergegeben werden kann. Erst die Verschriftlichung oraler Informationen im ersten vorchristlichen Jahrtausend[6] macht es möglich, im Individualstudium Wissen zu erlangen und dadurch den einsamen Leser[7] als Gegenpol zur Gemeinschaft aufzuwerten. Obgleich zu biblischen Zeiten das Lesen und Schreiben oft noch ein Privileg weniger ist und daher relevante religiöse Nachrichten von den kundigen Schriftgelehrten an das Volk verlesen werden, wird es spätestens durch die königlichen und priesterlichen Schriften zur Zeit Salomos und später in jüdischen und christlichen Lese-Traditionen möglich, herausgehoben aus der Masse geistliche Erfahrungen in der Literatur zu finden.

---

4 Nach Misoch, Sabina, Online-Kommunikation, Stuttgart 2006, S. 21. Ähnlich auch bei Gräb, Medien, S. 150f.

5 Vgl. Nord, Realitäten, S. 150ff zur religiösen Funktion der Medien v.a. ab S. 157.

6 Unabhängig davon, wann man in der Pentateuchforschung die Redaktion und Kanonisierung verschiedener Schriften genau datiert, gab es nach übereinstimmender Meinung eine mündliche Tradition mit Sammlungsprozessen gefolgt von einer Niederschrift als feste literarische Quelle.

7 Im Gebrauch der Geschlechter gehe ich vom Grundsatz der Gleichberechtigung nach Gal. 3,28 aus. Fachbegriffe und Funktionsbezeichnungen im generischen Maskulinum (Leser, Nutzer, Produzent, Sender, Empfänger u.ä.) sind dabei als geschlechtsneutrale Rollenbezeichnungen zu verstehen, die natürlich von Männern und Frauen ausgeübt werden können. Aus Gründen der besseren Lesbarkeit verzichte ich auf die jeweilige Nennung der Doppelform.

Biblische Berichte sind in dieser Form keine Ablösung der mündlichen Kommunikation, sondern eine Ergänzung. Propheten treten zur Zeit des Alten Testaments immer noch mit Hilfe von öffentlichen Zeichenhandlungen in der Gemeinschaft auf, und Jesu Gleichnisse im Neuen Testament sind ursprünglich gesprochene Worte an eine große Menschenmenge, kleine Kreise und Einzelpersonen, bevor sie in den Evangelien schriftlich fixiert werden. Erst die Gemeindebriefe des Apostels Paulus sind primär schriftliche Formen der Evangeliumskommunikation – teilweise sogar mit Lesern, die er nie zuvor physisch getroffen hat. So beginnt eine Form der apersonalen Kommunikation,[8] die durch die kanonische Schriftensammlung der Bibel bis heute für viele Christen der primäre Zugangsweg zu religiösem Wissen ist.

Durch große Werke der Malerei, der Musik und andere Formen kirchlicher Kunst ist durch die Kirchengeschichte hindurch das Evangelium vielen Menschen in Kathedralen, an öffentlichen Plätzen und in Herrschaftshäusern medial präsent.[9] Letztlich verhelfen der Buchdruck und die Einführung der allgemeinen Schulbildung der Print-Ära ab dem 15. Jahrhundert zum Durchbruch. Zeitungen und Magazine machen es möglich, Information schnell und einfach massenmedial zu fixieren. So werden Menschen etwa 400 Jahre lang durch aktuelle Druckerzeugnisse über relevante Themen informiert. Gerade auch im Bereich der kirchlichen Kommunikation werden geistliche Traktate, Liederbücher und die Bibel selbst wichtige gedruckte Werke, um Menschen mit dem Evangelium in Kontakt zu bringen. Auch heute werden aktuelle Nachrichten aus der kirchlichen und säkularen Welt über Newsticker und Nachrichtenportale in Textform versendet, um schnell und klar formuliert viele Menschen zu erreichen. So ist das geschriebene Wort bis heute zentrales Speichermedium für den zentralen geistlichen Inhalt des Christentums. Egal ob handgeschrieben, gedruckt oder digital verbreitet wird die Bibel meist in geschriebener Form verwendet.[10]

Während gedruckter Text zu Beginn des 20. Jahrhunderts noch einen materiellen Träger benötigt und so nur eine eingeschränkte Echtzeitverbreitung ermöglicht,

---

8 Bei apersonaler Kommunikation kommuniziert ein Empfänger nicht direkt mit dem Sender der Botschaft, sondern rezipiert den zuvor in einem Archivsystem (hier z.B. Gemeindebrief oder Evangelientext) gespeicherten Inhalt. Nicht die Person steht im Vordergrund, sondern der Inhalt. Eine Übergangsform findet sich in den neutestamentlichen Personalbriefen, die durch Briefsammlungen und Auslegung im jeweiligen Gemeindekontext von personaler Kommunikation zu apersonaler Kommunikation wurden. Spätestens eine Generation nach den Originaltexten kann nicht mehr von personaler Kommunikation gesprochen werden.

9 Kruzifixe und Altarbilder sind heute noch Relikte dieser aliteralen Bild-Kommunikation, die in der Ikonographie moderner Smartphones und internationaler Hinweissymbole immer noch aktiv genutzt wird.

10 Vgl. Kopjar, Karsten, Medien, Kultur & Evangelium, in: Faix, Tobias/Weißenborn, Thomas (Hg.), Zeitgeist. Kultur und Evangelium in der Postmoderne, Marburg 2007, S. 42–49. Natürlich findet ein Austausch über den gedruckten Text in Predigten, Hauskreisen und Seminaren auch mündlich oder medial in Form von Kunstwerken statt. Jede Bezugnahme verweist aber auf die autorisierte Textgrundlage in geschriebener Form.

bietet das Radio dieser Zeit bereits eine immaterielle synchrone Übertragung von Schallwellen an beliebig viele Empfänger in Reichweite des Senders. So kann das „Live-dabei-Gefühl" einer Gruppe, eines Individuums oder einer virtuellen Hör-Gemeinschaft gestärkt werden und zeitkritische Informationen können sofort weltweit kommuniziert werden. Was Telegrafen für schriftliche Texte ermöglichen, erreicht das Radio für gesprochene Inhalte, Musik und Geräusche. Hörspiele, Fußballübertragungen, Nachrichtensendungen und Chartmusik können dabei ebenso übertragen werden wie Gottesdienste. Durch Internetradios ist heute die Verbreitung nicht auf einen kleinen Lokalradius beschränkt, sondern potentiell weltweit möglich. Kennzeichnend ist dabei, dass Radio primär akustisch wahrgenommen wird und die Augen somit ungenutzt sind.[11]

Diese Form der zweiten Oralität führt vom schriftlichen Wissen wieder zurück zu akustisch übertragenen Nachrichten, wenn diese auch durch technische Hilfsmittel der Übertragungstechnik und Magnetbandaufzeichnung nicht mehr an Ort und Zeit gebunden ist. Die Kommunikation geschieht also tendenziell apersonal, global, und die virtuelle Gemeinschaft setzt sich meist aus einander unbekannten Individuen zusammen.

Neben regionalen Radiosendern haben die Rundfunkanstalten in Deutschland seit 1952 angefangen, Fernsehkanäle zu betreiben, um durch die Verbindung von Audio- und Videoinformation mehr Authentizität und ein intensiveres Erlebnis der Nachrichten-, Bildungs- und Unterhaltungssendungen zu ermöglichen. Die Bildkultur ergänzt das rein akustische Radiosignal und ermöglicht so stärkeren Fokus auf das Medium sowie eine höhere Emotionalität und vertiefte Aufmerksamkeit des Rezipienten. Ähnlich wie die Tonspur dem Kinofilm neben der schon früh üblichen Hintergrundmusik auch eine Sprachebene zu den bewegten Bildern verschafft, werden die Bilder zu den gesprochenen Worten als Ergänzung des Kommunikationserlebnisses wahrgenommen. Trotz der gesteigerten Wahrnehmungstiefe bleibt die primäre Kommunikationsrichtung eine „Einbahnstraße": vom Sender zum Empfänger. Postkarten zur Wahl des Tor des Monats, Telefonvotings oder Call-in-Shows führen zu empfundener Interaktion, aber faktisch ist der Einfluss auf das vorgeplante Programm selbst bei wahrgenommener Zuschauerbeteiligung minimal. Selbst der sich als beteiligt erlebende Zuschauer wird immer noch durch „Berieselung" unterhalten. Gleichwohl wird aber durch die Teilhabe an einer gemeinsamen Übertragung eine neue Form der Gemeinschaft möglich, die sich nicht durch physische Nähe, sondern durch emotionales Erleben und dadurch erfahrene Verbundenheit („Shared Experience"[12]) konstituiert. Virtuelle Gemeinschaft mit anderen

---

11 Vgl. Thiele, Mirko, Ich höre was, was du nicht hörst. Eine Profilanalyse des christlichen Internetradios CrossChannel.de, Hannover 2008, S. 5ff.
12 Hipps, Shane, Flickering Pixels. How Technology Shapes Your Faith, Grand Rapids 2009 stellt in seiner mediengeschichtlichen Darstellung den Verlust der Gemeinschaft durch individualisierte Informationsaufnahme in der Print-Ära dar und sieht im gemeinschaftlichen, wenn auch physisch getrennten Konsum von Radio- und Fernsehinhalten eine neue Form der gemeinschaftlichen Erfah-

Zuschauern, obwohl alleine im Wohnzimmer sitzend, wird möglich. Die Grenzen von Zeit und Raum scheinen aufgehoben und spätestens, wenn man am Tag nach dem TV-Abend gemeinsam mit anderen Individualsehern über die Fußball-Übertragung, den Tatort oder die Nachrichtensendung diskutieren kann, ist auch die Face-to-face-Gemeinschaft durch die mediale Kommunikationsform des empfangenen Mediennutzers bereichert worden.[13]

Im Schnitt schaut jeder Deutsche über vier Stunden pro Tag fern.[14] Dabei nutzen die Zuschauer das Fernsehen hauptsächlich als Unterhaltungsmedium und sind nicht durchgehend aufmerksam, lassen sich aber vom seichten Strom der Bilderwelten durch den Tag tragen und nehmen die gesendeten Informationen auf. Menschen werden durch das Fernsehen geprägt, was sich auch an der jährlichen Investition von mehreren Millionen Euro in TV-Werbung ausweisen lässt. Und ebenso wie Werbeclips prägen die inhaltlichen Sendungen unser Bild der Wirklichkeit und beeinflussen unsere Handlungen.[15]

Daher sind auch Radio und TV als Medien grundsätzlich geeignet, um das Evangelium in Form von unterhaltsamen Formaten zu transportieren. Die Kirchen haben in Deutschland feste Sendezeiten, produzieren traditionell das „Wort zum Sonntag", die „Fernsehgottesdienste" und verschiedene Talk-, Magazin- und Informationssendungen. Kirchliche Senderbeauftragte achten darauf, dass die Kirchen in den Medien angemessen berücksichtigt werden, und die kirchliche Öffentlichkeitsarbeit stellt Journalisten Informationen und Nachrichten aus ihrer Arbeit zur Verfügung. Neben dem Engagement in bestehenden Sendern haben sich außerdem mehrere rein christlich motivierte Sender in der deutschen Medienlandschaft etabliert, die teilweise mit Beteiligung der kirchlichen Medienpartner, teilweise durch Privatengagement rund um die Uhr Gottesdienste, Bibelinformationen und Talk-Formate präsentieren. Der ERF Medien e.V. (früher „Evangeliumsrundfunk") in Wetzlar ist dabei seit 1959 eines der etabliertesten Funkhäuser und sendet mittlerweile auf einem Fernsehkanal sowie drei Radiosendern. Aber auch „Bibel TV" in Hamburg hat sich seit 2001 als überkonfessioneller Fernsehsender mit Beteiligung unterschiedlicher geistlicher Strömungen positioniert. So wird die christliche Botschaft nicht nur in traditionellen, sondern auch in elektronischen (tertiären) Medien kommuniziert.[16]

---

rung („shared experience", a.a.O., S. 103), die zwar ein virtuelles Gemeinschaftsgefühl erzeugt, aber keinerlei direkte Interaktion zulässt.
13 Vgl. Hipps, Flickering Pixels, S. 99ff.
14 Aktuelle Zahlen schwanken je nach Messmethode und Zielgruppe zwischen 3,5 und 5 Stunden; vgl. die Daten der Arbeitsgemeinschaft Fernsehforschung: http://www.agf.de [30.4.2012].
15 So erklärt auch Niklas Luhmann: „Was wir über unsere Gesellschaft [...] wissen, wissen wir durch die Massenmedien" (Luhmann, Niklas, Die Realität der Massenmedien, Wiesbaden ³2004, S. 9).
16 Tiefergehende Analysen zu religiösen Formaten im deutschen Fernsehmarkt finden sich in Kopjar, Karsten, Gott begegnen zwischen Couch und Kirche. Zielsetzung und Ertrag der ZDF-Fernsehgottesdienste für Gemeinde, Redaktion und Zuschauer, Saarbrücken 2007 und zum Phänomen des „Televangelismus" aus den USA in Bretthauer, Berit, Televangelismus in den USA. Religion zwischen Individualisierung und Vergemeinschaftung, Frankfurt 1999.

Massenmediale Kommunikation bedeutet allerdings in Bezug auf das Fernsehen für die meisten Menschen immer noch zu rezipieren, was wenige produzieren. Erst die Netzwerktechnologie des Internets, die seit den 1960er Jahren entwickelt wurde, schafft die Grundlage, um Informationen wirklich gleichberechtigt in beide Richtungen zu übertragen.[17] Ursprünglich konnten so reine Textinhalte, Bilder und Dateien, später auch Audios und Videos im World Wide Web bereitgestellt werden. Das Internet bündelt seitdem viele bereits vorher verfügbare Kommunikationsmöglichkeiten bisheriger Leitmedien, vernetzt verteilte Speichermöglichkeiten und verstärkt so den Einzelnutzen durch Transferwissen und Synergie-Effekte. Im „globalen Dorf" sucht man sich Nachbarn mit gleichen Interessen und teilt mit ihnen das Leben. Dabei ist es innerhalb des Kommunikationszusammenhangs gleichgültig, ob man lokal oder global kommuniziert.[18]

Nachdem die Stammesgemeinschaft durch literale Leitmedien ihre primär prägende Gemeinschaftswirkung zunächst eingebüßt hat und diese durch Formen der Shared Experiences in elektronischen Medien wie dem Fernsehen virtuell wieder belebt wurde, schafft das Internet im digitalen Zeitalter eine Form der vernetzten Gemeinschaft, die – ohne an Zeit und Raum gebunden zu sein – Möglichkeiten des gleichberechtigten Austausches eröffnet. Nähe wird nicht physisch, aber psychisch erfahren als „anonyme Intimität".[19] So bleibt die Gemeinschaft Anfang und Ende einer Mediengeschichte und bildet letztlich auch die Grundlage der Interaktion in Social Media. Die Form, wie Menschen online kommunizieren, ist dabei oft eine geschriebene Form mündlicher Kommunikation. Sabina Misoch nennt dies „Oraliteralität":[20] *geschriebene Mündlichkeit*. Es ist eine Sprache, die mündlich gedacht und schriftlich kommuniziert wird. Deshalb handelt es sich hier in den meisten Fällen prinzipiell um personale Kommunikation – auch wenn sie in komplexem Maße computervermittelt und oft zeitversetzt stattfindet. Sie vernetzt Menschen mit Menschen, führt zu gemeinsamen Erlebnissen, zum Meinungsaustausch, zu Freundschaften und oft zu anonymer Intimität. Dadurch vermittelt sie letztlich – trotz technischer Vermittlung durch ein Netzwerk aus Computern und Kupferleitungen – Gemeinschaft.[21]

Auch die urchristliche Bewegung beginnt damit, dass Jesus zwölf Jünger um sich schart und sie durch gemeinschaftliches Leben lehrt. Nach Auferstehung und

---

17 Zur Entstehungsgeschichte des Internets vgl. Berners-Lee, Tim, Weaving the Web. The Original Design and Ultimate Destiny of the World Wide Web by its Inventor, New York 2000.
18 Vgl. Haese, Bernd-Michael, Hinter den Spiegeln – Kirche im virtuellen Zeitalter des Internet, Praktische Theologie heute Bd. 81, Stuttgart 2006, S. 261f.
19 Hipps, Flickering Pixels, S. 113.
20 Misoch, Online-Kommunikation, S. 166.
21 Allerdings ist gleichberechtigte Gemeinschaft im weltweiten Netz bisher nicht immer gewährleistet. Sowohl die fehlende Infrastruktur in weiten Teilen Afrikas oder Asiens als auch die nötige Medienkompetenz schaffen digitale Gräben. Für Haese muss es auch Ziel der kirchlichen Online-Arbeit bleiben, weltweite und lokale Stärkung der Schwachen zu betreiben, damit das WorldWideWeb seine wahre freiheitliche Dimension entfalten und tatsächlich weltweite Gemeinschaft schaffen kann (vgl. Haese, Hinter den Spiegeln, S. 94ff).

Himmelfahrt erfahren diese Jünger Gottes Gegenwart in einer virtuellen – geistlichen, nicht leiblichen – Form, transferieren sie im gemeinsamen Leben der Urgemeinde und treffen sich weiterhin physisch im Tempel sowie in kleineren Gruppen in den Häusern.[22] Gemeinsames Leben, persönlicher Austausch, gegenseitige Unterstützung, geistliche Lehre und das Abendmahl waren damals Kennzeichen urchristlicher Gemeinschaft und sind es bis heute noch. Daher ist auch die Hochachtung der personenbezogenen Kommunikation unter physisch Anwesenden durch viele Theologen zu verstehen.[23] In der religiösen Kommunikation stellen der physische Vollzug der Sakramente und der gemeinsame Gottesdienst als Grundlage der Glaubensgemeinschaft eine Basis dar, die durch virtuelle Szenarien zwar ergänzt, aber nicht ersetzt werden kann. Zwar kann man durch die zuvor genannten Technologien den Radius der Kommunikation erheblich erweitern, jedoch muss man im jeweiligen Wirkungsfeld Abstriche in der Intensität hinnehmen, weil durch Kanalverengung und fehlende Kollektiv-Atmosphäre Informationsmöglichkeiten verloren gehen. Gemeinschaft kann also zwischen physischer Gegenwärtigkeit und rein medialer Vermittlung im virtuellen Raum auf unterschiedlichen Ebenen entstehen.

2. Möglichkeiten kirchlicher Online-Kommunikation im Social Web

Tim Berners-Lee gilt als der Erfinder des World Wide Web. Tatsächlich ist der heutige Vorsitzende des World-Wide-Web-Consortiums (W3C) seit den 1960er Jahren federführend an den Entwicklungen beteiligt, die das geschaffen haben, was heute landläufig als *das Internet*[24] bekannt ist. Ihm ging es dabei vor allem darum, Dinge zu vernetzen, um Informationssysteme durch freiheitliche Strukturen und schnelles Wachstum effizienter zu gestalten.[25]

Durch die Auszeichnungssprache HTML und standardisierte Übertragungsprotokolle konnte jeder Nutzer des Internets Informationen abrufen und eigene Daten einstellen. Jedoch war die textbasierte Gestaltung von Internetseiten vielen Anwendern zu kompliziert, so dass einer kleinen Produzentenschicht bald eine rapide wachsende Nutzergemeinde gegenüberstand. Erst der Trend zu WYSIWYG[26]-Editoren und Baukastensystemen zur automatischen Erstellung von Internetseiten hat sich die Nutzerbeteiligung drastisch gesteigert. Statt nur zu lesen werden die

---

22 Vgl. Apg 2,46 und Kontext.
23 Vgl. Grethlein, Christian, Die Kommunikation des Evangeliums in der Mediengesellschaft, Leipzig 2003, S. 81.
24 Streng genommen ist auf Berners-Lee nur das „World Wide Web" als ein Bestandteil des Internets zurückzuführen. Umgangssprachlich bezeichnet man das weltweite Netz aus Informationsseiten allerdings oft als „Internet".
25 Vgl. Berners-Lee, Weaving the Web, S. 1 sowie das Originalzitat ebd.: „The vision I have for the Web is about anything being potentionally connected with anything."
26 WYSIWYG ist die Abkürzung für „what you see is what you get" und bezeichnet die Möglichkeit, im Editoren bereits das fertige Produkt zu sehen und nicht, wie in der Software-Programmierung üblich, den Quellcode zu bearbeiten, der nachträglich in eine grafische Darstellung überführt wird.

Nutzer tatsächlich in die Lage versetzt, Texte und Medien im Internet zu veröffentlichen und „Prosumer" (Producer und Consumer in einer Person) zu sein.

Auch wenn das Internet oft als technische „Spielerei" dargestellt wird,[27] war der Grundsatz schon immer, alle Teilnehmer zum Lesen und Verbreiten von Informationen zu bewegen, so über gleichberechtigte Kommunikation ein digitales soziales Netz zu schaffen und unser reales Leben dadurch zu bereichern.[28]

Technisch gesehen macht der heute übliche modulare Aufbau vieler Content Management Systeme (CMS) es auch ohne Programmierkenntnisse möglich, ästhetische und komplexe Internetseiten zu erstellen. So wurden Foren, Wikis, Blogs und zahlreiche andere Möglichkeiten geschaffen, um eigene Inhalte zu erstellen.

Der Begriff „Web 2.0" geht auf die Release-Bezeichnungen in der Softwareentwicklung zurück, wobei 0.x Pre-Versionen, 1.0 die Grundversion, 1.x weitere Updates und 2.0 die nächsthöhere Vollversion sind. So soll dargestellt werden, dass es sich um einen Quantensprung der Entwicklung handelt und ein völlig neues Programm vorliegt. Beim Web 2.0[29] geht es allerdings keineswegs um eine komplett neue Version, die das alte Internet ersetzt. Lediglich hat sich durch ein neues Lebensgefühl der Nutzer und intuitive Benutzerschnittstellen das durchgesetzt, was seit den Anfängen des World Wide Web gewollt war: Interaktivität.[30] Menschen können Webseiten anschauen, können aber auch eigene Seiten gestalten, können sogar gemeinsam an Inhalten arbeiten oder sie verknüpfen. Dabei werden Kommunikations- und Interaktionsmöglichkeiten intensiviert. Echtzeit-Kommunikation durch Chat und Instant Messaging, VoiceOverIP[31] und sogar Videoübertragungen von Computer zu Computer sind im Web 2.0 Standard, ebenso wie zahlreiche Seiten, die Informationen nach dem Wikipedia-System[32] von den Nutzern statt von Web-Redakteuren erstellen lassen. So werden in den meisten Communities nur ver-

---

27 Vgl. die Definition von Berners-Lee: „The web is more a social creation than a technical one. I designed it for a social effect – to help people work together – and not as a technical toy. The ultimate goal of the Web is to support and improve our weblike existence in the world." Berners-Lee, Weaving the web, S. 123.
28 Vgl. ebd.
29 Vgl. O'Reilly, Tim, What is Web 2.0. Design patterns and business models for the next generation of software, in: O'Reilly Blog, 30.09.2005, online verfügbar unter http://www.oreillynet.com/pub/a/oreilly/tim/news/2005/09/30/what-is-web-20.html [30.4.2012] für die frühe Nutzung des Begriffs und eine grobe Charakterisierung der Philosophie „Web 2.0".
30 Vgl. Kopjar, Karsten, Virtuelle Heimat – zu Hause im Web 2.0, in: Faix, Tobias/Weißenborn, Thomas, Zeitgeist2. Postmoderne Heimatkunde, Marburg 2009, S. 35–43, bes. S. 40–42.
31 „VoiceOverIP" bedeutet die digitale Sprachübertragung über das Internetprotokoll. Im Gegensatz zu vorher reservierten Festnetzverbindungen zwischen den beiden Gesprächspartnern suchen sich die Datenpakete dabei jeweils flexibel einen Weg zwischen Sender und Empfänger, was zwar die Gesprächsqualität negativ beeinflussen kann, dafür aber mehr Flexibilität und insgesamt einen höheren Datendurchsatz ermöglicht. Durch dieses Verfahren ist eine einfache Sprachkommunikation über das Internet für viele Nutzer gleichzeitig möglich.
32 Ein WIKI bezeichnet eine technische Plattform für UserGeneratedContent mit Versionskontrolle. Ursprung ist das hawaiianische Wort WIKI (= schnell), bekannteste Plattform ist die freie Online-Enzyklopädie WIKIPEDIA.

gleichbar wenige Mitarbeiter als Administratoren oder Moderatoren benötigt, um Störer in die Schranken zu weisen, auf die Einhaltung von Kommunikationsregeln zu achten oder Hilfestellung zu geben. Denn mit der Technik, die hinter einem System steckt, müssen sich nur noch wenige Fachleute auskennen. Die meisten Nutzer bevorzugen ein aufgeräumtes Nutzer-Frontend[33] mit einfach zu bedienenden Schaltflächen und nutzerleitenden Animationen. Neuere Systeme lernen dabei automatisch durch das bisherige Nutzerverhalten und passen sich somit an die Bedürfnisse des Nutzers an. Auf diese Weise kommt ein Nutzer schneller ans Ziel, es wird Kreativität freigesetzt und Wissen vernetzt. So bestätigt die ARD/ZDF-Online-Studie, dass dieser Markt weiter wächst. 73% der Onliner nutzen Wikipedia, 58% YouTube und 39% Social Networks.[34] Allerdings ist das Interesse, selber Beiträge zu verfassen, rückläufig, und knapp 80% der Befragten gaben an, kein oder nur wenig Interesse zu haben, eigene Inhalte ins Internet zu stellen. So sind zwar Social Networks sehr beliebt, aber oft dienen sie primär der Beziehungspflege über wenige zentrale Daten und den Austausch von Privatnachrichten. Begründet ist dies wohl auch dadurch, dass das Bewusstsein für Privatheit und die Angst vor Sicherheitslecks laut besagter Studie ungebrochen hoch bei 86% liegt.

Trotz dieser Bedenken nutzt die EKD in ihrer medialen Kommunikationsstruktur Social Media, um zeitgemäß zu kommunizieren. Über das Portal www.evangelisch.de werden neben redaktionell aufgearbeiteten Beiträgen auch nutzergenerierte Inhalte veröffentlicht. Es wird gemeinsam diskutiert, gebetet und meditiert. Chat-Andachten und Twitter-Gottesdienste werden zumindest testweise umgesetzt, um mit Pionieren Erfahrungen zu sammeln. So kann man eine Vor-Ort-Veranstaltung per Webcam, Audio-Übertragung und Liveticker auch aus der Ferne mit verfolgen und per Twitter eigene Inhalte beitragen. Ob Remote-Nutzer, die nicht physisch vor Ort anwesend sind, aber doch einen Teil der virtuellen Gemeinschaft bilden, auch eine geistliche Atmosphäre aufbauen können und die Gottesbegegnung emotional erfahrbar wird, ist nicht vorhersagbar. Relativ sicher ist hingegen, dass momentan noch eine Vielzahl technischer Pannen auftritt. Daher werden neben Befürwortern auch bewusst kritische Meinungen gehört und reflektiert.[35] Definitiv lässt sich aber sagen, dass die Möglichkeit, online an einem Gottesdienst teilzunehmen, in Isolationssituationen einen Mehrwert gegenüber dem Verzicht auf

---

33 Ein „Frontend" bezeichnet die „Vorderseite" einer Internetplattform, die einfach zu bedienende Schaltflächen aufweist im Gegensatz zum komplexen „Backend", das technische Feinheiten justiert und nicht von jedem Nutzer verstanden werden muss.
34 Vgl. Busemann, Katrin/Gscheidle, Christoph, Ergebnisse der ARD/ZDF Onlinestudie 2010, online verfügbar unter http://www.ard-zdf-onlinestudie.de/fileadmin/Online10/07-08-2010_Busemann.pdf [30.4.2012]. Anzumerken wäre, dass seit der Erhebung 2010 ein starker Trend zur unreflektierten Datenfreigabe gerade bei der Nutzung von Sozialen Netzwerken zu beobachten ist. Dies müssten aktuelle Studien prüfen.
35 Für einen Bericht vom Twitter-Gottesdienst im Rahmen des Barcamps „Kirche im Web 2.0" im Mai 2011 vgl. https://weblogs.evangelisch.de/weblogs/stilvoll-glauben/2011/05/08/twittergottesdienst-gemeinschaft-der-eiligen [30.4.2012].

einen Gottesdienstbesuch darstellt. Wie hoch dieser ist und wie stark das übertragene Medienereignis tatsächlich Gottesdienst ist, bleibt neben der generellen geistlichen Unverfügbarkeit auch typbedingt offen. Denn es gehört eine gewisse Virtualisierungskompetenz dazu, sich auf abstrakter Ebene in eine virtuelle Gemeinschaft hineinzufühlen. Der persönliche Raum vor Ort muss gestaltet werden, Störquellen müssen minimiert werden und die persönliche Verfassung muss einer gottesdienstlichen Raumerfahrung angepasst werden. Schließlich geht es bei der Gestaltung virtueller Räume darum, sich bewusst zu verhalten. Denn geistliche Gemeinschaft schließt immer die Beziehung des Einzelnen zu Gott und zu anderen Menschen ein. Und die kann von Systemen weder online noch offline indoktriniert werden. Selbst wenn in einer nächsten Stufe des Internets (oft visionär Web 3.0 genannt) semantische Strukturen mit intelligenten Systemen den Nutzern helfen, Inhalte zu sortieren und Suchergebnisse automatisiert ihren Vorlieben anzupassen, wird ihnen die Aufgabe der eigenen Interpretation nicht abgenommen werden. Letztlich bleibt es mithin die Verantwortung des Einzelnen, die digitale Zukunft selber aktiv zu gestalten:

> „An der Schwelle zu einer Welt, die womöglich bald von Menschen mehr digital als real erlebt wird, ist es nun an der Zeit, einen Augenblick zu verharren und uns klar zu machen, welche digitale Welt wir uns wünschen, wie wir sie beeinflussen können und welche Folgen das Verhalten jedes einzelnen Nutzers haben kann."[36]

Aus theologischer Sicht stellt auch Bernd Michael Haese diese Frage. Er beobachtet in virtuellen Welten grundsätzlich gleiche Probleme wie in Offline-Kontexten.[37] Gerade die Kirche muss neben dem Schutz von persönlichen Daten und Erhaltung der Privatsphäre auch um globale Gerechtigkeit ringen. Sozial benachteiligte Menschen dürfen durch moderne Kommunikationsmittel nicht noch weiter ausgegrenzt werden und die Lücke zu weniger entwickelten Ländern darf nicht künstlich vergrößert werden. Haeses Appell an die Kirche ist, die Gleichberechtigungsstrukturen des Internets zu kennen, die Möglichkeiten des Web 2.0[38] zu nutzen und Gemeinde-WIKIs zu fördern, damit die Predigt als privilegierte religiöse Ansprache des autorisierten Geistlichen an die Laien-Gemeinde im Sinne der reformatorischen Gleichberechtigung gesehen werden kann.[39] Den innerkirchlichen Internetgegnern erwidert er:

> „Die Angst, daß theologische Kompetenz in der Beliebigkeit der postmodernen Bricolage nicht mehr gefragt sein könnte, ist unbegründet. Ganz im Gegenteil: Mehr denn je muss der Diskurs moderiert werden, müssen bewährte und traditionelle Muster in das gemeinsame Konstrukt eingebracht werden. Wenn es Räume für die gleichberechtigte Diskussion gibt, wird auch die Predigt als privilegierte religiöse

---

36 Evsan, Ibrahim, Der Fixierungscode, S. 165.
37 Vgl. Haese, Hinter den Spiegeln, S. 77ff.
38 Er benutzt das Wort nicht explizit, beschreibt aber die Phänomene, die mittlerweile als Web 2.0 zusammengefasst werden.
39 Vgl. Haese, Hinter den Spiegeln, S. 312.

Ansprache der berufenen und fachkompetenten Theologinnen und Theologen eine ganz andere Wertigkeit bekommen".[40]
So bietet das Internet durch seine Medialität bereits prinzipielle Aspekte der christlichen Botschaft. Gleichberechtigte Kommunikation kann zu Reflexionsprozessen führen und dazu anleiten, sich in gelebter Gemeinschaft für das kollektive Wohl einzusetzen. Damit fände durch horizontal-interaktive Kommunikationsmöglichkeiten eine implizit befreiende Religiosität Raum, die nicht nur oberflächlich, sondern auch als gesellschaftsrelevante Konversionskraft ernst zu nehmen wäre. Eine positive Nutzung der digitalen Vernetzung durch gesellschaftlich relevante Kräfte wie die Kirchen würde daher die Social Media positiv mitgestalten. Das Evangelium als die gute Nachricht von der Barmherzigkeit Gottes muss nach Martin Luther öffentlich verkündet werden.

„Evangelion aber heyßet nichts anderes, denn ein predig und geschrey von der genad und barmhertzikeytt Gottis, durch den herren Christum mit seynem todt verdienet und erworben. Und ist eygentlich nicht das, das ynn büchern stehet und ynn buchstaben verfasset wirtt, sondernn mehr eyn mundliche predig und lebendig wortt, und ein stym, die da ynn die gantz welt erschallet und offentlich wirt außgeschryen, das mans uberal hoeret."[41]

Neben dem sozialen Aspekt des Evangeliums sind damit auch Predigt, Evangelisation und Mission für den öffentlichen Raum des Internets zu begründen. Wie kann die Kirche heute auch in und durch Social Media angemessen Evangelium kommunizieren? Wie ergibt sich aus solcher Evangeliumsverkündigung dann Glaubensgemeinschaft auch im virtuellen Kommunikationsraum und welche Auswirkungen hat diese auf physische Gemeinschaftsprozesse?

Eine mögliche Form für die Kommunikation des Evangeliums hat der Pfarrer und Theologe Ernst Lange gefunden. Seine Methoden weisen bereits in den 1960er Jahren erstaunlich konkret zentrale Elemente auf, die heute im Web 2.0 genutzt werden.

3. Ernst Langes Kommunikation des Evangeliums angewandt auf Social Media

Ernst Lange hat den Pfarrdienst in einer Berliner Ortsgemeinde übernommen, um bewusst innerhalb parochialer Strukturen zu arbeiten. Allerdings sind diese für Lange nicht die einzig mögliche Form, Kirche zu leben. Er legt dar, dass Organisationsformen im Fluss seien, weil „die Parochie als das Grundmodell von Ortsgemeinde"[42] durch gesellschaftliche Veränderungen nicht mehr funktioniere. Gemeinde könne überall sein, könne spontan entstehen und existiere überall da, wo sich Men-

---
40 Ebd.
41 Luther, Martin, WA XII,259,8–13 (Reihenpredigt über 1 Petr, 1522).
42 Lange, Ernst, Der Pfarrer in der Gemeinde heute (1965), in: ders., Predigen als Beruf, München 1982, S. 96–141, S. 137.

schen in Jesu Namen versammeln, auch wenn der Normalfall die feste, dauerhafte Verbindung an einem Ort sei. In dieser kirchlichen Gegebenheit sieht er Ekklesia und Diaspora als Phasen der Versammlung und Zerstreuung im Leben des Christen. Er meint, im Gottesdienst sammelten sich Christen, um geistlich erbaut wieder in den Alltag verstreut zu werden, in dem jeder seinen individuellen Gottesdienst weiter feiere. Der einzelne Christ in der Welt sei dabei jedoch meist in einer Minderheitensituation und könne nicht immer Beglaubigung durch Geschwister finden. Außerdem werde der meist nichtprofessionelle theologische Laie so zum Hauptakteur in der geistlichen Kommunikation mit seiner Umwelt. Ihn für diese Situation auszurüsten, sieht Lange als Hauptaufgabe des Pfarrers an.[43]

Fünf Jahre nach Beginn des Experiments „Ladenkirche" am Brunsbütteler Damm in Berlin-Spandau zieht Ernst Lange eine „Bilanz65"[44] und fasst darin das Konzept und den bisherigen Verlauf seiner Arbeit zusammen. Zu Beginn stehen die Erkenntnisse, dass die Ortsgemeinde keine selbstverständliche Präsenz mehr im Leben ihrer Mitglieder habe. Durch Aufbruch der Parochien in postmodernen Lebenskonzepten, in denen Wohn- und Arbeitswelt einer Ortsgemeinde nicht mehr gemeinschaftlich um die Kirche herum gelebt werden, mangele es dem Pfarrer an der Kenntnis des Alltags seiner Gemeinde und dadurch an der Kompetenz, darüber zu reden. So fehle letztlich die Halte- und Bindekraft im innergemeindlichen Leben.

Lange fordert einen Wandel der Kirchenstrukturen, weil kirchliche Ortsgemeinden keine automatische Monopolstellung mehr hätten, sondern Kirche und Pfarrer sich immer öfter Herausforderungen der pluralen Gesellschaft stellen müssten. Menschliche Biografien sind dezentral orientiert, Erfahrungen werden in größeren Handlungsradien gemacht und Informationen erreichen einen vernetzten Bürger global und in Echtzeit. Die vernetzende Bedeutung, die der Pfarrer für lokale Lebenswirklichkeiten der Menschen in seinem Kirchenbezirk hatte, wird von einem apersonalen universellen Kommunikationssystem übernommen. Menschen werden selbst zu Experten für ihre Lebenswelt und vernetzen sich mit gleichgesinnten Individuen. Sowohl mit denen, die um die Ecke wohnen, als auch weltweit. Wenn Kirche auch weiterhin eine kontinuierliche Bedeutung für die Wohnwelt – also das Zuhause als Gegenpol zur Arbeitswelt – ihrer Mitglieder haben soll, müssten Ortsgemeinden daher stets individuell gestaltet sein. Sie müssten innerhalb ihrer kirchlichen Struktur wandlungsfähig bleiben und sich bedarfsorientiert verändern können. Das spreche letztlich gegen die strukturelle Sprengelaufteilung. So würden speziellere Gemeindekonzepte für spezifische Milieus Menschen ansprechen, die bereit sind, zu einer Kirche mit ihresgleichen zu kommen, um Gottesdienste zu erleben, die ihrer Lebensrealität entsprechen und ihre Sprache sprechen. Lange ist sich dabei bewusst, dass reine Zielgruppenorientierung ohne den Kontakt zu Menschen aus anderen Milieus kein Gemeindekonzept sein kann. Dennoch scheint die Tatsache,

---

43 Vgl. ebd.
44 Zum folgenden Abschnitt vgl. Lange, Ernst, Kirche für die Welt, München 1981, S. 66ff. Die Bilanz stammt tatsächlich von 1965.

dass traditionelle Gottesdienste im Vergleich zu Spezialgottesdiensten häufig schlechter besucht sind, für eine solche Spezialisierung zu sprechen.[45]

Dem existenziellen Weltauftrag der Kirche entspricht es nach Lange, in Gemeinschaft zu leben, zu dienen und missionarisches Zeugnis zu geben. Dabei ist ihm zufolge die diakonische Dimension – nach dem Vorbild von Apg 15,9 – „die Aktionsform des Glaubens schlechthin".[46] Kirchliches Handeln muss nach Lange Dienstleistung zur Versöhnung mit Gott, dem Nächsten und sich selbst sein und einen missionalen Lebensstil in der Diaspora des Glaubens fördern. Dabei legt Lange großen Wert darauf, dass in der Kindererziehung eine echte Missionstätigkeit besteht, weil Glauben nicht anerziehbar sei, sondern vorgelebt und angeboten werden müsse.[47]

Dabei seien Gemeinschaftsformen, in denen Kinder und Jugendliche Glaubensvorbilder kennen lernen, unerlässlich. Langes Ausführungen sind ein Votum für gemeinsame Gottesdienste über Generationsgrenzen hinweg, aber auch für aktiv geführte Freundschaften, Patenschaften, Mentoring-Beziehungen und bewusste soziale Investition in junge Menschen. Sie sind gleichermaßen ein Votum dafür, jungen Menschen dort zu begegnen, wo sie sich gerne aufhalten – und im 21. Jahrhundert sind das unter anderem Online-Communities. Gerade dort ist es möglich, Freund und Vorbild zu sein, sich gegenseitig in flachen Strukturen kennen zu lernen und gemeinsam Glauben zu erfahren. Gleichzeitig ist es – neben der gebotenen medienkompetenten Erziehung durch Eltern und Schule – die Aufgabe der Akteure im Web 2.0, Kinder und Jugendliche mit ihren Fragen nicht allein zu lassen. Statt der politisch oft geforderten Verbotsschilder, Zensur oder alternativer Anbiederung an moderne Massenphänomene erscheinen positive Kontakte, altersgruppengerechte Aufarbeitung von Inhalten und aktiv gelebte Vorbildfunktion als hilfreiche Mittel. So kann neben dem spielerischen Umgang mit dem Medium auch ein altersgerechter Zugang zu religiösen Inhalten in medialer Form erfolgen und dadurch das Individuum in christlichen Lebenskonzepten gefestigt und im reflektierten Umgang mit Daten und virtuellen Konzepten geschult werden. Dann kann *Kommunikation des Evangeliums* als Interpretation des biblischen Zeugnisses in Predigt, Seelsorge oder Konfirmandenunterricht auch in Online-Kontexten Realität werden.

Bereits 1967 postuliert Lange: Wenn wir als Kirche die Bedürfnisse unserer Zeitgenossen ernst nähmen, müssten wir nüchtern feststellen, dass für viele Menschen die traditionelle Predigt immer unwichtiger werde und schon heute Rundfunk und Literatur mit religiösen Inhalten stark genutzt würden. Im Bezug auf die autoritative Sonntagspredigt legt er dar, dass sie an sich schon immer nur eine Pha-

---

45 Vgl dazu das heutige Berliner Innenstadtprojekt „Freischwimmer" am Prenzlauer Berg: http://www.freischwimmerberlin.de [30.4.2012].
46 Lange, Kirche, S. 134.
47 Vgl. Lange, Kirche, S. 130ff.

se im gesamtkirchlichen Kommunikationsprozess gewesen sei.[48] Als Begründung führt Lange biblische Begriffe des Predigtgeschehens an, die tendenziell alle dialogischen Charakter aufweisen. Mit Blick auf diese Begriffe sei folglich aus biblischer Sicht das dialogische Gespräch der Normalfall der Verkündigung. Die göttliche Botschaft sei bereits gesendet und kirchliche Kommunikation nehme nun den Auftrag der Verkündigung in der Welt wahr.[49]

Es ist der Alltag, den Ernst Lange als Ernstfall des Glaubens sieht. Aufgrund des ganzheitlichen Gottesdienstverständnisses von Römer 12 sei das Leben nicht in sakrale und profane Zonen aufzuteilen, sondern die Realisierung bedeute eine „Aufhebung des Heiligtums – ohne dabei den heiligen Geist aufzugeben!"[50] Dass im Gottesdienst des Alltags gerade Laien zu Predigern werden, indem sie das erfahrene Evangelium an ihre Umwelt weiter kommunizieren, wird auch im 5. Leuchtfeuer des EKD-Impulspapiers *Kirche der Freiheit* ausgedrückt, was zumindest in Ansätzen die Methodik Ernst Langes aufgreift und würdigt.[51]

Deutlicher noch werden Ernst Langes Gedanken von den Entwicklungen des Web 2.0 wiedergespiegelt. Als Pfarrer waren ihm lebensnah reflektierte Formen geistlicher Gemeinschaft wichtig, die er in vier Interpretationsstufen der Verkündigung einteilt. Durch diese möchte er geistliche Kommunikation durch das ganze Leben hindurch als zentralen Akt von Pfarrer und Gemeinde sehen und ganzheitlich ausführen.[52] Sowohl im Blick auf die Face-to-face-Begegnung der physischen Realität als auch im Blick auf virtuelle Gemeinschaft im Web 2.0 lassen sich diese Grundsätze weiterdenken und folgendermaßen formulieren:

1. Das „*Wort für alle*"[53] in der Vollversammlung entspricht der klassischen Sonntagspredigt, in der der Pfarrer ein gut ausgearbeitetes Wort an die Gemeinde richtet, um diese über geistliche Wahrheiten, konkrete Anwendungsmöglichkeiten und die Möglichkeit eines dazu passenden Lebensstils zu informieren. Im Web 2.0 ist es der Newsletter, der sich als ein solches Wort für alle anbietet: Über die meisten Online-Portale kann er per E-Mail versendet werden, und er spricht neben dem Hauptinhalt des Portals am ehesten alle Nutzer gleichförmig an. Durch eine gut ausgearbeitete Textansprache werden die Nutzer geistlich grundlegend herausgefordert und sie erleben einen gemeinsamen Fixpunkt in der Gemeinschaft.

---

48 Vgl. Lange, Ernst, Zur Theorie und Praxis der Predigtarbeit (1967), in: ders., Predigen als Beruf, München 1982, S. 9–51.
49 Vgl. Deml-Groth, Barbara, Gesprächsgottesdienste. Wenn sich die Gemeinde ‚das Wort' nicht mehr nehmen lässt, in: dies./Dirks, Karsten (Hg.), Ernst Lange weiterdenken. Impulse für die Kirche des 21. Jahrhunderts, Berlin 2007, S. 65–82, bes. S. 69f.
50 Deml-Groth, Gesprächsgottesdienste, S. 75.
51 Vgl. Deml-Groth, Gesprächsgottesdienste, S. 78.
52 Vgl. dazu auch Kopjar, Kommunikation des Evangeliums, Kapitel 2.
53 Lange, Kirche, S. 101ff.

2. Der „*Katechumenat als Theologie für Nichttheologen*"[54] findet in der Realität als Konfirmandenunterricht, Bibelunterricht, Glaubensgrundkurs oder ähnliche Lehrveranstaltung statt, die Grundwerte und Basiswissen vermittelt, um das Wissen des Pfarrers mit denen zu teilen, die kein Theologiestudium absolviert haben und daher anderes Fachwissen haben. Ebenso tritt diese Form der Wissensvermittlung in angeleiteten Foren-Diskussionen auf. Menschen reden, hören, diskutieren, lassen sich belehren und geben ihre Meinung weiter. Gleichberechtigte Kommunikation und privilegierte Rede können hier zusammentreffen, wenn Menschen sich mit geistlichen Realitäten auseinandersetzen. Geistliches Lernen kann so ein lebenslanger Prozess beim Surfen im Internet sein.

3. Das „*Wort auf den Kopf zu*"[55] spricht ein Christ an einen anderen Christen. Es geht dabei nicht nur um Small Talk, sondern auch um tiefer gehende Gespräche, in denen zweisame geistliche Reflexion ohne Bevormundung geschieht. Auch im Internet sprechen Menschen direkt miteinander und können, statt bei Oberflächlichkeiten stehen zu bleiben, durch den Chat oder eine Privatnachricht auch persönliche und geistliche Themen besprechen. Im direkten Dialog kann man tiefer und persönlicher reden als in der großen Gruppe. Ähnlich wie sich bei Gemeindefesten und beim Kirchenkaffee in der breiten Masse kleine Gruppen und Zweiergespräche bilden, tritt auch bei virtueller Kommunikation in diesen Formen oft die ehrlichste Art der Kommunikation und dadurch der höchste Grad an lebensverändernden Kräften auf.

4. Die „*Entscheidung des Gehorsams*"[56] ist für Lange der letzte Schritt der Kommunikation, in der ein Mensch direkt auf die göttliche Kommunikation reagiert. Ob das Wort Gottes ihn direkt, durch menschliche Übersetzung oder in medialen Kontexten ereilt – es bleibt dem Empfänger vorbehalten, es an sich abprallen zu lassen oder sich durch die Erfahrung verändern und prägen zu lassen. Ebenso muss auch im Internet jeder Nutzer selbst die Entscheidung fällen, wie er mit einer medialen Gottesbegegnung umgeht. Nach Ibrahim Evsans Überlegungen zur *intuitiven Informations- und Wissensverarbeitung*[57] ist hier an zahlreiche Impulse zu denken, die den Nutzer im Online-Flow erreichen und nicht nur geistig, sondern auch geistlich eingeordnet und bewertet werden müs-

---

54 Lange, Kirche, S. 101ff.
55 Lange, Kirche, S. 101ff.
56 Lange, Kirche, S. 101ff.
57 Vgl. Evsan, Ibrahim, Der Fixierungscode. Was wir über das Internet wissen müssen, wenn wir überleben wollen, München 2009, S. 146. Evsan stellt dar, dass Menschen durch die Informationsfülle im Internet überfordert sind, wenn sie jede Information rational und vollständig erfassen wollen und daher Nachrichten oft in Sekundenbruchteilen als relevant oder trivial eingestuft werden müssten. Informationen fließen und neu entstandene Positionen könnten von Zeit zu Zeit auf Faktizität geprüft werden. Dieses Vorgehen ist von Evsan nicht als wissenschaftlicher Ansatz ausformuliert, scheint aber als authentische Selbsterfahrung plausibel und daher für ein Leben in digitalen Welten hilfreich und zukunftsweisend zu sein. Kritisch zu hinterfragen ist, wie bewusst man den Filter für ggf. bedeutungsschwere Entscheidungen setzen kann oder wie stark diese Intuition manipulierbar bleibt.

sen, um potentielle Begegnungen mit dem Wort Gottes in anregenden Diskussionen und persönlichen Gesprächen nicht generell auszuschließen. Manche Botschaft wird im Gewirr der Online-Stimmen verloren gehen. Trifft sie jedoch nicht nur Auge und Ohr des Nutzers, sondern geht tiefer, verändert das Herz und den Geist, so kann der Mensch transformiert werden, kann neue geistliche Erkenntnisse erfahren und dadurch sein Leben nach neuen Maßstäben anordnen. Dabei bleibt die Gotteserfahrung letztlich unverfügbar und nie vollständig berechenbar, was für traditionelle mediale Zusammenhänge jedoch ebenso wie für Social Media-Szenarien gilt.

Mit diesen vier Interpretationsstufen können heutige Kommunikationsprozesse nicht nur in physischer, sondern auch in virtueller Gemeinschaft ganzheitlich gestaltet werden. Die ersten beiden sind dabei Aufgabe von kirchlichen Institutionen bzw. Betreibern einer Plattform, die dritte Stufe ist Aufgabe aller Mitglieder in Kirche oder Community als Gegenüber zu anderen, und die vierte Stufe liegt im Erfahrungsbereich jedes einzelnen, der für eine Gottesbegegnung offen ist, die sich von Gott her überall ereignen kann. Doch die Prägung, die Menschen durch positive Gemeinschaftserfahrungen in der virtuellen Welt erfahren, wird auch ihre physische Realität verändern.

4. Folgen virtueller Gemeinschaftserfahrungen für die reale Ortsgemeinde

Gesellschaft wurde zur Zeit Luthers nach Ständen unterteilt, später unterschied man soziale Klassen, inzwischen spricht man von Milieus.[58] Christliche Gemeinden bestehen nach aktuellen Milieu-Studien meist aus Mitgliedern der bürgerlichen Mitte sowie Traditionsverwurzelten und werden aufgrund ihres Verwurzeltseins in diesen Milieus immer Probleme haben, Menschen aus anderen Milieus mit ihrer Kommunikation des Evangeliums zu erreichen.[59] Selbst innovative Gemeindegründungen, bei denen eine Gruppe Experimentalisten neue Formen der Gemeinschaft umsetzen will, divergieren oft schon nach wenigen Jahren in die Mitte der Skala und

---

58 Vgl. Faix, Tobias, Von Korinthern, Ständen und Milieus. Eine Kurzeinführung in die Spielstrasse, in: Faix, Tobias/Weißenborn, Thomas (Hg.), Zeitgeist2, S. 242–246.
59 Die regelmäßigen Gesellschafts-Studien des Sinus Instituts teilen die Bevölkerung in Milieus auf. Soziale Herkunft, Lebensstil, Wünsche und Bedürfnisse prägen die Kultur jedes Milieus. Es gibt zwischen den Milieu-Zugehörigkeiten Übergangs-Bestrebungen und Abgrenzungen, Generationsverschiebungen und Milieuwechsel durch neue Lebensphasen. 2010 wurden die Milieubezeichnungen leicht angepasst, der Trend einer Bewegung weg von traditionellen Milieus der Mitte zum Rand hin bleibt scheinbar jedoch bestehen. Vgl. Weigel, Tilman, Keiner will mehr Mitte sein, 2010, online verfügbar: http://www.sueddeutsche.de/wissen/deutschlands-gesellschaft-keiner-will-mehr-mitte-sein-1.1003475 [30.4.2012]. – Vgl. zu Kommunikationsmöglichkeiten der Kirchen mit so genannten postmodernen Milieus den Beitrag von Andrea Mayer-Edoloeyi in diesem Band.

werden – in ihrem Stil – traditionell.[60] Wenn man als Kirche oder als Christ für Menschen außerhalb der Kirche da sein möchte, wäre es also wichtig, auch andere Milieus zu erreichen und neben Gleichförmigkeit auch bewusste Unterschiedlichkeit zu fördern.

Hier stellt die Nutzung der neueren Internetentwicklungen eine Chance dar, die bestehenden kirchlichen Milieus deutlich zu erweitern. Das Web 2.0 spricht vor allem Moderne Performer[61] (Flexibilität, Mobilität), Postmaterialisten[62] (Gemeinschaft, Internationalität) und Experimentalisten[63] (Interaktion, Innovation) an. Hedonisten[64] (Entertainment) und Konsum-Materialisten[65] (Konsum, Dazugehörigkeit) nutzen die Angebote tendenziell eher passiv, wären also Kunden für entsprechende statisch angepasste Versionen derselben Webinhalte.[66] Das bedeutet natürlich nicht, dass kirchliche Angebote komplett aus der physischen Welt auf das Internet verlagert werden sollen. Allerdings muss man die Erweiterung der Landkarte um ein neues Territorium – die virtuelle Realität des Web 2.0 – akzeptieren und ernst nehmen,[67] wenn man die Chancen nicht verspielen will, die dort ansässigen Online-Bürger anzusprechen und auf die realen Sinn-Angebote der bestehenden Kirchen hinzuweisen.[68] Auf Dauer kann natürlich eine Trennung von geistlicher Online- und Offline-Realität nicht das endgültige Ziel sein, aber mit neuen Formen neue Milieus anzusprechen und sie gerade so sukzessive in mittlerweile transformierte Ortsgemeinden zu integrieren, scheint erfolgversprechender zu sein als zu warten, bis vorhandene Strukturen sich wandeln, um dann erst Menschen online zu erreichen.

Für Werbetreibende bedeutet die Erkenntnis, dass das Internet sich vom Informationsmedium zur Interaktionsplattform wandelt, dass grundlegende Ansätze überdacht werden müssen. Statt wie in Print und TV mit „One-to-Many"-Strategien potentielle Kunden über neue Produkte zu informieren, funktioniert Marketing nun

---

60 Vgl. Faix, Tobias, Die Verwurzelung der Gemeinde in der Kultur, in: Faix, Tobias/Weißenborn, Thomas (Hg.), Zeitgeist, S. 38–41.
61 Vgl. zur Aufteilung der Gesellschaft in Sinus-Milieus: http://www.sociovision.de/loesungen/sinus-milieus.html [28.10.2009].
62 Vgl. ebd.
63 Vgl. ebd.
64 Vgl. ebd.
65 Vgl. ebd.
66 Vgl. ebd. Mittlerweile finden sich dort aktualisierte Daten, die bei leicht abweichenden Vokabeln eine ähnliche Situation darstellen. Vgl. dazu auch Inglehart, Ronald, Modernisierung und Postmodernisierung. Kultureller, wirtschaftlicher und politischer Wandel in 43 Gesellschaften, Frankfurt 1998.
67 Eine Folge könnte die Gründung einer 23. Landeskirche als virtuelle Größe für diesen Bereich sein.
68 Bei der Kommunikation in digitalen Welten bietet sich ein weiteres Problem: Heutige Jugendliche sind als Digital Natives in einer vernetzten Welt aufgewachsen. Die Elterngeneration betritt diese Welt – wenn überhaupt – als Digital Immigrants. So wird Online-Sprache durch Emoticons, Abkürzungen und Akronyme mitunter zu einem elaborierten Code der Heranwachsenden, den Erwachsene nicht verstehen können (vgl. Hipps, Flickering Pixels, S. 135ff).

„Some-to-Some-to-Some".[69] Und aus dem Werbeslogan AIDA – „Attention, Interest, Desire, Action" – wird AIDE – „Attention, Interest, Dialog, Engangement".[70] Aufmerksamkeit und Interesse sind also immer noch nötig, um ein Produkt zu vermarkten. Dass dann jedoch der potentielle Kunde in einen Dialog tritt und durch persönliche Überzeugung zu einer persönlichen Bindung geführt wird, entspricht eher dem Gemeindekonzept Ernst Langes als der alte Werbeansatz, Wünsche zu wecken und K/Taufentscheidungen zu generieren. Ebenso lädt der mehrstufige Kommunikationsplan eher dazu ein, durch die zweite und dritte Stufe von Langes Gemeindekommunikation Menschen auf Augenhöhe anzusprechen als der rein frontal orientierte Massenevent-Stil. Wie bei den betrachteten Leitmedienwechseln werden beide Konzepte (One-to-Many und AIDA) zwar weiter existieren, aber durch neue Methoden auch in der physischen Welt ergänzt werden. Demzufolge können die kommunikationstheoretischen Positionen Langes als Vorreiter für aktuelle Marketing-Strategien gesehen werden, was den ernsthaft gemeinschaftsorientierten Ansatz der Social Media bestätigt.

Im Anschluss an Lange können die Kirchen auch heute die Bedürfnisse unserer Zeitgenossen ernst nehmen. Die dialogischen Formen, die er aufgrund der ursprachlichen Begriffsanalyse für angemessen hält, haben sich in den Formen des Web 2.0 als zentrale Kommunikationsgrundlage manifestiert. Menschen unterhalten sich miteinander, lehren sich, geben gute Nachricht weiter, können durchaus auch vorhersagen und verkünden. Ihre Botschaft wird gehört, kommentiert und weiterverbreitet. Das ist Alltag in Sozialen Netzwerken und Online-Communities.

5. Fazit

Trotz dieser Möglichkeiten der vernetzten Kommunikation würde auch Ernst Lange sicherlich Gemeinde im 21. Jahrhundert immer noch physisch leben. So wie es in der Ladenkirche aus dem Alltag herausgehobene Sonntagsgottesdienste gab, braucht auch das Leben im Web 2.0 regelmäßige Veranstaltungen und Traditionen, Alltag und Feiertag, Normalität und Sonderwirklichkeit, Online- und Offline-Realität. Auch für die Ortsgemeinde der Web 2.0-Generation wird es ‚normales kirchliches Leben' weiterhin geben, ergänzt durch virtuelle Gemeinschaft in der erweiterten Realität des Internets.

Somit haben auch evangelische Kirchen und Gemeinden die Möglichkeit, durch ungewöhnliche Wege, neue Experimente und Kooperationen mit zielgruppenrelevanten Mitbewerbern wieder relevant zu werden. Dabei bleibt zu klären, welcher Anbieter und welches Format wirklich passend sind, um gemeinsam die Web 2.0-Generation zu begeistern. Ebenso ist festzuhalten, dass für die Kommunikation des Evangeliums nicht die perfekt inszenierte Show und die Einschaltquote maßgeblich

---

69 Hipps, Flickering Pixels, S. 51.
70 Ebd.

sein können, sondern geistliche Erfahrungen und deren dauerhafte, tiefe Verwurzelung im Charakter eines Menschen.

Virtuelle Realitäten helfen den Menschen, ihre Realität besser zu verstehen. Sei es durch virtuelle Modelle von Kirchen und Synagogen, die ein besseres Verständnis für die Kunst früherer Epochen wach halten, oder durch Simulationen, die bei der Produkt-Entwicklung und der Ausbildung von Fachpersonal helfen. „Augmented Reality"[71] (erweiterte Realität), wie Ilona Nord es anhand einer realitätsverändernden Computersimulation beschreibt, ist als Ergänzung des sogenannten „realen" Lebens eine positive Weiterentwicklung, die das Leben auch im religiösen Bereich erweitern kann.

Gleichzeitig sind die Gefahren, die eine maschinenorientierte Entwicklung von semantischen Schnittstellen im zukünftigen Web 3.0 bietet, als Einschränkung der menschlichen Freiheit ernst zu nehmen. Zu viele Menschen nutzen das Internet als Flucht vor realen Herausforderungen oder als Ablenkung von realen Problemen. Ibrahim Evsan folgert daher:

> „[E]s ist für die Persönlichkeitsentwicklung eines Menschen ratsam, nur auf der Grundlage einer im realen Leben gefestigten Persönlichkeit sein digitales Leben zu führen."[72]

Neue Medien können helfen, die eigene Persönlichkeit zu entdecken und sie bewusst zu leben. Und mithilfe von neuen Medien kann diese Persönlichkeit geformt werden, sich verändern und ebenso ihre virtuelle und physische Umgebung prägen. Dabei geht es nicht darum, bestehende Kommunikationsformen umzunutzen und alle Möglichkeiten traditioneller Medien durch neue Medien zu ersetzen, sondern um eine reflektierte Medienauswahl, die sowohl alte als auch neue Medien berücksichtigt. Dies sollte gerade auch eine Aufgabe der Kirchen sein, denn wer die neuen Medien nutzt, kann prägende Auswirkung darauf haben, wie Menschen diese Medien wahrnehmen und wie sie gesellschaftlich genutzt werden. So kann das kirchliche Leben gleichzeitig virtuelle Kommunikationskonzepte positiv prägen und sich dadurch selber prägen lassen. So wird Ernst Langes Ansatz umgesetzt, die Lebensrealität der Menschen anzuerkennen und sich auf sie einzulassen.

Kirchliche Aktivitäten können dann ganz unterschiedlich aussehen. In der Universitätsstadt Marburg bietet der Christus Treff[73] beispielsweise seit 30 Jahren Gottesdienste für ein primär studentisches Publikum an. Das Jahr ist aufgeteilt in zwei Semester, unterbrochen von vorlesungsfreien Zeiten. Viele Gemeindeglieder verlassen Marburg nach wenigen Jahren, bleiben emotional aber in Kontakt mit der Gemeinschaft und den Menschen. So entsteht ein Netzwerk, das zwar einen physischen Ursprung hat, aber im weiteren Verlauf primär virtuell gepflegt wird. Zentrale

---

71 Vgl. Nord, Realitäten, S. 19ff.
72 Evsan, Fixierungscode, S. 163.
73 Geographisch findet man den Christus-Treff in der Lutherischen Pfarrkirche in der Oberstadt sowie dem ChristHaus am Ortenberg und dem CenTral am Richtsberg und virtuell im Internet unter http://www.christus-treff.org [30.4.2012].

geistliche Inhalte wie die Predigten und Newsletter sind online verfügbar, für die Atmosphäre typische Musik aus dem Christus-Treff ist auf CD verfügbar und zwischenmenschliche Kontakte können über Facebook aufrecht erhalten werden. Und immer wieder berichten Menschen aus der ganzen Welt, dass sie sich als Teil der Gemeinde wahrnehmen, von den Impulsen profitieren und geistliche Gemeinschaft erleben. Natürlicherweise verlassen auch viele Studierende die Stadt und damit die Gemeinde. Teilweise bleiben sie dabei bewusster Teil der Christus-Treff-Gemeinschaft, teilweise gliedern sie sich in andere Ortsgemeinden ein. Aber ein Stück emotionale Verbundenheit bleibt meist bestehen und kann virtuell gepflegt werden.

Leitmedien ändern sich mit den technischen Möglichkeiten und kirchliche Kommunikation folgt. Kommunikation des Evangeliums passt sich aktuellen Formen an, um in der jeweiligen Generation gleichbleibend ernst genommen zu werden. Die Namen der Sozialen Netzwerke, Tools und Zugangswege zum interaktiven Wissen werden sich auch in Zukunft ändern. Aber die Sehnsucht nach Realisierung der Online-Beziehung, nach ganzheitlicher Gemeinschaft und nach physischer Nähe bleibt. Das zu erkennen und zu beherzigen, ist ein wichtiger Schritt zur angewandten Medienkompetenz.

Ernst Lange hat ein Gemeindekonzept für die 1960er Jahre entwickelt. Er hat Gottesdienste im Schaufenster eines Ladenlokals gefeiert und so Transparenz und Nähe zu seiner Umgebung gezeigt. Daneben hat er ein theologisches Konzept geprägt, dass als Antwort auf die Wort-Gottes-Theologie seiner Zeit die Kommunikationsprozesse und den Glauben im Alltag in den Fokus der Betrachtung rückt. Praxisbeispiele 2012 sollten keine Kopien dieser Ladenkirche sein, sondern sollten ihre jeweilige Umgebung, ihre Menschen und ihre Fragen ernst nehmen. Wer das Evangelium relevant kommunizieren will, sollte sich daher nicht den virtuellen Welten verschließen, aber auch nicht im Internet stehen bleiben, sondern die geistliche Gemeinschaft, die Gottes Geist sowohl physisch wie auch virtuell stiften kann, als die entscheidende Realität erkennen. Wenn alles Wissen von Gott durch Medien vermittelt ist (Gräb) und Gott Menschen als Medium nutzt (Hipps), kann für sozial gefestigte Individuen (Evsan) sowohl durch physische Gemeinschaft wie auch durch virtuelle Gemeinschaft geistliche Gemeinschaft Realität werden. Das passiert, wenn die Kirchen ihre Tradition der Veränderung ernst nehmen, sich ihrer gesellschaftlichen Transformationskraft bewusst sind und durch die soziale und geistliche Komponente des Evangeliums die Schwachen, die Ausgegrenzten und die Unwissenden in gleichberechtigte Gemeinschaft hinein nehmen. Wenn Kirchen Social Media ernst nehmen, können sie die Zukunft des Internets positiv prägen und werden dabei selber durch das Medium positiv geprägt werden.

Kommunikationsräume der Kirchen mit Digital Natives eröffnen[1]

Andrea Mayer-Edoloeyi

„Wir benutzen das Internet nicht, wir leben darin und damit. Darum sind wir anders. Das ist der entscheidende, aus unserer Sicht allerdings überraschende Unterschied: Wir ‚surfen' nicht im Internet und das Internet ist für uns kein ‚Ort' und kein ‚virtueller Raum'. Für uns ist das Internet keine externe Erweiterung unserer Wirklichkeit, sondern ein Teil von ihr: eine unsichtbare, aber jederzeit präsente Schicht, die mit der körperlichen Umgebung verflochten ist."[2]

Abstract

Wie kann es den Kirchen gelingen, mit Digital Natives einen positiven Kommunikationsraum zu eröffnen und im Social Web kommunikativ präsent zu sein, jenem Ort, wo junge und postmoderne Milieus heute sind? Dieser Frage geht dieser Beitrag nach. Zentral ist dabei der Gedanke doppelter Inkulturation: die Inkulturation der Kirche im Social Web und die Inkulturation in der Lebenswelt der postmoderner Milieus. Dieser wechselseitige Kommunikations- und Lernprozess hat gerade erst begonnen. Ein Einlassen darauf ist theologisch geboten, denn die gute Botschaft Jesu Christi gilt allen Menschen, und sie ist mit jeder neuen Generation und gesellschaftlichen Veränderung wieder neu zu lernen. Die Überlegungen stehen im Kontext von Praxiserfahrungen der Autorin in der Katholischen Kirche in Oberösterreich und schließen mit konkreten Ideen für die kirchliche Netzinkulturation und die Inkulturation in postmoderne Lebenswelten.

1. Postmoderne Milieus, die Kirchen und das Internet – Der Befund der Sinusstudien

Die Sinus-Studien stellen für die Kirchen wertvolle „Sehhilfen" dar, weil sie ergänzend zu klassischen soziodemografischen Merkmalen, nach grundlegenden Einstellungen, Werten und Lebensstilen der Menschen fragen und diese danach gruppieren. Der Begriff der Milieus meint kein Interaktions-, Gruppen-, Gemeinschafts- oder Organisationsgeschehen und zielt auf keine kollektiven Akteur_innen. Es wird damit ein Denk-, Lebens- und Handlungsspielraum einer sozialen Gruppe benannt,

---

1 Dieser Beitrag geht auf einen Vortrag zurück, der im September 2011 auf der Tagung „Personen im Web 2.0 – Theologische Perspektiven" an der Theologischen Fakultät der Georg-August-Universität in Göttingen gehalten wurde.
2 Czerski, Piotr (2012), Wir, die Netz-Kinder, ZEIT-ONLINE, 23.02.2012, verfügbar unter: http://www.zeit.de/digital/internet/2012-02/wir-die-netz-kinder/komplettansicht [28.4.2012].

die sich durch einen gemeinsamen Lebenstil auszeichnen.³ Milieus „gruppieren Menschen, die sich in ihrer Lebensauffassung und Lebensweise ähneln",⁴ es geht um grundlegende Wertorientierungen, Alltagseinstellungen, Lebensstile und ästhetische Präferenzen, die empirisch abgefragt und dann geordnet werden.

Mit dem Milieuhandbuch „Religiöse und kirchliche Orientierungen in den Sinus-Milieus 2005",⁵ der Sinus-U27-Studie „Wie ticken Jugendliche?"⁶ (2007) und der MDG-Trendmonitor⁷ (2010) liegen empirische Untersuchungen vor, die für die Entwicklung pastoraler Strategien in der katholischen Kirche⁸ hilfreich sind.⁹ Es darf dabei aber nicht übersehen werden, dass die anthropologische Grundfragen des Menschseins durch die Milieuzugehörigkeit nicht aufgehoben werden¹⁰ und pastorales Handeln immer den ganz konkreten Menschen in den Blick nehmen muss.¹¹

1.1 Postmoderne Lebenswelten

Das Sinusmodell differenziert gesellschaftliche Wertorientierungen in drei Segmente. Dem Segment A geht es um traditionelle Werte, Pflichterfüllung und Ordnung. Das Segment B prägt die Modernisierung. Die Stichworte „Individualisierung", „Selbstverwirklichung" und „Genuss" beschreiben diese Milieus. Das C-Segment

---

3   Vgl. Ebertz, Michael N., Was Milieus sind und was sie nicht sind, in: Ebertz, Michael N. (Hg.), Milieupraxis, Vom Sehen zum Handeln in der pastoralen Arbeit, Würzburg 2009, S. 31–35, bes. S. 31f.
4   Wippermann, Carsten/Magalhaes, Isabel (Hg.), Milieuhandbuch „Religiöse und kirchliche Orientierungen in den Sinus-Milieus 2005", München 2005, S. 5.
5   Wippermann/Magalhaes, Milieuhandbuch.
6   Bund der deutschen katholischen Jugend/Misereor (Hg.), Projektleitung: Wippermann, Carsten, Autoren: ders./Calmbach, Marc, Wie ticken Jugendliche? Sinus-Milieustudie U27, Düsseldorf/Aachen 2007.
7   MDG Medien-Dienstleistung GmbH (Hg.), Autoren: Schulz, Rüdiger/de Sombre, Steffen/Calmbach, Marc, MDG-Trendmonitor „Religiöse Kommunikation 2010", 2 Bände, München/Heidelberg 2010.
8   Es gibt auch Sinusstudien für die evangelischen Kirchen. Darauf wird hier nicht näher eingegangen. Trotz gewisser Unterschiede darf insbesondere bei den diskutierten postmodernen Milieus aber durchaus von einer ähnlichen Ausgangssituation in allen Kirchen ausgegangen werden. Insbesondere die im abschließenden Abschnitt diskutierten Kritierien einer gelingenden Kommunikation scheinen übertragbar.
9   Ende 2012 wird eine neue kirchliche Sinusstudie erscheinen, im April schon eine neue Jugendstudie. Beide sind hier nicht mehr berücksichtigt. Dabei kommt das neue Milieumodell, gültig seit 2010, zur Anwendung. Die hier besonders interessanten postmodernen Milieus erfahren darin eine weitere Differenzierung. Besonders bemerkenswert scheint, dass es im neuen österreichischen Sinusmodell ein Milieu „Digitale Individualisten" gibt (in Deutschland: „Expeditive"). Viele Unschärfen, die mit den älteren Sinusstudien bei der Auseinandersetzung mit der Lebenswelt von Digital Natives auftreten, werden sich damit wohl klären.
10 Vgl. Wanke, Joachim, Was uns die Sinus-Milieu-Studie über die Kirche und ihre Pastoral sagen kann – und was nicht. Anfragen und Anregungen an Milieu-Studie und Kirche, in: Lebendige Seelsorge 4/2006, S. 242–246, bes. S. 244.
11 Vgl. Wehrle, Paul, Die Sinus-Milieustudie als Herausforderung für Pastoral und Katechese. Voraussetzungen und Forschungsrahmen der Milieustudie, in: Lebendige Seelsorge 4/2006, S. 278–283, bes. S. 280f.

wird als postmodern bezeichnet, es geht um Neuorientierung, Multi-Optionalität, Experimentierfreude und Leben in Paradoxien. Hier finden sich die jüngsten Milieus. Im Mittelpunkt der Wertorientierung steht „Selbstmanagement". Postmoderne Milieus – Moderne Performer und Experimentalisten – verabschieden

> „sich von dem einen, gemeinsamen Gesellschaftsentwurf, dem shared destiny, und antizipier[en] [...] die Paradoxie und Vorläufigkeit der postmodernen, wissensgesellschaftlich organisierten Welterfahrung. [...] Man findet keinen Sinn, man gibt ihn sich selbst."[12]

Moderne Performer[13] sind das jüngste Milieu, der Altersschwerpunkt liegt unter 30. Viele Studierende gehören zu diesem Milieu, doch auch eine steigende Zahl junger Familien.

Der Lebensstil Moderner Performer ist geprägt von Trendsetterbewusstsein und Zugehörigkeit zu einer jungen Elite. Fortschrittsoptimistisch nehmen sie das Leben als von jedem Einzelnen frei wählbar wahr. Das Selbstbild drückt sich in einer Entrepreneur-Mentalität aus. Sie sind aber realistisch und fokussieren sich auf das Machbare und auf Sicherheits- und Statusaspekte. „Moderne Performer sind gekonnte ‚Manager von Gegensätzen'".[14] So werden auch Karriere und Familie nicht als Gegensätze verstanden – man will beides. Moderne Performer wünschen sich technologische Lösungen für die Gegenwartsprobleme zu finden. Sie leben sehr aktiv und wollen Neues kennenlernen. Sie benötigen aber auch Zeit zum Abschalten und ‚Gang rausnehmen'. Ruhe, Wurzeln und Heimat finden sie in der Familie, bei Freund_innen, bei der Wellness und beim Reisen. Die Sinnorientierung Moderner Performer ist stark Ich-zentriert. Es geht um Erfolg, Erkenntnis und ‚sich spüren'. Sie arbeiten an sich selbst, um sich zu verbessern und eigene Talente auszubauen und zu nutzen. Dabei trauen sich sich selbst sehr viel zu, sind aber auch ab und zu besorgt und nachdenklich, ob ihr Lebensstil nicht zu einseitig ist. „Der Einzelne muss seinem Leben primär selbst einen Sinn geben".[15] Moderne Performer nutzen aktiv moderne Technik. Sie sind Multimedia-begeistert. Die Alltagsästhetik folgt dem jungen, modernen Mainstream, oft aufgelockert mit ungewöhnlichen Design-Elementen. Für jugendliche Moderne Performer sind moderne Technologien weit mehr als nur Technologien, sie sind

> „Lebensgefühl, Lebensausdruck und lebensnotwendiges Mittel, um sich mitzuteilen: Handy und Internet sind für sie selbstverständliche Fortbewegungs- und Kommunikationsmittel – ohne sie fühlen sie sich – wörtlich – ‚behindert'."[16]

---

12 Sellmann, Matthias, Hintergrund der Lebensweltforschung, in: Themenhefte Gemeinde 5/2007, S. 4–7, bes. S. 6.
13 Vgl. Wippermann/Magalhaes, Milieuhandbuch, S. 83ff.
14 Wippermann/Calmbach, Wie ticken Jugendliche?, S. 592.
15 Wippermann/Magalhaes, Milieuhandbuch, S. 97.
16 Wippermann/Calmbach, Wie ticken Jugendliche?, S. 319.

Sie sind wenig technikkritisch, Fans des „State of the Art" und Early Adopter. Vergemeinschaftung findet über das Internet statt. Ästhetisches Produktdesign ist für Moderne Performer entscheidend.

Der Alterschwerpunkt der Experimentalisten[17] liegt auch unter 30 Jahre. Sie haben eine pragmatisch-lockere Grundhaltung. Veränderungs-, Lebens- und Experimentierfreude prägen sie. Sie suchen immer wieder vielfältige neue Erfahrungen und wollen ihre Gefühle, Sehnsüchte, Begabungen und Phantasien ausleben. Materieller Erfolg ist sekundär. Individualismus und ungehinderte Spontanität sind Programm, dieses Milieu mag keine Zwänge, Routinen und lebenslange Festlegungen. Unkonventionelle Karrieren und Patchwork-Biografien sind typisch. Experimentalistische junge Erwachsene „treiben das Identitäts-Sampling auf die Spitze. „No-Gos" scheint es für sie im postmodernen Supermarkt – mit Ausnahme von antimodernistischen und reaktionären Weltbildern – nicht zu geben".[18] Experimentalistische Jugendliche haben Freude daran, aus Fragmenten unterschiedlicher stilistischer, ästhetischer, semantischer und weltanschaulicher Herkunft zu remixen. Wie für die Modernen Performer ist das Internet und das Social Web für sie eine selbstverständlicher Teil der Lebenswelt. Experimentalisten wünschen sich Ursprünglichkeit und Originalität, sie möchten Koordinaten und Schemata der Wahrnehmung durchbrechen. Das Leben in einer völlig virtuellen Welt ist für sie durchaus eine spannende Vorstellung.

Das eigene Leben ist für sie eine individuelle Erfahrungs-, Erkenntnis- und Sinnschöpfungsreise. Leben hat Sinn, wenn man_frau in Bewegung ist.

1.2 Erhebliche Kommunikationsprobleme der Kirche mit Postmodernen

In modernen und postmodernen Milieus hat die katholische Kirche massive Image- und Kommunikationsprobleme, von „Bewunderung oder gar Ehrfurcht vor der katholischen Kirche"[19] kann keine Rede sein, auch wenn die Kirche jede_r kennt. Die Kirche wird im Alltag vieler Menschen wenig oder gar nicht wahrgenommen. In keinem einzigen Milieu „überwiegt die Meinung, dass Kirche gut in die heutige Zeit passt".[20] Besonders deutlich wird das bei den Jugendlichen: 65% der Jugendlichen werden von kirchlicher Jugendarbeit nicht oder nur singulär erreicht.[21]

Kirchliche Gebäude, das Läuten der Glocken, Repräsentant_innen, die im Fernsehen vorkommen, und der Papst sind bekannt, haben aber im Alltag der Menschen keine Relevanz. „Das Bild, das die meisten von Kirche haben, besteht aus ‚eingefrästen' Klischees",[22] soziale Einrichtungen wie die Caritas oder Kindergärten wer-

---

17 Schulz/de Sombre/Calmbach, MDG-Trendmonitor, S. 254ff.
18 Wippermann/Calmbach, Wie ticken Jugendliche?, S. 644.
19 Wippermann/Magalhaes, Milieuhandbuch, S. 11.
20 Schulz/de Sombre/Calmbach, MDG-Trendmonitor, S. 47.
21 Vgl. Wippermann/Calmbach, Wie ticken Jugendliche?, S. 25.
22 Wippermann/Magalhaes, Milieuhandbuch, S. 11.

den nicht mit der Kirche assoziiert. Gleichzeitig aber fordern die Befragten aller Milieus, dass Kirche in der Öffentlichkeit präsenter sein und selbstbewusst auftreten soll.

1.3 Postmoderne sind Sinnsucher_innen

Menschen, die postmodernen Milieus angehören, sind aktiv auf der Suche nach Sinn, haben weder Mangel an Sinn bzw. ein Sinndefizit, noch eine Sinnsättigung.[23] Moderne und noch stärker postmoderne Milieus wollen ihr Leben verstehen und selbst in der Hand haben. Sie brauchen aber keine übergeordnete, das ganze Leben umfassende Sinninstanz. Jüngere Katholik_innen richten ihre Lebensführung nicht an explizit christlichen Werten wie den Zehn Geboten aus, wohl aber haben zentrale Werte wie Nächstenliebe, anderen zu helfen oder Toleranz und Offenheit gegenüber anderen zu üben, auch für Postmoderne eine große Bedeutung.[24] Das karitative Engagement der Kirchen, das Engagement für den Frieden, der Einsatz für die Menschenrechte und für eine humane Arbeitswelt finden breite Zustimmung. Bei den kirchenpolitisch heiß diskutierten Themen wie der Rolle der Frau, der Ökumene, dem Umgang mit Homosexuellen, der Haltung zur Sexualität oder der Empfängnisverhütung findet die offizielle Haltung der Kirche nur noch Zustimmung in den Milieus mit einer sehr traditionellen und konservativen Wertorientierung.

„Alle Verhaltensgebote der Kirche, die die freie Selbstbestimmung des Einzelnen einschränken [...] stoßen heute [2009/2010, Anm. der Verf.] bei den Katholiken auf noch breitere Ablehnung als schon im Jahr 2002."[25]

Postmoderne Milieus haben ein instrumentelles Verhältnis zur Kirche und sehen diese als „virtuelle Basisstation". Kirche könnte genauso genutzt werden wie andere Religionen, Weltanschauungen oder Ratgeber. Aktuell sehen postmoderne Milieus aber keinen Nutzen. Persönlicher, biografisch orientierter Nutzen ist aber entscheidend besonders für moderne Performer.

1.4 Das Social Web[26] als Lebensraum postmoderner Milieus

„Digital Natives" sind in aller Munde. Der Begriff ist aber in der wissenschaftlichen Debatte weniger ein klar bestimmter Begriff als eine oft verwendete Metapher, die eine gesellschaftliche Veränderung anzeigt. Vorschläge gehen dahin, den Begriff mit „Digital Residents"[27] zu ersetzen oder gar nicht zu verwenden. Ob sich das Nut-

---

23 Vgl. Wippermann/Magalhaes, Milieuhandbuch, S. 13.
24 Vgl. Schulz/de Sombre/Calmbach, MDG-Trendmonitor, S. 55.
25 Schulz/de Sombre/Calmbach, MDG-Trendmonitor, S. 64
26 Die Verwendung des Begriffs Social Web und der kommunikationswissenschaftliche Blick auf die Nutzungspraktiken im Social Web folgt Jan Schmidt. Vgl. Schmidt, Jan, Das neue Netz. Merkmale, Praktiken und Folgen des Web 2.0, Konstanz ²2011.
27 Vgl. Kurse, Peter, Ist die Nutzung des Internets eine Glaubensfrage? (Video und Slides), in: https://blog.whatsnext.de/2010/04/ist-die-nutzung-des-internets-eine-glaubensfrage [28.4.2012].

zungsverhalten von älteren Personen, die intensiv das Social Web nutzen, qualitativ von dem der jüngeren Generation unterscheidet, ist sehr umstritten.[28] Vieles deutet darauf hin, dass das Alter als einziges Differenzierungskriterium nicht geeignet ist, denn es gibt auch ältere Personen, die *nicht online gehen, sondern online sind.*

Hier interessant ist ein stärker wertorientierter Zugang, wie er auch in der Studie des Deutschen Instituts für Vertrauen und Sicherheit im Internet (DIVSI),[29] die mit dem Sinusmodell arbeitet, verwendet wird. Die DIVSI-Studie legt eine Differenzierung der bundesdeutschen Bevölkerung in „Digital Outsiders", „Digital Immigrants" und „Digital Natives" nahe. In dieser wird auf Basis von empirschen Daten sehr deutlich festgestellt, dass es postmoderne Milieus sind, die das Social Web überdurchschnittlich stark nutzen. Diese Deckung ist interessant für weitere Schlussfolgerungen für Fragen der Pastoral, so dass die durchaus zu diskutierende Frage nach dem verwendeten Begriff hier hintan gestellt wird.

Die Gruppe der „Digital Natives" machen nach der DIVSI-Studie 41% der bundesdeutschen Bevölkerung aus. Innerhalb der drei Internetmilieus „Digital Souveräne", „Effizienzorientierte Performer" und „Unbekümmerte Hedonisten" gibt es durchaus Unterschiede, sie sind aber allesamt im Internet zu Hause. Das Netz in seiner interaktiven Ausrichtung ist ein entscheidender Teil ihrer Identitätsbildung, ihre „verlängerte Körperlichkeit".[30] Internet und Smartphone sind ein nicht mehr wegzudenkender Teil ihres Alltags, denn Beziehungen und Informationen werden weitreichend im Social Web, vor allem in sozialen Netzwerken, organisiert. Das Internet „ist ein Spiegel der Multioptionsgesellschaft".[31]

1.5 Religiöse Internetkommunikation

Aufgrund der überdurchschnittlichen Relevanz des Internets für postmoderne Milieus sind sie es, mehrheitlich, die dort dort Informationen über religiöse Themen suchen.[32] Erstaunlich ist das insofern, als Moderne Performer und Experimentalisten an sich stark unterdurchschnittlich religiös interessiert sind, beispielsweise zu jenen Milieus gehören, die überdurchschnittlich selten am Sonntag einen Gottesdienst besuchen[33] und die auch angeben, dass für sie Gott im alltäglichen Leben

---

28 Vgl. Schulmeister, Rolf, Gibt es eine »Net Generation«?, online verfügbar: http://www.zhw.uni-hamburg.de/uploads/schulmeister_net-generation_v3.pdf [28.4.2012].
29 Deutsches Institut für Vertrauen und Sicherheit im Internet, Sinus-Institut, DIVSI Milieu-Studie zu Vertrauen und Sicherheit im Internet (2012), online verfügbar:
http://www.divsi.de/sites/default/files/presse/docs/DIVSI-Milieu-Studie_Gesamtfassung.pdf [28.4.2012].
30 Wippermann/Calmbach, Wie ticken Jugendliche?, S. 29.
31 Meier, Klaus, Positionierung der katholischen Kirche im Internet. Eine Analyse auf Grundlage der Studie „Milieuhandbuch. Religiöse und kirchliche Orientierungen in den Sinus-Milieus 2005", in: Communicatio Socialis, 39. Jg., Heft 3/2006, S. 285–294, Zitat: S. 287.
32 Vgl. Schulz/de Sombre/Calmbach, MDG-Trendmonitor, S. 177.
33 Vgl. Schulz/de Sombre/Calmbach, MDG-Trendmonitor, S. 30.

kaum eine Bedeutung hat.[34] Im Themenrepertoire, das sich Moderne Performer und Experimentalisten als gutes Internetangebot wünschen, kommen vordergründig kirchliche Themen so gut wie nicht vor. Diese Milieus nennen unter anderem Weiterbildung, Schule und Bildung, Lebenshilfe, Stellungnahmen zu Problemen der Zeit, Natur- und Umweltschutz als Interessensgebiete.[35] Insofern liegt es nahe, niederschwellige, themenzentrierte Angebote, bei denen der kirchliche bzw. religiöse Kontext nicht im Vordergrund steht, zu schaffen.

Dem allgemeinen Trend zur hohen Wertigkeit lokal gebundener Information entspricht auch, dass die Webpage der Kirchengemeinde als relevantestes kirchliches Internetangebot genannt wird,[36] auch bei den Videoangeboten, wo die Sinus-Studie generell wenig Interesse an religiösen Inhalten konstatiert, wird nahegelegt, auf Angebote aus dem persönlichen Nahbereich zu setzen.[37] Zu bedenken dabei ist aber auch, dass die kirchlichen Internetangebote „stark überdurchschnittlich häufig von den eigenen haupt- und ehrenamtlichen Mitarbeitern"[38] genutzt werden: „Das Internet [...] ist ein wichtiges Medium für die kirchliche Binnenkommunikation".[39]

Der MDG-Trendmonitor hält fest, dass neben der Weiterentwicklung bestehender kirchlicher Internetangebote der Weg in bestehende Communities erfolgversprechend sein könnte. In Analogie zur durchaus gelingenden Verbreitung religiöser Inhalte über General-Interest-Medien wäre es auch denkbar, dort mit jenen Menschen in Kontakt zu kommen, die danach gar nicht explizit gesucht haben.[40] Diese Annahme wird durch die Tatsache unterstützt, dass immerhin 44% der Katholik_innen durch „Hinweise, Empfehlungen, Links von Freunden, Bekannten" zu religiösen Internetangeboten kommen.[41] Diese Empfehlungskultur ist ein Grundelement sozialer Internetnetzwerke. Zusammenfassend stellt der MDG-Trendmonitor fest, dass trotz der Schwierigkeiten mit kirchlichen Internetangeboten in der Breite der Weg in die bestehenden Social Communities strategisch geboten ist, um auch Menschen aus postmodernen Milieus zu erreichen und kommunikativ einzubinden.

1.6 Milieudifferenzierte Seelsorge

Kirche hat einen universalen Heilsanspruch und darum einen Verkündigungsauftrag für alle Menschen. Sie kann wegen ihres Selbstanspruchs nicht eine kirchenkommunikative Politik der „kleinen Herde" verfolgen, für die katholische Kirche hat diese Position das mit höchster Autorität ausgestattete II. Vatikanische Konzil

---

34 Schulz/de Sombre/Calmbach, MDG-Trendmonitor, S. 36.
35 Vgl. Schulz/de Sombre/Calmbach, MDG-Trendmonitor, S. 192.
36 Schulz/de Sombre/Calmbach, MDG-Trendmonitor, S. 185.
37 Schulz/de Sombre/Calmbach, MDG-Trendmonitor, S. 205f.
38 Schulz/de Sombre/Calmbach, MDG-Trendmonitor, S. 187.
39 Schulz/de Sombre/Calmbach, MDG-Trendmonitor, S. 187.
40 Vgl. Schulz/de Sombre/Calmbach, MDG-Trendmonitor, S. 198.
41 Vgl. Schulz/de Sombre/Calmbach, MDG-Trendmonitor, S. 199.

mehr als deutlich gemacht. Der Befund der Sinusstudien ist für die Kirche brisant, da die kommunikative Nichtwahrnehmung durch immer mehr Menschen die grundlegende kerygmatische Ausrichtung der Kirche und den Missionsanspruch in Frage stellt. „Darum geht zu allen Völkern und macht alle Menschen zu meinen Jüngern; tauft sie auf den Namen des Vaters und des Sohnes und des Heiligen Geistes" heisst es in Mt 18,19. Der Pastoraltheologe Rainer Bucher erkennt in diesem Missionsbefehl eine doppelte Verortung der Adressat_innen christlicher Verkündigung. Sie sind nicht nur Zuhörer_innen, sondern „wesentlicher Teil ihres Inhalts".[42] Empfänger_innen haben, so Matthias Sellmann, den „Status eines Mitinterpreten, ja eines Mitautors der Gottesrede".[43]

Die Milieuverengung ist damit nicht nur ein Problem der Kirche ad extra, sondern auch ad intra. Nur wenn es gelingt, vielfältige Erfahrungen mit Gott in die Gesamtheit der Kirche einfließen zu lassen, wird die Kirche vor einer „Verengung der Gotteserfahrung"[44] bewahrt. Insofern kann die Wirklichkeitserfahrung der kirchendistanzierten postmodernen Milieus als höchst relevant qualifiziert werden.

Pastorale Strategiedebatten legen darum nahe, milieudifferenzierte Seelsorge-Angebote und Kommunikationsräume zu entwickeln. Das Internet ist für postmoderne Milieus dabei unverzichtbar. Der Religionssoziologe Michael Ebertz nennt als Ziel einer kirchlichen Medienstrategie auf dem Hintergrund der Sinusanalysen zuallererst die „Erschließung neuer Milieu-Adressaten, die bislang kirchenkommunikativ vernachlässigt wurden".[45]

2. Das Social Web als Ort der Kommunikation von und mit Digital Natives

Bei allen Überlegungen der Glaubenskommunikation im Internet ist der Eigencharakter des Mediums zu beachten.

> „Medien verpacken nicht einfach nur bereits vorhandene Botschaften neu, sondern formatieren sie sowohl inhaltlich als auch sozialkommunikativ."[46]

In Web 1.0-Zeiten war es noch möglich, die Kirche im Internet als Sender_in von Informationen an möglichst viele Empfänger_innen zu sehen,[47] mit der Weiterent-

---

42 Bucher, Rainer, Was geht und was nicht geht, Zur Optimierung kirchlicher Kommunikation durch Zielgruppenmodelle, in: sinnstiftermag 04; online: http://www.sinnstiftermag.de/ausgabe _04/titelstory.htm [28.4.2012].
43 Sellmann, Matthias, Milieuverengung als Gottverengung, in: Lebendige Seelsorge 4/2006, S. 284–289, Zitat: S. 286.
44 Sellmann, Milieuverengung, S. 288.
45 Ebertz, Michael N. , Wie Milieus mit Medien umgehen, in: Ebertz, Michael N. (Hg.), Milieupraxis. Vom Sehen zum Handeln in der pastoralen Arbeit, Würzburg 2009, S. 25–30, Zitat: S. 28.
46 Sellmann, Matthias, Gott ist jung! Kirche auch? Trends und Projekte in jugendpastoraler Theorie und Praxis, in: Stimmen der Zeit 7/2010, S. 435–448, Zitat: S. 438.
47 Vgl. Pelzer, Jürgen, „Gehet hin und bloggt!". Netzinkulturation im Zeitaltes des Leitmediums Internet, in: Stimmen der Zeit 12/2010, S. 795–806, bes. S. 802.

wicklung des Netzes erweist sich diese Sichtweise als reduktionistisch bzw. verkennt sie die eigentlichen Potentiale der Entwicklung des Social Web. Hier sind aus passiven Rezipient_innen aktive User_innen, Produser_innen, geworden.

2.1 Das Social Web als Bottum-Up-Entwicklung in den Kirchen

Die Entwicklung der Aktivität der Kirchen im Social Web vollzieht sich als Bottum-Up-Bewegung.[48] Religiös motivierte Internetnutzer_innen rufen eigeninitativ Social Media-Projekte ins Leben und nutzen die vielfältigen Möglichkeiten, von der Jugend-Gruppe auf Facebook bis zum persönlichen Blog zu Glaubensthemen. Erste Aktivitäten von Pfarrrgemeinden, Diözesen, Landeskirchen, kirchlichen Hilfswerken, Orden und anderen Einrichtungen sind entstanden. Die Qualität der Kommunikation hängt stark davon ab, ob es fachkundige Menschen innerhalb der Institutionen gibt, die eine Leidenschaft für das Social Web haben. Selbst die größte religiöse Facebook-Seite „Jesus Daily" – eine der größten Facebook-Seiten überhaupt – mit mehr als 11 Millionen Fans ist eine Privatinitiative eines Arztes aus North Carolina, der diese Seite in seiner Freizeit betreibt.[49] Es „wird viel experimentiert, aber eben eher im Kleinen und ohne institutionellen Segen".[50]

Die Relevanz des Themas wird seitens kirchlicher Entscheidungsträger_innen aller Konfessionen aber durchaus konstatiert. Matthias Sellmann und Florian Sobetzko erklären die im Vergleich zu vielen Unternehmen oder Non-Profit-Organisationen zögerliche Integration von Social Media in die kirchliche Kommunikation mit dem „sofort einrastende[n] Ethik- und Pädagogikreflex, [der] seltsam typisch für kirchliche Erst- und Zweitreaktionen auf mediale Neuerungen"[51] ist. Anstatt dessen plädiert Sellmann für ein „kulturelles Liga-Bewusstsein"[52] und hat kein Verständnis dafür, dass jemand auf die pastoralen Chancen verzichtet, weil es Ambivalenzen des Social Web gibt:

> „Wer etwa aus Datenschutzängsten keinen Account auf facebook eröffnet, oder wer etwa als Arbeitsstelle der Deutschen Bischofskonferenz keine pastoralen Apps entwickeln lässt, weil er das alles für Spielerei hält, ist natürlich frei, das zu tun. Aber professionell ist das nicht."[53]

---

48 Vgl. Akademie Bruderhilfe Pax Familienfürsorge (Hg.), Autoren: Trocholepczy, Bernd/Pelzer, Jürgen/Heeg, Dietmar, Kirchliche Sinnangebote im Web 2.0, Frankfurt/Main 2009.
49 Vgl. Kurfer, Tobias, Was würde Jesus anklicken?, in: ZEIT ONLINE 3.11.2011, online verfügbar: http://www.zeit.de/digital/internet/2011-11/religioese-gruppen-soziale-medien/komplettansicht [28.4.2012].
50 Sellmann, Matthias/Sobetzko, Florian, Pastoral 2.0. Das Internet als ein Ort christlicher Inspiration, in: Herder Korrespondenz Spezial (Pastoral im Umbruch) 1/2011, S. 59–64, Zitat: S. 62.
51 Sellmann/Sobetzko, Pastoral 2.0, S. 60.
52 Sellmann, Matthias, Neue Medien gerne nutzen. Ein Plädoyer für kulturelles Liga-Bewusstsein, in: Lebendige Seelsorge, 1/2012, S. 17–22, Zitat: S. 17.
53 Sellmann, Neue Medien, S. 19f.

2.2 Das Social Web als Ort lebensbedeutsamer Kommunikation

Das Social Web ist ganz im Sinn der bekannten Formulierung des II. Vatikanischen Konzils ein Ort der „Freude und Hoffnung, Trauer und Angst der Menschen von heute" (GS 1). Darum ist es ein pastoral und theologisch bedeutsamer Ort.[54]

Auch wenn auf den ersten Blick – gerade in den sozialen Netzwerken – vielfach alltägliche Belanglosigkeiten, sogenannter Catcontent, geteilt werden, so finden sich dort beim Blick auf das Ganze die kleinen und großen Fragen der Menschen von heute. Anders kann es gar nicht sein, denn in den Nutzungspraktiken Informations-, Beziehungs- und Identitätsmanagement,[55] die auch über das Social Web stattfinden, schreiben sich die Themen der Menschen in den kommunikativen Alltag ein. Letztlich artikulieren sich darin die großen Fragen des Menschseins: Wie orientiere ich mich in der Welt? Wo ist meine Position im sozialen Gefüge? Wer bin ich? Christ_innen haben im Social Web nicht nur Gelegenheit, Zeug_innen ihres Glaubens zu sein, sie haben auch die Möglichkeit sehr unmittelbar wahrzunehmen, was anderen Menschen gerade wichtig ist. Das betrifft sowohl explizit religiöse Fragen wie auch Alltagsthemen der Menschen. Konkrete Menschen „als Subjekte in der Verkündigung"[56] kommen so in den Blick. Berührungsängste mit dem „alltäglichen, langweiligen, ‚normalen' Leben und seinen kaum entzifferbaren religiösen Erfahrungen"[57] sind theologisch nicht zu begründen. Neue Kommunikationsgelegenheiten entstehen im Social Web, die genauso wie in der Offline-Kommunikation im Beziehungsgefüge Anknüpfungsmöglichkeiten sein können, es aber auch nicht immer sein müssen. Das Social Web ist „locus theologicus", weil es ein Ort ist, an dem die Selbstmitteilung Gottes gefunden werden kann.[58] Dass das besonders für Digital Natives gilt, die nicht online gehen, sondern online sind, versteht sich von selbst.

2.3 Milieuspezifische Pastoral im Social Web

Schon im vorhergehenden Abschnitt ist deutlich geworden, dass das Thema Kommunikation im Social Web Differenzierungsschritte braucht, um für pastorale Strategieentwicklungen erschlossen werden zu können. Es geht um milieuspezifische Pastoral. Die schon im ersten Abschnitt vorgestellte DIVSI-Studie[59] bietet mit der Dreiteilung in Digital Outsiders, Digital Immigrants und Digital Natives eine Unterscheidung an, die dafür gewinnbringend ist. Diese Frage ist pastoral relevant:

---

54 Vgl. Sellmann/Sobetzko, Pastoral 2.0, S. 63.
55 Vgl. Schmidt, Das neue Netz, S. 41 ff.
56 Knobloch, Stefan, Medienreligion als Chance. Wider fragliche Festlegungen, in: Herder Korrespondenz 4/2008, S. 213–215.
57 Metz, Johann Baptist, Glaube in Geschichte und Gesellschaft, Mainz 1984, S. 197.
58 Vgl. Böntert, Stefan, Gottesdienste im Internet. Perspektiven eines Dialogs zwischen Internet und Liturgie, Stuttgart 2005, S. 41.
59 Vgl. Deutsches Instituts für Vertrauen und Sicherheit im Internet, DIVSI Milieu-Studie zu Vertrauen und Sicherheit im Internet.

„Die Unzeitigkeit in der kirchlichen Nutzung und Einstellung resultiert also aus den verschiedenen Grundwerten der Milieus und aus dem Generationswechsel der Digital Immigrants zu den kommenden Natives".[60]

Es hat keinen Sinn, mit Digital Outsiders, die das Netz nicht oder selten nutzen, Glaubenskommunikation über das Social Web zu organisieren. Die Herausforderung für die Pastoral liegt im Umgang mit der Digital Gap und der Gefahr sozialer Exklusion. Das Schaffen von zumindest punktuellen Kommunikationsgelegenheiten mit Digital Natives macht Sinn, damit die gemeinsame Referenz auf die gute Botschaft Jesu Christi spürbar bleibt.[61]

Digital Immigrants sind partiell über das Internet erreichbar. Für die kirchliche Kommunikation sind auch in diesem Segment wohl andere Aktivitäten der Kommunikation bedeutsamer. Das Internet ist hier eher das Begleitmedium von Offline-Aktivitäten, beispielsweise zum Teilen von Fotos nach einer kirchlichen Veranstaltung. Das Verständnis, dass Internetkommunikation die für dieses Milieu vorrangige Kommunikation von Angesicht zu Angesicht ergänzt, prägt diese Milieus. Viele kirchliche haupt- und ehrenamtliche Mitarbeiter_innen sind selbst Digital Immigrants und prägen das Bild von Kirche im Web und die artikulierten Anforderungen an die kirchliche Aktivität im Social Web.

Ohne Internet und Social Web sind Digital Natives für die Kirche nicht erreichbar. Selbst bei Angeboten, die eine Auszeit von der ständigen Medienpräsenz vorschlagen, wird man_frau auf die Kommunikation dieser Angebote innerhalb des Mediums nicht verzichten können, um überhaupt wahrgenommen zu werden. Etwas, das nicht im Internet zu finden ist, „gibt es nicht". Kommunikation von Angesicht zu Angesicht und Kommunikation über das Internet ist für dieses Milieu gleichwertig, für den unbedingten Vorrang der Offline-Kommunikation gibt es kein Verständnis. Jürgen Pelzer hat für eine adäquate kirchliche Strategie in der Kommunikation mit Digital Natives den Begriff der Netzinkulturation geprägt.

---

60 Pelzer, Jürgen, Distanz überwinden – Nähe herstellen. Social Media und missionarische Pastoral in: euangel, Magazin für missionarische Pastoral 1/2012, S. 25–27, online verfügbar: http://www.kamp-erfurt.de/level9_cms/download_user/Magazin/euangel_1-12.pdf [28.4.2012].
61 Der Twittergottesdienst auf dem Barcamp Kirche 2.0 in Frankfurt im Mai 2011 widmete sich thematisch der Frage, was Digital Natives über die Digital Outsiders denken. Vielleicht sind neue liturgische Formen im Internet ein besonders geeigneter Ort, mit Digital Natives diese Themen anzusprechen.

	Digital Outsiders	Digital Immigrants	Digital Natives
Milieus nach DIVSI-Studie	– Ordnungsfordernde Internet-Laien – Internetferne Verunsicherte	– Postmaterielle Skeptiker – Verantwortungsbedachte Etablierte	– Digital Souveräne – Effizienzorientierte Performer – Unbekümmerte Hedonisten
Haltung gegenüber Internet	Verunsicherung Überforderung Exklusion	Verantwortungsbewusstsein Skepsis	Multioptionalität, vernetzt-entgrenzt
Erreichbarkeit über das Social Web	So gut wie gar nicht	Partiell	Fast ausschließlich
Pastorale Herausforderung	Digital Gap	Verbindung von Online und Offline	Netzinkulturation
Kommunikations-Beispiele	Erzählcafe, in dem sich Generationen begegnen	Fotos einer Veranstaltung auf Flickr Facebook-Page einer Pfarrgemeinde	Direkte, persönliche Twitter-Kommunikation Barcamp

Abb. 1: *Erreichbarkeit über das Social Web nach Sinus-Segmenten. Eigene Darstellung*

2.4 Netzinkulturation

Der Theologe und Social Media Berater Jürgen Pelzer stellt als geeignete Strategie der Kirche im Social Web die „Netzinkulturation"[62] vor. Gemeint ist damit die wechselseitige Inspiration von Kirche und Digital Natives. Wirklich wechselseitig ist Inkulturation – ein Begriff, der in der Misssionstheologie entstanden ist – dann, wenn sowohl eine bestimmte kulturelle Hermeneutik des christlichen Glaubens als auch eine christliche Hermeneutik der betreffenden Kultur stattfindet.[63] Es geht um

---

62 Erstmals vgl. Pelzer, Jürgen, Netzinkulturation.de – Die neue Kultur des Internets als pastorale Herausforderung (Diplomarbeit 2005), online verfügbar: http://www.juergenpelzer.de/Netzinkulturation-Pelzer-2005.pdf [3.4.2012]. Vgl. auch Vries, Simon de, www.verWEBt.de - Perspektiven für Kirchengemeinden im Zeitalter des WEB 2.0, in: Stäblein, Christian/Wrede, Traugott, Lieder, Licht und Leidenschaft. Qualität im Kirchenraum, Loccumer Theologische Beiträge Bd. 1, Hannover 2012, S. 143–182 (im Druck).
63 Vgl. Peter, Anton, Modelle und Kriterien von Inkulturation, in: Frei, Fritz (Hg.), Inkulturation zwischen Tradition und Modernität. Kontexte – Begriffe – Modelle, Fribourg 2000, S. 311–336, bes. S. 313.

ein Kommunikationsgeschehen auf Augenhöhe. Inkulturation ist niemals ein völlig kongruenter Prozess, geht aber einher mit einem inhaltlichen Erkenntnisfortschritt und einer beiderseitigen Lernerfahrung. Im Mittelpunkt stehen dabei jene Christ_innen, die das Social Web eigenaktiv nutzen, die die vielfältigen Möglichkeiten für die Glaubensverkündigung nutzen, die twittern, facebooken und bloggen.[64] Damit ist ein Paradigmenwechsel von Sender-Empfänger-Modell zum Produser-Modell angezeigt.

Diese Überlegung knüpft an die paulinische Charismenlehre (1 Kor 12,3 – 30) an. Spezifisch am theologischen Begriff des Charismas ist, dass sich aus der Befähigung die Aufgabe ableitet.[65] Im Kontext des Social Web ist vor diesem Hintergrund davon auszugehen, dass zentrale Aufgabe der Leitung der Kirche nicht ist, Menschen, die gar keine Begabung für die Kommunikation im Social Web haben, dazu zu motivieren, sondern vielmehr Personen zu identifizieren, deren Charisma diese Form der Kommunikation ist, und sie dabei zu unterstützen, ihr Charisma auch entsprechend leben zu können. Nur so ist es auch denkbar, dass das persönliche Glaubenszeugnis mediengerecht kommuniziert wird. In den großen theologischen Linien ist diese Herangehensweise vor dem Hintergrund des II. Vatikanischen Konzils zu sehen. Das „allgemeine Priestertum aller Getauften und Gefirmten" gebietet es Christ_innen, aktiv in der Welt ihren Glauben zu kommunizieren.

Der Prozess der Glaubenskommunikation im Social Web – Netzinkulturation – ist ein wechselseitiger Lernprozess von Digital Natives und Kirche. Im Prozess kann deutlich werden, was Digital Natives zur sich beständig verändernden Kirche beitragen, und der christliche Glaube ist auch ein Angebot für Digital Natives, die meist von traditionellen Angeboten nicht erreicht werden. Der Lernprozess ist sowohl auf der Ebene der Person als auch auf der Ebene der Institution zu denken:

„Das Internet ist [...] eine Schule des Dialogs für die Gestaltung der sonstigen Glaubenskommunikation der Kirche: Insofern ich lerne, den Blick auf den Nutzer als Partner, Mitkonstituenten und auf seine Bedürfnisse, seine ‚Begabungen' zu richten trägt das Internet zur Partizipation und zu einer Stärkung des Laienapostolats im Gottesvolk bei. Insofern ich lerne, authentisch und profiliert meine eigene (Glaubens-)Position vorzutragen, kann das Netz zur Identitätsschärfung des Einzelnen und der Kirche beitragen. Personen sind gefragt, nicht Funktionsträger. Die Kirche kann viel über die Freiwilligkeit der Gemeinschaftsbildung, über den Wert des kurzfristigen Kontaktes, über ‚Entstrukturierung' und ‚Enthierarchisierung' lernen."[66]

---

64 Pelzer, Jürgen, „Gehet hin und bloggt!", S. 803.
65 Vgl. Neuner, Peter, Art. Charisma/Amt, in: Eicher, Peter (Hg.), Neues Handbuch theologischer Grundbegriffe, Bd.1, München 1984, S. 170–175, bes. S. 173.
66 Schönemann, Hubertus, Kommunikation und Vernetzung. Missionarische Seelsorge im Internet, in: Anzeiger für die Seelsorge 2/2012, S. 20–23, Zitat: S. 23.

2.5 Doppelte Inkulturation als Herausforderung

Vor diesem Hintergrund und auf Basis der Differenzierung der Sinusstudien kann von einer notwendigen doppelten Inkulturationsleistung der Kirche gesprochen werden. Glaubenskommunikation mit den Digital Natives braucht ein Einstellen auf die Sinnwelt und die Ästhetik der postmodernen Milieus und gleichzeitig ein aktives Einlassen auf die Kommunikationskultur in Social Media. Postmoderne Lebenswelten sind vom Social Web geprägt, doch reduziert sich der Lebensstil der Menschen nicht darauf. Nur wenn es gelingt, inhaltliche wie ästhetische Anknüpfungspunkte zu schaffen, werden wirklich neue Kommunikationsräume eröffnet. Fundamentalistisch-religiöse Kreise, die durchaus aktiv im Internet sind, wollen diese Inkulturationsleistung, die mehr als ein Medienwandel ist, nicht.[67]

Mangelnder Mut zur doppelten Inkulturation perpetuiert die Krise der Kirche. Matthias Sellmann spricht davon, dass die „kirchliche Kommunikation sowohl inhaltlich wie bildpolitisch wie performativ immer intensiver ihre Exkulturation riskiert",[68] wenn sie sich nicht aktiv auf den Paradigmenwechsel des Social Web einlässt.

Diese doppelte Inkulturation ist nicht nur vor dem Hintergrund der realen Verfasstheit der Kirche eine Herausforderung, sondern auch weil die Sinusstudien deutlich machen, dass es Grenzen der Kommunikation zwischen den Milieus gibt, ja „Ekelschranken",[69] die sich auch in der Nutzung oder Nicht-Nutzung des Social Web ausdrücken. Distinktion findet nach Bourdieu vor allem in der Ablehnung und durch die Abhebung von anderen Geschmacksäußerungen statt.[70] Es ist kaum vorstellbar, dass Digital Immigrants, die sich vorsichtig an das Social Web herantasten, deren Denken aber von vorsichtiger Zurückhaltung in der Online-Kommunikation geprägt ist, sich wirklich auf Augenhöhe mit den Digital Natives bewegen können. Natürlich wird es vereinzelte Kommunikationsgelegenheiten geben, doch die Grenzen sind augenscheinlich. Die einen fürchten um die Privatsphäre, weil jemand ein Foto von ihnen online stellen könnte, die anderen reden über Postprivacy und Liquid Democracy und messen Internetaktivitäten von Institutionen daran, ob sie neuen Paradigmen der Offenheit und des Teilens von Wissen und Kreativität gerecht werden. Aktuelle Medienberichte über die Piratenpartei, das Urheberrecht oder Facebook-Privatsphäre-Einstellungen zeigen einen tiefen Graben des Nicht-Verstehens auf. Postmoderne Milieus brauchen kein „shared destiny", keinen gemeinsamen Entwurf von Gesellschaft, mehr, andere Milieus aber fordern das ein.

---

67 Vgl. Hafner, Johann Evangelist, Gezielt und außergewöhnlich. Die Replik von Johann Ev. Hafner auf Jürgen Pelzer, in: Lebendige Seelsorge 1/2012, S. 15–16.
68 Vgl. Sellmann, Neue Medien, S. 19.
69 Ebertz, Michael N., Hinaus in alle Milieus, Zentrale Ergebnisse der Sinus-Milieu-Kirchenstudie, in: ders. (Hg.), Milieupraxis. Vom Sehen zum Handeln in der pastoralen Arbeit, Würzburg 2009, S. 19–44, Zitat: S. 19.
70 Vgl. Bourdieu, Pierre, Die feinen Unterschiede, Kritik der gesellschaftlichen Urteilskraft, Frankfurt am Main [10]1998, 105.

Vor diesem Hintergrund stellt sich die Frage, wie es der Kirche auf Basis der aktuellen Situiertheit gelingen kann, auf der Ebene haupt- und ehrenamtlicher Mitarbeiter_innen verstärkt Menschen aus postmodernen Milieus als Akteur_innen im Social Web zu gewinnen und überhaupt für sich zu interessieren. Es „zeigen sich Milieuprägungen ganzer Berufsgruppen innerhalb der Kirche";[71] postmoderne Milieus sind da nicht dabei.

Die Konsequenzen der unweigerlich vorhandenen Distinktionslinien zwischen den Milieus für die Organisations- und Personalentwicklung der Kirche scheinen derzeit noch nicht weitreichend genug erforscht. Reicht es bestehende pastorale Mitarbeiter_innen besser in Milieutheorie zu schulen, oder braucht es pastorale Mitarbeiter_innen aus allen Milieus? Lässt sich Kommunikation im Social Web wirklich erlernen? Oder geht es dabei vielmehr um eine grundlegende Haltung, die das ganze Leben betrifft und die nicht in einer Bildungsveranstaltung zu vermitteln ist?

Beim Blick auf die Digital Natives scheint die Antwort wohl eher zu sein, dass es dort, wo es kirchlich Engagierte aus postmodernen Milieus gibt, jedenfalls kirchenstrategisch geboten ist, diese aktiv zu unterstützen und deren Potentiale und Charismen zu fördern. Das fängt schon bei den zur Verfügung gestellten Arbeitsmitteln an und stellt die EDV-Abteilungen der Diözesen vor große Herausforderungen.[72] Es könnte aber auch den Stellenwert der Jugendarbeit innerhalb der Kirche verändern, denn dort gibt es die Digital Natives. Die Erwachsenenpastoral kann in Bezug auf das Social Web von der Jugendarbeit viel lernen.[73]

3. Tags für die Kommunikation mit Digital Natives

Auch wenn viele kirchenstrategische Fragen noch offen bleiben müssen, lässt sich doch auf dem Hintergrund der vorangegangenen Analysen einiges über den theologisch relevanten Ort Social Web sagen. In der Folge möchte ich – verstanden als work in progress und ohne Anspruch auf Vollständigkeit – Tags nennen, die für die Netzinkulturation und die Inkulturation in postmoderne Lebenswelten relevant sind. Tags sind Schlagwörter, die beispielsweise in Blogs einen schnellen Überblick ermöglichen. Sie stehen in der „Tagcloud" nebeneinander, manche sind größer, manche kleiner. Dieses Prinzip passt auch hier, denn nicht alle genannten Stichworte gelten für alle Situationen. Mögliche Orte der Umsetzung sind eigene milieuspezifische Innovations-Projekte und das Einbringen in pastorale Differenzierungsprozesse, zum Beispiel in Dekanaten. Ein wichtiges Feld ist auch die kirchliche

---

71 Vgl. Sellmann, Matthias, Wer Missionare senden will, der muss sie auch schulen. Zum Nutzen von Milieustudien für die Zukunftspastoral, in: Anzeiger für die Seelsorge 10/2008, S. 15–19, bes. S. 19.
72 Vgl. Sellmann/Sobetzko, Pastoral 2.0, S. 62.
73 Vgl. Mayer-Edoloeyi, Andrea, Hätte Jesus heute gebloggt? Web 2.0 und Jugendpastoral, in: Servus 03/2011 (Werkbrief der Katholischen Jugend Salzburg), S. 7.

Jugendarbeit. Mittelfristig ist auch die Entwicklung neuer Formen einer kategorialen Seelsorge im Internet denkbar.[74]

Ästhetik: Gott ist nicht nur gut, er_sie ist auch schön.[75] Postmoderne Milieus haben ein ausgeprägtes Designbewusstsein. Durchschnittliche kirchliche Webauftritte dürften den Anforderungen dieser Menschen nicht gerecht werden. Investitionen in professionelles, junges und zeitgemässes Design lohnen, weil damit ein guter erster Eindruck hinterlassen wird. In engem Zusammenhang damit stehen der Erwartung hoher Usability und die Nutzung der neuesten Technologien im Webdesign (beispielsweise HTML 5). Ästhetische Anforderungen gelten nicht nur für mediale Produkte, sondern beispielsweise auch für Räume, sehr schnell können dabei „Ekelgrenzen"[76] zwischen den Milieus virulent werden.

Barcamps: Barcamps[77] und andere aus der Internetkultur entstandene Veranstaltungsformate wie Webmontage verweisen darauf, dass die Digital Natives sehr wohl das Bedürfnis haben, sich Face2Face zu treffen. Klassische Veranstaltungsformate sprechen sie aber nicht so an wie Formate, die auf Vernetzung, Interaktion und direkte Partizipationsmöglichkeiten ausgelegt sind. Offline-Treffen werden im Social Web vorbereitet und intensiv medial begleitet. Wichtig bei kirchlichen Veranstaltungen scheint aber zu sein: Was online versprochen wird, muss offline eingehalten werden, auch in ästhetischer Hinsicht.

Benefit: Postmoderne Milieus sind von einem ausgeprägten Nutzendenken geprägt, sie reagieren damit auf Anforderungen, die die Gesellschaft an sie stellt. Dort, wo es nutzt, wird angedockt.[78] Altruistisches Engagement ist durchaus denkbar, doch es stellt sich schnell die Frage, ob ein Einsatz etwas für einen selbst bringt.[79] Etwas lernen zu können, eigene Kompetenzen zu erweitern, interessante Kontakte zu bekommen oder auch formale Zertifikate zu erhalten, die im Zuge der Biografieentwicklung nutzen können, ist wichtig. Social Web-Kanäle werden angenommen, wenn sie Nutzen bringen, beispielsweise indem die Inhalte nicht nur am Programm einer Institution orientiert sind, sondern vielfach auf thematisch passende Inhalte anderer verwiesen wird. Wer gut kuratiert im Social Web, stiftet auf der Ebene der Information unmittelbaren Nutzen.

---

74 Ein Projekt, das in diese Richtung weist, ist Ruhrfisch aus Essen: http://www.facebook.com/ruhrfisch [28.4.2012].
75 Vgl. Wippermann/Calmbach, Wie ticken Jugendliche?, S. 372.
76 Vgl. oben Anm. 69.
77 Im Raum der Kirchen haben bereits mehrere Barcamps stattgefunden: Im Mai 2010, 2011 und 2012 in Frankfurt am Main, im Oktober 2011 in Köln, im Oktober 2011 in Drübeck, im November 2010 und 2011 in Linz/Österreich. Geplant sind Barcamps im Oktober 2012 in Trier und im November 2012 in Linz. Barcamps sind partizipative Veranstaltungsformate ähnlich wie OpenSpace und heben die statische Trennung von Teilnehmer_innen und Referent_innen auf, weil jede_r eine Session, einen Workshop, anbieten kann.
78 Vgl. Quiring, Christel, Generation „Benefit" – Andocken, wo es nützt..., in: Quiring, Christel/Heckmann, Christian (Hg.), Graffiti, Rap und Kirchenchor. Jugendpastorale Herausforderungen der Sinus-Milieu-Studie U 27, Düsseldorf 2009, S. 101–116.
79 Vgl. Wippermann/Calmbach, Wie ticken Jugendliche?, S. 621.

Beziehung: Gott als personaler Gott wird in Beziehung spürbar. Darum ist die Beziehungspflege im Social Web die Basis für die Glaubenskommunikation. Zu bedenken ist aber, dass über das Social Web vor allem die „weak ties"[80] gepflegt werden. Das betrifft sowohl die Präsenz von Personen im Social Web als auch Projekte, die Community-Building vorantreiben.

Change Management: In der Sinusstudie ist 2005 vom „change management",[81] das sich nicht nur auf einzelne Bereiche bezieht, die Rede. Postmoderne Milieus fordern das von der Kirche. Darunter ist ein permanter Prozess des Wandels und der Anpassung an veränderte Rahmenbedingungen zu verstehen. Dabei sind Postmoderne dann auch durchaus bereit sich einzubringen, wenn das Engagement mit unmittelbaren Auswirkungen verbunden ist. Change Management bezieht sich auch auf das Web. Es geht nicht, einmal eine Webplattform oder eine Facebook-Page zu erstellen und das Projekt dann über Jahre nicht weiterzuentwickeln. Veränderungen werden erwartet und begrüßt.

Freiheit: Die Lebenswelt Postmoderner ist vom Gefühl geprägt, das eigene Leben aktiv gestalten zu können. Das Internet ist eine Plattform, selbstbestimmt Informationen zu finden, zu bewerten und mit anderen zu teilen. Das prägt das Lebensgefühl. „Was uns am wichtigsten ist, ist Freiheit. Redefreiheit, freier Zugang zu Information und zu Kultur. Wir glauben, das Internet ist dank dieser Freiheit zu dem geworden, was es ist, und wir glauben, dass es unsere Pflicht ist, diese Freiheit zu verteidigen",[82] so beschreibt Piotr Czerski einen zentralen Punkt der Haltung von Digital Natives. Theologisch lässt sich hier durchaus anknüpfen, vom von Freiheit geprägten christlichen Menschenbild bis zur urchristlichen Gütergemeinschaft, die Bezüge zu alternativen Urheberrechtsmodellen herstellen kann. Bedenkenswert ist aber, dass die Kirche nach den Sinusstudien sicher nicht als Institution wahrgenommen wird, in der sich Freiheit realisiert.

Grundfragen des Menschseins: Die Fragen nach dem Woher, Wohin und Wozu stellen alle Menschen. Bei Digital Natives ist sie stark mit dem Identitätsmanagement verwoben, das sich beispielsweise in der Gestaltung von Profilen in sozialen Netzwerken ausdrückt. Nicht selten kommunizieren Statusmeldungen eine gewisse Nachdenklichkeit über das eigene Sein. Und erst recht tauchen bei Katastrophen Fragen der Theodizee auf. Das sind Kommunikationsgelegenheiten, Theolog_innen sind hier als ExpertInnen für grundlegende philosophische und theologische Themen angefragt und haben die Möglichkeit, in einem Dialog zu treten.

Iconic Turn: Unter Iconic Turn[83] ist eine grundlegende Tendenz zur Dominanz des Bildes in postmodernen Lebenswelten zu verstehen. Im Social Web drückt sich

---

80 Vgl. Authenrieth, Ulla P., Das sind nur Facebook-Freunde. Zur Differenzierung und Artikulation von Freundschaftsbeziehungen durch Jugendliche auf Social Networking Sites, in: Medienjournal 4/2010, S. 4–19, bes. S. 5.
81 Wippermann/Magalhaes, Milieuhandbuch, S. 115.
82 Czerski, Wir, die Netz-Kinder.
83 Vgl. Sellmann, Gott ist jung!, S. 441.

das beispielsweise so aus, dass Bilder und Videos im Nachrichtenstream besser wahrgenommen werden und dass mittlerweile Dienste wie Instagram oder Pinterest entstanden sind, die ausschließlich auf das Visuelle setzen. Kirchliche Kommunikation sollte den Iconic Turn wahrnehmen und positiv aufgreifen.

Multimedialität: Bewegte Bilder sind für Digital Natives selbstverständlich. Es hat Sinn, hier zu investieren, allerdings kann in der Kommunikation aus dem reichen Fundus der im Web vorhandenen Videos, Audiodateien oder Bilder geschöpft werden.

Mobile Web: Die breite Verfügbarkeit mobiler Endgeräte wie Smartphones und Tablet-PCs hat die Internetnutzung noch einmal grundlegend verändert. Die Alltäglichkeit und Allgegenwärtigkeit des Social Web ist damit technisch möglich geworden. Das bedeutet, dass kirchliche Websites – auch statische Projekte, denn dort hin wird auch verlinkt z.B. bei einem Posting auf Facebook – mobil verfügbar sein müssen, dass gezielt Apps[84] entwickelt werden sollten, die wirklichen Mehrwert bieten und dass kirchliche Mitarbeiter_innen selbst auch verstärkt mobil kommunizieren, was durchaus auch neue Herausforderungen beispielsweise beim Verschwimmen von Berufs- und Privatleben mit sich bringt.

Narrativität: „Christus als Meister der Kommunikation"[85] hat vor allem Geschichten erzählt. Kirche als Institution neigt dazu, Fakteninformation anzubieten. Gute Kommunikation im Social Web heisst mit allen Mitteln und auf allen Kanälen Geschichten zu erzählen und sie die Menschen miterzählen zu lassen – aus ihrer persönlichen Perspektive. Anknüpfungspunkt dafür ist die narrative Grundstruktur des christlichen Glaubens, wie er in der Bibel dokumentiert ist.

Netzpolitik: Kirchen beschäftigen sich mit vielfachen gesellschaftlichen Fragen und nehmen dazu Stellung oder engagagieren sich für Veränderungen. In Fragen der Netzpolitik gibt es noch kaum nennenswerte Stellungnahmen und wenn dann mit einer starken Lastigkeit in Richtung medienpädagogischer Fragen. Wohl gibt es aber Christ_innen, die sich netzpolitisch engagieren, beispielsweise für eine Reform des Urheberrechts oder gegen Überwachungsmaßnahmen wie die Vorratsdatenspeicherung. Trotzdem ist die institutionelle Nichtbeachtung dieses neu entstandenen Politikfeldes ein Defizit, das Digital Natives auffällt, denn dort wird die Gestaltung des alltäglichen Lebensraumes dieser Menschen verhandelt.

Interaktivität: „Die Social Media sind weniger ein Distributionsinstrument für die pastorale Kommunikation als ein kommunikativer Prozess, auf den sich die Pastoral einlässt".[86] Das Internet ist, besonders in der Perspektive der Postmoder-

---

84 Was so eine App, die in der „ersten Liga" mitspielt, können müsste, skizziert Matthias Sellmann: Sie müsste nicht nur täglich neue Texte von Gebeten zur Verfügung stellen, sondern interaktiv rückfragen, ob der_die Nutzer_in gesegnet werden möchte. Vgl. Sellmann, Neue Medien, S. 17.

85 Vgl. Pastoralinstruktion Communio et Progressio über die Instrumente der sozialen Kommunikation, Rom 1971; online: http://www.vatican.va/roman_curia/pontifical_councils/pccs/documents/rc_pc_pccs_doc_23051971_communio_ge.html [28.4.2012].

86 Pelzer, Jürgen, Change Agents pastoraler Diversifizierung. Neue Medien und die veränderte Rollendefition pastoraler Kommunikation, in: Lebendige Seelsorge 1/2012, S. 2–6, Zitat: S. 6.

nen, interaktiv und ein alltägliches Arbeitsinstrument. Erwartet werden interaktive Websites, die Rückmeldemöglichkeiten direkt anbieten, z.B. durch einen Kommentarbereich. Nicht jede kirchliche Website muss das anbieten, aber bei zielgruppenspezifischen Projekten sind solche Funktionen unverzichtbar genauso wie die Präsenz in sozialen Netzwerken. Dafür, dass Rückmeldungen dann lange nicht beantwortet stehen bleiben, haben Digital Natives, die selbst immer online sind, kein Verständnis, genausowenig wie dafür, dass beispielsweise Fotos von Veranstaltungen erst eine Woche später online gestellt werden.

Oasen: Der schnelle Lebensstil der Postmodernen schafft die Notwendigkeit, ab und zu den ‚Akku aufzuladen'. Das finden sie primär in der Familie und im Freund_innenkreis. Potentiell wären sie aber offen für Angebote aus dem Traditionsschatz des Christentums. Ein Beispiel dafür ist, dass es immer mehr Personen gibt, die sich des Schemas der christlichen Fastenzeit bedienen für das Twitter- oder Facebookfasten, eine 40-tägige Auszeit von der intensiven medialen Kommunikation. Auch Klöster und andere *Anders-Orte* der Kirche haben die Chance für Postmoderne interessant zu sein, durchaus auch Outdoor-Angebote weit weg vom WLAN und vom Handyempfang. Entscheidend bei solchen Angeboten ist aber, sich dessen bewusst zu sein, dass das Angebot nur wahrgenommen wird, wenn es innerhalb des Social Web kommuniziert wird.

Partizipation: Digital Natives lassen sich in kommunikative Prozesse gerne aktiv einbinden, da sie grundsätzlich gerne auch Verantwortung übernehmen, noch dazu in einem Bereich, wo sie sich selbst gut auskennen. „‚Du sendest' ist [...] das neue Paradigma pastoraler Arbeit".[87] Digital Natives erwarten sich ernstgemeinte Partizipationsmöglichkeiten, die mehr beinhalten, als über zwei verschiedene Plakatentwürfe entscheiden zu können. Wenn sich eine kirchliche Einrichtung für ein Mitgestaltungsangebot entscheidet, muss das auch wirklich ernst gemeint sein und müssen die Konsequenzen des Partizipationsangebots reflektiert sein. Dabei können durchaus ungewöhnliche Ideen entstehen, mit denen dann auch umgegangen werden muss. Auch auf der Ebene der Liturgie wünschen sich Postmoderne mehr Partizipationsmöglichkeiten.[88] Dem können neue Formen wie Twitter- oder Facebook-Gottesdienste mit eingebundenen Elementen aus dem Social Web gerecht werden ebenso wie die neu entstandenen Formen von Online-Andachten.

Personen: Im Social Web kommunizieren Personen und nicht Institutionen. Merkbar ist das beispielsweise daran, dass persönliche Twitterprofile auf wesentlich mehr Interesse stoßen als institutionelle Accounts. Interessante Beispiele persönlicher Präsenzen im Social Web wie Abt Martin aus der Schweiz auf Twitter[89] oder der evangelische Landesbischof von Bayern Heinrich Bedford-Strohm auf Facebook haben alle eines gemeinsam: Die Personen kommunizieren selbst sehr aktiv mit

---

87 Pelzer, Change Agents, S. 4.
88 Vgl. Wippermann/Magalhaes, Milieuhandbuch, S. 116.
89 Vgl. Werlen, Martin, Von den Dächern zwitschern (Mt 10,27). Verkündigung mit dem Kommunikationssystem Twitter, in: Lebendige Seelsorge 1/2012, S. 52–56.

anderen Internetnutzer_innen, und es wird deutlich, dass sie selbst in der digitalen Welt leben. „Als Rollenträger in der Kirche wird man schnell spüren, dass der Amtsbonus im Internet nicht allzu viel hilft, wenn dahinter nicht die authentische Person mit ihrer persönlichen Meinung erkennbar ist".[90]

Projektorientierung: Postmoderne wollen keine Involvierung in Strukturen von ‚der Wiege bis zur Bahre'. Das machen die Sinusstudien sehr deutlich. Wenn ein Projekt abgeschlossen ist, ist damit rechnen, dass sich die Teilnehmer_innen auch wieder verabschieden können. Sie sind aber aktive und engagierte Projektmitarbeiter_innen. Postmoderne fangen mit traditionellen Engagement-Formen wenig an, sind aber durchaus eine Gruppe, die bereit ist, sich zu engagieren. Dabei wollen sie selbst bestimmen, auf welche Weise und wie sie sich einbringen.[91] Wichtig erscheint es in der Projektentwicklung, neue Online-Engagement-Formen[92] aktiv zu nutzen und in der Projektkonzeption darauf hin zu entwickeln. Ein interessantes Beispiel für die Verschränkung von Offline-Aktivitäten mit dem Social Web in Projektform ist die Aktion „72 Stunden ohne Kompromiss" der Katholischen Jugend Österreich.

Rückkanal: „Nötig ist ein Lernparadigma"[93] der Kirche auf allen Ebenen. Letztlich stellt sich die Frage, ob das schon vorhandene Feedback im Online-Raum von der Hierarchie der Kirche und Entscheidungsträger_innen über pastorale Strategien derzeit überhaupt wahrgenommen wird und wie sich Kirche als Organisation damit verändert und weiterentwickelt. Ein anfängliches Bewusstsein für einen Paradigmenwechsel ist schon entstanden, in der alltäglichen Praxis und pastoralen Strategieplanung findet das aber noch kaum eine Entsprechung. „Es geht gar nicht in erster Linie um kommunikative Zuwendung, sondern um kommunikatives Lernen".[94] Noch hängt es oft an den „persönlichen Charismen einzelner Mitarbeiter",[95] ob die Lebenswelt der Digital Natives in Kirche und Theologie überhaupt wahrgenommen wird. Die „Zeichen der Zeit" aktiv wahrzunehmen, bedeutet systematisch einen Rückkanal aufzubauen.

---

90 Schönemann, Kommunikation und Vernetzung, S. 21. Der verwendete Begriff der Authentizität wäre allerdings näher zu befragen und kann so verwendet auch für Missverständnisse sorgen, weil Online-Identitäten immer auch selektiv und prozesshaft sind. Vgl. zum Authentizitätsbegriff auch den Beitrag von Vera Dreyer in diesem Band.
91 Vgl. Berlin-Institut, Klamme Kommunen und engagierte Bürger. Was freiwilliges Engagement für die Regionen leistet, 2011, online verfügbar: http://www.berlin-institut.org/fileadmin/user_upload/Die_demografische_Lage_2011/Auszug_Engagement.pdf [28.4.2012].
92 Vgl. Jähnert, Hannes, Online-Volunteering – ein neuer Weg zum freiwilligen Engagement, 2011, online verfügbar: http://hannes-jaehnert.de/wordpress/wp-content/uploads/Online-Volunteering_ein-neuer-Weg-zum-freiwilligen-Engagement.pdf [28.4.2012].
93 Sellmann/Sobetzko, Pastoral 2.0., S. 61.
94 Sellmann, Matthias, Neue Medien, S. 22.
95 Berndt, Sebastian, Medialisierte soziale Kommunikation, Seelsorge 2.0: Das Referat „Glaubenskommunikation und Online-Beratung", in: Euangel, Magazin für missionarische Pastoral, 1/2011, S. 44–49; online:
http://www.kamp-erfurt.de/level9_cms/download_user/Magazin/euangel_1-11.pdf [28.4.2012].

Gesellschaftliche Verantwortung: Gerade weil Postmoderne schwer über „klassische" religiöse Themen ansprechbar sind, bietet sich an, inhaltliche thematische Anknüpfungspunkte zu schaffen. Themen sozialer Gerechtigkeit,[96] der Schöpfungsverantwortung oder Entwicklungszusammenarbeit bieten sich hierfür an. Entsprechende Projekte dürfen aber nicht alleine die Position der Kirche kommunizieren, sondern müssen echten Mehrwert für die Dialoggruppe bieten.

Sprache: Die tradierte Sprachwelt der christlichen Religion wird von Postmodernen vielfach nicht mehr verstanden. „Redegewandt und kommunikationssicher; selbstverständliche Verwendung von Anglizismen und von Begriffen aus dem modernen Marketing; sicher und selbstbewusst in der (Selbst-)Präsentation: Ungekünstelt und wenig distinguiert, dynamisch und offen, auch dozierend und ‚sich feiernd'"[97] beschreibt die Sinusstudie die Sprachwelt der Modernen Performer. Sie wissen Bescheid über Trends im Social Web, und zahlreiche Sprachbilder sind nur für Menschen verständlich, die selbst in dieser Welt leben. Wer an die Lebenswelt der Postmodernen anknüpfen will, muss sich selbst ständig in dieser Welt bewegen. „Liken", „Plusen", „Shitstorm", „Retweeten", „Followerpower", „List me", „SEO", „Online Reputations Management", „Hashtag", „Timeline", „Frienden" und „Entfrienden" sind Begriffe,[98] die in die Alltagssprache der Digital Natives eingegangen sind – genauso wie die Abkürzungen, die ursprünglich aus der Chatsprache entstanden sind, oder auch die Smileys. Oft ist für das Verstehen der Sprachbilder ein vertieftes Verstehen der technischen Funktionalität der Social Media notwendig. Die Vielschichtigkeit des Christentums bietet viele Möglichkeiten, an diese Sprache anzuknüpfen. Entscheidend dabei ist, dass die „Sprache des Adressaten vor der Sprache des Senders"[99] Vorrang hat. Wenn es statt „Der Herr ist mein Hirte" (Ps 23,1) heisst „God is my Facebook designer",[100] dann wird über die Metapher die beziehungsstiftende Dimension des sozialen Netzwerkes im Internet wie auch die von Gott angesprochen.

Zuhören: Kommunikation im Social Web setzt die Bereitschaft voraus, mitzulesen, „zuzuhören", was Andere dort kommunizieren. Das ist eine unabdingbare

---

96 Ein erfolgreiches Beispiel ist die Facebook-Seite „Arbeitsfreier Sonntag", vgl. Mayer-Edoloeyi, Andrea, Social Media als Türöffner – wohin? Und für wen? Begegnungen am runden ThemaTisch, in: Voigt, Hans Christian, Kreiml, Thomas (Hg.), Soziale Bewegungen und soziale Medien, Handbuch für den Einsatz von Web 2.0, Wien 2011, S. 89–98, bes. S. 94.
97 Wippermann/Magalhaes, Milieuhandbuch, S. 95.
98 Die Liste ist teilweise aus Antworten auf eine diesbezügliche Frage der Autorin auf Twitter entstanden.
99 Sobetzko, Florian, Nicht physisch, aber sehr real: die Kraft virtueller Glaubenskommunikation. Theologische und pastoralpraktische Impulse zum Thema Web 2.0 in der Jugendseelsorge, o.O. o.J., online verfügbar:
http://juseta2011.wikispaces.com/file/view/Praesentation%20Sobetzko%20Januar%202011%20Rot%20a.d.%20Rot.pdf (Passwort: juseta2011) [28.4.2012].
100 Coleman, Monica A., Psalm 23 in a new media age: Part 2, o.O. 2012, online verfügbar:
http://blog.newmediaprojectatunion.org/2012/01/psalm-23-in-new-media-age-part-2.html [28.4.2012].

Voraussetzung dafür, überhaupt in einen Dialog treten zu können und die Lebenswelt der Digital Natives wirklich wahrzunehmen.

4. Fazit

Netzinkulturation verbunden mit der Wahrnehmung postmoderner Lebenswelten hat ein zweifaches Potential: Einerseits kann es damit gelingen, Digital Natives als Kirche besser zu erreichen, andererseits durchdringt die Lebenswelt der Digital Natives die Kirche. In diesem wechselseitigen Kommunikationsprozess passiert gemeinsames Lernen. Dieser Prozess hat durch die Eigenaktivität von Christ_innen im Social Web längst begonnen, auch wenn er noch nicht überall auf institutioneller Ebene angekommen ist. Netzinkulturation entspricht dem universalen Heils- und Missionsanspruch der christlichen Botschaft. Die Kirchen profitieren von der Netzinkulturation aber auch ad intra. Der verstorbene Aachener Bischof Klaus Hemmerle hat mit Blick auf die Jugend formuliert, was wohl auch für die Kommunikation der Kirche im Social Web gilt:

> „Lass mich dich lernen, dein Denken und Sprechen, dein Fragen und Dasein, damit ich daran die Botschaft neu lernen kann, die ich dir zu überliefern habe."[101]

---

101 Hemmerle, Klaus, Was fängt die Jugend mit der Kirche an? Was fängt die Kirche mit der Jugend an?, o.O. 2010, in: http://www.klaus-hemmerle.de/cms-joomla/download/Was%20f%C3%A4ngt%20die%20Jugend%20mit%20der%20Kirche%20an.pdf [28.4.2012].

Auf dem Weg zu einer Ethik der Verbundenheit
Kommunikationstheoretische, ethische und anthropologische Hinweise zum Personsein im Web 2.0[1]

Thomas Zeilinger

Abstract

Entlang des Konzeptes einer „Ethik der Verbundenheit" im Web 2.0 zeigt dieser Beitrag kommunikative, ethische und anthropologische Aspekte im Bereich der Social Media auf. Die Leitfrage nach medialen Formen der Verbundenheit führt zu einer Beleuchtung neuer sozialer Praktiken im Web 2.0, die teilweise kritisch zu bewerten sind, teilweise neue Formen von Verbundenheit erkennen lassen. Der Beitrag schließt mit Hinweisen auf eine explorative Ethik für den Bereich des Web 2.0 und formuliert Impulse für die medienethische Praxis und Forschung, die es auch als theologische und kirchliche Aufgabe zu begreifen gilt.

1. Einleitung

Im Jahr 2005 postulierten Eric Borgman und Stephan van Erp in der Zeitschrift „Concilium" für das Internet eine „Ethik der durch Medien ermöglichten Verbundenheit".[2] Borgman setzte in seinen Überlegungen die Verbundenheit als soziales Grunddatum an den Anfang menschlicher Existenz. Wer wollte, konnte manche Analogie zu dem, was der Ethiker und Theologe theoretisch postulierte, drei Jahre später im US-amerikanischen Wahlkampf bei Barack Obama wieder entdecken. Sein Slogan des „Yes, we can" und die intensive Nutzung des Web 2.0 für seine Kampagne ließen Beobachter davon sprechen, dass er die neuen Gesetzmäßigkeiten sozialer Echtzeitkommunikation im Netz als Grundlage für das Verständnis einer sozial verbundenen Welt begreife.[3]

---

1 Dieser Beitrag geht auf einen Vortrag zurück, der im September 2011 auf der Tagung „Personen im Web 2.0 – Theologische Perspektiven" an der Theologischen Fakultät der Georg-August-Universität in Göttingen gehalten wurde.

2 „Neben einer [...] Ethik von Webverhaltensregeln [...] bedarf es dringend einer Ethik der durch Medien ermöglichten Verbundenheit. [...] Eine Ethik der durch Medien ermöglichten Vernetzung sollte im Blick haben, dass das Wesen des Menschen dadurch bestimmt ist, dass er unaufhörlich in Verbundenheit mit anderen und anderem lebt, was kein erster Schritt zur Überwindung oder zum Ignorieren von Geschichtlichkeit und Endlichkeit ist, sondern eine neue Weise geschichtlicher und endlicher Existenz." Borgman, Erik/van Erp, Stephan, Welche Botschaft ist das Medium? Abschließende Bemerkungen zu Internet, Religion und Ethik der durch Medien ermöglichten Verbundenheit, Concilium 1 (2005), S. 91–102, S. 96.

3 Vgl. z.B. einen unter der Überschrift „Connectedness – Why Obama Gets It" zu Anfang des Jahres 2009 verfassten Blogbeitrag von Gabe Boisvert: „There is a bigger story here in my opinion and that

Vermutlich konnte Obamas mit der Nutzung von Web 2.0-Technologien unterstütztes Mantra des „Yes, we can" nur deshalb so durchschlagende Wirkung zeigen, weil es der Politik und Person seines Vorgängers diametral entgegen stand. Konnte und musste doch George W. Bush, der 43. Präsident der USA, in seiner (Selbst-)Stilisierung als texanischer Cowboy durchaus wie die Verkörperung einer neoliberalen Sicht des sich monadisch selbstbehauptenden Individuums erscheinen. Vor allen sozialen Aspekten steht in einer solchen Sicht der Dinge die Abgrenzung des Individuums gegenüber seiner Umwelt zum Zweck der Selbstdurchsetzung.

Manche Hoffnung, die sich mit dem Übergang vom 43. zum 44. Präsidenten der Vereinigten Staaten verband, ist inzwischen der Ernüchterung gewichen. Die Ernüchterung dürfte dabei nicht nur dem vermeintlich neuen Politikstil gelten, der mit Barack Obama Einzug halten sollte. Sie dürfte in nicht geringerem Maß auch auf die Euphorie zutreffen, mit der noch vor einigen Jahren die partizipativen und kollaborativen Potentiale des Internets gesehen wurden. Gerade aus den Reihen der Internet-Pioniere häufen sich in den vergangenen Jahren die kritischen Stimmen: So hat Jaron Lanier 2010 in seinem viel beachteten Plädoyer „You are not a Gadget" pointiert formuliert: „Es fehlt an Personen"[4] und bilanziert: „[I]nsgesamt hat die fragmentierte, unpersönliche Kommunikation die zwischenmenschliche Interaktion entwertet".[5] Und im selben Jahr veröffentlichte Sherry Turkle ihr Manifest mit dem programmatischen Titel: „Alone Together. Why we expect more from Technology and Less from Each Other".[6]

Auf der anderen Seite war gerade im Jahr 2011 mitzuerleben, wie das Web 2.0 den arabischen Frühling beflügelte: Erst Twitter und Facebook machten es (technisch) möglich, dass sich die Stimmen der Vielen gegen tyrannisch gewordene Macht Einzelner organisieren und durchsetzen konnten bzw. – wie in Syrien – hartnäckig darum kämpfen. Weltweit nutzen Millionen Menschen die unterschiedlichen Formen Sozialer Medien. Die Prognosen für die nächsten Jahre sind weiter rasant steigend: „2020 sind weite Teile unseres täglichen Lebens digitalisiert."[7]

---

is Barack's understanding that we live in a connected world and leaving that world is not an option. As he evolves in his new approach to governing I think you will see more Social Media developing specifically from him aimed at working with the people as well as for the people. He has often said that the reason he needs the Blackberry is so someone he knows and trusts can get ahold of him ‚when he is doing something wrong' and say ‚hey, you shouldn't do that'. This guy really gets it. The whole point of our new style of internet based social interaction is to communicate with each other in real-time." Boisvert, Gabe, „Connectedness – Why Obama Gets It", abrufbar unter www.geekitdone.com, [4.2.2009].

4 Lanier, Jaron, Gadget. Warum die Zukunft uns noch braucht, Berlin 2010, S. 13.
5 Lanier, Gadget, S. 13.
6 Turkle, Sherry, Alone Together. Why We Expect More from Technology and Less from Each Other. New York 2011, dt. Ausgabe: Verloren unter 100 Freunden. Wie wir in der digitalen Welt seelisch verkümmern, München 2012. – Vgl. zur theologischen Herausforderung der Studien Turkles auch den Beitrag von Christina Costanza in diesem Band.
7 Münchner Kreis e.V. (Hg.), Zukunft und Zukunftsfähigkeit der Informations- und Kommunikationstechnologien und Medien. Internationale Delphi-Studie 2030, Stuttgart 2009, S. 8.

Wie steht es also um die von Borgman postulierte „Ethik der durch Medien ermöglichten Verbundenheit": Welche Verbundenheit wird im Web 2.0 geschaffen? Welche Hinweise für das Verständnis der menschlichen Person ergeben sich daraus? Und welche Impulse für eine netzbewusste Sozialethik stecken möglicherweise in dieser Dynamik? Die drei folgenden Abschnitte erörtern diese drei Fragen in ihren jeweiligen Perspektiven: Kommunikativ, anthropologisch und ethisch.

2. Verbundenheit im Web 2.0 – Kommunikationstheoretische Aspekte

Längst werden im Netz nicht mehr nur außerhalb des Netzes bestehende soziale Beziehungen *abgebildet*, im Internet werden vielmehr – mehr und mehr – auch soziale Beziehungen *gebildet*. Von daher interessiert es, wie und was die sozialen Praxen des Internets zu einer Ethik des Internets beitragen können. Dazu gilt es zunächst allerdings, genauer zu betrachten, welche Verbundenheit und welche soziale Praxis die Web 2.0-Kommunikation, also die Kommunikation in den Social Media, auszeichnet.

Schon die technischen Grundprinzipien digitaler Medien im Netz verweisen verstärkt auf soziale Aspekte: Das mit dem Stichwort „Hypertextualität" markierte Überschreiten der linearen Ordnung deutet genauso wie die mit der Öffnung des Rückkanals einer gehende Auflösung des Sender-Empfänger-Modells („Interaktivität") komplexe, wechselseitige und multiperspektivisch verschränkte Prozesse an. Sie können nicht von einer zentralen Instanz allein (individuell) gesteuert werden. Sie fordern vielmehr eine ausgeprägte Medienkompetenz, die der Verschiebung klassischer Bewertungsraster hin zu sozialen Prozessen gerecht wird (Stichwort „Transversalität"). Sobald man die Kommunikation in den Social Media in den Blick nimmt, spitzen sich diese Entwicklungen wie die damit einhergehenden Anforderungen an mediale Kompetenz noch einmal zu: der paradigmatische Wechsel von zentralen Sendeinstanzen zu nutzergenerierten Inhalten (user generated content) rückt das in Kunstworten wie „Prod-User" oder „Produtzer" gefasste Ineinander von „Produzenten" und „Konsumenten" entschieden in den Mittelpunkt.

Allerdings kann hier durchaus gefragt werden, ob und wie weit hier von „neuer Verbundenheit" oder vielmehr von „neuer Isolation" geredet werden muss. Insbesondere Sherry Turkles bereits erwähnte Kritik lässt hier fragen. Sie warnt vor einer technologischen Überformung der menschlichen Kommunikation:

> „Verunsichert in unseren Beziehungen und voller Angst vor zu großer Nähe, tauchen wir heute in digitale Welten ein, um Beziehungen zu führen und gleichzeitig vor ihnen sicher zu sein. [...] Wir beugen uns dem Leblosen mit übertriebenem Eifer. Wir fürchten die Risiken und Enttäuschungen, die mit Beziehungen zu unseren

Mitmenschen einhergehen. Wir erwarten mehr von der Technologie und weniger voneinander."[8]

Die überkommenen temporalen Bestimmungen von *Distanz* und *Nähe* erfahren m.E. im Web 2.0 eine spezifische Neudefinition, so dass die Frage „Isolation oder Verbundenheit?" zu eindimensional erscheinen muss. Es gilt vielmehr zu sehen, *wie* die charakteristische Gleichzeitigkeit von Distanz und Nähe sich unter dem Aspekt sozialer Verbundenheit darstellt. Soziologisch weiterführender als die Alternative „Isolation vor dem Bildschirm vs. sozialer Verbundenheit" erscheint mir hierfür der von der Britin Leisa Reichelt im Jahr 2007 in Reflexion ihrer eigenen Twitter-Erfahrungen gebildete Begriff der flüchtigen Intimität (*ambient intimacy*):

„Ambient intimacy is about being able to keep in touch with people with a level of regularity and intimacy that you wouldn't usually have access to, because time and space conspire to make it impossible."[9]

Vor dem Hintergrund des Begriffs der flüchtigen Intimität (mit der eine eigentümliche, flüchtige Aufmerksamkeit – „ambient awareness"[10] – einhergeht) schlägt Reichelt vor, Social Media als spezifische Form räumlich entgrenzter Kopräsenz zu verstehen.

Von psychologischer Seite haben Gary Bente, Nicole Krämer und Anita Petersen bereits 2002 eine Unterscheidung vorgeschlagen, die hilft, die von Reichelt beschriebene Kopräsenz näher zu fassen: Die drei Herausgeber des Bandes „Virtuelle Realitäten" verweisen aus sozialpsychologischer Perspektive darauf, dass soziale Präsenz in virtuellen Räumen in drei Formen erscheint: erstens als Erleben der Kopräsenz im Sinne bloßer Anwesenheit des Anderen, zweitens als Wahrnehmung einer autonomen Intelligenz im Gegenüber und drittens als kommunikatives Engagement. Soziale Präsenz in virtuellen Räumen zeigt sich also als in sich gestufte, reichhaltige und komplexe Realität, in der spezifische soziale Rollen übernommen und spezifische Verhaltensnormen ausgebildet werden.[11]

---

8 Turkle, 100 Freunde, S. 14. In eine ähnliche Richtung fragte mit Blick auf Facebook bereits 2008 Tom Hodgkinson im Guardian: „And does Facebook really connect people? Doesn't it rather disconnect us, since instead of doing something enjoyable such as talking and eating [...] with my friends, I am merely sending them little ungrammatical notes and amusing photos in cyberspace, while chained to my desk? [...] Far from connecting us, Facebook actually isolates us at our workstations." Hodgkinson, Tom, With friends like these... In: The Guardian, 14.01.2008. Online unter www.guardian.co.uk/technology/2008/jan/14/facebook [11.2.2009].
9 Reichelt, Leisa, Ambient Intimacy, 2007, online unter www.disambiguity.com/ambient-intimacy/ [11.2.2009]. Der Terminus wurde verschiedentlich aufgegriffen, z.B. von Clive Thompson in der New York Times: Thompson, Clive, Brave New World of Digital Intimacy. New York Times. 7.9.2008, online unter http://www.nytimes.com/2008/09/07/magazine/07awareness-t.html [7.4.2011].
10 Ebd.
11 Vgl. Bente, Gary/Krämer, Nicole C./Petersen, Anita, Virtuelle Realitäten (Internet und Psychologie – Neue Medien in der Psychologie Bd. 5), Göttingen u.a. 2002, S. 20f. – Vgl. zum Phänomen der Telepräsenz den Beitrag von Christina Costanza in diesem Band.

Ein weiterer wichtiger Zug der von Reichelt in Blick genommenen Form der Kopräsenz, wie sie sich in Sozialen Netzwerken wie Facebook, Twitter oder Google Plus zeigt, ist die Entgrenzung der überlieferten Verständnisse von *privat* und *öffentlich*: Das Private im Sinne des Raums für die Ausbildung der eigenen Identität (als Refugium der Selbstverwirklichung) verschiebt sich in den Bereich der Öffentlichkeit Sozialer Netzwerke.[12]

Nun liefern freilich gerade die Sozialen Netzwerke wie Facebook immer wieder genügend Beispiele, die zeigen, wie brisant das Thema der sozialen Einbettung von Identität hier inzwischen ist. Rasch gerät der scheinbar spielerische Umgang mit der eigenen Identität bei Facebook & Co gerade für Jugendliche zur ernsten, ja bedrohlichen Realität. Zeynep Tufecki von der University of Maryland formuliert deshalb: „You can't play with your identity if your audience is always checking up on you."[13]

Vor dem Hintergrund, dass insbesondere für junge Menschen ein selbstverständlicher Teil ihres sozialen Lebens sich in Sozialen Netzwerken abspielt und sie deshalb diesen Netzwerken nicht entkommen wollen und können, gewinnt die eingangs schon zitierte Kritik von Jaron Lanier in kommunikationstheoretischer, aber auch in demokratiepraktischer Hinsicht Gewicht. Lanier weist in seinem Buch darauf hin, dass in der Struktur von Softwaredesigns sog. „Lock In"-Phänomene eine entscheidende Rolle spielen:

> „Die Empfindlichkeit ausgereifter Computerprogramme kann dazu führen, dass das digitale Design in einem Prozess eingefroren wird, den man als *lock-in* bezeichnet. [...] Bedeutsame Veränderungen an einer Software vorzunehmen, von der bereits zahlreiche andere Programme abhängen, gehört zum Schwierigsten, was man sich vornehmen kann. Und deshalb geschieht es so gut wie nie."[14]

Am Beispiel der digitalen Musikdarstellung im MIDI-Format illustriert Lanier die normierende und einschränkende Funktion digitaler Darstellung, die die Bandbreite von Tönen und deren Interpretation in Noten in bestimmte Raster zwingt. Vor diesem Hintergrund diskutiert Lanier die Herausforderung, die er im Sozialen Web und seinen Anwendungen sieht:

---

12 Vgl. hierzu in diesem Band die Beiträge von Christina Ernst und Anne-Kathrin Lück. Weiterführende Gedanken zur Thematik auch bei Kolbe, Christine, Digitale Öffentlichkeit. Neue Wege zum ethischen Konsens, Berlin 2008: Kolbe ist optimistisch, dass sich im Netz neue kommunikative und diskursive Potentiale entwickeln, durch die „das elektronisch vermittelte Zusammentreffen von Menschen im globalen Netzwerk eine spezifische und damit neuartige Form von Vergemeinschaftung" begründet: „Die sich im Internet herausbildenden Gemeinschaften (stellen) also keineswegs ein elektronisches und daher impersonales und gefühlskaltes Pendant zur physischen Lebenswelt dar." Ebd., S. 168.

13 Zit. nach dem Anm. 8 erwähnten Artikel von Clive Thompson, New York Times, 2008, in dem Thompson dies als Rückkehr zur Kleinstadtmentalität beschrieben hat: „This is the ultimate effect of the new awareness: It brings back the dynamics of small-town life, where everybody knows your business."

14 Lanier, Gadget, S. 17f.

„Die neuen Designs, die heute im Web 2.0 kurz vor dem Lock-In stehen, verlangen von den Menschen, ihre Selbstdefinition zurückzuschrauben. Es ist eine Sache, ein beschränktes Verständnis von Musik oder Zeit in den Wettstreit um die Frage zu schicken, welche philosophische Idee in ein System eingebaut werden soll, und eine ganz andere, genau dies mit der Frage zu tun, was eine menschliche Person ist. [...] Die tiefe Bedeutung der Person wird durch Illusionen der digitalen Welt ausgehöhlt."[15]

Auf die praktischen Konsequenzen des Lock-In am Beispiel der sowohl bei Google wie bei Facebook praktizierten „Personalisierung" hat 2011 Eli Pariser mit seinem viel diskutierten Buch „The Filter Bubble. What the Internet is Hiding from you"[16] aufmerksam gemacht. Sowohl Facebooks Edge-Rank-Technologie als auch Googles Page-Rank sorgen mit ihren Algorithmen dafür, dass Nutzerin und Nutzer (tendenziell) jeweils nur das zu sehen bekommen, was ihren persönlichen Interessen entspricht (bzw. den Verkaufsinteressen bestimmter Firmen). Und damit sehen sie nur einen (auf sie zugeschnittenen) Teil der Realität, wo sie vermeintlich neutrale Information erwarten. Die „Relevanz-Falle" schnappt zu und die Nutzerin und der Nutzer bewegen sich nur noch in der Glocke der Information, die sie selbst bestätigt. Die diskurs-kritische Funktion des Alter gegenüber dem Ego wird obsolet, sie schließen sich (unwissentlich) im eigenen Ghetto ein und die Öffentlichkeit wird irrelevant.[17] Der eigentliche Lock-In im Sinne Laniers passiert dabei dadurch, dass Facebook als Netzwerk oder Google als Suchmaschine so bequem und nutzbringend für den Anwender/die Anwenderin sind, dass er oder sie die Transaktionskosten scheut, um zu einem anderen Netzwerk bzw. einer anderen Suchmaschine zu wechseln.[18]

Bei Facebook suggeriert schon die Namensgebung, dass das Netzwerk sich um Gesichter, nicht um Inhalte herum organisiert. Freilich ist damit die Frage noch keineswegs beantwortet, *wie* die Verbundenheit aussieht, die sich im „Gesichtsbuch" abbildet. Allerdings wird man der These von der Vereinsamung vor den Bildschirmen wohl doch den Abschied geben dürfen. Nicht nur, weil das Internet und die Web 2.0-Anwendungen vielfach mobil geworden sind. Sondern auch, weil die zur Verfügung stehenden empirischen Untersuchungen keinen Anhalt erkennen lassen, dass Soziale Netzwerke kontaktarme Sonderlinge besonders privilegieren,[19]

---

15 Lanier, Gadget, S. 33f.
16 Pariser, Eli, The Filter Bubble. What the Internet is Hiding from you. London 2011, dt. Ausgabe: Wie wir im Internet entmündigt werden, München 2012.
17 Vgl. die Kapitelüberschriften in Parisers Buch.
18 Thompson spricht auch diesen Punkt und das sich abzeichnende Facebook-Monopol bereits 2008 in seinem Anm. 9 erwähnten Artikel in der New York Times an: „Young people at college are the ones to experience this most viscerally, because, with more than 90 percent of their peers using Facebook, it is especially difficult for them to opt out."
19 Vgl. bspw. eine Studie des IFO-Instituts von 2010: „Unsere Studie liefert Evidenz dafür, dass das Internet (im Gegensatz zum Fernsehkonsum) Menschen verbindet und nicht aus ihnen kontaktarme Sonderlinge macht." Bauernschuster, Stefan/Falck, Oliver/Wößmann, Ludger, Schadet Internetnutzung dem Sozialkapital?, Ifo-Schnelldienst 21/2010, S. 16.

auch wenn diese immer wieder mediale Aufmerksamkeit erhalten. Die Online-Welt des Web 2.0 ist für zahlreiche Menschen zu einem Ort geworden, an dem sie selbstverständlich soziale Beziehungen pflegen, wenn auch in den meisten Fällen komplementär und nicht supplementär zu ihrem Beziehungsfeld in der Offline-Welt.[20]

3. Soziale Aspekte der Personkonstitution

Im Besonderen waren es die Arbeiten Charles Taylors, die den sozialen Aspekt der Personkonstitution herausgearbeitet haben. Gegenüber einem negativen Freiheitsbegriff hat Taylor in seinen Studien versucht, einen positiven Begriff von Freiheit als Verwirklichung zu etablieren. Auf diese Weise hat er einerseits dem republikanischen Gesellschaftsmodell gegenüber dem liberalen Modell wieder neue Aufmerksamkeit gewidmet.

Vor allem und zuerst aber hat er in seinen Studien die Sozialität als Bedingung gelingender Personalität neu vermessen.[21] Im Anschluss an Hegel geht es Taylor dabei darum, *Anerkennung* nicht als individuellen Kampf um Anerkennung und Selbstbehauptung, sondern als vorgängig intersubjektiv und sozial konstituiertes Phänomen zu rekonstruieren. „Die anderen sind die Bedingung der Möglichkeit des Selbst."[22] Taylors Verständnis von Personen setzt bei der sozialen Verfasstheit menschlicher Identität ein.

Wichtig für die Frage von Personen im Web 2.0 scheint mir der Ansatzpunkt von Taylors Personkonzept: Es ist zunächst die sprachliche Verfasstheit menschlicher Existenz, wobei die Sprache immer schon eine mit anderen Menschen geteilte Sprache ist. „Das allgemeine Merkmal des menschlichen Lebens [...] ist sein durch und durch dialogischer Charakter."[23] Dies gilt nicht nur im trivialen Sinn des Miteinander-Redens, sondern auch in der Hinsicht, dass das menschliche Denken konstitutiv als fiktives Gespräch mit einem Gegenüber konstituiert ist.

Mit Herder, Humboldt und Hamann sind es für Taylor drei Funktionen, die die Sprache erfüllt:

„Es sind somit drei Dinge, die durch die Sprache zuwege gebracht werden:
die Erzeugung von Artikulationen und damit das Hervorbringen expliziten Bewusstseins;
das Hineinstellen in den öffentlichen Raum und auf diese Weise die Konstitution eines öffentlichen Raumes;

---

20 Ob und wie Facebooks Freundschaftskonzept oder Googles Circles dabei das menschliche Bedürfnis berücksichtigen, unterschiedliche Grade und Beziehungsfelder zu unterhalten, bedarf noch eingehenderer Untersuchungen.
21 Die folgende Darstellung lehnt sich an die von Thomas Kreuzer unter dem Titel „Kontexte des Selbst" vorgelegte theologische Interpretation der Taylorschen Anthropologie an (Kreuzer, Thomas, Kontexte des Selbst. Eine theologische Rekonstruktion der hermeneutischen Anthropologie Charles Taylors, Gütersloh 1999).
22 Kreuzer, Kontexte, S. 162.
23 Taylor, Charles, Das Unbehagen an der Moderne, Frankfurt/M. 1995, S. 41.

das Treffen von Unterscheidungen, die grundlegend für die menschlichen Anliegen sind und uns daher für diese Anliegen öffnen.
Dies sind die Funktionen, für die die Sprache unentbehrlich erscheint."[24]

Der Sprache eignet also ein expressives (Bewusstsein/Bewusstwerden), ein relationales (öffentlicher Raum) und ein deliberatives Moment (Unterscheidung und Beratung). Jede Person ist demnach Teil einer Interpretationsgemeinschaft,

„in der um das angemessene Verständnis des guten Lebens gerungen wird. [...] Über die Sprache wird die Sprechende gleichzeitig zur Bürgerin zweier Welten: der des öffentlichen Raumes und jener inneren Welt der ‚radikalen Selbstreflexion'."[25]

Wichtig ist Taylor bei aller basalen Sozialität das reflexive Moment: Sprache ist ein Bewusstwerdungsprozess und darin immer auch Wahrnehmung und Aufklärung des Selbst über sich selbst.

„Die Verwirklichung von [positiver, T.Z.] Freiheit ist an eine Gemeinschaft sozialen Beratens gebunden und läßt sich nicht solipsistisch verstehen, m.a.W.: Taylor insistiert auf der Sozialität als Bedingung von Freiheit."[26]

Auch wenn gegenüber seiner Beschreibung und gelegentlich allzu holzschnittartig geratenen Entgegensetzung von negativer und positiver Freiheit manche Präzisierungen und Korrekturen angezeigt sind,[27] bleibt festzuhalten, dass die soziale Verbundenheit grundlegend für die menschliche Personkonstitution ist.

Im Anschluss an und neben Taylor hat sich in der Diskussion um den Kommunitarismus dann auch eine intensive Debatte um den Gemeinschaftsbegriff entzündet. Während Taylor selbst und bestimmte Spielarten des Kommunitarismus sich vor allem auf *traditionale* Gemeinschaften beziehen, sind im Fortgang der Diskussion verstärkt auch *posttraditionale* Gemeinschaftsformen wie Freundschaften, urbanes Leben oder Netzwerke in den Blick gekommen: Gemeinschaftsformen also, „die mehr gewählt als entdeckt, [...] mehr freiwillig gestaltet als vorgefunden werden".[28] Martin Seel hat im Blick auf Lebensformen vorgeschlagen, zwschen Angehörigkeits- und Zugehörigkeitsformen einer Lebensform zu unterscheiden.[29]

„Danach würde man im Status der Angehörigkeit in der Praxis der Gemeinschaft aufgehen; im Verhältnis der Zugehörigkeit würde an der Gemeinschaftspraxis zwar teilgenommen, ohne jedoch alle Energien auf diese Praxis zu richten. Laut Seel kommt es darauf an, die Möglichkeit offenzuhalten, zwischen diesen beiden Formen der Mitgliedschaft hin- und herpendeln zu können; daß also zur Freiheit zur Gemeinschaft auch die Freiheit von der Gemeinschaft gehört."[30]

---

24 Taylor, Charles, Negative Freiheit? Zur Kritik des neuzeitlichen Individualismus, Frankfurt/M 1988, S. 74.
25 Kreuzer, Kontexte, S. 180.
26 Kreuzer, Kontexte, S. 196.
27 Vgl. z.B. Kreuzer, Kontexte, S. 197f.
28 Kreuzer, Kontexte, S. 239. Den Begriff „posttraditional" hat Axel Honneth geprägt.
29 Seel, Martin, Ethik und Lebensformen, in: Brumlik, Micha/Brunkhorst, Hauke (Hg.), Gemeinschaft und Gerechtigkeit, Frankfurt/M. 1993, S. 244–259.
30 Kreuzer, Kontexte, S. 237.

Ich belasse es bei diesen knappen Hinweisen zur Theorie sozialer Personalität bei Charles Taylor und dem weiteren Umfeld der Diskussion und versuche, aus den dargestellten Überlegungen einige Anstöße für das Thema der Sozialität in Online-Netzwerken abzuleiten:

Individuelle Freiheit und individuelle Verpflichtung erwachen und erwachsen aus dem Angeredet-Sein. Dafür bilden sich im Social Web derzeit neue Formen, die – deutlicher als im überkommenen Autonomie-Paradigma der Moderne – den sozialen Zusammenhang abbilden, in dem sich die Wahrnehmung individueller Verantwortung als vielfältig vernetzte Antwort vollzieht. Zwar sitzt im Medium des Internets jede und jeder für sich, häufig im eigenen Kämmerchen, vor dem Bildschirm, aber das Netz von Bedeutungen und Interpretationen wird keineswegs allein, sondern vielmehr in der gemeinsamen Praxis gewoben, die im Web 2.0 zu einer eminent sozialen Praxis geworden ist.

Mit Taylor lassen sich nun an diese Praxis auch einige Maßstäbe anlegen:
1. *Reziproke Expressivität*: Hier ist zunächst das große Plus des Web 2.0 im medialen Bereich zu sehen. Im Raum medialer Kommunikation, in dem bisher Interaktivität im Sinne reziproker Expression nur schwer darstellbar war, eröffnen sich ganz neue Möglichkeiten, die vice versa deutlich machen, dass die Anderen die Bedingung der Möglichkeiten des Selbst sind.
2. Umgekehrt ist darauf zu achten, dass dieser Raum als *Reflexionsraum* und nicht (nur) als Konsumptions- oder Unterhaltungsraum gestaltet wird. Hier ist an das im ersten Abschnitt erwähnte sozialpsychologische Modell von Bente u.a. zu erinnern: Soziale Präsenz ist zwar differenziert zu betrachten, erschöpft sich aber keineswegs in der Form der bloßen Anwesenheit nebeneinander. Vielmehr gehören zu ihr auch die Wahrnehmung der Intelligenz des anderen und das kommunikative Engagement.[31]
3. *Öffentlichkeit*: Die Gemeinschaft gegenseitigen Beratens erfordert die Verschiedenheit der Vielen. Die Möglichkeiten räumlicher Entgrenzung dürfen hier nicht über die Gefahren des Cocoonings hinwegtäuschen. Deshalb ist als medienethische Forderung die Öffnung der Relationalität wichtig: Dies hat auch Konsequenzen für das *medienpädagogische Postulat von Medienkompetenz*: Zwar erhalten auch die pädagogisch benannten Aspekte der Förderung sozialer Kompetenz *(Beziehungsorientierung – vom Anderen her denken – Befähigung zum Perspektivenwechsel)*[32] entgegen der verbreiteten Meinung sozialer Isolation vor dem Bildschirm gerade in den online-basierten Sozialen Netzwerken neue Chancen. Allerdings wird es wesentlich darauf ankommen, den Gefahren zu begegnen, die sich z.B. in der Tendenz nicht weniger Sozialer Netzwerke zeigen, sich dort nur im Kreis der Gleichgesinnten zu bewegen und

---

31 Vgl. oben mit Anm. 9.
32 So Heimbach-Steins, Marianne, Menschenbild und Menschenrecht auf Bildung. Bausteine für eine Sozialethik der Bildung, in: dies./Kruip, Gerhard (Hg.), Bildung und Beteiligungsgerechtigkeit. Sozialethische Sondierungen, Bielefeld 2003, S. 23–41, S. 27.

genau so die Chance des Perspektivenwechsels einer problematischen Selbstbestätigung zu opfern.[33]

4. *Zugehörigkeit statt Angehörigkeit*: Ich nehme den von Martin Seel formulierten Gedanken auf und wende ihn so, dass ich formuliere: Das Soziale Netzwerk, das alle sozialen Energien auf sich zieht, muss höchst problematisch erscheinen. Im Gedanken des Netzwerks ist die Pluralität angelegt, die gerade auch im Bereich der Social Media (selbst-)kritisch gegenüber dem jeweiligen Netzwerk zur Geltung zu bringen ist.

5. Die von Jaron Lanier angesprochene „tiefe" Bedeutung der Person (vgl. Taylors Rede von „starken Wertungen"[34]) erfordert auf der Spur Charles Taylors nicht nur den öffentlichen Raum des dialogischen (Dauer-)Gesprächs, sondern auch den der „*inneren Welt radikaler Selbstreflexion*".[35] Sherry Turkle bemerkt dazu aus psychologischer Sicht: „Wenn Du Deine Kinder nicht lehrst, allein zu sein, dann lernen sie nur, einsam zu sein."[36] Aus dieser Überlegung leiten sich m.E. zwei Folgerungen ab:

a) Es braucht in Sozialen Netzwerken differenzierte Formen von Öffentlichkeit, um Reflexion zu befördern. Das Modell der „Circles" bei Google Plus erscheint hier als ein interessanter Weg. Auch Facebook erlaubt inzwischen eine differenziertere Auswahl der Freundesgrade innerhalb der Freundesliste.[37]

b) Es braucht über mediale Netzwerke hinaus – als Ausgleich dazu – eine neue Kultur des bewussten Medienverzichts zu bestimmten Zeiten und an bestimmten Orten. In einer Zeit, die von Beschleunigung und dauernder Verfügbarkeit geprägt ist, gilt es, bewusst kontemplative und reflexive Zeiträume zu sichern bzw. zurück zu erobern.[38]

4. Folgerungen für eine Ethik des Internets

Wenn und weil sich soziale Beziehungen vermehrt im Netz bilden, wäre die (Medien-) Ethik als Netz-Ethik schlecht beraten, wenn sie ihr Augenmerk lediglich auf die Ebene von „Webverhaltensregeln" oder individuellen Tugendappellen richten würde. Vielmehr muss sie verstärkt die Chancen erkunden, die Social Media für ein Verständnis von (Medien-)Ethik als einer Ethik sozialer Verbundenheit bieten.

---

33 Vgl. hierzu die seit 1997 jährlich erhobenen Daten aus der ARD/ZDF-Onlinestudie (www.ard-zdf-onlinestudie.de), aber auch die Überlegungen bei Pariser, Filter Bubble, S. 109ff.
34 Vgl. z.B. Taylor, Negative Freiheit?, S. 15.
35 Taylor, Negative Freiheit?, S. 41.
36 Drösser, Christoph, „Macht mal Pause", Interview mit Sherry Turkle, DIE ZEIT, Nr. 9/11, ersch. am 24.2.2011; online verfügbar: http://www.zeit.de/2011/09/Interview-Sherry-Turkle/komplettansicht [4.4.2012].
37 Allerdings bestehen hier weiter erhebliche datenschutzrelevante Probleme.
38 Vgl. hierzu in Aufnahme von Überlegungen Philippe Patras: Zeilinger, Thomas, netz.macht.kirche. Möglichkeiten institutioneller Kommunikation des Glaubens, Erlangen 2011, S. 308f.

Für das Erkennen und das Beurteilen der *Chancen wie der Gefahren* ist es nötig, den im Netz entstehenden neuen sozialen Praxen auf der Spur zu bleiben. Von ihnen darf erwartet werden, dass in und aus ihnen ethische Relevanz erwächst. Dazu sind nicht a priori feststehende Urteile gefragt, sondern eine Ethik, die sich als *explorative Ethik* auf den Weg macht, die Möglichkeiten eines partizipativen Verständnisses sozialer Verbundenheit im Netz weiter zu erkunden.

Worum es hier für die Ethik geht, ist, den explorativen Weg als einen Weg „exemplarischen Lernens durch Anschauung" zu gehen.³⁹ Der Erlanger Sozialethiker Hans G. Ulrich hat dieses Moment der Ethik als die *explorative und erkundende Suche nach dem Präsentwerden der neuen Schöpfung* bezeichnet.⁴⁰ Für Ulrich ist das Erkunden und Explorieren die ausgezeichnete Lehr- und Lernsituation einer ethischen Bildung, die sich nicht nur im Bstehenden einrichtet, sondern auch mit dem Einbruch des (eschatologisch) Neuen rechnet. Die ethische Suchbewegung muss sich deshalb immer auch auf der Ebene gemeinsamer Imagination und Anschauung vollziehen. Die Möglichkeiten ethischer Praxis im Netz zeigen sich nicht ohne dieses imaginative Moment. Es geht um eine Erkundung des Neuen:

> „Die Schöpfung im Werden wahrzunehmen, heißt, sie als immer wieder andere, immer wieder neue Schöpfung sich vollziehen zu lassen. Und deswegen hat der Kundschafter als Zeuge immer wieder auch etwas mitzuteilen und für etwas einzustehen, was andere noch nicht gesehen haben. Er ist Anwalt des Neuen."⁴¹

Die ethische Theorie lädt also durchaus dazu ein, den erkundenden, explorativen Aspekten Aufmerksamkeit zu schenken. Bewähren müssen sich die Beiträge zur partizipativ-dialogischen Exploration der Möglichkeiten des Internets durch soziale Praxis freilich nicht in der theoretischen Reflexion, sondern in der Praxis.

Zum Erkunden und zum Fördern der Möglichkeiten gehört in einem sozial verfassten Verständnis die Bereitschaft, sich einzumischen und eigene Vorstellungen zur Anschauung zu bringen. Für eine Ethik sozialer Verbundenheit wünschenswert sind in dieser Hinsicht Beispiele im Netz, die in der Art und Weise ihrer Gestaltung bereits die wechselseitige Verbundenheit demonstrieren, die für die gelingende Wahrnehmung kommunikativer Kompetenz unverzichtbar ist – und dabei die obigen Hinweise zu berücksichtigen versuchen.

An dieser Stelle scheinen mir bei allen Schwierigkeiten, sich auf ein neues Medium einzustellen, gerade für die hergebrachte Bildungsinstitution Kirche besondere Chancen und Aufgaben zu liegen. Ist die Kirche doch darin exemplarische Institution, als ihr die soziale Verbundenheit mit dem Leitbegriff der *Communio* eingeschrieben ist. Insofern steht sie vor der Aufgabe, auch im Netz ihre spezifische

---

39 Vgl. Zeilinger, Thomas, Der Weg der Anschauung. Ethische Bildung in der medial geprägten Zivilgesellschaft, in: Filipović, Alexander/Jäckel, Michael/Schicha, Christian (Hg.), Medien- und Zivilgesellschaft, Kommunikations- und Medienethik 1, Weinheim 2012 – in Vorbereitung.
40 Ulrich, Hans G., Wie Geschöpfe leben. Konturen evangelischer Ethik, Münster 2005, S. 456.
41 Lüpke, Johannes von, Jenseits der Moral, in: Zeitschrift für Evangelische Theologie 69 (2009), S. 382–391, S. 386.

Näherbestimmung sozialer Verbundenheit zur Aschauung zu bringen. Dies wird notwendig partikular und exemplarisch, aber für eine ethische Bildung des Netzes vielleicht gerade so inspirierend sein.[42]

Eine Ethik sozialer Verbundenheit allein vom Internet zu erwarten, würde dessen bleibende Ambivalenz verkennen. Den Beitrag der Social Media zur Entwicklung einer solchen Ethik nicht zu sehen und deren Möglichkeiten nicht zu fördern, würde die Chancen der durch Medien ermöglichten Verbundenheit leichtfertig ausschlagen.

---

42 Vgl. ausführlicher zu möglichen Beiträgen der Institution Kirche zur Netzwerdung des Netzes: Zeilinger, netz.macht.kirche, S. 317ff.

Literaturverzeichnis

Literatur wird in den Anmerkungen beim ersten Erscheinen in einem Beitrag vollständig, ab dem zweiten Erscheinen innerhalb desselben Beitrags mit Kurztitel zitiert.

Akademie Bruderhilfe Pax Familienfürsorge (Hg.), Autoren: Trocholepczy, Bernd/Pelzer, Jürgen/Heeg, Dietmar, Kirchliche Sinnangebote im Web 2.0, Frankfurt/Main 2009.

Albers, Marion, Umgang mit personenbezogenen Informationen und Daten, in: Hoffmann-Riem, Wolfgang/Schmidt-Aßmann, Eberhard/Voßkuhle, Andreas (Hg.), Grundlagen des Verwaltungsrechts, Bd. II Informationsordnung, Verwaltungsverfahren, Handlungsformen, München 2008, S. 107–220.

Albertz, Jörg (Hg.), Anthropologie der Medien. Mensch und Kommunikationstechnologien, Berlin 2002.

Altmeyer, Martin, „Big Brother" und andere Inszenierungen von postmoderner Identität. Das neue Subjekt entsteht im Auge der Kamera, in: Psychotherapie und Sozialwissenschaft 2, Bd. 3 (2001), S. 160–169.

ders., Video(r) ergo sum (Ich werde gesehen, also bin ich), Vortrag im Rahmen der 52. Lindauer Psychotherapiewochen 2002, online verfügbar unter: http://www.lptw.de/archiv/vortrag/2002/altmeyer_martin.pdf [04.08.2012]

ders., Im Spiegel des Anderen. Anwendungen einer relationalen Psychoanalyse, Gießen 2003.

Andresen, Carl, Zur Entstehung und Geschichte des trinitarischen Personbegriffes (1961), in: ders., Theologie und Kirche im Horizont der Antike. Gesammelte Aufsätze zur Geschichte der Alten Kirche, hg. v. P. Gemeinhardt, Arbeiten zur Kirchengeschichte Bd. 112, Berlin/New York 2009, S. 55–89.

Andrews, Lori, Rote Linien im Netz. In den USA haben Datensammlungen von Firmen wie Facebook und Google schon Folgen, in: Süddeutsche Zeitung v. 10.02.2012, S. 11.

Androutsopoulos, Jannis, Neue Medien – neue Schriftlichkeit?, in: Mitteilungen des Deutschen Germanistenverbandes 1 (2007), S. 72–97.

Anzenbacher, Arno, Christliche Sozialethik. Einführung und Prinzipien, Paderborn u.a. 1998.

Arendholz, Jenny, Interpersonal Relations in Online Message Boards, Augsburg 2011.

Assmann, Aleida/Assmann, Jan, Schrift – Kognition – Evolution. Eric A. Havelock und die Technologie kultureller Kommunikation, in: Havelock, Eric A., Schriftlichkeit. Das griechische Alphabet als kulturelle Revolution, Weinheim 1990, S. 1–35.

Augustin, Contra Sermonem Arrianorum, in: ders., Opera/Werke Bd. 48, zweisprachige Ausgabe, hg. v. H.-J. Sieben, Paderborn u.a. 2008.

Authenrieth, Ulla P., Das sind nur Facebook-Freunde. Zur Differenzierung und Artikulation von Freundschaftsbeziehungen durch Jugendliche auf Social Networking Sites, in: Medienjournal 4/2010, S. 4–19.

Axt-Piscalar, Christine, Die Eschatologie in ihrer Bedeutung und Funktion für das Ganze der Systematischen Theologie W. Pannenbergs, in: KuD 45 (1999), S. 130–142.

Bahl, Anke, Zwischen On- und Offline. Identität und Selbstdarstellung im Internet, München 1995.

Barth, Karl, Das Wort Gottes als Aufgabe der Theologie, in: Jürgen Moltmann (Hg.), Anfänge der dialektischen Theologie, München 1977, S. 198–218.
Barth, Karl, Die Kirchliche Dogmatik Bd. 1: Die Lehre vom Wort Gottes. Prolegomena zur Kirchlichen Dogmatik, Halbbd. 1, München 1932.
Barth, Karl, Die Kirchliche Dogmatik, Bd. 2: Die Lehre von Gott, Halbbd. 2, Zürich 1942.
Baudrillard, Jean, Die Agonie des Realen, Berlin 1978.
Bauernschuster, Stefan/Falck, Oliver/Wößmann, Ludger, Schadet Internetnutzung dem Sozialkapital?, Ifo-Schnelldienst 21/2010.
Becker, Nils, Überzeugen im erotischen Partnerwerbungsgespräch, Berlin 2009.
Beißwenger, Michael, Kommunikation in virtuellen Welten: Sprache, Text und Wirklichkeit, Stuttgart 2000.
Benda, Ernst, Privatsphäre und „Persönlichkeitsprofil". Ein Beitrag zur Datenschutzdiskussion, in: Leibholz, Gerhard/Faller, Hans Joachim/Mikat, Paul/Reis, Hans, Menschenwürde und freiheitliche Rechtsordnung. Festschrift für Willi Geiger zum 65. Geburtstag, Tübingen 1974, S. 23–44.
Bente, Gary/Krämer, Nicole C./Petersen, Anita, Virtuelle Realitäten (Internet und Psychologie – Neue Medien in der Psychologie Bd. 5), Göttingen u.a. 2002.
Ben-Ze'ev, Aaron, Love Online. Emotions on the Internet, Cambridge 2004.
Berlin-Institut, Klamme Kommunen und engagierte Bürger. Was freiwilliges Engagement für die Regionen leistet, 2011, online: http://www.berlin-institut.org/fileadmin/user_ upload/Die_demografische_Lage_2011/Auszug_Engagement.pdf [28.4.2012].
Berndt, Sebastian, Medialisierte soziale Kommunikation, Seelsorge 2.0: Das Referat „Glaubenskommunikation und Online-Beratung", in: Euangel, Magazin für missionarische Pastoral, 1/2011, S. 44–49; online: http://www.kamp-erfurt.de/level9_ cms/download_user/Magazin/euangel_1-11.pdf [28.4.2012].
Berners-Lee, Tim, Weaving the Web. The Original Design and Ultimate Destiny of the World Wide Web by its Inventor, New York 2000.
Bialobrzeski, Arndt, Freiheit simulieren, Menschen regulieren. Facebooks ‚kreativer' Umgang mit Privatheit, in: Peter Dabrock/Siegfried Keil (Hg.), Kreativität verantworten. Theologisch-sozialethische Zugänge und Handlungsfelder im Umgang mit dem Neuen, Neukirchen-Vluyn 2011, S. 247–264.
Bidlo, Oliver, Die Einschreibung des Anderen, Essen 2010.
Bindernagel, Daniel/Poimann, Horst, Idiolektik und Neurowissenschaften, in: Bindernagel, Daniel/Krüger, Eckard/Rentel, Tilman/Winkler, Peter (Hg.), Schlüsselworte. Idiolektische Gesprächsführung in Therapie, Beratung und Coaching, Heidelberg 2010, S. 101–128.
Böntert, Stefan, Gottesdienste im Internet. Perspektiven eines Dialogs zwischen Internet und Liturgie, Stuttgart 2005.
Boethius, Contra Eutychen et Nestorium, in: ders., Die theologischen Traktate (lat.-dt.), übers. u. mit Einl. u. Anm. versehen v. Elsässer, Michael, Philosophische Bibliothek Bd. 395, Hamburg 1988.
Boisvert, Gabe, „Connectedness – Why Obama Gets It", abrufbar unter www.geekitdone.com, [4.2.2009].
Borgman, Erik/Erp, Stephan van, Welche Botschaft ist das Medium? Abschließende Bemerkungen zu Internet, Religion und Ethik der durch Medien ermöglichten Verbundenheit, Concilium 1 (2005), S. 91–102.

Bourdieu, Pierre, Die feinen Unterschiede, Kritik der gesellschaftlichen Urteilskraft, Frankfurt am Main [10]1998.
Boyd, Danah, Why Youth Heart Social Network Sites: The Role of Networked Publics in Teenage Social Life, in: David Buckingham (Hg.), Youth, Identity, and Digital Media, Cambridge 2008, S. 119–142.
dies., Taken Out of Context. American Teen Sociality in Networked Publics, Creative Commons License 2008, online verfügbar unter: http://www.danah.org/papers/TakenOutOfContext.pdf [17.07.2012].
dies./Ellison, Nicole, Social Network Sites: Definition, History, and Scholarship, in: Journal of Computer-Mediated Communication 13/1 (2007), S. 11–12.
Bretthauer, Berit, Televangelismus in den USA. Religion zwischen Individualisierung und Vergemeinschaftung, Frankfurt 1999.
Britz, Gabriele, Freie Entfaltung durch Selbstdarstellung. Eine Rekonstruktion des allgemeinen Persönlichkeitsrechts aus Art. 2 I GG, Tübingen 2007.
Bröckling, Ulrich (Hg.), Disziplinen des Lebens. Zwischen Anthropologie, Literatur und Politik, Tübingen 2004.
ders., Um Leib und Leben. Zeitgenössische Positionen Philosophischer Anthropologie, in: Assmann, Aleida/Gaier, Ulrich/Trommsdorff, Gisela (Hg.), Positionen der Kulturanthropologie, Frankfurt am Main 2004, S. 172–195.
Buber, Martin, Ich und Du, Stuttgart 1995 (folgt der Ausgabe Heidelberg [11]1983).
Bublitz, Hannelore, Sehen und Gesehenwerden – Auf dem Laufsteg der Gesellschaft. Sozial- und Selbsttechnologien des Körpers, in: Robert Gugutzer (Hg.), Body Turn. Perspektiven der Soziologie des Körpers und des Sports, Bielefeld 2006, S. 341–361.
dies., Im Beichtstuhl der Medien. Die Produktion des Selbst im öffentlichen Bekenntnis, Bielefeld 2010.
Bublitz, Wolfram, Internet und der ‚duale Nutzer': Ansätze einer dissoziativen Kommunikation?, in: Marx, Konstanze/Schwarz-Friesel, Monika (Hg.), Sprache und Kommunikation im technischen Zeitalter. Wieviel Internet (v)erträgt unsere Gesellschaft? Berlin/New York im Druck.
Bucher, Rainer, Was geht und was nicht geht, Zur Optimierung kirchlicher Kommunikation durch Zielgruppenmodelle, in: sinnstiftermag 04; online: http://www.sinnstiftermag.de/ausgabe_04/titelstory.htm [28.4.2012].
Bühler-Illieva, Evelina, Einen Mausklick von mir entfernt. Auf der Suche nach Liebesbeziehungen im Internet, Marburg 2006.
Bull, Hans Peter, Informationelle Selbstbestimmung – Vision oder Illusion? Tübingen 2009.
Bund der deutschen katholischen Jugend/Misereor (Hg.), Projektleitung: Wippermann, Carsten, Autoren: ders./Calmbach, Marc, Wie ticken Jugendliche? Sinus-Milieustudie U27, Düsseldorf/Aachen 2007.
Bundesverband Informationswirtschaft, Telekommunikation und neue Medien e. V., Soziale Netzwerke. Eine repräsentative Untersuchung zur Nutzung sozialer Netzwerke im Internet, 2011, verfügbar unter: http://www.bitkom.org/files/documents/BITKOM_Publikation_Soziale_Netzwerke.pdf [19.2.2012].
Burkart, Günter (Hg.), Die Ausweitung der Bekenntniskultur – neue Formen der Selbstthematisierung?, Wiesbaden 2006.
Busemann, Katrin/Gscheidle, Christoph, Ergebnisse der ARD/ZDF Onlinestudie 2010, verfügbar unter http://www.ard-zdf-onlinestudie.de/fileadmin/Online10/07-08-2010_Busemann.pdf [30.4.2012].

Carr, Nicholas, Wer bin ich, wenn ich online bin... und was macht mein Gehirn solange? Wie das Internet unser Denken verändert, Aus dem amerik. Engl. von Henning Dedekind, München 2010.
ders., The Dark Side of the Information Revolution. Vortrag anlässlich einer Wirtschaftstagung der Zeitschrift „The Economist" im Jahr 2011. Online unter: http://www.nicholasgcarr.com/ [5.2.2012].
Chenault, Brittney G., Developing personal and emotional relationships via computer-mediated communication, in: CMC-Magazine 1998, verfügbar unter: http://www.december.com/cmc/mag/1998/may/chenault.html [21.10.2011].
Coleman, Monica A., Psalm 23 in a new media age: Part 2, o.O. 2012, online verfügbar: http://blog.newmediaprojectatunion.org/2012/01/psalm-23-in-new-media-age-part-2.html [28.4.2012].
Cooley, Charles H., Human nature and the social order, Rev. ed. with an introduction treating the place of heredity and instinct in human life, New York u.a. 1922.
Coupland, Douglas, Marshall McLuhan, Toronto 2009.
Czerski, Piotr, Wir, die Netz-Kinder, ZEIT ONLINE, 23.02.2012, http://www.zeit.de/digital/internet/2012-02/wir-die-netz-kinder [25.7.12].
Dalferth, Ingolf/Jüngel, Eberhard, Person und Gottebenbildlichkeit, in: Franz Böckle u.a. (Hg.), Christlicher Glaube in moderner Gesellschaft, Freiburg/Basel/Wien 1981, S. 57–99.
Danebeck, Kristian, Love and Sexuality on the Internet, Göteborg 2006.
Dankemeyer, Iris, Haut Couture. Zeitgenössische Tätowierungen zwischen Mode und Authentifizierungsbedürfnis, in: QUERFORMAT. Zeitgenössisches, Kunst, Populärkultur 4 (2011), S. 14–18; Bidlo, Einschreibung, S. 52–59.
Debatin, Bernhard, The Routinization of Social Network Media. A Qualitative Study on Privacy Attitudes and Usage Routines Among Facebook Users, in: Zeitschrift für Kommunikationsökologie und Medienethik 11 (2009), S. 10–13.
Dekovic, Maja/Noom, Marc J./Meeus, Wim, Expectations regarding development during adolescence. Parental and adolescent perceptions, in: Journal of Youth and Adolescence 26 (1997), S. 253–272.
Deml-Groth, Barbara, Gesprächsgottesdienste. Wenn sich die Gemeinde ‚das Wort' nicht mehr nehmen lässt, in: dies./Dirks, Karsten (Hg.), Ernst Lange weiterdenken. Impulse für die Kirche des 21. Jahrhunderts, Berlin 2007, S. 65–82.
Deutsches Instituts für Vertrauen und Sicherheit im Internet, Sinus-Institut, DIVSI Milieu-Studie zu Vertrauen und Sicherheit im Internet (2012), http://www.divsi.de/sites/default/files/presse/docs/DIVSI-Milieu-Studie_Gesamtfassung.pdf [28.4.2012].
Döbert, Rainer/Habermas, Jürgen/Nunner-Winkler, Gertrud, Zur Einführung, in: dies. (Hg.), Entwicklung des Ichs, Königstein ²1980, S. 9–30.
Döring, Nicola, Romantische Beziehungen im Netz, in: Thimm, Caja (Hg.), Soziales im Netz. Sprache, Beziehungen und Kommunikationskulturen im Netz, Opladen 2000, S. 39–70.
dies., Internet-Liebe. Zur technischen Mediatisierung intimer Kommunikation, in: Höflich, Julian/Gebhardt, Joachim (Hg.), Vermittlungskulturen im Wandel. Brief-Email-SMS, Berlin 2003, S. 233–264.
dies., Liebe per Mausklick? Chancen und Risiken der Online-Partnersuche, in: BzgA Forum Sexualaufklärung und Familienplanung 2 (2009), S. 8–14.
dies., Paarbeziehungen im Internet-Zeitalter, in: Psychologie Heute (Hg.), Im Labyrinth der Seele, Weinheim 2009, S. 36–37.

Dolzer, Rudolf/Kahl, Wolfgang/Waldhoff, Christian/Graßhof, Karin (Hg.), Bonner Kommentar zum Grundgesetz, Bd. 1 Einleitung – Art. 3, 156. Aktualisierung Heidelberg 2012.
Dombrowski, Julia, Die Suche nach der Liebe im Netz. Eine Ethnographie des Online-Datings, Bielefeld 2011.
Dorner, Isaak August, Entwicklungsgeschichte der Lehre von der Person Christi in den ersten vier Jahrhunderten, Abth. 2: Die zweite Epoche enthaltend, Stuttgart 1845.
Dreyer, Vera, Selbstdarstellung und Authentizität im Spiegel medienwissenschaftlicher Konstruktionen am Beispiel Marshall McLuhans, Diss. Berlin 2005.
Drobner, Hubertus R., Person-Exegese und Christologie bei Augustinus. Zur Herkunft der Formel *Una persona*, Philosophia Patrum Bd. 8, Leiden 1986.
Drösser, Christoph, „Macht mal Pause", Interview mit Sherry Turkle, DIE ZEIT, Nr. 9/11, ersch. am 24.2.2011; online verfügbar: http://www.zeit.de/2011/09/Interview-Sherry-Turkle/komplettansicht [4.4.2012].
Düker, Ronald, Prophet unserer Gegenwart, in: LITERATUREN 101 (2011), S. 24–35.
Dürig, Günter, Der Grundrechtssatz von der Menschenwürde. Entwurf eines praktikablen Wertsystems der Grundrechte aus Art. 1 Abs. I in Verbindung mit Art. 19 Abs. II des Grundgesetzes, in: Archiv des öffentlichen Rechts 81 (1956), S. 117–157.
Dworschak, Manfred/Rosenbach, Marcel/Schmundt, Hilmar, Planet der Freundschaft, in: DER SPIEGEL 19/2012, S. 124f; online unter http://www.spiegel.de/spiegel/print/d-8558 6231.html [23.7.2012].
Ebeling, Gerhard, Existenz zwischen Gott und Gott, in: ders., Wort und Glaube Bd. II, Tübingen 1969, 257–286.
Ebertz, Michael N., Hinaus in alle Milieus, Zentrale Ergebnisse der Sinus-Milieu-Kirchenstudie, in: ders. (Hg.), Milieupraxis. Vom Sehen zum Handeln in der pastoralen Arbeit, Würzburg 2009, S. 19–44.
ders., Was Milieus sind und was sie nicht sind, in: Ebertz, Michael N. (Hg.), Milieupraxis, Vom Sehen zum Handeln in der pastoralen Arbeit, Würzburg 2009, S. 31–35.
ders., Wie Milieus mit Medien umgehen, in: Ebertz, Michael N. (Hg.), Milieupraxis. Vom Sehen zum Handeln in der pastoralen Arbeit, Würzburg 2009, S. 25–30.
Ehrat, Hans Hermann, Archaische Relikte in der Psychosomatik, in: Bindernagel, Daniel u.a. (Hg.), Schlüsselworte. Idiolektische Gesprächsführung in Therapie, Beratung und Coaching, Heidelberg 2010, S. 187–205.
Eifert, Martin, Freie Persönlichkeitsentfaltung in sozialen Netzen – Rechtlicher Schutz von Voraussetzungen und gegen Gefährdungen der Persönlichkeitsentfaltung im Web 2.0, in: Bieber, Christoph/Eifert, Martin/Groß, Thomas/Lamla, Jörn (Hg.), Soziale Netze in der digitalen Welt. Das Internet zwischen egalitärer Teilhabe und ökonomischer Macht (Schriftenreihe des Zentrums für Medien und Interaktivität [ZMI], Gießen Bd. 7), Frankfurt a.M. 2009, S. 253–269.
Ellrich, Lutz/Funken, Christiane, Liebeskommunikation in Datenlandschaften, in: Ries, Marc/Frauenreder, Hildegard/Mairitsch, Karin (Hg.), dating 21. Liebesorganisation und Verabredungskulturen, Bielefeld 2007, S. 67–99.
Evsan, Ibrahim, Der Fixierungscode. Was wir über das Internet wissen müssen, wenn wir überleben wollen, München 2009.
Faix, Tobias, Die Verwurzelung der Gemeinde in der Kultur, in: Faix, Tobias/Weißenborn, Thomas (Hg.), Zeitgeist. Kultur und Evangelium in der Postmoderne, Marburg 2007, S. 38–41.

ders., Von Korinthern, Ständen und Milieus. Eine Kurzeinführung in die Spielstrasse, in: Faix, Tobias/Weißenborn, Thomas (Hg.), Zeitgeist2. Postmoderne Heimatkunde, Marburg 2009, S. 242–246.

Faßler, Manfred, Die Auswirkungen der Informationstechnologie auf die Mobilität, in: Roth, Martin u.a. für die Expo 2000 Hannover GmbH, Der Themenpark der Expo 2000, Bd. 1: Planet of visions, das 21. Jahrhundert, Mobilität, Wissen, Information, Kommunikation, Zukunft der Arbeit, Wien 2000, S. 116–121.

Fichte, Johann Gottlieb, Über den Grund unsers Glaubens an eine göttliche Weltregierung (Philosophisches Journal VIII, 1798), in: Lindau, Hans (Hg.), Die Schriften zu J. G. Fichtes Atheismus-Streit, München 1912, S. 21–36.

Filipovię, Alexander, Identität, Beziehung und Information. Systematische Überlegungen zu einer Anthropologie des Web 2.0 in medienethischer Perspektive, in: Zeitschrift für Kommunikationsökologie und Medienethik 11 (2009), S. 61–65.

ders., Das Personalitätsprinzip. Zum Zusammenhang von Anthropologie und christlicher Sozialethik, in: Arbeitsgemeinschaft Katholisch-Sozialer Bildungswerke in der Bundesrepublik Deutschland (Hg.), Position beziehen im 21. Jahrhundert, Schwalbach/ Ts. 2011, S. 24–55.

ders./Jäckel, Michael/Schicha, Christian (Hg.), Medien- und Zivilgesellschaft, Weinheim 2012.

Fischer, Johannes/Gruden, Stefan/Imhof, Esther/Strub, Jean-Daniel, Grundkurs Ethik. Grundbegriffe der philosophischen und theologischen Ethik, Stuttgart ²2008.

Flasch, Kurt, Nikolaus von Kues. Die Idee der Koinzidenz, in: Speck, Josef (Hg.), Grundprobleme der großen Philosophen. Philosophie des Altertums und des Mittelalters, Göttingen 1992, S. 221–261.

Franck, George, Ökonomie der Aufmerksamkeit. Ein Entwurf, München u.a. 1998.

Frankena, William K., Ethik und Umwelt, in: Krebs, Angelika (Hg.), Naturethik. Grundtexte der gegenwärtigen Tier- und ökoethischen Diskussion, Frankfurt a. M. 1997, S. 271–295.

Frisch, Max, Tagebuch 1946–1949, Frankfurt am Main 1950.

ders., Andorra. Stück in zwölf Bildern, Frankfurt a.M. 1999 (Or.-Ausg., 1. Aufl., Nachdr.).

Fuchs, Thomas, Leib, Raum, Person. Ein Entwurf einer phänomenologischen Anthropologie, Stuttgart 2000.

ders., Gibt es eine leibliche Persönlichkeitsstruktur? Ein phänomenologisch-psychodynamischer Ansatz, in: Psychodynamische Psychotherapie 5 (2006), S. 109–117.

ders., Das Gehirn – ein Beziehungsorgan. Eine phänomenologisch-ökologische Konzeption, Stuttgart ³2010.

ders., Der Schein des Anderen. Zur Phänomenologie virtueller Realitäten, in: Bohrer, Clemens/Schwarz-Boenneke, Bernadette (Hg.), Identität und virtuelle Beziehungen im Computerspiel, München 2010, S. 59–73, S. 62; Fuchs, Gehirn, S. 187–191.

Für eine Zukunft in Solidarität und Gerechtigkeit. Wort des Rates der Evangelischen Kirche in Deutschland und der Deutschen Bischofskonferenz zur wirtschaftlichen und sozialen Lage in Deutschland, Hannover/Bonn 1997.

Fuhrmann, Manfred, Art. Person, I. Von der Antike bis zum Mittelalter, HWPh Bd. VII, 1989, Sp. 269–283.

Geser, Hans, Online search for offline partners. Matching platforms as tools of empowerment and retraditionalization, in: Sociology in Switzerland. Towards Cybersociety and vireal Social Relations, Zürich 2007, verfügbar unter: http://socio.ch/intcom/t_hgeser19.pdf [9.01.2012].

Ginsburg, Faye D./Abu-Lughod, Lila/Larkin, Brian (Hg.), Media worlds. Anthropology on new terrain, Berkeley 2002.

Glattauer, Daniel, Gut gegen Nordwind, Roman, München [22]2008.

Goffman, Erving, Wir alle spielen Theater. Die Selbstdarstellung im Alltag, Ungekürzte Taschenbuchausg., München u.a. [4]2006.

Gollwitzer, Helmut, Martin Bubers Bedeutung für die protestantische Theologie, in: Bloch, Jochanan/Gordon, Hain (Hg.), Martin Buber – Bilanz seines Denkens, Freiburg u.a. 1983, S. 402–423.

Goody, Jack/Watt, Ian/Gough, Kathleen, Entstehung und Folgen der Schriftkultur, Frankfurt am Main [3]1997.

Gordon, Terrence, McLuhan for Beginners, London 1997.

Gräb, Wilhelm, Sinn fürs Unendliche. Religion in der Mediengesellschaft, Gütersloh 2002.

ders., Medien, in: ders. (Hg.), Handbuch Praktische Theologie, Gütersloh 2007, S. 149–161.

Grau, Oliver, Telepräsenz. Zu Genealogie und Epistemologie, in: Gendolla, Peter u.a. (Hg.), Formen interaktiver Medienkunst. Geschichte, Tendenzen, Utopien, Frankfurt a.M. 2011, S. 39–63.

Greis, Andreas, Identität, Authentizität und Verantwortung. Die ethischen Herausforderungen der Kommunikation im Internet, München 2001.

Grethlein, Christian, Die Kommunikation des Evangeliums in der Mediengesellschaft, Leipzig 2003.

Grice, Herbert Paul, Logic and conversation, in: Cole, Peter (Hg.), Speech acts, New York 1975, S. 41–58.

Guhr, Dagny, Argumentation in Courtshipkommunikation: Zu den persuasiven Strategien im Gespräch, Berlin 2008.

Habermas, Jürgen, Strukturwandel der Öffentlichkeit. Untersuchungen zu einer Kategorie der bürgerlichen Gesellschaft; mit einem Vorwort zur Neuauflage 1990, Frankfurt a.M. 2004.

Haese, Bernd-Michael, Hinter den Spiegeln – Kirche im virtuellen Zeitalter des Internet, Praktische Theologie heute Bd. 81, Stuttgart 2006.

Hafner, Johann Evangelist, Gezielt und außergewöhnlich. Die Replik von Johann Ev. Hafner auf Jürgen Pelzer, in: Lebendige Seelsorge 1/2012, S. 15–16.

Hahn, Alois, Identität und Selbstthematisierung, in: Ders./Volker Kapp (Hg.), Selbstthematisierung und Selbstzeugnis: Bekenntnis und Geständnis, Frankfurt a.M. 1987, S. 9–24.

Hardey, Michael, Mediated relationships. Authenticity and the possibility of romance, in: Information, Communication & Society 7 (2004), S. 207–222.

Havelock, Eric A., Schriftlichkeit. Das griechische Alphabet als kulturelle Revolution, Weinheim 1990.

Heimbach-Steins, Marianne, Menschenbild und Menschenrecht auf Bildung. Bausteine für eine Sozialethik der Bildung, in: dies./Kruip, Gerhard (Hg.), Bildung und Beteiligungsgerechtigkeit. Sozialethische Sondierungen, Bielefeld 2003, S. 23–41.

dies., Sozialethik, in: Arntz, Klaus/Heimbach-Steins, Marianne/Reiter, Johannes/Schlögel, Herbert (Hg.), Orientierung finden. Ethik der Lebensbereiche, Freiburg im Breisgau 2008, 166–208.

Hemmerle, Klaus, Was fängt die Jugend mit der Kirche an? Was fängt die Kirche mit der Jugend an?, o.O. 2010, in:

http://www.klaus-hemmerle.de/cms-joomla/download/Was%20f%C3%A4ngt%20 die%20Jugend%20mit%20der%20Kirche%20an.pdf [28.4.2012].

Hermann, Anja/Kampmann, Sabine, Editorial QUERFORMAT. Zeitgenössisches, Kunst, Populärkultur 4 (2011), o.S.

Hertlein, Katherine/Sendak, Shelley, Love „Bytes": Internet infidelity and the meaning of intimacy in Computer-mediated relationships, Vortrag auf der Annual Conference of Persons, Intimacy, and Love, Salzburg 2007, verfügbar unter: http://www.interdisciplinary.net/ ptb/persons/pil/pil1/hertleinsendak% 20paper.pdf [31.03.2012].

Hilberath, Bernd J., Der Personbegriff in der Trinitätstheologie in Rückfrage von Karl Rahner zu Tertullians „Adversus Praxean", Innsbrucker theologische Studien Bd. 17, Innsbruck/Wien 1986.

Hipps, Shane, Flickering Pixels. How Technology Shapes Your Faith, Grand Rapids 2009.

Hoadley, Christopher M. u.a., Privacy as Information Access and Illusory Control: The Case of the Facebook News Feed Privacy Outcry, in: Electronic Commerce Research and Applications 9 (2010), S. 50–60.

Hodgkinson, Tom, With friends like these... In: The Guardian, 14.01.2008. Online unter www.guardian.co.uk/technology/2008/jan/14/facebook [11.2.2009].

Höflich, Joachim R., Mensch, Computer und Kommunikation. Theoretische Verortungen und empirische Befunde, Frankfurt am Main 2003.

Höltschl, Rainer/Böhler, Fritz, Ich bin mein eigener Computer. Sprache, Schrift und Computer bei McLuhan, in: McLuhan, Marshall, Das Medium ist die Botschaft, hg. und übers. von Martin Baltes u.a., Dresden 2001, S. 245–291.

Hoffmann-Riem, Wolfgang, Grundrechts- und Funktionsschutz für elektronisch vernetzte Kommunikation, in: Archiv des öffentlichen Rechts 134 (2009), S. 513–541.

Hohmann-Dennhardt, Christine, Informationeller Selbstschutz als Bestandteil des Persönlichkeitsrechts, in: Recht der Datenverarbeitung 24 (2008), S. 1–7.

Hubmann, Heinrich, Das Persönlichkeitsrecht, Köln [2]1967.

Huizing, Klaas/Bendrath, Christian/Buntfuß, Markus/Morgenroth, Matthias, Kleine Transzendenzen. Festschrift für Hermann Timm zum 65. Geburtstag, Münster u.a. 2003.

Illies, Christian, Philosophische Anthropologie im biologischen Zeitalter. Zur Konvergenz von Moral und Natur, Frankfurt am Main 2006.

Illouz, Eva, Gefühle in Zeiten des Kapitalismus, Frankfurt am Main 2006.

Imhof, Kurt/Schulz, Peter (Hg.), Die Veröffentlichung des Privaten – die Privatisierung des Öffentlichen, Opladen u.a. 1998.

Inglehart, Ronald, Modernisierung und Postmodernisierung. Kultureller, wirtschaftlicher und politischer Wandel in 43 Gesellschaften, Frankfurt 1998.

Isensee, Josef, Das Grundrecht als Abwehrrecht und als staatliche Schutzpflicht, in: ders./Kirchhof, Paul (Hg.), Handbuch des Staatsrechts der Bundesrepublik Deutschland, Bd. V Allgemeine Grundrechtslehren, Heidelberg [2]2000, S. 143–241.

Jähnert, Hannes, Online-Volunteering – ein neuer Weg zum freiwilligen Engagement, 2011, online verfügbar: http://hannes-jaehnert.de/wordpress/wp-content/uploads/Online-Volunteering_ein-neuer-Weg-zum-freiwilligen-Engagement.pdf [28.4.2012].

Jansen, Gregor M., Mensch und Medien. Entwurf einer Ethik der Medienrezeption, Frankfurt a.M. 2003.

Jarass, Hans D./Pieroth, Bodo, Grundgesetz für die Bundesrepublik Deutschland. Kommentar, München [11]2011.

Jonas, Adolphe D./Daniels, Anja, Was Alltagsgespräche verraten. Verstehen Sie limbisch? Würzburg 2008.
Jonas, Doris F./Jonas, Adolphe D., Signale der Urzeit. Archaische Mechanismen in Medizin und Psychologie, Würzburg ³2008.
Kalinowski, Uwe, Emotionstransport in textuellen Chats, in: Networx 12 (1999), online unter: http://www.mediensprache.net/networx/networx-12/emotionstransfer.html [28.10.2011].
Kant, Immanuel, Anthroplogie in pragmatischer Hinsicht, Berlin 1968, AA XII.
ders., Kritik der reinen Vernunft, A 361 (Dritter Paralogism der Personalität), in: Werke in sechs Bänden Bd. 2, hg. v. W. Weischedel, Darmstadt ⁶2005 (unveränd. Nachdr. d. Ausg. Darmstadt 1956).
ders., Grundlegung zur Metaphysik der Sitten, in: Werke in sechs Bänden Bd. 4, hg. v. W. Weischedel, Darmstadt ⁶2005 (unveränd. Nachdr. d. Ausg. Darmstadt 1956).
Kible, Brigitte Th., Art. Person II. Hoch- und Spätscholastik; Meister Eckhart; Luther, HWPh Bd. 7, Basel 1989, Sp. 283–300.
Kirkpatrick, David, Der Facebook-Effekt. Hinter den Kulissen des Internet-Giganten, München 2011.
Knape, Joachim/Becker, Nils/Guhr, Dagny, Das Tübinger Projekt zur Courtshiprhetorik, in: Knape, Joachim (Hg.), Rhetorik im Gespräch, Berlin 2009, S. 233–250.
Knobloch, Stefan, Medienreligion als Chance. Wider fragliche Festlegungen, in: Herder Korrespondenz 4/2008, S. 213–215.
Koch, Peter/Oesterreicher, Wulf, Sprache der Nähe – Sprache der Distanz. Mündlichkeit und Schriftlichkeit im Spannungsfeld von Sprachtheorie und Sprachgeschichte, in: Romanistisches Jahrbuch 36, Berlin/New York 1985, S. 15–43.
König, Andrea, Medienethik aus theologischer Perspektive. Medien und Protestantismus; Chancen, Risiken, Herausforderungen und Handlungskonzepte, Marburg 2006.
Kolbe, Christine, Digitale Öffentlichkeit. Neue Wege zum ethischen Konsens, Berlin 2008.
Kopjar, Karsten, Gott begegnen zwischen Couch und Kirche. Zielsetzung und Ertrag der ZDF-Fernsehgottesdienste für Gemeinde, Redaktion und Zuschauer, Saarbrücken 2007.
ders., Medien, Kultur & Evangelium, in: Faix, Tobias/Weißenborn, Thomas (Hg.), Zeitgeist. Kultur und Evangelium in der Postmoderne, Marburg 2007, S. 42–49.
ders., Virtuelle Heimat – zu Hause im Web 2.0, in Faix, Tobias/Weißenborn, Thomas, Zeitgeist2. Postmoderne Heimatkunde, Marburg 2009, S. 35–43.
ders., Kommunikation des Evangeliums für die Web-2.0-Generation. Virtuelle Realität als Reale Virtualität, Diss., angenommen am Fachbereich Evangelische Theologie der Philipps-Universität Marburg 2011, in Veröffentlichung.
Kos, Elmar, Verständigung oder Vermittlung? Die kommunikative Ambivalenz als Zugangsweg einer theologischen Medienethik, Frankfurt a.M. 1997.
Kreuzer, Thomas, Kontexte des Selbst. Eine theologische Rekonstruktion der hermeneutischen Anthropologie Charles Taylors, Gütersloh 1999.
Kube, Hanno, Persönlichkeitsrecht, in: Isensee, Josef/Kirchhof, Paul (Hg.), Handbuch des Staatsrechts der Bundesrepublik Deutschland, Bd. VII Freiheitsrechte, Heidelberg ³2009, S. 79–145.
Kuhn, Thomas S., The Structure of Scientific Revolutions, Chicago 1962.
Kurfer, Tobias, Was würde Jesus anklicken?, in: ZEIT ONLINE 3.11.2011, online verfügbar unter: http://www.zeit.de/digital/internet/2011-11/religioese-gruppen-soziale-medien/komplettansicht [28.4.2012].

Kurse, Peter, Ist die Nutzung des Internets eine Glaubensfrage? (Video und Slides), in: https://blog.whatsnext.de/2010/04/ist-die-nutzung-des-internets-eine-glaubensfrage [28.4.2012].

Lange, Ernst, Kirche für die Welt, München 1981.

ders., Der Pfarrer in der Gemeinde heute (1965), in: ders., Predigen als Beruf, München 1982, S. 96–141.

ders., Zur Theorie und Praxis der Predigtarbeit (1967), in: ders., Predigen als Beruf, München 1982, S. 9ff.

Lanier, Jaron, Gadget. Warum die Zukunft uns noch braucht, Berlin 2010.

Lüpke, Johannes von, Jenseits der Moral, in: Zeitschrift für Evangelische Theologie 69 (2009), S. 382–391.

Luhmann, Niklas, Grundrechte als Institution. Ein Beitrag zur politischen Soziologie (Schriften zum Öffentlichen Recht Bd. 24), Berlin ³1986.

ders., Die Realität der Massenmedien, Wiesbaden ³2004.

Luther, Martin, D. Martin Luthers Werke, Kritische Gesammtausgabe Bd. XII, Weimar 1891.

Mallmann, Otto, Zielfunktionen des Datenschutzes. Schutz der Privatsphäre – Korrekte Information (Kybernetik, Datenverarbeitung, Recht Bd. 6), Frankfurt a.M. 1977.

Mandry, Christof, Art. Theologie und Ethik (römisch-katholische Sicht), in: Düwell, Marcus/Hübenthal, Christoph/Werner, Micha H. (Hg.), Handbuch Ethik, Stuttgart, Weimar 2002, 504–508.

Marx, Konstanze, „Ich finde Dein Profil interessant" – Warum virtuelle Erstkontakte auch für Linguisten interessant sind, in: Bedijs, Kristina/Meyer-Holz, Karoline (Hg.), Sprache und Personen im Web 2.0, Münster im Druck.

Mayer-Edoloeyi, Andrea, Hätte Jesus heute gebloggt? Web 2.0 und Jugendpastoral, in: Servus 03/2011 (Werkbrief der Katholischen Jugend Salzburg), S. 7.

dies., Social Media als Türöffner – wohin? Und für wen? Begegnungen am runden Thema-Tisch, in: Voigt, Hans Christian, Kreiml, Thomas (Hg.), Soziale Bewegungen und soziale Medien, Handbuch für den Einsatz von Web 2.0, Wien 2011, S. 89–98.

McLuhan, Marshall, The Gutenberg Galaxy. The Making of Typographic Man, Toronto 1962/11²002.

ders., Die magischen Kanäle. Understanding Media. Aus dem Englischen von Meinrad Amann (Originalausgabe 1964 erschienen bei McGraw Hill), Dresden/Basel 1995.

ders., A candid conversation with the high priest of popcult and metaphysician of media, Interview, PLAYBOY, March 1969, S. 53–74.158.

ders., Das Medium ist die Botschaft, hg. und übers. von Martin Baltes u.a., Dresden 2001.

ders./Fiore, Quentin, The Medium is the Message. An Inventory of Effects. Produced by Jerome Angel, San Francisco 1967.

ders./Powers, Bruce R., The Global Village. Transformations in World Life and Media in the 21st Century, New York u.a. 1992.

ders./Zingrone, Frank (Hg.), Essential McLuhan, Concord 1995, S. 270–297.

MDG Medien-Dienstleistung GmbH (Hg.), Autoren: Schulz, Rüdiger/de Sombre, Steffen/Calmbach, Marc, MDG-Trendmonitor „Religiöse Kommunikation 2010", 2 Bände, München/Heidelberg 2010.

Mead, George H., Geist, Identität und Gesellschaft aus der Sicht des Sozialbehaviorismus, Frankfurt a.M. 1968.

Medienpädagogischer Forschungsverbund Südwest, JIM 2007. Jugend, Information, (Multi-) Media. Basisstudie zum Medienumgang 12- bis 19-Jähriger in Deutschland. Online verfügbar: http://www.mpfs.de/fileadmin/JIM-pdf07/JIM-Studie2007.pdf [29.03.2012].

Meier, Klaus, Positionierung der katholischen Kirche im Internet. Eine Analyse auf Grundlage der Studie „Milieuhandbuch. Religiöse und kirchliche Orientierungen in den Sinus-Milieus 2005", in: Communicatio Socialis, 39. Jg., Heft 3/2006, S. 285–294.

Merleau-Ponty, Maurice, Die Abenteuer der Dialektik, Frankfurt a.M. 1974.

ders., Das Auge und der Geist, Hamburg 2003.

Metz, Johann Baptist, Glaube in Geschichte und Gesellschaft, Mainz 1984.

Meyrowitz, Joshua, Multiple Media Literacies, Journal of Communication 48 (1998), S. 96–108.

Michelis, Daniel/Schildhauer, Thomas (Hg.), Social Media Handbuch: Theorien, Methoden, Modelle und Praxis, 2. aktualisierte und erw. Aufl., Baden-Baden 2012.

Mieth, Dietmar, Moral und Erfahrung I. Grundlagen einer theologisch-ethischen Hermeneutik, Freiburg, Schweiz [4]1999.

ders., Moral und Erfahrung II. Entfaltung einer theologisch-ethischen Hermeneutik, Freiburg, Schweiz 1998.

ders., Anthropologie und Ethik, in: Graf, Michael/Mathwig, Frank/Zeindler, Matthias (Hg.), „Was ist der Mensch?" Theologische Anthropologie im interdisziplinären Kontext. Wolfgang Lienemann zum 60. Geburtstag, Stuttgart 2004, S. 351–367.

Misoch, Sabina, Online-Kommunikation, Stuttgart 2006.

Münchner Kreis e.V. (Hg.), Zukunft und Zukunftsfähigkeit der Informations- und Kommunikationstechnologien und Medien. Internationale Delphi-Studie 2030, Stuttgart 2009.

Mummendey, Hans D., Psychologie der Selbstdarstellung, Göttingen/Bern/Toronto/Seattle, 2. überarb. u. erw. Aufl. 1995.

Neuner, Peter, Art. Charisma/Amt, in: Eicher, Peter (Hg.), Neues Handbuch theologischer Grundbegriffe, Bd.1, München 1984, S. 170–175.

Nord, Ilona, Realitäten des Glaubens. Zur virtuellen Dimension christlicher Religiosität, Praktische Theologie im Wissenschaftsdiskurs Bd. 5, Berlin/New York 2008.

Ong, Walter, Oralität und Literalität. Die Technologisierung des Wortes, Opladen 1987.

O'Reilly, Tim, What is Web 2.0. Design patterns and business models for the next generation of software, in: O'Reilly Blog, 30.09.2005. Verfügbar unter http://www.oreillynet.com/pub/a/oreilly/tim/news/2005/09/30/what-is-web-20.html [20.05.2012].

Panagopoulos, Johannes, Ontologie oder Theologie der Person? Die Relevanz der patristischen Trinitätslehre für das Verständnis der menschlichen Person, KuD 39, 1993, S. 2–30.

Pankow, Christiane, Zur Darstellung nonverbalen Verhaltens in deutschen und schwedischen IRC-Chats. Eine Korpusuntersuchung, in: Linguistik online 15, 3 (2003), verfügbar unter: http://www.linguistik-online.de/15_03/pankow.pdf [31.03.2012].

Pannenberg, Wolfhart, Analogie und Doxologie, in: Joest, Wilfried/Pannenberg, Wolfhart, Dogma und Denkstrukturen, FS Edmund Schlink, Göttingen 1963, S. 96–115.

ders., Anthropologie in theologischer Perspektive, Göttingen 1983.

ders., Was ist der Mensch? Die Anthropologie der Gegenwart im Lichte der Theologie, Göttingen [8]1995.

Pariser, Eli, The Filter Bubble. What the Internet is Hiding from you. London 2011, dt. Ausgabe: Wie wir im Internet entmündigt werden, München 2012.

Pastoralinstruktion Communio et Progressio über die Instrumente der sozialen Kommunikation, Rom 1971; online: http://www.vatican.va/roman_curia/pontifical_councils/pccs/documents/rc_pc_pccs_doc_23051971_communio_ge.html [28.4.2012].

Pelzer, Jürgen, Netzinkulturation.de – Die neue Kultur des Internets als pastorale Herausforderung (Diplomarbeit 2005), online verfügbar: http://www.juergenpelzer.de/Netzinkulturation-Pelzer-2005.pdf [3.4.2012].

ders., „Gehet hin und bloggt!". Netzinkulturation im Zeitaltes des Leitmediums Internet, in: Stimmen der Zeit 12/2010, S. 795–806.

ders., Change Agents pastoraler Diversifizierung. Neue Medien und die veränderte Rollendefinition pastoraler Kommunikation, in: Lebendige Seelsorge 1/2012, S. 2–6.

ders., Distanz überwinden – Nähe herstellen. Social Media und missionarische Pastoral in: euangel, Magazin für missionarische Pastoral 1/2012, S. 25–27, online verfügbar: http://www.kamp-erfurt.de/level9_cms/download_user/Magazin/euangel_1-12.pdf [28.4.2012].

Peter, Anton, Modelle und Kriterien von Inkulturation, in: Frei, Fritz (Hg.), Inkulturation zwischen Tradition und Modernität. Kontexte – Begriffe – Modelle, Fribourg 2000, S. 311–336.

Pieroth, Bodo/Schlink, Bernhard, Grundrechte Staatsrecht II, Heidelberg [27]2011.

Pirner, Manfred/Rath, Matthias (Hg.), Homo Medialis. Perspektiven und Probleme einer Anthropologie der Medien, München 2003.

Pitschas, Rainer, Informationelle Selbstbestimmung zwischen digitaler Ökonomie und Internet. Zum Paradigmawandel des Datenschutzrechts in der globalen Informationsgesellschaft, in: Datenschutz und Datensicherheit 22 (1998), S. 139–149.

Pöder, Christine Svinth-Værge, Doxologische Entzogenheit. Die fundamentaltheologische Bedeutung des Gebets bei Karl Barth, TBT Bd. 147, Berlin/New York 2009.

Postman, Neil, Wir amüsieren uns zu Tode. Urteilsbildung im Zeitalter der Unterhaltungsindustrie, Frankfurt a.M. 1985.

Pryor, John B./Merluzzi, Thomas V., The role of expertise in processing social interaction scripts, in: Journal of Experimental Psychology 21 (1985), S. 362–379.

Quiring, Christel, Generation „Benefit" – Andocken, wo es nützt..., in: Quiring, Christel/Heckmann, Christian (Hg.), Graffiti, Rap und Kirchenchor. Jugendpastorale Herausforderungen der Sinus-Milieu-Studie U 27, Düsseldorf 2009, S. 101–116.

Raabe, Johannes, Jenseits der Festtagsreden. Zum Stand der Ethik in der Kommunikationswissenschaft. in: Averbeck-Lietz, Stefanie/Klein, Petra/Meyen, Michael (Hg.), Historische und systematische Kommunikationswissenschaft. Festschrift für Arnulf Kutsch, Bremen 2009, S. 287–308.

Rath, Matthias, Empirische Perspektiven. in: Schicha, Christian/Brosda, Carsten (Hg.), Handbuch Medienethik, Wiesbaden 2010, S. 136–146.

Reckwitz, Andreas, Das hybride Subjekt. Eine Theorie der Subjektkulturen von der bürgerlichen Moderne zur Postmoderne, Weilerswist 2006.

ders., Der Identitätsdiskurs. Zum Bedeutungswandel einer sozialwissenschaftlichen Semantik, in: ders., Unscharfe Grenzen. Perspektiven der Kultursoziologie, Bielefeld 2008, S. 47–67.

ders., Grundelemente einer Theorie sozialer Praktiken, in: ders., Unscharfe Grenzen. Perspektiven der Kultursoziologie, Bielefeld 2008, S. 97–131.

Reichelt, Lisa, Ambient Initmacy (01.03.2007), http://www.disambiguity.com/ambientintimacy/ [11.07.2012].

Reichert, Ramon, Amateure im Netz. Selbstmanagement und Wissenstechnik im Web 2.0, Bielefeld 2008.
Rendtorff, Trutz, Ethik. Grundelemente, Methodologie und Konkretionen einer ethischen Theologie, hg. v. Reiner Anselm und Stephan Schleissing, Tübingen ³2011.
Rheingold, Howard, Tools for Thought. The History and Future of mind-expanding Technology, Cambridge 2000 (Reprint der Erstausgabe New York 1985).
Römer, Anke, Gewalt 2.0, in: Psychologie heute 9 (2010), S. 1. Online verfügbar unter: http://www.psychologie-heute.de/archiv/detailansicht/news/gewalt_20/ [14.04.2012].
Rössler, Beate, Anonymität und Privatheit, in: Bäumler, Helmut (Hg.), Anonymität im Internet. Braunschweig, Wiesbaden 2003, S. 27–40.
Rohr, Elisabeth (Hg.), Körper und Identität. Gesellschaft auf den Leib geschrieben, Königstein 2004.
Rorty, Richard, Philosophy and the mirror of nature, Princeton, N.J. 1979.
Roßnagel, Alexander, Persönlichkeitsentfaltung zwischen Eigenverantwortung, gesellschaftlicher Selbstregulierung und staatlicher Regulierung, in: Bieber, Christoph/Eifert, Martin/Groß, Thomas/Lamla, Jörn (Hg.), Soziale Netze in der digitalen Welt. Das Internet zwischen egalitärer Teilhabe und ökonomischer Macht (Schriftenreihe des Zentrums für Medien und Interaktivität [ZMI], Gießen Bd. 7), Frankfurt a.M. 2009, S. 271–285.
Roth, Gerhard, Persönlichkeit, Entscheidung und Verhalten, Stuttgart 2007.
Rothenbuhler, Eric W./Coman, Mihai (Hg.), Media anthropology, Thousand Oaks, Calif. 2005.
Runkehl, Jens/Siever, Torsten/Schlobinski, Peter, Sprache und Kommunikation im Internet. Überblick und Analysen, Opladen 1998.
Ruß, Aaron/Müller, Dirk/Hesse, Wolfgang, Metaphern für die Informatik und aus der Informatik, in: Bölker, Michael/Gutmann, Mathias/Hesse, Wolfgang (Hg.), Menschenbilder und Metaphern im Informationszeitalter, Hermeneutik und Anthropologie Bd. 1, Berlin 2010, S. 103–132.
Schaar, Peter, Das Ende der Privatsphäre, München 2007.
Schertz, Christian/Höch, Dominik, Privat war gestern, Berlin 2011.
Schicha, Christian/Brosda, Carsten, Handbuch Medienethik, Wiesbaden 2010.
Schmidt, Jan, Social Software: Onlinegestütztes Informations-, Identitäts- und Beziehungsmanagement, in: Forschungsjournal Neue Soziale Bewegungen 19 (2006), S. 37–47.
ders., Weblogs. Eine kommunikationssoziologische Studie, Konstanz 2006, S. 172f.
ders., Was ist neu am Social Web? Soziologische und kommunikationswissenschaftliche Grundlagen, in: Zerfaß, Ansgar/Welker, Martin/Schmidt, Jan (Hg.), Kommunikation, Partizipation und Wirkungen im Social Web. Band 1: Grundlagen und Methoden. Von der Gesellschaft zum Individuum, Köln 2008, S. 18–40.
ders., Das Neue Netz. Merkmale, Praktiken und Folgen des Web 2.0, Konstanz 2009/²2011.
ders., Persönliche Öffentlichkeiten im Social Web und ihre Bedeutung für die Zivilgesellschaft, in: Lange, Dirk [Hg.], Entgrenzungen. Gesellschaftlicher Wandel und Politische Bildung, Schwalbach/Ts. 2011, S. 210–215.
ders./Hasebrink, Uwe/Paus-Hasebrink, Ingrid (Hg.), Heranwachsen mit dem Social Web. Zur Rolle von Web 2.0-Angeboten im Alltag von Jugendlichen und jungen Erwachsenen, Schriftenreihe Medienforschung der Landesanstalt für Medien Nordrhein-Westfalen Bd. 62, Berlin 2009.
ders./Lampert, Claudia/Schwinge, Christiane, Nutzungspraktiken im Social Web – Impulse für die medienpädagogische Diskussion, in: Herzig, Bardo/Meister, Dorothee M./Moser,

Heinz/Niesyto, Horst (Hg.), Jahrbuch Medienpädagogik 8. Medienkompetenz und Web 2.0, Wiesbaden 2010, S. 255–270.

Schneider, Martin, „Die Zeichen der Zeit verstehen". Zum Verhältnis von christlicher Sozialethik und Gesellschaftsdiagnose, in: Hilpert, Konrad/Bohrmann, Thomas (Hg.), Solidarische Gesellschaft. Christliche Sozialethik als Auftrag zur Weltgestaltung im Konkreten. Festschrift für Alois Baumgartner, Regensburg 2006, S. 43–61.

Schönemann, Hubertus, Kommunikation und Vernetzung. Missionarische Seelsorge im Internet, in: Anzeiger für die Seelsorge 2/2012, S. 20–23.

Schüßler, Werner, Das Gebet. Versuch einer philosophisch-theologischen Grundlegung, in: ders./Reimer James A. (Hg.), Das Gebet als Grundakt des Glaubens. Philosophisch-theologische Überlegungen zum Gebetsverständnis Paul Tillichs, Tillich-Studien – Beihefte Bd. 2, Münster 2004, S. 11–28.

Schulmeister, Rolf (2009), Gibt es eine »Net Generation«?, online verfügbar: http://www.zhw.uni-hamburg.de/uploads/schulmeister_net-generation_v3.pdf [28.4.2012].

Schulz, Florian/Skopek, Jan/Klein, Doreen/Schmitz, Andreas, Wer nutzt Internetkontaktbörsen in Deutschland? In: Zeitschrift für Familienforschung 20 (2008), S. 271–292.

Schulz, Florian/Zillmann, Doreen, Das Internet als Heiratsmarkt. Ausgewählte Aspekte aus Sicht der empirischen Partnerwahlforschung, in: Bamberg ifb-Materialien 4 (2009), S. 1–27.

Schulz, Florien/Skopek, Jan/Blossfeld, Hans-Peter, Partnerwahl als konsensuelle Entscheidung. Das Antwortverhalten bei Erstkontakten im Online-Dating, in: Kölner Zeitschrift für Soziologie und Sozialpsychologie 62 (2010), S. 485–514.

Schulz von Thun, Friedemann, Miteinander reden Bd. 2: Stile, Werte und Persönlichkeitsentwicklung, Reinbek bei Hamburg 1993.

Schwarz-Friesel, Monika, Sprache und Emotion, Tübingen 2007.

dies., Ironie als indirekter expressiver Sprechakt: Zur Funktion emotionsbasierter Implikaturen bei kognitiver Simulation, in: Bachmann-Stein, Andrea/Merten, Stephan/Roth, Christine [Hg.], Perspektiven auf Wort, Satz und Text. Semantisierungsprozesse auf unterschiedlichen Ebenen des Sprachsystems. Festschrift für Inge Pohl, Trier 2009, S. 223–232.

dies., Ironie, in: Klabunde, Ralf/Primus, Beatrice [Hg.], Semantik und Pragmatik, Berlin, New York, im Druck.

Searle, John R., Speech acts. An essay in the philosophy of language, Cambridge 1969.

Seel, Martin, Ethik und Lebensformen, in: Brumlik, Micha/Brunkhorst, Hauke (Hg.), Gemeinschaft und Gerechtigkeit, Frankfurt/M. 1993, S. 244–259.

Sekretariat der Deutschen Bischofskonferenz (Hg.), Virtualität und Inszenierung. Unterwegs in der digitalen Mediengesellschaft – Ein medienethisches Impulspapier, Bonn 2011.

Sellmann, Matthias, Milieuverengung als Gottverengung, in: Lebendige Seelsorge 4/2006, S. 284–289.

ders., Hintergrund der Lebensweltforschung, in: Themenhefte Gemeinde 5/2007, S. 4–7.

ders., Wer Missionare senden will, der muss sie auch schulen. Zum Nutzen von Milieustudien für die Zukunftspastoral, in: Anzeiger für die Seelsorge 10/2008, S. 15–19.

ders., Gott ist jung! Kirche auch? Trends und Projekte in jugendpastoraler Theorie und Praxis, in: Stimmen der Zeit 7/2010, S. 435–448.

ders., Neue Medien gerne nutzen. Ein Plädoyer für kulturelles Liga-Bewusstsein, in: Lebendige Seelsorge, 1/2012, S. 17–22.

ders./Sobetzko, Florian, Pastoral 2.0. Das Internet als ein Ort christlicher Inspiration, in: Herder Korrespondenz Spezial (Pastoral im Umbruch) 1/2011, S. 59–64.

Sennett, Richard, Verfall und Ende des öffentlichen Lebens. Die Tyrannei der Intimität, Frankfurt a.M. 1987.

Simitis, Spiros, Die informationelle Selbstbestimmung – Grundbedingung einer verfassungskonformen Informationsordnung, in: Neue juristische Wochenschrift 37 (1984), S. 398–405.

Singer, Peter, Practical Ethics, New York ³2011.

Skopek, Jan/Schulz, Florian/Blossfeld, Hans-Peter, Who Contacts Whom? Educational Homophily in Online Mate Selection, in: European Sociological Review 27, 2 (2011), S. 180–195.

Sobetzko, Florian, Nicht physisch, aber sehr real: die Kraft virtueller Glaubenskommunikation. Theologische und pastoralpraktische Impulse zum Thema Web 2.0 in der Jugendseelsorge, o.O. o.J., online verfügbar: http://juseta2011.wikispaces.com/file/view/Praesentation%20Sobetzko%20Januar%202011%20Rot%20a.d.%20Rot.pdf (Passwort: juseta2011) [28.4.2012].

Spaemann, Robert, Personen. Versuche über den Unterschied zwischen ‚etwas' und ‚jemand', Stuttgart 1996.

Steuer, Jonathan, Defining Virtual Reality: Dimensions Determining Telepresence, in: Journal of Communication 42 (1992), S. 73–93.

Stopfer, Juliane/Back, Mitja D./Egloff, Boris, Persönlichkeit 2.0. Genauigkeit von Persönlichkeitsurteilen anhand von Online Social Network-Profilen, in: Datenschutz und Datensicherheit 34 (2010), S. 459–462.

Suhr, Dieter, Entfaltung der Menschen durch die Menschen. Zur Grundrechtsdogmatik der Persönlichkeitsentfaltung, der Ausübungsgemeinschaften und des Eigentums, Schriften zur Rechtstheorie Heft 52, Berlin 1976.

Taylor, Charles, Negative Freiheit? Zur Kritik des neuzeitlichen Individualismus, Frankfurt/M 1988.

ders., Quellen des Selbst. Die Entstehung der neuzeitlichen Identität, Frankfurt a.M. 1994.

ders., Das Unbehagen an der Moderne, Frankfurt/M. 1995.

ders., Multikulturalismus und die Politik der Anerkennung, Frankfurt a.M. 2009.

Tertullian, Adversus Praxean/Gegen Praxeas 11,7., Fontes Christiani Bd. 34, Freiburg u.a. 2001.

Thiele, Mirko, Ich höre was, was du nicht hörst. Eine Profilanalyse des christlichen Internetradios CrossChannel.de, Hannover 2008.

Thimm, Caja, Ethische Fragen im Kontext von second Life. Die große Freiheit in virtuellen Welten?, in: Zeitschrift für Kommunikationsökologie und Medienethik 11, Heft 1/2009, S. 49–56.

Thomas von Aquin, Summa Theologica, Buch I, Frage 29, in: Die deutsche Thomas-Ausgabe Bd. 3, hg. v. H.M. Christmann, Salzburg 1939, S. 40–61.

Thompson, Clive, Brave New World of Digital Intimacy. New York Times. 7.9.2008, online unter http://www.nytimes.com/2008/09/07/magazine/07awareness-t.html [7.4.2011].

Tillich, Paul, Systematische Theologie Bd. I, Berlin/New York 1987 (unverän. Nachdr. d. 8. Aufl. v. 1984, Übers. d. amerikan. Ausgabe v. 1951).

Timm, Hermann, Zwischenfälle. Die religiöse Grundierung des All-Tags, Gütersloh 1983.

Tolar, Alexander, Metaphors of the Web 2.0. With special emphasis on Social Networks and Folksonomies, Frankfurt am Main 2008.

Trick, Ulrich/Weber, Frank, SIP, TCP/IP und Telekommunikationsnetze. Next Generation Networks und VoIP – konkret, München ⁴2009.

Trute, Hans-Heinrich, Verfassungsrechtliche Grundlagen, in: Roßnagel, Alexander (Hg.), Handbuch Datenschutzrecht. Die neuen Grundlagen für Wirtschaft und Verwaltung, München 2003, S. 156–187.

Turkle, Sherry, Life on the Screen. Identity in the Age of the Internet, New York 1995, dt. Ausgabe: Leben im Netz. Identität in Zeiten des Internet, Reinbek bei Hamburg 1999.

dies., Alone Together. Why We Expect More From Technology and Less From Each Other, New York 2011, dt. Ausgabe: Verloren unter 100 Freunden. Wie wir in der digitalen Welt seelisch verkümmern, München 2012.

Twain, Mark, Following the Equator, Stilwell 2008 (Erstausgabe 1897).

Ulrich, Hans G., Wie Geschöpfe leben. Konturen evangelischer Ethik, Münster 2005.

Vogelgesang, Klaus, Grundrecht auf informationelle Selbstbestimmung? (Studien und Materialien zur Verfassungsgerichtsbarkeit Bd. 39), Baden-Baden 1987.

Vries, Simon de, www.verWEBt.de - Perspektiven für Kirchengemeinden im Zeitalter des WEB 2.0, in: Stäblein, Christian/Wrede, Traugott, Lieder, Licht und Leidenschaft. Qualität im Kirchenraum, Loccumer Theologische Beiträge Bd. 1, Hannover 2012, S. 143–182 (im Druck).

Wanke, Joachim, Was uns die Sinus-Milieu-Studie über die Kirche und ihre Pastoral sagen kann – und was nicht. Anfragen und Anregungen an Milieu-Studie und Kirche, in: Lebendige Seelsorge 4/2006, S. 242–246.

Wehrle, Paul, Die Sinus-Milieustudie als Herausforderung für Pastoral und Katechese. Voraussetzungen und Forschungsrahmen der Milieustudie, in: Lebendige Seelsorge 4/2006, S. 278–283.

Weizenbaum, Joseph, Inseln der Vernunft im Cyberstrom? Auswege aus der programmierten Gesellschaft, mit Gunna Wendt, Bonn 2006.

Werlen, Martin, Von den Dächern zwitschern (Mt 10,27). Verkündigung mit dem Kommunikationssystem Twitter, in: Lebendige Seelsorge 1/2012, S. 52–56.

Wessely, Christian/Larcher, Gerhard (Hg.), Ritus – Kult – Virtualität, Theologie im kulturellen Dialog Bd. 5, Regensburg/Wien 2000.

Westerbarkey, Joachim, Das Geheimnis. Zur funktionalen Ambivalenz von Kommunikationsstrukturen, Opladen 1991.

Westerkamp, Dirk, Via negativa. Sprache und Methode der negativen Theologie, München 2006.

Whitaker, Reg, Das Ende der Privatheit. Überwachung, Macht und soziale Kontrolle im Informationszeitalter, München 2002.

Wils, Jean-Pierre, Anmerkungen zur Wiederkehr der Anthropologie, in: Wils, Jean-Pierre (Hg.), Anthropologie und Ethik. Biologische, sozialwissenschaftliche und philosophische Überlegungen, Tübingen, Basel 1997, S. 9–40.

Winkler, Peter, Dummheit siegt. Gezielte Naivität als therapeutische Strategie zur Erreichung passgenauer Interventionen, in: Ehrat, Hans Hermann/Poimann, Horst (Hg.), Idiolektik Reader. Wichtiges aus zwei Jahrzehnten, Würzburg 2011, S. 89–102.

Winnicott, Donald W., Reifungsprozesse und fördernde Umwelt. Studien zur Theorie der emotionalen Entwicklung, ungekürzte Ausg., 11.-12. Tsd. Aufl., Frankfurt a.M. 1993.

Wippermann, Carsten/Magalhaes, Isabel (Hg.), Milieuhandbuch „Religiöse und kirchliche Orientierungen in den Sinus-Milieus 2005", München 2005.

Wischmeyer, Wolfgang, Tertullian, Adversus Praxean, in Danz, Christian (Hg.), Kanon der Theologie. 45 Schlüsseltexte im Portait, S. 18–22.

Wittmann, Ole/Kes One 3001, Das Material Haut in der Tätowierkunst, in: QUERFORMAT. Zeitgenössisches, Kunst, Populärkultur 4 (2011), S. 20–24.

Wunden, Wolfgang (Hg.), Freiheit und Medien, Münster 2005.

Zarnow, Christopher, Identität und Religion. Philosophische, soziologische, religionspsychologische und theologische Dimensionen des Identitätsbegriffs (RPT Bd. 48), Tübingen 2010.

Zeilinger, Thomas, netz.macht.kirche. Möglichkeiten institutioneller Kommunikation des Glaubens, Erlangen 2011.

ders., Der Weg der Anschauung. Ethische Bildung in der medial geprägten Zivilgesellschaft, in: Filipovię, Alexander/Jäckel, Michael/Schicha, Christian (Hg.), Medien- und Zivilgesellschaft, Kommunikations- und Medienethik 1, Weinheim 2012 – in Vorbereitung.

Zhao, Shanyang/Grasmuck, Sherri/Martin, Jason, Identity Construction on Facebook. Digital Empowerment in Anchored Relationships, in: Computers in Human Behavior 24 (2008), S. 1816–1836.

Zillmann, Doreen/Schmitz, Andreas/Blossfeld, Hans-Peter, Lügner haben kurze Beine. Zum Zusammenhang unwahrer Selbstdarstellung und partnerschaftlicher Chancen im Online-Dating, in: Online dating: social innovation and a tool for research on partnership formation. Sonderheft der Zeitschrift für Familienforschung (Journal of Family Research) 23, 3 (2011), S. 291–318.

Zizioulas, John D., Being as Communion. Studies in Personhood and the Church, Contemporary Greek theologians Bd. 4, New York 1985, bes. S. 27–65.

Zuckerberg, Mark, Calm down. Breathe. We hear you, Facebook-Blog, 06.09.2006, online verfügbar unter: http://blog.facebook.com/blog.php?post= 2208197130 [17.7.2012].

Zweites Vatikanisches Konzil, Gaudium et spes, in: K.A.B. Bundesverband der Katholischen Arbeitnehmer-Bewegung Deutschlands [Hg.], Texte zur katholischen Soziallehre. Die sozialen Rundschreiben der Päpste und andere kirchliche Dokumente. Mit Einf. von Oswald von Nell-Breuning, Johannes Müller. 8., erw. Aufl, Bornheim 1992, S. 291–395.

Autorenverzeichnis

Dr. Christina Costanza: Wissenschaftliche Mitarbeiterin am Lehrstuhl für Systematische Theologie an der Theologischen Fakultät der Georg-August-Universität Göttingen und Kandidatin des Predigtamtes im Ehrenamt in der Ev.-luth. Göttinger Stephanusgemeinde.

Dr. Vera Dreyer: Mitinhaberin und Geschäftsführerin der Kommunikationsagentur SOFT IN SPACE in Berlin.

Christina Ernst, Dipl.-Theol.: Doktorandin am Lehrstuhl für Ethik an der Theologischen Fakultät der Georg-August-Universität Göttingen.

Dr. Alexander Filipović: Akademischer Rat am Institut für Christliche Sozialwissenschaften an der Katholisch-Theologischen Fakultät der Westfälischen Wilhelms-Universität Münster.

Christoph Gieseler, Dipl.-Jur.: Doktorand am Institut für Öffentliches Recht und Politik der Juristischen Fakultät der Westfälischen Wilhelms-Universität Münster.

Dr. des. Karsten Kopjar: nach der Promotion am Fachbereich Evangelische Theologie der Philipps-Universität Marburg im Fachgebiet Praktische Theologie nun freischaffender Medientheologe im Bereich Social Media.

Anne-Kathrin Lück, Dipl.-Theol.: Doktorandin am Institut für Sozialethik der Universität Zürich und Vikarin der Ev.-luth. Landeskirche Hannovers.

Dr. Konstanze Marx: Wissenschaftliche Mitarbeiterin am Institut für Sprache und Kommunikation im Fachgebiet Allgemeine Linguistik der Technischen Universität Berlin.

Andrea Mayer-Edoloeyi: Social Media Managerin im Kommunikationsbüro der Katholischen Kirche in Oberösterreich und in der Katholischen Aktion Oberösterreich und Diplomandin an der Katholisch-Theologischen Privatuniversität Linz/Österreich im Fach Pastoraltheologie.

Dr. Thomas Zeilinger: Privatdozent an der Friedrich-Alexander-Universität Erlangen-Nürnberg, Philosophische Fakultät und Fachbereich Theologie und Trainer und Berater im Institut persönlichkeit+ethik, Fürstenfeldbruck.

Folgenden Personen und Institutionen danken wir herzlich für die Unterstützung der Tagung und dieses Sammelbandes:

Prof. Dr. Reiner Anselm, Prof. Dr. Christine Axt-Piscalar, Maximilian Baden, Dr. Kristina Bedijs, Ann-Kristin Eckhardt, Malte Große-Deters, Karoline Heyder, Christoph Alexander Martsch, Lukas David Meyer, Sina Schade, Alexander Schnapper und Johanna Waldmann

Hanns-Lilje-Stiftung Hannover

Theologische Fakultät der Georg-August-Universität Göttingen

Graduiertenschule für Geisteswissenschaften Göttingen

Personen- und Sachregister

Abu-Lughod, Lila 26
Akteur 8, 20, 34–42, 46f., 73, 158, 166, 180
Albers, Marion 82, 93
Albertz, Jörg 26
Altmeyer, Martin 33f.
Andresen, Carl 131f.
Andrews, Lori 88
Androutsopoulos, Jannis 50
Anerkennung 11, 22, 33, 80, 101, 111, 132, 194
Anonymität 10, 39f., 49f., 5f., 141, 151
Anthropologie 8, 12, 14, 17–19, 24–28, 30–32, 34f., 45–47, 98, 127, 129–131, 134–136, 139–143, 167, 188, 190, 194
Anwesenheit 127, 134, 138, 141–144, 154, 191, 196
Anzenbacher, Arno 27
Archivierung 87–93
Arendholz, Jenny 49
Assmann, Aleida 26, 112
Assmann, Jan 112
Augustin 134f., 143
Authenrieth, Ulla P. 182
Authentizität 14, 30f., 51, 53, 95, 105, 109, 114–117, 119, 122, 126, 140, 149, 160, 178, 185
Axt-Piscalar, Christine 137
Back, Mitja D. 105
Bahl, Anke 49
Barth, Karl 43f., 46, 142, 144
Baudrillard, Jean 10
Bauernschuster, Stefan 193
Becker, Nils 52
Beißwenger, Michael 61
Benda, Ernst 93
Bendrath, Christian 144
Bente, Gary 11, 137, 191, 196
Berndt, Sebastian 185
Berners-Lee, Tim 151–153
Bewusstsein 8, 51, 54f., 57, 98, 109, 110, 112f., 154, 185, 194, 195

Beziehung 18, 20, 23, 26, 28, 30f., 33, 35, 38–40, 44–46, 48–53, 56, 60, 64, 67, 70–72, 98f., 101, 121, 131f., 136, 155, 171, 182, 190, 194f., 197
Bialobrzeski, Arndt 40
Bidlo, Oliver 122
Bindernagel, Daniel 120, 125
Blossfeld, Hans-Peter 51, 64
Boethius 131f.
Böhler, Fritz 125
Boisvert, Gabe 188
Böntert, Stefan 175
Borgman, Erik 188, 190
Bourdieu, Pierre 179
Boyd, Danah 32, 37, 39, 42
Bretthauer, Berit 150
Britz, Gabriele 88
Bröckling, Ulrich 25f.
Brosda, Carsten 22
Buber, Martin 136
Bublitz, Hannelore 34
Bublitz, Wolfram 49
Bucher, Rainer 173
Bühler-Illieva, Evelina 51
Bull, Hans Peter 50, 54
Buntfuß, Markus 144
Burkart, Günter 34f.
Busemann, Katrin 154
Carr, Nicholas 10, 114, 117–119, 121
Chenault, Brittney G. 49, 52
Christologie 131, 133–135
Christus 27, 43, 45f., 131, 133f., 164, 183
Coleman, Monica A. 186
Community 122, 153, 158, 161, 163, 172
Cooley, Charles H. 33
Coupland, Douglas 113, 118
Czerski, Piotr 7, 166, 182
Dalferth, Ingolf 44f.
Danebeck, Kristian 52
Daniels, Anja 120, 125
Dankemeyer, Iris 122

Daten 9f., 14, 17, 23, 39, 51–53, 55, 59, 73–76, 81–96, 102–107, 116, 152, 154f., 158, 162, 171, 197
Datenschutz 35f., 73f., 76f., 82f., 85, 88, 105
Datenverarbeitung 74, 76, 82f., 85, 88, 90f., 93
Debatin, Bernhard 40
Dekovic, Maja 20
Deml-Groth, Barbara 159
Digital Natives 7, 162, 166f., 170f., 173, 175–187
Döbert, Rainer 80
Dolzer, Rudolf 81
Dombrowski, Julia 52
Döring, Nicola 49, 52
Dorner, Isaak A. 133
Dreyer, Vera 15, 108f., 115, 117, 119, 141, 185
Drobner, Hubertus R. 134f.
Drösser, Christoph 197
Düker, Ronald 118
Dürig, Günter 79
Dworschak, Manfred 7
Ebeling, Gerhard 144, 205
Ebertz, Michael N. 167, 173, 179
Egloff, Boris 105
Ehrat, Hans H. 125f.
Eifert, Martin 75
Ellrich, Lutz 52
Emotion 33, 37f., 49–51, 62f., 65, 67f., 81, 88, 97, 100–102, 117f., 129, 138–141, 149, 154, 164, 169, 182
Empirie 8, 12, 17–25, 28, 44f., 51, 96, 167, 193
Entzogenheit 32, 35, 37, 39f., 42–47, 54, 99, 101, 128, 134f., 138, 141f., 144f.
Erfahrung 9, 21, 23, 26–29, 43, 74, 84, 99f., 102–104, 111, 115, 120f., 127, 132, 135, 142–145, 150–152, 158, 160f., 167, 191
Erp, Stephan van 188
Ethik 8, 14, 17f., 21–30, 74, 94–97, 106, 132, 174, 188, 190, 192, 195, 197–199
Evangelium 8, 15f., 30f., 145f., 148, 150, 152, 156, 158f., 161, 163, 165

Evsan, Ibrahim 155, 160, 164f.
Expressivität 67, 195, 196
Facebook 7, 10, 14, 16, 32, 35–42, 47f., 50f., 53f., 57–61, 82, 88, 115–117, 123, 126, 138, 144, 165, 174, 183f., 186, 189, 191–193, 197
Faix, Tobias 148, 153, 161f.
Falck, Oliver 193
Faßler, Manfred 128
Fernanwesenheit 127–129, 137–140, 142–145, 191
Fichte, Johann G. 132, 143
Filipović, Alexander 11, 17f., 22, 27, 140, 198
Fischer, Johannes 97
Flasch, Kurt 134
Franck, George 33
Frankena, William K. 25
Freiheit 11, 14, 27–30, 40, 43f., 49, 53, 73–75, 77–79, 82f., 85, 91, 93, 105, 123, 133, 135, 153, 159, 164, 168, 170, 174, 182, 194–197
Frisch, Max 32f.
Fuchs, Thomas 94, 98–102, 104, 109, 111, 113
Fuhrmann, Manfred 131, 133, 136
Funken, Christiane 52
Geist 27, 29, 80, 84, 99, 124, 132–134, 140, 159, 161, 165
Gemeinschaft 33, 111, 146–149, 151f., 154, 156, 158f., 161–165, 183, 192, 195f., 198
Geser, Hans 51
Ginsburg, Faye D. 26
Glattauer, Daniel 127
Goffman, Erving 41, 78, 117
Gollwitzer, Helmut 136
Goody, Jack 116
Gordon, Terrence 124f., 136
Gott 27–29, 43–45, 127, 131, 133–135, 137, 142–144, 146, 150, 152, 155f., 158, 160f., 165, 171, 173, 175, 181f., 186
Gottebenbildlichkeit 13, 44f., 143
Gottesdienst 28, 145, 149f., 152, 154, 157–159, 164f., 171, 175
Gotteslehre 32, 35, 46, 143

Gough, Kathleen 116
Gräb, Wilhelm 13, 146f., 165
Grasmuck, Sherri 39f.
Graßhof, Karin 81
Grau, Oliver 128
Greis, Andreas 14
Grethlein, Christian 152
Grice, Herbert P. 62
Gruden, Stefan 97
Grundrecht(e) 75–82, 84–86, 90, 92f.
Gscheidle, Christoph 154
Guhr, Dagny 52
Häberle, Peter 83
Habermas, Jürgen 36, 80
Haese, Bernd-Michael 14, 129, 151, 155
Hafner, Johann E. 179
Hahn, Alois 34, 41
Hardey, Michael 52
Hasebrink, Uwe 20f., 83
Havelock, Eric A. 112, 116
Heimbach-Steins, Marianne 29, 196
Hemmerle, Klaus 187
Hermann, Anja 122, 125f., 144
Hertlein, Katherine 52
Hesse, Wolfgang 140
Hilberath, Bernd J. 132–134
Hipps, Shane 149–151, 162f., 165
Hoadley, Christopher M. 38
Höch, Dominik 50, 54
Hodgkinson, Tom 191
Hoffmann-Riem, Wolfgang 76, 82, 90
Höflich, Joachim R. 19, 49
Hohmann-Dennhardt, Christine 90
Höltschl, Rainer 125
Hubmann, Heinrich 76f.
Huizing, Klaas 144
Identifizierbarkeit 39
Identität 8, 10–12, 14, 18, 20, 25f., 28–30, 32, 34f., 40f., 45f., 49, 54, 66, 80, 85, 88, 96f., 99–101, 105, 115, 118, 135, 192, 194
Illies, Christian 24f.
Illouz, Eva 51
Imhof, Esther 97
Imhof, Kurt 36
Individualität 8f., 19f., 22, 27, 30f., 43, 45f., 57, 63, 78f., 88f., 96f., 100f.,

111, 113, 116, 131, 157, 169, 190, 194, 196, 197
Information 9, 11, 14, 18, 20, 26, 37, 38, 40, 52–55, 57, 59, 61, 63, 66–69, 72–74, 78–82, 84–96, 102f., 105, 107, 111, 113f., 120, 128, 147–153, 157, 160, 171–173, 181f., 193
Informationsfreiheit 90–93
Inglehart, Ronald 162
Inkulturation 166, 177, 179f.
Institution 8, 16, 34, 36, 43, 74, 77, 161, 174, 178f., 181–184, 187, 197–199
Internet 7–14, 16, 18, 28, 30f., 49–52, 54, 58, 61, 74f., 82, 113–115, 117f., 123, 127–129, 137–141, 146f., 151–156, 160, 162–166, 168–179, 181–183, 185f., 188–193, 196–199
Internetnutzung 19, 31, 183, 193
Intimacy, Ambient 141, 191
Intimität 11, 34, 49, 79, 95, 123, 137, 141, 151, 191
Isensee, Josef 76, 80
Jäckel, Michael 11, 22, 198
Jähnert, Hannes 185
Jansen, Gregor M. 26
Jarass, Hans D. 90
Jonas, Adolphe D. 117, 120f., 125f.
Jonas, Doris F. 117, 120f., 126
Jüngel, Eberhard 44f.
Kahl, Wolfgang 81
Kalinowski, Uwe 61
Kampmann, Sabine 122
Kant, Immanuel 24, 135
Kes One 3001 121
Kible, Brigitte Th. 135
Kirche 8, 14, 16, 27f., 30, 43, 48, 129, 131, 134, 146–148, 150–152, 154–167, 169–174, 176–199
Kirkpatrick, David 38
Klein, Doreen 21, 51
Knape, Joachim 52
Knobloch, Stefan 175
Koch, Peter 50
Kolbe, Christine 192
Kommunikation 8–11, 13f., 16, 19f., 26, 29, 36f., 39f., 42, 48–52, 58f., 61f., 64, 67, 72, 76, 82–85, 87f., 91, 99–

103, 105, 110, 112–114, 116, 118, 120, 122f., 127–129, 137f., 140–142, 144–149, 151–153, 156, 158–163, 165–167, 172–176, 178–180, 183–192, 196–198
König, Andrea 13
Kopjar, Karsten 15, 146, 148, 150, 153, 159
Kopräsenz 10, 191, 192
Körper 34, 98, 109, 111, 113, 116–120, 122–124, 126, 128, 138
Körpervergessenheit 109, 119, 121f., 126
Körperversessenheit 109, 119, 121f., 126
Kos, Elmar 13
Krämer, Nicole C. 11, 137, 191
Kreuzer, Thomas 194f.
Kube, Hanno 80
Kuhn, Thomas S. 22, 112, 209
Kultur 13, 30, 33–35, 37, 41, 108, 110–113, 116, 120, 130, 140, 148, 161f., 174, 177, 182, 197
Kurfer, Tobias 174
Kurse, Peter 170
Lampert, Claudia 17, 19
Lange, Ernst 10, 54, 146, 156–160, 163–165
Lanier, Jaron 10, 189, 192f., 197
Larcher, Gerhard 13
Larkin, Brian 26
Lebenswelt 8, 12, 45f., 129, 138, 144f., 157, 166f., 169, 179f., 182, 185–187, 192
Leib 26f., 29, 94, 98–105, 107, 113, 118, 128, 134, 152
Leiblichkeit 29, 98, 102
Luhmann, Niklas 74, 77–80, 84–87, 150
Lüpke, Johannes von 198
Luria, Alexander R. 110, 112
Luther, Martin 135, 144, 156, 161
Magalhaes, Isabel 167–170, 182, 184, 186
Mallmann, Otto 88
Mandry, Christof 30

Martin, Jason 10, 20, 30, 33, 39, 40, 75, 77, 118, 128, 136, 144, 156, 184, 195, 197
Marx, Konstanze 11, 14, 48f., 63, 141
Mayer-Edoloeyi, Andrea 7, 15, 145, 161, 166, 180, 186
McLuhan, Marshall 108–114, 116–121, 124–126
Mead, George H. 80, 84
Medienanthropologie 26, 127, 129, 140
Medienethik 11–14, 18, 22f., 25f., 29f., 40, 42, 46f., 137, 140, 142, 146, 188, 196, 198
Meeus, Wim 20
Meier, Klaus 171
Menschenwürde 75, 77–80, 82, 93
Merleau-Ponty, Maurice 99, 100
Merluzzi, Thomas V. 63, 69, 71
Metz, Johann B. 175
Meyrowitz, Joshua 117
Michelis, Daniel 11
Mieth, Dietmar 21, 23, 25, 28f.
Milieu 8, 145f., 157, 161f., 166–173, 176f., 179–182
Misoch, Sabina 147, 151
Moderne 28–30, 33–35, 44, 46, 135, 146, 148, 155, 158, 162, 168–171, 186, 194, 196
Moral 21–24, 27–30, 131, 135f., 198
Morgenroth, Matthias 144
Müller, Dirk 30, 140
Mummendey, Hans D. 35
Nettesheim, Martin 77
Netzwerk, Soziales 7, 10f., 14, 16f., 32, 34f., 37, 39f., 47f., 50f., 53–59, 61f., 66, 68–74, 77, 82–85, 87, 89, 94–96, 102–106, 113f., 119, 122f., 128, 137, 151, 154, 163–165, 182, 192f., 196f.
Neuner, Peter 178
Noom, Marc J. 20
Nord, Ilona 13, 129, 146f., 164
Nunner-Winkler, Gertrud 80
Oesterreicher, Wulf 50
Öffentlichkeit 11, 19, 32, 34, 36–40, 42, 47, 50, 54f., 57, 72, 74, 76, 79–82, 85, 87, 89, 92, 123, 126, 148, 156, 170, 192–197

Ong, Walter 110–112
Panagopoulos, Johannes 143
Pankow, Christiane 61
Pannenberg, Wolfhart 44, 46, 127, 129–132, 136f., 143, 145
Pariser, Eli 193, 197
Paus-Hasebrink, Ingrid 20f., 83
Pelzer, Jürgen 173f., 176–179, 183f.
Person 8f., 12–14, 16f., 19f., 27f., 30, 32f., 35, 37, 40, 42–51, 53–57, 59–64, 66, 70, 72–74, 77, 80, 84, 88, 92, 94–98, 100–108, 114f., 117, 127, 129–145, 148, 151, 153, 166, 171, 178, 182, 184, 188–190, 193–195, 197
Personalität 31, 94, 96f., 101, 103f., 127, 135, 194, 196
Persönlichkeit 10, 14, 20, 32–44, 46f., 49, 54, 58–61, 63, 66, 69, 72–76, 78, 80–84, 87–89, 93–98, 100–107, 109, 112, 120, 124, 126, 128, 133, 135, 146f., 152, 155, 160f., 163f., 172, 174, 177f., 183–185, 193
Persönlichkeitsrecht, Allgemeines 74–77, 79f., 87–92
Personsein 9, 14, 45f., 94f., 97f., 101, 104, 127, 129, 132, 136f., 143, 188
Peter, Anton 40, 49f., 62, 83, 120, 126, 128, 132, 170, 177f.
Petersen, Anita 11, 137, 191
Physis 10, 11, 13, 118, 128, 138, 140, 142, 146–149, 151f., 154, 156, 159, 161–165, 186, 192
Pieroth, Bodo 76f., 80, 90
Pirner, Manfred 14, 26
Pitschas, Rainer 82
Pöder, Christine S.-V. 142
Poimann, Horst 120, 126
Postman, Neil 10, 34
Postmoderne 8, 32–36, 148, 153, 155, 157, 161, 166–173, 179–182, 184–187
Präsenz 10, 16, 38–40, 47, 49, 100, 105, 128, 138, 140, 142, 144, 148, 157, 166, 170, 182, 184, 191, 196
Praxis 9–13, 16–24, 26–29, 32, 34–37, 39, 41f., 46, 48, 85, 89, 104, 106, 128f., 135f., 141, 144, 159, 170, 173, 185, 188, 190, 193, 195f., 198
Privatheit/Privatsphäre 11, 35–38, 40, 49–51, 54f., 57–60, 74, 77, 81–83, 85–88, 91–93, 95, 111, 113, 116, 123, 126, 154f., 179, 192
Pryor, John B. 63, 69, 71
Publikum 33f., 36–38, 41f., 47, 123, 164
Quiring, Christel 181
Raabe, Johannes 21
Rath, Matthias 14, 22, 26
Raum 8, 11, 14, 16, 32f., 36f., 49, 51, 54, 63, 65, 80, 86, 98, 110f., 113, 118f., 128f., 138, 141f., 150–152, 155f., 166, 181, 191f., 194–197
Realität 11, 13, 23, 50, 53, 57, 61, 72, 129, 137, 146, 150, 153, 155, 158–165, 179, 186, 191–193
Reckwitz, Andreas 35f., 46
Reflexivität 23, 195, 197
Reichelt, Lisa 141, 191f.
Reichert, Ramon 35
Rendtorff, Trutz 106
Rheingold, Howard 139
Rohr, Elisabeth 118
Römer, Anke 115, 159
Rorty, Richard 22
Rosenbach, Marcel 7
Rössler, Beate 50, 54
Roßnagel, Alexander 75, 82, 213, 216
Roth, Gerhard 67, 109, 112, 120, 128
Rothenbuhler, Eric W. 26
Runkehl, Jens 49
Ruß, Aaron 140
Schaar, Peter 50, 54
Schertz, Christian 50, 54
Schicha, Christian 11, 22, 198
Schildhauer, Thomas 11
Schlink, Bernhard 76f., 80, 93, 145
Schlobinski, Peter 49
Schmidt, Jan 9f., 13, 17–23, 37, 54, 83, 106, 128f., 170, 175
Schmitz, Andreas 51
Schmundt, Hilmar 7
Schneider, Martin 30
Schönemann, Hubertus 178, 185
Schulmeister, Rolf 171

Schulz von Thun, Friedemann 117
Schulz, Florian 51
Schulz, Peter 36
Schüßler, Werner 142
Schwarz-Friesel, Monika 49, 63, 67
Schwinge, Christiane 17, 19
Searle, John R. 62
Seel, Martin 195, 197
Selbstbestimmung, Informationelle 35, 74f., 81f., 84f., 93
Selbstbewusstsein 27, 135
Selbstdarstellung 12, 14, 32–36, 39–43, 45–47, 49, 52, 78–80, 84–89, 91, 106, 108–111, 114–119, 121, 124, 126, 144
Sellmann, Matthias 168, 173–175, 179f., 182f., 185
Sendak, Shelley 52
Sennett, Richard 11, 34
Shared Experience 149, 151
Sichtbarkeit 12, 32, 34–43, 45, 47, 54, 90, 95, 97, 100, 102, 104, 107, 133f., 141, 143
Siever, Torsten 49
Simitis, Spiros 93
Simulation 13, 40, 48, 53, 67, 71, 137, 139, 164
Singer, Peter 132
Skopek, Jan 51, 64
Sobetzko, Florian 174f., 180, 185f.
Social Web 10, 13f., 17, 19–24, 26, 54, 83, 127–129, 137, 141f., 146, 152, 166, 169, 170f., 173–187, 196
Soziale Medien/Social Media 7–14, 16, 32, 35, 42, 46f., 146, 151, 154, 156, 161, 163, 165, 174, 176f., 179, 183, 186, 188–191, 197, 199
Sozialität 7–13, 19, 22, 27–31, 33–39, 41f., 45, 47–51, 53f., 57, 59f., 67, 71–75, 77f., 80–83, 87, 110f., 114, 119, 122f., 126, 128, 132, 137–139, 146, 153, 156, 158, 161, 165f., 169, 171f., 175f., 182–186, 188–199
Spaemann, Robert 97f., 132
Steuer, Jonathan 73, 128
Stopfer, Juliane 105
Strub, Jean-Daniel 97

Suhr, Dieter 84
Taylor, Charles 26, 80, 194–197
Technik 10f., 35, 37, 39, 42, 49, 57, 60, 63, 69, 70–72, 88, 90, 115, 117f., 121, 127, 130, 149, 151, 153f., 165, 168, 183, 186, 189, 190
Telepräsenz 127f., 138–140, 142–145, 191
Tertullian 132–134, 143
Theologie 7–9, 12–19, 24, 26f., 29, 30–32, 35, 42–47, 80, 97, 106, 127, 129, 131–137, 142–146, 151, 155, 157, 160, 165f., 175, 178, 180, 182, 185, 188f., 194, 198
Theologie der Social Media 7, 9, 12, 14–16, 46, 129, 144, 145
Thiele, Mirko 149
Thimm, Caja 11, 52
Thomas von Aquin 11, 14, 22, 30, 63, 75, 94, 98–100, 102, 109, 132, 137, 143f., 148, 153, 161f., 186, 188, 194, 197f.
Thompson, Clive 191
Tillich, Paul 143f.
Timm, Hermann 144
Tokar, Alexander 57
Trick, Ulrich 128
Trinitätstheologie 13, 44, 46, 132–134, 143
Trute, Hans-Heinrich 82, 93
Turkle, Sherry 10, 127, 137–142, 145, 189–191, 197
Twain, Mark 130f.
Twitter 7, 11, 17, 34, 154, 178, 184, 186, 189, 192
Ulrich, Hans G. 25f., 128, 198
Urheberrecht 179, 183
Virtualität 8, 11–14, 16, 30f., 48–50, 53–55, 59, 61–63, 71, 99, 102, 115, 118f., 127–129, 138f., 142, 144, 146, 149–152, 154–156, 158–166, 169f., 186, 191
Vogelgesang, Klaus 82
Vries, Simon de 177
Waldhoff, Christian 81
Wanke, Joachim 167
Watt, Ian 116

Web 2.0 7–9, 12–14, 16–18, 20f., 31f., 34f., 37, 42, 48, 50, 57, 63, 72, 75, 83, 89, 94f., 106, 108f., 113–117, 119, 122f., 126, 128f., 146, 153–156, 158f., 162f., 166, 170, 174, 180, 186, 188–191, 193f., 196
Weber, Frank 128
Wehrle, Paul 167
Weizenbaum, Joseph 139
Werlen, Martin 184
Wessely, Christian 13
Westerbarkey, Joachim 40
Westerkamp, Dirk 131
Whitaker, Reg 11
Wils, Jean-Pierre 25
Winkler, Peter 120, 126
Winnicott, Donald W. 33
Wippermann, Carsten 167–171, 181f., 184, 186

Wirklichkeit 8, 12f., 22, 28, 41f., 44f., 61, 65, 67, 85, 99, 101, 104, 111, 115, 120, 122, 129f., 150f., 163, 166, 179f., 183f., 187
Wischmeyer, Wolfgang 133
Wittmann, Ole 121
Wößmann, Ludger 193
Wunden, Wolfgang 14
Zarnow, Christopher 80
Zeilinger, Thomas 14, 132, 137, 188, 197–199
Zeit 11, 13, 24, 30, 37, 51, 57, 65, 67, 75, 111, 116, 118, 124, 128, 133, 146–151, 155, 160f., 165, 168f., 172f., 185, 193, 197
Zhao, Shanyang 39f.
Zillmann, Doreen 51
Zizioulas, John D. 143
Zuckerberg, Mark 38
Zwischenleiblichkeit 99–102, 106

Kurz vor der Ewigkeit

Stefanie Schardien (Hg.)
Mit dem Leben am Ende
Stellungnahmen aus der kirchlichen
Diskussion in Europa zur Sterbehilfe

Edition Ethik, Band 3

**338 Seiten mit 3 Abbildungen,
Hardcover, 2010
ISBN: 978-3-7675-7123-5**

Die Diskussion um Sterbehilfe bewegt Europa seit vielen Jahren. Immer wieder haben sich auch die Kirchen in den ethischen Diskurs eingeschaltet. In zahlreichen Stellungnahmen präsentieren sie – teils einzeln, teils mit anderen Kirchen gemeinsam – die christliche Perspektive auf das Lebensende und die sich daraus ergebenden ethischen Handlungsoptionen. Dabei kommt auch der jeweilige konfessionelle Hintergrund in der Urteilsbildung zum Tragen. Dieser Quellenband vereint eine Vielzahl aktueller Stellungnahmen aus verschiedenen Ländern. Kurze Einleitungen weisen auf den jeweiligen Entstehungskontext und die besonderen Merkmalen der Positionen hin.

Mit Dokumenten der Kongregation für Glaubenslehre, der skandinavischen, französischen, niederländischen und Schweizer katholischen Bischofskonferenzen, der Griechisch-Orthodoxen Kirche, der Russisch-Orthodoxen Kirche, der EKD, der Evangelische Kirche A. und H. B. in Österreich, des Schweizer Evangelischen Kirchenbundes, der Nederlandse Hervormde Kerk, der Lambeth Conference, der Church of England, der Siebenten-Tags-Adventisten, der Evangelisch-methodistischen Kirche in Deutschland, der Selbständigen Evangelisch-Lutherischen Kirche, der Heilsarmee sowie ökumenischen Stellungnahmen.

Edition Ruprecht

Inh. Dr. Reinhilde Ruprecht e.K., Postfach 1716, 37007 Göttingen
www.edition-ruprecht.de